想想20世紀

THINKING THE TWENTIETH CENTURY

東尼・賈德
提摩希・史奈德
TONY JUDT with
TIMOTHY SNYDER

非爾◎譯

目錄
CONTENTS

前言
Foreword

提摩希．史奈德

這本書集歷史、傳記和倫理學論文三重性質於一身。

是一部歐洲和美國的現代政治思想史。主題放在權力與正義，以十九世紀末到二十世紀初舉凡懷抱自由主義、社會主義、共產主義、國家主義和法西斯主義等各式思想的知識分子心目中所理解的這兩個概念為綱要。同時也是歷史學者暨散文名家東尼．賈德的思想傳記，他生於二十世紀中葉的倫敦，就在二戰與大浩劫屠殺後世人驚魂甫定之際，正值共產黨人在東歐鞏固起他們的權力。最後，這本書也是對政治思想有其局限（但也具備重生的能力）乃至於知識分子在政治領域中的道德失敗（但仍肩負起相當責任）的一番凝神注視。

在我心目中，能夠以如此寬廣的視野幅度寫出各式思想之間千絲萬縷的奧妙關係，東尼．賈德是不二人選。早在二〇〇八年，東尼以其熱情洋溢富於思辨、精熟法國史料的功底，對知識分子及其社會參與多所論述，寫出了一部豐富詳盡的一九四五年以降歐洲史，書名為《戰後歐洲六十年》。他讓自己在論述道德和書寫歷史上面的天賦找到一個適當的出口，落實為一些短評和篇幅較長的學術研究，而且把這兩種形式都錘煉到接近完美的境地。提議要寫本書，說到底是因為那年十一月的某一天，我得知東尼之後將沒有辦法再寫任何東西，至少是沒有辦法用傳統的方式寫作了。我意識到他沒有辦法再用雙手工作的隔一天，就跟東尼建議我們來一起寫一本書。東尼罹患了「肌萎縮性脊髓側索硬化症」，這是一種退化性的腦部疾病，會讓人逐漸全身麻痺，而且確定會致命，通常就在不久之後。

這本書採取的形式是由東尼和我兩人進行綿長的對談。歷經那年冬天到隨後二〇〇九年春天夏天的每個星期四，我都搭上八點五十分的火車從紐哈芬開往紐約的大中央車站，然後轉地鐵到曼哈頓南區東尼和他妻子珍妮佛．侯曼斯以及他們兩個兒子丹尼爾和尼克所居住的那附近。我們兩個碰面的時間都是定在早上十一點；通常我先到一家咖啡館大概花個十分鐘稍微整理一下有關於當天主題的思緒，以及做幾則附註。然後在咖啡館裡用很熱的水洗手，接著到了東尼的公寓再一次用很熱的水洗手；東尼由於身體的病況造成他非常畏寒，而我希望能夠去握他的手。

當二〇〇九年一月我們開始對話時，東尼都還能夠走。他沒有辦法轉動門把打開自己公寓的大門，但是還能夠站在門後歡迎我。沒有多久他就只能坐在房間的一張扶手椅上迎接我了。春天還沒過完他的鼻子和大面積的頭部都被一條人工呼吸管蓋住了，以補他的肺臟現在無法運作的功能。到了夏天我們在他的書房裡碰面，四周圍全部都是書，東尼坐在一張電動輪椅上面俯看著我。有時候我會幫他操控一下輪椅上的開關，當然是因為東尼自己操控不來。到那段時候東尼已經大致上沒有辦法驅動自己的身體，除了他的頭、雙眼和聲帶之外。為了要把這本書寫出來，那樣也就足夠。

眼睜睜地看著這樣毀滅性的發病過程真的讓人很悲傷，尤其是在他身體機能迅速退化的那些時刻。在二〇〇九年四月的時候，眼看著東尼的雙腿變得不聽使喚，然後接著在幾個禮拜的時間裡他的肺也失去功能，我心裡明白（印象裡他的醫生們也都有同樣的看法）他最多就是再活幾個星期。因此我才更加感謝珍妮和兩個孩子在這樣的時刻還願意把和東尼相處的時光分享給我。然而我們之間的這些對話在知識程度上也真的很有料，帶給我們腦力集中、溝通無間、同時也因為一起達致了好的成果而心懷感激的樂趣。把手邊預計要討論的話題一一落實，還要跟上東尼心念流轉的步調速度，是很費神的工作，但也令人愉快。

❖ ❖ ❖

我治史的範圍是在東歐，當地在口述書籍這個領域有令人驕傲的輝煌傳統。在這個類型當中最有名的一個例子，是捷克作家喀瑞爾・卡培克以兩次戰爭期間的捷克斯洛伐克哲學家總統托馬斯・馬薩里克為對象所做的一系列訪談。這本書正好就是東尼用捷克文從頭看到尾所讀的第一本書。至於最好的一本口述書籍或許是《我的世紀》，波蘭猶太詩人亞歷山大・瓦特那本精彩萬分的自傳，由人在加州的切斯瓦夫・米悟虛藉由卡式錄音機所整理出來的訪談內容。我第一次讀到那本書是在一趟從華沙到布拉格的火車旅程途中，就在我開始攻讀歷史學博士的那個時候。當我跟東尼提議要來共同寫一本口述書籍時，腦中倒沒有想到這些珠玉在前的典範，也不敢自視為另一個卡培克或者米悟盧。像我這樣讀過許多這種口述書籍的東歐研究者，理所當然地就覺得從對話當中可以產生具有長遠價值的內容。

我向東尼所提的問題有三個來源。我最早、同時也稍微籠統的計劃是把東尼過去所寫的書從頭到尾談過一遍，從他那本法國左派歷史一直講到《戰後歐洲六十年》，追索關於知識分子在政治上應該扮演的角色以及歷史學者可以在這個領域如何投注工夫的一般論述。我所感興趣的是本書裡面確實很顯著的一些主題，例如東尼的作品當中非常飄忽難以捉摸的猶太問題，法國史的全球個性以及馬克思主義的力量與限制。我直覺上以為東歐的薰陶拓寬了東尼在道德上和知識上的觀點，但是並不知道我這個直覺到底正不正確或者正確到什麼程度。對話過程中我得知東尼跟東歐的一些關聯，還有很多其他面向，因為提摩西．賈頓．艾許和瑪西．秀爾跟我們建議，而且東尼也同意，於是我們把一些談話時間的焦點擺在東尼的人生而不是他所寫的書。這麼一聊之下到了最後，東尼跟我坦承他一直都計劃要寫一本二十世紀知識界的歷史。我使用他的分章大綱作為三分之一問題來源的基礎。

這本書的對話性質要求這兩個作者必須要熟悉幾千本其他不同的書。因為東尼和我是面對面彼此交談，當下沒有時間查參考資料。東尼事先不知道我會問些什麼，而我也事先不知道他會怎麼回答。現在你所看到的成書內容反映出當時那種隨機自然發生、所以無法預測的情況，而且有時候還摻進兩個心靈在言談之間有意一搭一唱所構造出來的玩笑。但是書中隨便任何一處，尤其是在歷史相關的段落裡，都要依靠我們運用雙方現成的腹笥藏書，尤其特別需要依靠東尼腦海裡豐富程度令人讚嘆又歸類完善井井有條的內在文庫。這本書以其對話內容自成一格，但或許在閱讀的規模上更是前所未有。我之前不曾跟著東尼學習，但是他內在文庫裡面的目錄小卡片有相當大的程度都跟我自己內在文庫的小卡片重疊。我們之前各自讀過的書創造出一個共同的空間，讓東尼和我能夠一起在其中運作遨遊，在一個其他活動方式都完全沒有可能的時刻，標誌出值得留意的界碑和展望。

即使如此，說是一回事，出版又是另外一回事。我們之間的對話究竟有多少原封不動如實變成這本書？每回對話都有錄音下來，然後存成一個數位檔案，再由年輕的歷史學家雅蒂達・康福負責聽著檔案把內容謄寫出來。這項任務本身需要有足夠的知識才能夠勝任，因為要從那些不完美的錄音當中猜出我們在講什麼，雅蒂達必須本來就知道我們兩個在講的那些東西。如果沒有她專心致志地做這件事而且具備所需要的知識，這本書要完成就會困難很多。從二〇〇九年夏天到二〇一〇年春季，我把謄寫出來的逐字稿編輯成九章，所根據的是之前東尼就同意的寫作計劃。因為二〇〇九年到二〇一〇年那個學年我正好在維也納客座，二〇〇九年十月和十二月這兩個月當中我幾次從維也納飛到紐約，好讓我們兩個人可以一起討論進度。我還從維也納透過電子郵件把草稿章節寄給東尼審閱，他改過以後再寄還給我。

每一章裡面都有一些是傳記性的成分，另外還有一些是歷史性的成分。所以這本書裡面講著講著，就從東尼的人生跨越到某些二十世紀政治思想最重要的發生場景：大浩劫是一個猶太問題同時也是一個德國問題；猶太復國主義和它來自歐洲的各種起源；英國式的獨特發展和法國式的放諸四海而皆準；馬克思主義和它讓世界各地趨之若鶩的吸引力；法西斯主義和反法西斯主義；自由主義在東歐作為一種道德觀念重新復興起來；以及在歐洲和美國的社會規劃。在每一章節的歷史部分，東尼所講的段落用正常字體，我所講的段落則用黑體。雖然說傳記部分也是從我們兩個的對話當中整理出來，但我把我的發言整個移除。如此一來，每一章的開始就會有一部分東尼的生平傳記，以東尼的發言語調，用正常字體。然後到了某個地方我會出現，提起一個問題，用黑體字呈現。之後就展開那一章的歷史部分。

像這樣把傳記部分和歷史部分連結起來並不是東尼原本就有的想法，而且已經對話出來的這些內容隨處都可以簡簡單單就加進他的人生經歷，就好像從一口井當中你要汲出多少桶水都不成問題。與其形容這是從地面上往下挖洞，我們比較像是一個一個巨型的地下洞穴，連我們自己都還沒有意識到有這些洞穴存在。堅稱這些複雜世相只是簡單道理披上一件外衣的極力主張，就是二十世紀種種病症的其中之一。透過請教東尼的人生經驗，我並不是想要找到一個簡單的解釋來滿足自己的渴望，而比較像是沿路拍著牆，想找出是不是有通道能夠連結到地底下的一個一個密室，到底有沒有這樣通道的存在，在一開始的時候，我只是隱隱約約地感覺到可能有。

例如說，東尼之所以會寫猶太史並不是因為他自己就是一個猶太人。他也從來不是真的只是在寫一本猶太史。就像他那一代許多有猶太淵源的學者一樣，他的研究主題迴避了想當然爾地以大屠殺作為中心，即使當他個人所知道的一些史料，某種程度會把研究的方向帶往這個領域。同樣的情形，東尼會寫到英國也不是因為他自己是個英國人。除了幾處例外，他根本就很少多談英國什麼的。英國人的個性，或者說他所受到的英國教育，使得他形成一種對文學形式和參照材料的品味，這些秉性伴隨他走過他那一代，所謂一九六八年那一代，在知識追求上的翻攪和政治上的經歷（就我所知確實起了作用）。他跟法國的不解之緣也跟任何淵源不太相關，而是（在我看來）出自於一種渴望，想要找到普世的或者至少是整個歐洲的問題關鍵，還想要知道這樣的一個革命傳統無論是被擁抱或者被唾棄能夠向我們揭示多少真理。東尼在東歐這方面的知識主要是倚賴他這些年所認識的東歐人，就是這些友誼幫他打開了一個大陸。東尼是自己選擇了移居美國並歸化入籍；對這個國家的認同似乎是視之為一塊需要不時予以針砭的遼闊大地。

我希望透過本書這個特殊的形式，用個人親身經歷來帶出知識史的主題，能夠讓讀者看到一個心靈在一生的過程當中是怎麼樣去體會，或者還能夠讓讀者看到這個心靈是怎麼樣往前發展並自我改善。從某種意義上來說，這整本知識史都在東尼的腦海中：這是我每個星期跟他對話的時候，硬生生地全盤從他那邊吸收過來所感受到的現實。本書每一頁上面的一字一句都在他的心裡面反覆思量（或者說也在我的心裡反覆思量）。歷史到底是怎麼樣在這個人心裡逐漸成形，然後怎麼樣再被表述出來，像這樣的問題或許像這樣的書正好可以給出答案。

❖ ❖ ❖

東尼有一次告訴我說，如果我想要回報他這麼多年來對我的幫助，可以等到時機成熟時去幫助下一代年輕人。(東尼比我大二十一歲)。起初我把這本書當作是不顧他的勸告直接回報他的一種方式(不聽他的勸告這也不是第一次了)。但是這些對話讓我收穫良多,很難把生產出這本書的心力當作是在回報任何人。說到底我如果要回報究竟能夠回報誰?無論是作為他的讀者或者作為他的同事,我對東尼在這裡所呈現出來的各種面貌都早已熟識。透過我們的對話,我個人想要知道的是,經過這些年東尼是怎麼變成更好的思想家、作家和歷史學家(雖然我從來都沒有提起這個話題)。一般而言,他對與此相關的問題,比較喜歡採取的回答是,在他各式各樣的認同當中,以及各式各樣的史學方法當中,他一直都是一個局外人。

他是嗎?在猶太人當中曾經有一度熱心投入猶太復國主義到底算是局內還是局外?在知識分子當中曾經信仰馬克思主義到底算是局內還是局外?在英國如果曾經在劍橋國王學院拿到獎學金去攻讀學位到底算是局內還是局外?在歐陸如果曾經在法國高等師範學院攻讀博士學位到底算是局內還是局外?在東歐如果和波蘭知識分子時相往來又通曉捷克文到底算是局內還是局外?在紐約領導一所研究歐洲的學術機構對其他歐洲人來說到底算是局內還是局外?在《紐約書評》上發表文章引起史學界同僚側目在學者當中到底算是局內還是局外?染上了退化性的絕症卻沒有辦法享用全民健保,這樣的東尼在美國人當中到底算是局內還是局外?以上的每個問題你無論回答局內或局外都可以。

事實,我想,比局內或局外更有趣。同時既是局內人又是局外人似乎可以讓人長智慧,在局內耳目全開一路走過,然後再回到局外來思考和寫作。就像東尼的人生所揭櫫的,這樣由內而外的程序可以一直重複。東尼把自己視為局外人的時候，寫出來的東西特別精彩。局外人會毫不保留地接受已經爭論過的結果將之視為既成條件，然後在這個制約底下非常努力地想方設法讓自己正確：所以他們才能夠卸除古老的防備，直搗局內人長久未遭侵犯的聖殿。一次又一次東尼（在他自己設定的條件之下）都證明他是對的，對我來說這還不是最有趣的，更有趣的是他與日俱增的理解能力，偉大的法國歷史學家馬克·布洛赫把這種能力稱之為融會貫通。要了解一個歷史事件，史學家必須從一種思想框架當中解放出來，接受好幾種不同的思想框架同時都能成立。這樣得出來的見解乍看之下好像令人比較無法滿意，但長遠來說所達致的成果卻遠遠更經得起時間考驗。也就是從東尼這樣對多元觀點的接受態度當中，他最好的作品於焉誕生，這裡面的最巔峰就是《戰後歐洲六十年》。

也就是在這裡，環繞著多元觀點的問題，東尼自己在知識追求上的思路，和二十世紀的思想史不期而遇。本書的兩個部分，傳記和歷史在這個世界上各自所行經的彈道，交會於一九八九年，東歐風起雲湧四處革命的那一年，馬克思主義的思想框架最終崩解，也就是在這一年，東尼開始想要怎麼樣來寫一部至今無人能敵未來或許也難有人能望其項背的戰後歐洲史。

東尼和我也是差不多那個時候第一次相識。我當時正在布朗大學修習小湯瑪士·西蒙斯教授開的東歐史，課程中讀到東尼寫的一篇有關東歐異議分子一九九〇年春天進退兩難的長文草稿。之後沒多久，感謝瑪麗·葛拉克熱誠居中介紹，東尼和我第一次見到對方本人。多虧葛拉克教授和西蒙斯教授調教有加，我對東歐史大感著迷，之後就到牛津熱誠地攻讀這一學術領域。從此開始隨後二十年的研讀寫作，才能讓我今天有辦法進行這個對話。在一九八九年的時候，東尼正到達一個關鍵性的轉捩點（我現在可以看得出來這件事有多重要了）。在那不久前他和另外一位偉大的論戰對手（尚－保羅．沙特，在《過去未完成》一書中）剛進行了一場精彩爭辯，雖然隨後仍有單方面的相關論文問世，他對真理的看法從那個時候開始態度轉為更加平和，學術上也更加多產。

❖　❖　❖

對一九八九年發生在東歐的幾場革命有所貢獻的知識分子，諸如亞當．密區尼克和瓦茨拉夫．哈維爾，都很關切活在真理中這個議題。這是什麼意思呢？這本書的絕大部分，作為一部思想史和政治史，正是有關於大真理和小真理之間的差異，所謂大真理是相信世界上有一些偉大的理由和終極目標似乎需要大家不時說點假話不要求全責備，而小真理則是大家終究還是可以發現的事實。大真理可以是確定會來到的革命，就像有些馬克思主義者所相信的那樣，或者也可以是明顯的國家民族利益，就像「德萊弗斯事件」時的法國政府或伊拉克戰爭時的布希政府所以為的那樣。但是即使我們選擇的是小真理，就像左拉在面對德萊弗斯事件、東尼在面對伊拉克戰爭所做的選擇，世人到現在仍然不清楚究竟應該服膺哪一種真理。

二十一世紀的一個知識上的挑戰有可能是這個：一方面像這樣為真理背書，另一方面又接受真理有多重不同的形式和基礎。東尼在本書的最後為社會民主所做的主張就為了這個立場有可能呈現什麼風貌樹立了典範。東尼自己就正好出生在國家社會主義所帶來的災難之後，人生的過程中又目睹了馬克思主義以慢動作逐漸失去可信度。他成年之後所處的時代裡，自由主義多次試圖捲土重來，可是沒有一次能夠得到普遍的接受。置身在這個百廢待舉的大陸之上，涵泳在其中的各類思想之間，社會民主作為一種觀念所幸存活了下來，也被當作一個可行的方案來實踐。在東尼的一生當中，社會民主制度曾經被建立起來，隨即有些時候又被取消。他為了要重建這個制度所做的論述，建立在好幾個不同的論點之上，乞靈於好幾種對不同的真理所產生的直覺。其中最強的論點，套用一句以撒·柏林最喜歡講的話，是說社會民主制度讓人可以正正當當地活著。

這種種不同的真理當中有一些就在本書的內頁裡被來回投擲，而且常常都是成雙成對。例如說，歷史學家的真理和評論家的真理就不是同樣的真理。歷史學家有辦法同時也必須對一個過去的時刻比評論家對今天正在發生的事情知道得更多一點。評論家遠比歷史學家更常不由自主地把他所處的那個時代的種種偏見當作一回事，而且為了要強調還得稍微誇大。具有可信度的真實程度和誠實正直的真實程度畢竟還是有所區別。所謂具有可信度是你希望別人怎麼生活你自己就以此為準怎麼生活；所謂的誠實正直則是承認這種想法根本就不可能做得到。差不多的情形，慈善的真實程度和批評的真實程度畢竟還是有所區別。要把我們自己和別人最好的那一面拿出來，這兩者都是必不可少，但是沒有辦法在同一個時刻裡把這兩種真實程度都實行出來。沒有辦法把任何這樣成雙成對的真實化簡為某種含蓄的真理，更別提要讓所有這些真實都化為某種終極形式的真理。因此對真理的探索就會涉及許多種不同的找尋方式。這就是「多元主義」：並不是「相對主義」（各種真理與價值相對存在）的同義詞，正好是反義詞。多元主義接受不同種真理的道德真實，但是不接受這些真理可以全部都放到同一個天平上，用單一價值觀來衡量的想法。

世界上有一個真理我們都知道比任何反過來的陳述都更可信，這一個真理不需要任何人再多說什麼：那就是我們每一個人終究都會走到盡頭。其他的各式真理環繞著這一個真理就像群星環繞著一個黑洞，使這個黑洞顯得更明亮一點，更新穎一點，比較沒有那麼沉重。這一個最後的真理幫助我給這本書最後定型。如果沒有在一定的時間裡面付出一定的努力，這本書不可能有辦法出現，在我來說只不過是一個友愛的姿態，但是對東尼來說可是肉體上的巨大努力。然而這並不是一本有關於奮鬥的書。這本書是有關於思維的生命歷程，也是有關於事事經心的人生。

布拉格，二〇一〇年七月五日

1 名留後世：猶太提問者 The Name Remains: Jewish Questioner

關於我小時候，有兩種思考方式。從一個觀點來看，是十分傳統又有點寂寞的一九五〇年代倫敦極其中下階層的童年。從另外一個觀點來看，我們家是從東中歐移民來的猶太人，二十世紀中葉的歷史以一種異國風味與眾不同因此可以說是得天獨厚的表現方式投射在我的成長過程。

我的全名是東尼・羅伯特・賈德。羅伯特是想多少顯示一點英國味，是我母親史黛拉刻意取的名字，所以就讓我從她開始講起。我母親的父親，所羅門・杜達可夫，是在聖彼得堡長大的，那時候的聖彼得堡是俄羅斯帝國的首都。在我的記憶當中（他死的時候我才八歲），外祖父的形象是一個身形龐大留著鬍子，像俄羅斯軍人那樣，有點介於摔跤手和猶太拉比之間的混合體。事實上他是一位裁縫，雖然當初他會從事這一行也許是在軍隊裡學會的。我母親的母親，吉內特・格林堡，是一個從摩爾達維亞來的羅馬尼亞猶太人，老家據傳和吉普賽人有一定程度的不正當關聯。她確實看起來也很像剛從馬車後面跳下來的吉普賽算命仙：個子小小的很愛捉弄人，有一點點讓人害怕。因為從羅馬尼亞那個地方來的很多家庭都姓同樣的姓，其中必然有一些是來自同一個鄉鎮彼此有血緣關係，所以雖然可能性不大，但我兩個兒子長久以來都喜歡聲稱我們家和偉大的猶太強棒打擊手漢克・格林堡有親戚關係。

我母親的爸媽是在倫敦相識。吉內特・格林堡和她的家人是在一九〇三年的奇西瑙猶太人屠殺事件之後來到倫敦。就跟數以千計的猶太人一樣，他們是逃離（從當年的標準看起來）空前慘烈的暴力事件：在俄羅斯帝國的貝薩拉比亞省附近有四十七名猶太人被殺害。他們克服艱難總算在一九〇五年之前來到倫敦。我母親的父親所羅門・杜達可夫也是從俄羅斯逃來英國，但是原因不一樣。根據家族裡的傳說，當年他的父親和附近流氓鬥毆，他為了幫他父親無意之間把其中一個流氓打死。於是他就在一個麵包師叔叔的烤爐裡躲藏了一夜，隨後逃離了那個國家。這個說法有可能只是編出來的故事，因為從時機上來看，所羅門離開俄羅斯也差不多就在那段時間，或許就像成千上萬的其他猶太人一樣，也是為了相同的理由。不管怎麼說，他也想盡辦法直接就來到了英國。所以我母親的爸媽都在一九〇五年之前來到了英國，然後在那一年結婚。我的母親，史黛拉・蘇菲・杜達可夫，一九二一年生於倫敦東邊的猶太人聚居地偏南，是八個小孩當中最小的。她對從小生長的倫敦碼頭附近勞動階層的粗俗談吐，始終都覺得有一點格格不入；不過話說回來，在我的印象當中，她對自己所屬的家庭或社區，也從來都沒辦法處之泰然完全融入。

就像我的母親一樣，我的父親也來自根源於東歐的猶太家族。以他的情況來說，他們家從俄羅斯帝國搬到英國的過程中還曾在兩個地方稍作停留：比利時和愛爾蘭。我的祖母，依達・艾維蓋爾，來自皮歐威敘凱，那是位在考那斯西南邊的一個立陶宛小村落，現在屬於立陶宛境內，但當時是俄羅斯帝國所轄。她的父親是一個馬車貨運工，很早就去世，之後她就在家族的麵包店裡

1 名留後世：猶太提問者
The Name Remains: Jewish Questioner

工作。差不多是在本世紀的前十年，艾維蓋爾家族決定要西遷到安特衛普去投入鑽石行業，因為他們在那邊有一些門路。也就是在比利時，依達遇上了我的祖父。艾維蓋爾家族的其他人後來就定居在布魯塞爾；有一支後來搬到了美國德州開了一家乾貨舖。

我父親的父親，艾諾克．尤德，是從華沙移民過來的。跟我的外祖父一樣，艾諾克也在俄羅斯軍隊裡服役過。他似乎是在一九〇四年到一九〇五年的日俄戰爭期間逃離軍隊，想辦法一段一段地往西走，終於在第一次世界大戰之前來到比利時。他和我的祖母，以及家族中的其他人，因為預期一九一四年八月德軍會入侵比利時，就先一步搬到了倫敦。他們兩個人都在倫敦經歷了第一次世界大戰，在那裡結婚生了兩個小孩。一九一九年他們回到了安特衛普，我的父親，約瑟夫．伊沙克．賈德，就在一九二〇年誕生。

我的名字，東尼，是取自於艾維蓋爾家族這邊的典故。我父親在安特衛普成長的過程跟他的表姊妹們很親，也就是他舅舅的三個女兒：麗麗、貝拉和東妮——想必是安東尼雅的簡稱。我父親和這幾個女孩時常碰面，她們當時住在布魯塞爾。最小的這一個，東妮，比我父親小五歲，我父親非常喜歡她，不過到了一九三二年我父親搬離開比利時之後，他們就沒辦法常常聯絡。又過了十年，東妮和貝拉被解送到奧許維茲，在那裡遇害了。麗麗活了下來，因為德國人認為她是在倫敦生的猶太人，所以只把她拘留起來，有別於她在比利時出生的兩個姐妹——只能說是納粹在分類上一個小小的令人費解之處。

我出生於一九四八年，那是在東妮去世後五年。是我父親堅持我要以他的表妹為名；但這已經是二戰之後的英國，我母親希望幫我取一個像樣的英國名字，好讓我能夠順利「融入」社會。於是按照她這個想法，我就有了羅伯特這個名字當作備用和保險，不過大家都只知道我叫做東尼。幾乎每一個我遇到的人都假定我的名字本來應該是安東尼，不過很少有人會跟我問清楚。

我父親的父親艾諾克．尤德一生都在不斷地搬遷，所以對猶太人的經濟貢獻可以說是微乎其微。他除了賣東西之外沒有什麼特別的技能，就連賣東西也不是賣得多好。在一九二〇年代他顯然是靠著比利時、荷蘭和德國之間的黑市交易勉強度日。但是到了差不多一九三〇年，他開始有一點待不住了，也許是因為他欠了人家錢，或者也許是因為眼看著就要到來的經濟崩潰；他勢必又得再繼續搬遷。不過這次要搬到哪裡去呢？艾諾克聽人家跟他打包票說，艾蒙．戴．瓦勒拉領導之下新近獲得自治地位的愛爾蘭是一個歡迎猶太人的地方，就某個程度上而言，他當時還真是消息靈通。戴．瓦勒拉很積極地想要為新愛爾蘭招商引資；身為一個傳統上反閃族的愛爾蘭天主教徒，他很自然就假定猶太人很善於買賣，因此對經濟來說是一項資產。循著這個思路，當時愛爾蘭很歡迎猶太移民，幾乎沒有設下任何限制，只要移民進來的人有意願工作或者有人願意雇用就可以。

艾諾克．尤德在都柏林另起爐灶，一開始還把家累留在安特衛普。他開始在那邊做起生意，建立起人際關係，賣一些女性內衣絲襪之類的，猶太人稱之為「不值錢的衣物」（Schmutters）。過了一段時間，他總算陸陸續續有能力把全家人都帶過來，其中最晚過來的兩個，我父親和他的哥哥威利，在一九三二年抵達了都柏林。我父親是五個小孩當中的一個。最大的是個女孩，芬妮；

然後接著四個男孩——威利（家鄉話原名是沃夫），我父親約瑟夫．伊沙克，麥克斯，然後是湯馬士．海姆（在安特衛普的時候大家都叫他海姆，搬到都柏林變成海米，到了英國變成湯米）。我父親在比利時和愛爾蘭的時候叫做伊沙克．臼瑟夫，然後在英國變成臼瑟夫．伊沙克，或者到最後乾脆就只叫做臼。

他記憶中的愛爾蘭一派田園氣息，靜謐幸福。全家人租屋在都柏林南邊的一棟大房子裡，我父親這輩子從來沒有看過這麼大的空間和如此的滿眼綠意。他和全家人先前住在安特衛普一間簡樸的猶太人出租公寓，住進這裡從他們眼中看起來簡直就是太奢侈了，那是一棟小型莊園大宅的樓上整層，往下可以俯瞰一片田野。因此他對愛爾蘭的回憶整個都沉浸在這種悠閒舒適空間寬敞的感覺裡，而且幾乎完全不受初來乍到遭人歧視或者生計困難的往事所苦。我父親初到愛爾蘭的時候，一句英語都不會講，這很自然，但是他從原先住在比利時的人生前十二年當中學會了三種其他語言：在家裡講的意第緒語；在學校裡學的法語；和街上耳濡目染的佛蘭芒語。慢慢地他的佛蘭芒語逐漸忘掉，我還沒有出生之前他就完全不會講了；他也不再主動講意第緒語，雖然這個語言還是作為一個消極的存在留在他腦海裡。耐人尋味的是，他還是繼續會講很多法語，這件事情讓我想到，被強迫著要用功學習的語言，就是等到你平常沒有動機可以使用的情況下，能夠在你腦海裡存留最久的語言。

一九三六年間，家族事業在都柏林生意失敗之後，我祖父有個先前落腳在倫敦的兄弟邀請他搬到英國。於是我這個當時名字還叫尤德的祖父，就把他在經濟上的力有未逮甩到身後，橫渡了愛爾蘭海。之後我父親也到英國和他會合，十四歲的時候就離開學校，打起一些有的沒有的零工。因此就算我的父母十五六七歲的時候兩人都在倫敦，我母親在她的靈魂裡要比我父親更加是個英國人，之後也一直都是如此，因為她生下來人就在英國了。他們兩人都是在要滿十四歲的時候就離開學校，但是跟我父親不一樣的是，史黛拉具有一項確定的職能。雖然她也很擔心自己前途茫茫，畢竟先前曾在一家女子美髮店做過學徒，這在當時對一心想要有所作為的女孩來說，算是體面又可靠的行當。

讓史黛拉．杜達可夫和臼．賈德走到一起的契機是第二次世界大戰。戰爭剛爆發的時候，我父親想要去從軍卻被告知他體格不符，他的肺臟之前曾經染上過結核病，這在當時是免服兵役的充足理由。而且就算沒有這個問題，他也還不是一個英國公民。事實上，我父親當時是個沒有國籍的人。雖然他生在比利時，但只有比利時的永住資格，從來都沒有取得公民身分：當年比利時的法律規定，要取得公民權必須父母都是這個國家的公民才有權利提出申請，而且臼的父母當然只不過是剛從俄羅斯帝國遷徙過來的移民。所以我父親來到倫敦的時候，手持的是一本「南森護照」，是當年給沒有國籍的人使用的旅行文件。到了一九四〇年的秋天，德國空軍開始轟炸倫敦，那一段時間後來被稱為「不列顛之戰」。因為要躲轟炸，也就是有名的閃電戰，我父母親都疏散到了牛津，他們就是在那裡相識。我父親的姊姊當時愛上了一個捷克難民（有可能是個猶太人，但我不確定），跟隨著這個年輕人去到了牛津。後來家裡在倫敦北邊的房子被炸了之後，全家其他大部分的人，包括我父親，就追隨她的腳步到了牛津。我父親在阿賓頓路上住了兩年，先是在一個煤礦場工作，然後又幫合作社送貨——他們當時還允許他開一輛貨車，雖然他沒有執照；戰爭期間像這樣的必備資格都暫時先不用要求。我母親戰爭期間人也都在牛津。她成長過程中所居住的倫敦東區當時遭受不斷的攻擊，這都要歸因於這個地區很靠近碼頭，所以她家和她當時工作的美髮沙龍在轟炸當中就消失了。她的父母親搬到位於東海岸上的坎威島，但是她卻去了牛津，後來她變得很喜歡這個小鎮，描述起往事來總是沐浴在懷念的溫暖光輝當中。我父母親一九四三年就在那裡結了婚，之後沒有多久搬回到倫敦。

戰後，我母親又在倫敦當起了美髮師；我父母親靠兩個人胼手胝足打拼創立了一間小小的美髮店，雖然不是說賺很多錢，卻維持了一家溫飽。我父母親回憶起來都會說，戰爭之後的前幾年很辛苦。一九四七年的時候我父親甚至還想要移民到紐西蘭去，但是因為他還是沒有英國護照，這種無國籍的情況要想在英國屬地被接受移入沒有那麼簡單，所以只好放棄這個計劃（到了一九四八年他終於拿到了英國護照）。

我就是在一九四八年出生於東倫敦貝斯諾格林的救世軍醫院。記憶中的第一件事是沿著（應該是）塔頓罕高地路走著。在我的回想當中我們走進了一家小小的美髮店，有一道樓梯通往店面樓上我們所居住的公寓。我曾經把這個景象描述給我母親聽，然後她說，沒錯，當時完全就是那個樣子。那時候我差不多是介於十八個月到兩歲之間。我也還記得住在北倫敦的一些生活情況，包括從我父母親的臥房窗戶看出去，有卡車和巴士。我也記得很小的時候，會看到，面對面遇到，甚至還被介紹給一些集中營劫後餘生的年輕人認識，都是我祖父艾諾克．尤德帶到家裡來的。那個時候我應該已經有四、五歲了。

自有記憶以來，我就知道當時還不叫做「大浩劫」的這件事情。但是在我的腦海裡，這件事情被當時英國可以看到的代表形象給誤導了，因為我這個非常英國式的媽媽對我舉錯了例子。每次女王在收音機裡或者後來在電視機裡發表她的耶誕賀辭，我母親都會習慣起立聆聽；相對來說，我父親就一定會牢牢地坐著不動。他們兩個人的行為都是根據各自的政治立場，而我父親並不特別覺得自己是英國人：他所有的品味愛好都是歐陸式的，上至汽車下至咖啡。不管在怎樣的場合，我母親一想到納粹，總是會提起貝爾森，她最早是在英國電影院裡的新聞短片當中看到英國軍隊當年解放了這個集中營的囚犯。

因為這個先入為主的印象，她就像當年典型的英國人一樣，對奧許維茲、特雷布林卡、海烏姆諾、索比布爾和貝烏熱茨這幾個猶太人被大量屠殺的集中營很不熟悉，反而對貝爾根—貝爾森這種主要不是關猶太人的集中營印象比較深刻。所以當年我腦海裡對大浩劫的印象，是混合了我所熟悉的那些從東邊集中營放出來的年輕倖存者以及貝爾森集中營那些骷顱骨架的視覺圖像。我在小孩子的時候，所知不會比這些更多了。後來要等到我大一點，家人才告訴我誰是東妮，以及為什麼會用她的名字幫我命名，不過到底確切是什麼時候我已經不記得了。我父親堅稱他在我很小的時候就告訴我了，不過我才不相信他當年有那麼做。他言談間常常會提到麗麗（當時住在倫敦，我們有時候會見到），但是很少甚至根本沒有提到過她的妹妹貝拉和東妮。就好像是大浩劫滲透進了所有的東西，一片霧茫茫，無所不在，但是也藏而未露。

這些刻板印象當然一直揮之不去，不只是關於非猶太人，也關於猶太人。我們這些東猶（Ostjuden），也就是東歐來的猶太人，彼此之間是有嚴格階級劃分的（當然所有這些東猶是被受過教育、講德語的中歐猶太人瞧不起的）。大致上來說，立陶宛和俄羅斯的猶太人會覺得他們自己比較優越，就文化上和社會地位上來說；波蘭（特別是加利西亞人）和羅馬尼亞的猶太人則只是低級生物，說得客氣一點。這樣子的等級劃分在我父母親的婚姻裡也一樣造成對立，甚至擴及到雙方的家族。我母親有時候發起脾氣，就會讓我父親又想起來，他只不過是一個波蘭猶太人。然後他就會挑明了說她也只不過是一個羅馬尼亞猶太人。

無論是我父親或者母親都沒有興趣要把他們的小孩教養成猶太人，儘管我們家好像也沒有真的處心積慮要變成一個完完全全的英國家庭；畢竟，我父親原來是外國人，雖然他的英語也說得還算道地，你沒有辦法聽出來有什麼口音。我一直都知道我們家跟別人家不太一樣。一方面，我們不像其他猶太人家庭，因為我們有一些不是猶太人的朋友，而且是刻意地過著一種英國化的生活。不過我們還是沒辦法過得像我們的那些非猶太人朋友一樣，就因為我們終究還是猶太人。

對我來說，特別是我母親似乎都完全沒有朋友，除了一位德國猶太人女士，愛斯特．史登罕，即使我只是個小孩，都能夠感覺到她那股哀傷。她的父母親都被德國人槍殺。她哥哥戰時在英國軍隊裡當兵結果也陣亡。她妹妹逃到了巴勒斯坦，但是之後也自殺了。愛斯特自己是帶著弟弟搭火車逃離德國。他們兩個人總算是活了下來，但是弟弟有一點精神病症。在戰後的英國，像這樣的移民家庭悲劇很普遍，大家多多少少都聽過這類故事；不過這些故事都是個別拿出來說，而不是被列在造成這些不幸的更大災難裡面。由於從小到大都會認識一些這樣的人，以至於在不知不覺中，如此特定的經驗就滲入了我們的意識。

即使在我還小的時候，都會一直感覺到我們家跟別人家很不一樣，到底是怎麼不一樣以及為什麼不一樣，倒是覺得不用多花腦筋去想。即使像我們家已經自己有意識地過著非猶太式的家庭生活，這種不一樣的感覺還是很明顯。我十三歲時按照猶太古制舉行了成人禮，因為如果不這樣做，我祖父母會沒辦法接受，那對我們家來說可是非常嚴重的事，無法想像後果會怎麼樣。但是除此之外，我們的家庭生活當中沒有什麼猶太風味的習俗。一九五二年我父母親不想再那麼沉悶度日，就搬離北倫敦猶太人聚居的小中歐貧民區，往南過河搬到普特尼。如今回過頭來看，我可以了解這是一個堅決排拒自己所屬族群的具體行動：普特尼幾乎沒有任何猶太人——就算有，他們的想法或許也跟我的父母親一樣，積極地想要把他們的猶太特質完全拋到腦後。

所以我不是用培育猶太人的方式養大的——只不過我當然還是個猶太人。每個星期五晚上，我們就全家人上車開過半個倫敦市區去我祖父艾諾克・尤德的家。艾諾克很性格地選擇住在北倫敦核心區域史丹佛山的邊邊上。史丹佛山住的都是信仰虔誠的猶太人——這些人因為老是帶著黑帽穿著黑袍，我父親就管他們叫做「牛仔」。我祖父用這種方式和他從小生活其間的正統猶太人世界保持了一點距離，但是這個距離又還算近，當他覺得需要遵守一點教規的時候也不成問題。因為我們是開車在安息日的晚上抵達，所以必須把車停在一角，以免惹得我祖父母不高興（他們很清楚我們是開車來，但是不希望鄰居也知道這件事）。

甚至連我們開的那輛車本身，都可以看出我父親那種不帶猶太人色彩的猶太人本質。他非常支持雪鐵龍汽車公司，雖然在我印象所及，他從來不曾跟我提過這家公司是一個猶太家族所創辦。我父親絕對不會去開一部雷諾汽車，或許是因為路易．雷諾在二戰期間和納粹德國合作密切，還因此在戰後被收歸國有，以示對這家公司那些年擁護維琪政府的懲罰。從另外一方面來說，標緻汽車在我們家的平常對話中就得到好評，沒受到什麼責難。畢竟這一家公司是來自於新教勢力，因此應該跟維琪政府時代法國的天主教反猶活動沒有什麼瓜葛。關於這所有事情的背景，沒有人曾經開口講過一個字，但是不知道怎麼回事，對我來說一切都是理所當然。

就這樣到了五〇年代後期，在我祖父星期五晚上的餐桌旁常常會出現幾個奧許維茲的倖存者，祖父提到這些人的時候管他們叫做「孩子們」。他最早遇到這些人當中的幾個，是在一九四六年倫敦西邊的電影院，無意間聽到他們在講波蘭語或者是意第緒語。這些孩子們，到了五〇年代末期已經都成年，由我祖父引薦加入了猶太菁英青年會，我父親和他幾個兄弟也都在會裡很活躍。當年我父親和他兩個兄弟以及這些孩子們的其中兩個，就是會裡的足球隊十一人創始陣容的成員。在球隊的合照裡可以看到那幾個年輕人手臂上的集中營號碼刺青。

我那立陶宛猶太裔的祖母每個星期五晚上就會辦出一整桌的美味佳餚，軟嫩鮮甜又善加調味，而且份量上似乎怎麼吃也吃不完（比起我們家廚藝備受質疑的母親所煮出來的英國式寒酸猶太料理簡直是天壤之別）。而且每到那個時候，我就可以沉浸在意第緒語此起彼落的溫暖氛圍當中——因為在這些星期五的晚上當然講的是意第緒語，至少在老一輩的人之間。像這樣的場合是非常猶太氣息的——因而也可以說是非常東歐氣息的。四十年之後當我開始去造訪東中歐，在那邊交了一些朋友，我所經歷到的就像是時光倒流重返家庭懷抱的類似感受：又看到有人用玻璃杯喝茶，還把蛋糕碎屑倒到裡面泡著，在香煙氤氳和白蘭地酒香當中大家興高采烈地講個沒完。屬於我的「瑪德蓮小蛋糕」是什麼呢？淋著甜蜜檸檬茶的蘋果蛋糕。

戰後的繁榮在我們家族經驗裡面也曾經短暫浮現過，從差不多一九五七年到一九六四年。那時候女子美髮業非常賺錢；正好是女人在頭髮上大作文章的時代。我爸爸媽媽開起了一家更大的女子美髮沙龍，收入很不錯。那幾年他們甚至於還寬裕到一連雇了幾個幫傭女孩，來照顧我和我妹妹黛博拉（一九五六年出生）。那些年英國大部分的幫傭女孩是來自瑞士、法國和北歐國家。但是我們家很不巧地就雇到一個從德國來的女孩，雖然她在我們家的時間很短暫，我父親在她房間裡找到一張她父親身著德國軍隊制服趾高氣昂的照片後，就把她給開除了。最後一個來我們家服務的幫傭女孩只有十六歲，我還記得她主要是因為她常常會在我面前表演倒立，在那種時候就會露出她非常吸引人的身體結構。她在我們家也沒待多久。

就像這樣，我們家變得一切都比較花得起了，也開始出國旅遊。我父親一直都在想方設法要重回到歐陸——然後那幾年他就曾經短暫地利用休假日來回進出國門。我的母親，對這種事情就像對許多其他事情一樣，作風比較英國式，毫無疑問地只要去布萊頓度個假就心滿意足了。總之，一九六〇年的夏天，因為一個先前在我們家幫傭的丹麥女孩邀請了我們，我們全家人居然到了德國。阿格妮斯．芬柏從一個叫做史克庸的小鎮寄信來，邀請我們去日德蘭半島和他們全家一起度個十幾天的假。我不太知道為什麼當初我們不是搭船直接從哈維奇去到埃斯比約。但是我父親做事有他自己的習慣，我們每次去歐洲都是搭多佛—加萊之間的渡輪：所以那一回我們也是走這樣的路線，開著車經過比利時，然後從那裡去荷蘭，我記得我們還去拜訪了我父親住在阿姆斯特丹的幾個親戚。

這些阿姆斯特丹的親戚，竟然在戰爭當中倖免於難，真是不簡單。我的祖父艾諾克・尤德有一個姊姊叫做布盧哈，先前嫁到波蘭在那邊生了兩個孩子。後來她離開了在波蘭的第一任丈夫來到了比利時，在那邊嫁給了第二任丈夫，沙夏・馬博（劇作家派翠克・馬博的一個親戚）。布盧哈再嫁的時候帶著原來的兩個孩子；她那個第二任丈夫也已經有兩個自己的孩子，之後他們一起又再生了兩個孩子。在往昔的猶太世界裡，像這樣子的事情比我們有時候想像的要常見得多。大戰的時候布盧哈在奧許維茲遇害，全家大部分的人都跟她一起沒了。

但是寶莉娜，布盧哈第一次婚姻所生的兩個女兒之一，活了下來。一九二八年寶莉娜嫁給一個比利時猶太人；我父親，也就是她最親的表哥，對當時的那場婚禮記得清清楚楚：為了要去參與那場盛會，他當時還特別老遠跑去布魯塞爾。寶莉娜的丈夫在國內找不到工作，於是結婚不久就舉家去了印尼，在那邊的一家荷蘭人開的橡膠工廠受雇擔任經理之職。寶莉娜就這樣人去到了印尼，當時還是一個荷蘭的殖民地。這對夫妻有三個小孩，全部都是女孩子：希瑪，維拉和阿麗耶娣。戰爭當中寶莉娜和她那些女兒都被日本人拘留在印尼的一個集中營內：當然不是因為她們是猶太人，而是日本人把她們當作敵軍的人民。按照家族裡面流傳的說法，似乎事實也是如此，當時她丈夫試圖捍衛當地員工的權益，被前來占領的日軍砍了頭。但是寶莉娜和她的女兒們熬過了戰爭，一九四五年回到荷蘭。到了一九四九年荷蘭承認印尼獨立，這四個女性可以選擇要做印尼公民還是荷蘭公民，她們選擇變成荷蘭人。所以我們才去阿姆斯特丹拜訪她們。

從荷蘭出發，你要先越過德國才能到達丹麥。我父親在荷蘭盡可能地買了許多汽油，這樣他才不用在德國境內停下車來，而且我們也確實就這樣開了差不多三分之二的路程。不過當年還沒有高速公路，我們這樣一路開，每個人都累壞了，不得已還是只好在德國境內休息一個晚上。如果按照我父親的期望，毫無疑問他寧可在德國境內一路上只講意第緒語，因為他真的不想跟任何德國人講話。可是無論如何，我們既然要投宿在一家德國的旅館，跟他們講幾句話根本無可避免。我當時只有十二歲，奉命負責跟德國人講話。我的法語那時候已經學得不錯——這要感謝在學校裡所上的課，以及一路上所拜訪的那些講法語的家族成員——不過當時我還沒有開始學德語，所以我基本上必須憑空變出我的德語。我父親事先有教我用意第緒語的話應該要怎麼說。於是我，一個小男孩，名字還是取自另外一個僅僅十七年前在奧許維茲被送進毒氣室的小孩，就只好下樓去到這個德國鄉下旅館的接待桌前，煞有介事地跟他們說：Mein Vater will eine Dusche——我父親想要沖個澡。

我年輕時代的世界就像這樣，是一個希特勒遺贈給我們的世界。無庸置疑的是，二十世紀的思想史（以及二十世紀知識分子的歷史）有其獨特的型態：無論是右派還是左派的知識分子，一旦要描述這段歷史，不管是用傳統的敘事形式或者作為意識形態世界圖像的一部分，都免不了要歸因於這個型態。但如今看起來也很清楚，這整個故事還有另外一種說法，無論你怎麼描述二十世紀的思想和思想家，都會有另外一種持續攪和進來混入其中的敘事，那就是歐洲猶太人所遭遇的困境。在那個故事裡面，我們這個時代的思想史呈現出數量驚人的戲劇性面貌，尤其是從一九三〇年代以降。

從某個層面來看，這樣的歷史也是我的故事。我在這樣的時代裡成長讀書，變成一個歷史學者的同時，喜歡自認為也是一個知識分子。猶太問題在我自己的智識生活中或者我所寫的歷史書裡面從來都不曾居於核心的地位。但是這個問題無可避免地不時闖入我的腦海，衝擊的力道一回大過一回。寫這本書的其中一個目的，就是要讓這樣的主題能夠在此會合，讓二十世紀的思想史能夠和猶太人的歷史冶於一爐。這樣的努力既出於個人的意圖同時也為了學術上的目的：畢竟，我們當中許多不時在自己的作品裡把這些主題突顯出來的，就是我們猶太人。

史奈德：要掌握我們這個時代猶太人的歷史和思想史的複雜關係，一個得力的起點是維也納，一個你跟我有共同點的地方。這個城市在我們心中的意象是承襲自史蒂芬·褚威格：一個兼容並蓄都會時髦能量滿滿的中歐，圍繞這一個帝國首都建立起來的書卷共和國。但是在那個故事裡面一直有點讓人不舒服的是其中猶太人的悲慘遭遇。褚威格的回憶錄《昨日世界》以回顧的方式來描述二十世紀，把第二次世界大戰的恐怖和對第一次世界大戰之前那個世界的鄉愁結合起來，營造出一個獨特的氛圍。

賈德：對褚威格和他那些同代的猶太人來說，第一次世界大戰之前由哈布斯堡家族所統治的那個世界，只限於帝國裡面那些都會的綠洲：維也納、布達佩斯、克拉考、捷爾諾維茲。他那一代的知識分子對匈牙利、克羅埃西亞或者加利西亞的鄉間並不熟悉（如果是猶太人的話），正如那些其他的世界對他們也不熟悉一樣。再往西，哈布斯堡王朝延伸到薩爾斯堡、因斯布魯克、上下奧地利和南提洛邦的群山眾嶺，對那些地方的人而言，維也納的猶太人，或者大致上來說維也納式的文化生活，要嘛就覺得很不可解，要嘛就覺得很討厭，或者是兩種感覺同時存在。

所以如果想要透過閱讀褚威格和同樣文化背景的其他作品，來認識那個已經不復存在的中歐世界，你得要小心。一九八五年我去參觀一個維也納市立歷史博物館的展覽，「夢與真實：維也納一八八〇到一九三〇年」。在一個展覽室裡面，館藏人員貼上好幾版經過放大的當時維也納右翼報紙。上面的文章，當然是用德文寫的，討論了都會思潮的恐怖：猶太人和匈牙利人和捷克人和斯洛伐克人以及一些其他人正在頻頻造孽污染維也納。館藏人員把這段文字用不同的顏色標示出其中的用詞和這些用詞的根源，好讓參觀的人可以了解這些文字絕大部分不是用典雅的德文寫的：許多典型的地域主義抱怨，在作者也不知其然的情況之下，使用的詞句都是來自意第緒、匈牙利或者斯拉夫字源。

哈布斯堡王朝，也就是古老的奧地利帝國，因此有了雙重的身分。不管是誰在這個地方，比歐洲同時代的任何其他地方，都更可能會遇到以佛洛伊德式那種拘泥於細小差別的原則而明擺出來的偏見。與此同時，各式人種、語言和文化混居日久，從而以對這個地方的認同徹底地融合起來。哈布斯堡家族所統治的這塊土地，就是史蒂芬·褚威格那樣的人或是約瑟夫·羅特那樣的人，最能夠完完全全感覺到放鬆心安的地方——而也就是從那裡，他們卻是最早被放逐的一群人。

史：讓我們把這其中的諷刺之處講得更清楚一點。正是像羅特和褚威格這樣已經同化之後用德文寫作（不然要用什麼文？）的中歐猶太人，在那個時代的文藝領域扮演了帶頭向前的角色，創作出高水準的德語文學。我不是很確定在卡爾·休斯克的經典作品《世紀末的維也納》裡面是不是已經把這個情況加以強調，描述得足夠充分。休斯克似乎刻意淡化他書中這些奧地利人的猶太特質和出身背景，畢竟當時他們都已經在德語文化裡順利扎根了，卻沒有想到在其後不到一代的時間裡，這個文化居然拒斥並且拋棄了他們。

賈：你說得對。像我這種背景的東歐猶太人，就沒有對後來歸化的地方有如此高水準的文化扎根和價值承襲：這些猶太人對環繞在他們四周不懷好意的波蘭人、烏克蘭人和羅馬尼亞人，無論在語言上或者文化上都幾乎無法認同，彼此的關係可以說完全是建立在敵視、缺乏理解和相互的恐懼之上。至於他們自己信仰上的猶太傳承和意第緒語文化，早在二十世紀之前就有越來越多的年輕東歐猶太子弟也是傾向不要再追隨下去了。所以說要彙整出一本歐洲猶太人的共同歷史，這一個想法本身就是問題重重難以克服的了，最客氣的說法也只能如此：這些人所居住的地區、所屬的階級、所說的語言、所受的文化以及所得到的機會（或者沒有得到的機會），把他們分成一小群、一小群。甚至於在維也納本身，當帝國內部比較鄉下的猶太人一旦蜂擁而至到了首都，原來講德語的這些猶太人的文化也受到了稀釋與分割。等到進入一九二〇年代，那些出生在維也納或者布達佩斯的猶太人，即使他們的家族是來自東邊比較鄉下的地區，也都會在長大成人的過程中視自己為「德語人」。正因如此，他們才有機會失去「身為一個德語人的資格」（Germanness）。

我第一個太太她母親那邊的娘家是來自布瑞斯勞的猶太殷實家庭，典型發家已久的猶太德國布爾喬亞家族。雖然他們當年逃離納粹主政的德國，然後安安穩穩地搬到了英國，骨子裡他們的一言一行都還維持著德國作風：從家居擺設，到平常吃的食物，到言談內容，到他們用以認定彼此身分地位以及對新來的人品頭論足的文化參照，都是如此。如果她的某個阿姨想要惦惦我有幾分斤兩，就會客氣地問我說有沒有讀過哪一本或哪一本德文古典名著。他們對自己必須離鄉背井的損失感是顯而易見且無所不在的：那個把他們拋棄的德語世界是他們唯一知道的世界，也是他們覺得唯一值得全心投入的世界；現在這個世界沒有了，對他們來說是比納粹加諸他們身上的迫害更加難受的痛苦來源。

我的父親來自一個與此非常不同的東歐猶太背景，對於他的親家每年時不時都要再去德國渡假始終都覺得很驚訝。他會很困惑地轉頭問我母親，小聲地說，可是他們怎麼還能夠？說老實話，我這第一個岳母一直還是相當喜歡德國，無論是她度過童年的西里西亞，或是她後來才漸漸熟悉的那個繁榮舒適的新波昂共和國。她跟她妹妹都還是相信當初只是希特勒做得太過分了。對她們來說，德國氣息仍然是生活中確切的現實存在。

德語文明是猶太人心目中宇宙萬物所有價值的一個理想；跨越國際的革命——跟剛剛那個文

明完全另一個極端的價值觀——則是另外一個理想。從某些觀點來看，我們這個世紀的悲劇在於對一九三〇年代之前的這些普世價值不再信仰追求，於是在接下來的幾十年間因此而激發的漣漪造成了種種後果和恐怖。然而在我們要講的這個故事裡面，反猶思想所扮演的角色並不像一般人所喜歡假定的那樣淺顯易懂。當卡爾·盧格因公開主張反猶而在一八九七年第一次當選維也納市長，當時維也納那些文化上很有自信的猶太人說什麼也不承認他有那樣的權威，可以決定種族上或者文化上誰能夠或不能夠代表維也納。他們最起碼對自己的身分地位有一定的自信，所以或許，如果被問到的話，寧可讓他來決定（如他宣稱想要做的那樣）誰是猶太人、誰不是猶太人，也比讓他來決定誰可以當德語人、誰不可以當德語人，還要好一些。對他們來說，魯格就像隨後一個世代的希特勒一樣，是一個他們相信再過一陣子就會過氣的脫軌異常。

史：在哈布斯堡的君主體制當中，反閃族主義是一種新型態的政治思想，猶太人和自由派人士雖然對這樣的思想覺得反感但是還能夠勉強適應。就是在這些年間，在十九世紀和二十世紀之交，奧地利的社會主義者把反閃族主義形容為傻瓜的社會主義，這些傻瓜是還沒有辦法認清他們本身階級利益的勞動者，於是就錯怪猶太人——在這種時候猶太人是被當作工廠老闆和百貨商場的巨賈——反而把真正剝削他們的資本主義放掉不論。畢竟，如果問題只是出於愚蠢，那就可以運用教育來解決，只要勞動者擁有適當的自覺同時資訊充足，他們就不會再怪罪猶太人。在中歐都會區的帝國自由派思想，使得猶太人可以遷移到大都市去，身分地位得以往上提升，既然如此，猶太人（或者社會主義者）何必把這樣的機會給放棄，或者對這樣子的可能性失去信念呢？

賈：舉尼古拉斯・卡爾多為例，知名的匈牙利經濟學者。他是在兩次世界大戰之間成長於匈牙利，認為自己無疑屬於家鄉布達佩斯受過良好教育的中上階層：他的世界裡都是有教養的、講德語的、受德國式教育的匈牙利猶太人。在我第一次見到他之前，一九七〇年代初期，來上他的課的人都是比他年輕一代的匈牙利經濟學者和知識分子，他對這些人的態度，頂多是抱著一種稍微帶著距離的同情：新近得到提拔的鄉下人，被奪走了他們父母那一輩的文化和語言習慣，然後被共產黨派到一個小小的駐外單位。反觀在我所成長的英國式猶太童年裡，猶太人永遠且必然被看成要嘛就是暴發戶要嘛就是賤民，套用鄂蘭的分類法。尼古拉斯・卡爾多在布達佩斯度過了青年時代，顯然他從來未曾獲得以上兩種身分標籤的任何一種。

史：布達佩斯甚至比維也納要具有更顯著的包容力。在哈布斯堡家族的統治之下，一八六七年匈牙利人取得一種非常接近國家主權的特殊地位，可以放手去把他們的首都建設成某種現代化的典範城市，從世界其他地方引進建築和都市計劃模組，打造出一個壯觀的城市，處處有廣場、咖啡館、學校、車站和林蔭大道。在這個新的城市裡他們達到了一項成就，其結果很驚人但又不是刻意營造出來的，那就是讓許多已經都會化的猶太人順利融入匈牙利社會裡。

賈：這樣的融入整合，無可避免地一定不會完美，然而對波蘭或者羅馬尼亞的猶太人來說，無論他們怎麼努力地和所處的社會打成一片，也沒有可能達到像匈牙利那樣的融入整合。猶太人在俄羅斯帝國的柵欄區（Pale of Settlement）以及緊鄰這個區域的西邊，必須要在某種流行的假設之下逆勢求存，那就是：不管你個人做得有多好或者跟身邊的社會有多融入，整個猶太人社區長久以來就已經被視為和國土上的其他空間是不同的存在。甚至在維也納，猶太人被限制不能參與奧匈帝國所開辦的德語文化活動，特別是在一八六七年的憲政改革之後；等到一九一八年，講德語的奧地利被重新視為一個獨立國家之後，猶太人在這個國家的地位就變成更加地問題重重了。

我把這個情況講得更具體一點：歐洲的東半部由於語言上的分歧以及制度性的不安全，使得這個地區對各種外來者特別不友善，例如猶太人。既然烏克蘭人、斯洛伐克人、白俄羅斯人和其他民族都面臨了自身的挑戰，必須要劃分並確保屬於自己的、有別於鄰國的國土空間，那麼猶太人的存在只是讓事情更加複雜，讓他們更加反感，使得他們對自己國家的不安全有一個出氣的標靶。即使是在哈布斯堡的君主體制之下，猶太人真正能夠參與成為其中一部分的，只是包含在一個鄉村帝國裡面的都會文明；一旦這個鄉村帝國在第一次世界大戰之後分裂，被重新劃分成不同的國土空間，而其中的小鎮和城市變成由農耕生活所構成的海面上一個一個孤立的小島，猶太人就失去了可以活動的空間。

我認為，我很早就由於自己的家庭背景而體會到一件事，但直到後來讀了約瑟夫．羅特的書才真正發現了：我的父母親和祖父母，雖然都是來自這個地區，卻對波蘭、立陶宛、加利西亞或者羅馬尼亞一無所知。他們只知道有帝國的存在：到頭來，對大部分猶太人來說，真正有關係的還是帝國中央所做出來的決定，還有從帝國最上層所提供的保護。猶太人也許生活是在很外圍，但是他們是和帝國中心的利益以及自我認定緊密連結起來的。像我祖母那樣的人，在立陶宛西南部皮歐威敘凱的猶太人村鎮裡長大，對自己周遭的世界一無所知。像她那樣的人，他們知道自己生活的小村莊，他們知道帝國在這塊地區的首府維爾紐斯——這是一個大部分居民都是猶太人的城市——然後他們多少也知道一點這個世界（但是只到這個世界對他們還算有點意義的程度）。別的其他東西——這個地區、周遭的人口、地區上其他居民的基督教信仰和相關的生活方式——對他們來說，跟一塊他們命中注定沒有辦法涉足的空地也差不了多少。時至今日許多人都觀察到了——確實也是事實，而且——他們那些信仰基督教的鄰居們（烏克蘭人、白俄羅斯人、波蘭人、斯洛伐克人等等），對於他們國家當中的猶太人社區也是所知甚少。他們可以說毫不關心這些猶太人，滿腦子抱持著古老的偏見。但是猶太人對這些非猶太人的感覺，大致上來說也差不多就是這樣。他們的關係，肯定是非常地不平等，但是從這個觀點來看最起碼還存在著某種對稱。

確確實實，正好就是這種相互依存的彼此無知，才能解釋為什麼二十世紀在中歐和東歐地區會那麼容易就發生種族清洗以及比種族清洗更糟糕的慘劇。只要去讀那些從烏克蘭或白俄羅斯倖存下來的人所做的證言，這種感覺就會清楚地浮現：當猶太人回想起到底是什麼讓他們的猶太人身分被人發現——除了那些不容懷疑的身體標誌，比如說割包皮——他們往往就會列出那些他們不管怎樣就是不能做的事情，因為他們生活在跟別人隔開來、鮮少有所溝通的社會空間裡。猶太人不知道什麼叫做主禱文；在世界上的這一地區很少會有一個猶太人懂得幫一匹馬安上馬鞍或者懂得怎麼犁田。那些少數倖存下來的猶太人所共有的特性，就是他們正好因為某種機遇而學會怎樣做這類的事。

當我們讀到，譬如說法蘭茲・卡夫卡筆下的主人翁猶疑不決到底要不要越過某些種族界線時，就會很有感觸：猶太人自我封閉的「恐怖」以及猶太文化的「光輝燦爛」。身為一個猶太人，幾乎就意味著要屬於一個遷就勉強、自我設限、缺乏教育而且常常貧窮困窘的小世界——而且呢，按照周遭其他人的標準來看，這個幽閉恐懼的猶太世界很不尋常地往往也是知書達理識讀能寫的，雖說這種文化是向內觀照，畢竟整體言之真的是有其文化；再者，它是依附於一個在時間和空間上悠久廣闊的普世文明之上。從這個看似矛盾的弔詭當中生出飽受批評的猶太式優越感——我們是神的選民——以及一個小社會因為長期缺乏安全感所導致的那種容易受傷的深刻情緒。於是我們不難理解，為什麼在十九世紀末到二十世紀初，許多年輕的猶太人會非常努力地轉身背向這個文化的這兩個面向。

史：在維也納或布達佩斯或者甚至在布拉格（還不要講到更往西的那些大城市），胸懷大志的猶太年輕人都有機會在語言上吸收融合周遭其他語言，投身於專業職涯，得到經濟狀況和社會地位的向上提升。但是仍然有一個玻璃天花板擋在那裡，也就是政治。猶太人可以努力打拚融入基督教世界的核心：熟悉其中的街道，跟基督徒混居，了解他們的高層文化，而且把這些文化納入自己的文化。在帝國的時代這些都辦得到。至於「政治」，管轄和統治之類的事務，對大多數猶太人來說，就非他們能力所及了；並不是他們不肯參與，而是社會嚴防他們參與。但是到了後帝國時代，這些領土分別成立了民族國家，政治的運作方式截然不同，使得國家不再成為照顧猶太人的領主，反而變成了一種威脅。

賈：沒錯。雖然如今聽起來也許有點奇怪，當時的民主制度對猶太人來說是一大災難，反而原先作風自由的專制政體能讓他們繁榮發展。尤其自十八世紀奧地利帝國由約瑟夫二世統治以降，一直到法蘭茲・約瑟夫二世當皇帝（一八四八年到一九一六年）這段漫長時期，猶太人的發展很奇怪地達到了巔峰。在這段時期，政治上的限制持續進行中，但是文化上和經濟上卻得到自由的發展。漸漸地，主體社會對猶太人形成了新的危險挑戰：不只是猶太人如今變成可資利用的政治目標，他們原先從皇室或帝國的虛位頭人那裡所得到的保護也越來越沒用了。為了要在這個紛紛擾擾的過渡時期倖存，歐洲的猶太人要嘛就集體消失，要嘛就是去改變政治遊戲的規則。

因此在二十世紀的前幾十年，猶太人傾向於支持極端改變的非民主形式，同時堅持不管宗教、語言或種族上有什麼不同，主要的關鍵是看個人的社會地位附屬於怎麼樣的社會和經濟類別；也因此在這個革命性變動的時代裡，猶太人在第一代的左翼威權政體中大行其道。從一九一八年往前看，或者從現在回頭看，對我來說，這似乎是再明白也不過了：因為當時還沒有積極投身猶太復國主義或者移民到別的大陸另謀發展這些選項，歐洲猶太人的唯一希望，要嘛就是當時帝國的現狀能夠持續長存，不然就是對繼之而起的民族國家採取手段激進以尋求改變的反對。

明顯的例外，至少是在兩次大戰中間的那一、二十年，是托馬斯・馬薩里克治下真正民主又相對容忍的捷克斯洛伐克。在這個地方，至少跟鄰近的羅馬尼亞、匈牙利和波蘭比較起來，是一個多民族國家，國內所有少數族裔至少都還能互相容忍：可以確定的是，捷克斯洛伐克並不存在居於絕大多數的任何族群——甚至連捷克人自己都只是居於相對多數的地位，其他諸如德國人、斯洛伐克人、匈牙利人、魯塞尼亞人和猶太人都可以各安其位，雖然德國人還是特別容易被鄰國傳來的收復失土的思想所惑。

史：我有點驚訝你把卡夫卡解讀成狼狽地反覆游移於幾種不同的身分之間——猶太，捷克，德國。如果把他書中人物的處境詮釋為一個人在面對國家時所感到的絕對恐怖，似乎也是一個合理的見解。國家本來只是個天高皇帝遠的保護者，居然就侵門踏戶到如此危險的地步，化身成為壓迫的來源，時時在一旁監視、評估和審判。

賈：確實是如此。卡夫卡的讀者終究能夠從他最有名的那些作品裡吸收到這樣的教訓，這是完全可以理解的。但是我常常會想起卡夫卡作品裡權威這個議題，總是處處鑲嵌著個人意識與政治意識的混合敘述：當然讀者大可說在閱讀他的作品時感受到他與父親之間痛苦糾纏的溝通困難，然而把他放到更寬闊的捷克猶太和中歐歷史的脈絡裡面也無傷大雅。權威與權力，在那樣的時空背景之下，既是壓迫的又是相互矛盾的。這種意義上的模糊不清，譬如說在《審判》和《城堡》裡面，有關於主角對權威當局的感受，間接傳達以及描繪出我們在猶太人歷史中找到的身分未明，以及這個地區的許多人對一連串的獨裁統治和占領的反應。

史：當我們想到一八九〇年代或一九〇〇年代那段時期，或許其中的癥結繫於我們是否了解，到底在父親是一個權威的象徵，或者權威是父親的一個象徵……

我們之前討論過的分類我想要再多說一點。你有稍微提到過的另外一種模式是波蘭，那裡確實也有同化在進行，但是程度遠不及匈牙利，所以雖然有許多移民過去的人慢慢地感覺到他們也是這個國家的一分子，不過大多數猶太人卻沒有這種感覺。正因如此你才會看到後來的那種現象，在洛茲和華沙，某些相當傑出的猶太人，從舊俄帝國的末年開始，就相當有意識地選擇同化到波蘭的社會文化當中，毫無疑問地既視自己為波蘭人也視自己為猶太人。那個現象說明了，波蘭的語言和文化有一個很致命的特點（而且並不只對猶太人是如此）：無論是過去或現在，其豐富程度和吸引力都足夠把參與其中的人鄉間化，讓人遠離對都會事物的熱衷；但是這個語言文化卻又沒有大到或者自信到足夠把少數族群給吸收進去或納入麾下的程度。

賈：我在德國、匈牙利或者奧地利的猶太人身上從來沒有察覺到，（如你所觀察）受過教育的波蘭猶太人那種揉合了既熟悉、又深受吸引但又不免反感的混合情緒。

我曾經在法國的電視上看到他們訪問知名的中世紀歷史學家布羅尼斯瓦夫．蓋萊梅克，他也是波蘭團結工聯的運動分子和後來的外交部長。訪問者出於好意不斷地問他說：在艱難的那些年你有讀過什麼讓你個人深感樂趣以及得助的書嗎？於是蓋萊梅克就滔滔不絕地說出一大串難念得要命的波蘭書名和人名，問問題的人顯然聽都沒聽過；觀眾也是差不多同樣一頭霧水，只能客氣地沉默以對。你可以看得出來當時那個法國訪問者，本來預設自己面對的是一個中歐知識分子——也許是像哈伯瑪斯或者是格蕭姆．熊倫——因此面對這個情況，他一時間不知道該說些什麼。對生在波蘭、受過教育的猶太人來說，這個國家大到有自己高度複雜的文化，所以只要是面對這個文化之外的人，就算聽眾知識淵博、對其他事情也所知甚詳，一旦講到波蘭自己的文化，給人的印象還是非常難以理解。我真心不覺得任何其他歐洲猶太人社群有跟這個相似的情況。

史：不管是稱猶太裔波蘭人、波蘭籍猶太人或者在波蘭的猶太人，對我來說似乎是他們面對了一種規模上的問題，情況大致跟波蘭人常常會遇到的很像——因為他們是一個中等大小的國家，於是就會很尷尬地一方面驕傲於自身的文化，同時又對其他國家的人無視自己的文化覺得有點不是滋味。

賈：除了這個之外，波蘭人和猶太人還有更多共同點。波蘭猶太人還有這個傾向——既是波蘭人的傾向也是猶太人的傾向——就是他們會覺得如果你不過度強調你的中心地位，那麼你永遠會有被邊緣化的危險。在諾曼．戴維斯所寫的《歐洲》一書當中，開頭的歐洲地圖就被調整成華沙在正中央。而且，果然在大衛斯對歐洲的描述裡面，波蘭自然而然就變成它自己的歷史以及其他一切的中心。對我來說這似乎是很明顯的傻氣：華沙根本算不上是歐洲歷史的中心，現在不是，過去歷史上大部分的時候也不是。

但是猶太人也會這樣做。例如，把他們自己的歷史放在二十世紀和二十世紀的意義所在的最中心。我往往覺得很難讓別人明白，尤其是在美國這裡教書的時候：在第二次世界大戰期間，大浩劫其實完全不在一般人的意識中或者關切之下。我的意思並不是說這件事情在當時無足輕重，當然更不是說如今這件事情無足輕重。但是如果我們想要把剛剛過去的歷史做一個比較公平的陳述，就不能只是一味留戀我們自己在種族上或者群己關係上所重視的事情。嚴酷的事實是，當時的猶太人、猶太人所受的磨難以及猶太人幾乎要滅絕這件事情，對當時大部分的歐洲人（撇除猶太人和納粹）來說，並不是他們特別關切的焦點。我們今天賦予大浩劫這種中心地位，無論是作為猶太人或是作為人道主義者來說，都是在事情發生之後幾十年才出現的。

史：但是就某一個重要的意義來說，波蘭是所有一切事物的中心。歐洲的歷史，牽涉到猶太人生活的部分，歷經了三個階段。中世紀時猶太人很明顯地主要生活在西歐和中歐。接著出現了大瘟疫，然後被驅逐，從此猶太人和猶太人的生活就向東遷移到波蘭—立陶宛聯合大公國以及鄂圖曼帝國。最後了現代階段——一開始是在十八世紀末因為法國的大革命以及波蘭被瓜分——其結果是有一大部分的歐洲猶太人，原先一直住在加利西亞，就這樣第一次變成了哈布斯堡王朝統治之下的子民。他們的子子孫孫搬去了摩拉維亞，最終到了維也納，他們在那裡創造了歐洲的現代主義。這些人就是我們一直在說的，就是這些人發明了許多我們到現在都還在使用的觀念，所以如果要談猶太人之間的整合，和別的民族同化，參與到歐洲的現代生活當中，我們就必須從波蘭講起。

賈：如果你把時鐘停在一九三九年，對你所說的這些我就沒有什麼反對意見。這樣的敘事與其重要性必須要對應到講波蘭語的歐洲猶太人最終趨於都會化以及獲得自由的過程，還有這樣的敘事對整個歐洲來講產生了怎麼樣的結果。但是在那之後發生了什麼事呢？波蘭被蠻橫地擠出這個圖像之外：首先是被第二次世界大戰，然後是被隨後得到政權的共產黨人，然後——在接下來的幾十年之間——漸漸地有越來越多人覺得當年對猶太人的迫害也是情有可原；對猶太人受苦受難的往事所重建的記憶和逐漸增強的感受，不只降低了波蘭在猶太人敘事中的地位，也關鍵性地改變了波蘭使其成為負面角色。曾經是猶太人祖國的波蘭，在猶太人被毀滅的過程當中卻坐視不管，甚至於不時扮演幫兇的角色。

對我來說，這個不堪的形象似乎還要回頭追溯到貫穿波蘭猶太人的歷史：以一九三〇年代為起點，一路往回推好幾百年。那個波蘭，對猶太人來說不是一個好地方——可是這個波蘭確確實實就是我從小在家族中不斷聽長輩提起而耳熟能詳的波蘭。於是猶太人的歷史變成一種從地理桎梏解放出來的向前看敘事：從錯誤的地方逃離然後想方設法去到更好的地方。到了現代，這些所謂更好的地方，有可能是西歐、加拿大、美國或者更加問題重重的以色列。但是絕對不會是東歐。反過來說，所謂錯誤的地方，幾乎永遠都是位於實際上或者（更常見的情況下）想像中的東歐，從萊塔河一路綿延到布格河。這個一般認為猶太人在此受苦受難的看法已經完全蓋過更早之前的各種敘述，以致很難再把是非功過給理清楚了。

史：我認為你說得很對。但是我現在想要做的是把你那兩條猶太人歷史的線連結起來，東歐鄉間的猶太人和中歐都會化的猶太人。

我們再仔細看世紀末維也納當時猶太人生活的那種平靜不受時間影響的形象。這是我們從讀褚威格、羅特和休斯克的作品中所獲致的美妙描述。你遠眺著猶太人的成就所構成的地平線一路看過來，眼前是堅實可觸連貫一致的景象，然後你預期會有一個斷裂，因為你知道它接下來會斷。但是在這之前從來都沒有這麼堅實和連貫。從摩拉維亞搬來的猶太人只經過了一代，從加利西亞搬來的已經過了兩代，距離稍早在十八世紀末被摧毀的波蘭世界其實還沒有很久。

那個形象所呈現出來的氣息，是讓年輕人更加確信十九世紀末真的曾經有過那麼一代的猶太人，這些人不只是繼承了這個維也納的世界，事實上是他們創造了這個維也納的世界，然後到了他們老年的時候卻謙虛地把他們的成就歸功於歷史，而不是怪罪歷史把他們的成就給破壞掉了。

賈：褚威格不只是寫出了這個時代，他也因為這個時代而自殺。而且因為接下來發生的事情——一開始是在一九一八年之後，然後是到了一九三四年納粹試圖政變以及在奧地利發生的內戰，還有當然更重要的，是從一九三八年到一九四五年奧地利變成納粹德國的一部分——事後從他的敘述當中我們找到了這整個現象的合理解釋，不然的話真的很難理解：簡單地說，當時所發生的事情是特別沉痛的災難，因為某些獨特的東西就此毀於一旦，永遠不復可尋了。

我懷疑我們有辦法說大部分像這樣世紀末的驚人盛況也曾經發生在印象派之後的巴黎。畢竟，法國（尤其是在巴黎）當時事實上是一個嚴重分裂的社會，彼此抗拒的族群對之前發生的政治事件抱持著不同的看法，在信仰上和社會政策上的不一致也破壞了團結。然而，現在回顧起來，不過短短幾年之內，法國人自己就將過去的幾十年間解釋並理解為——按照褚威格的說法——光輝燦爛的黎明，但戰爭和政治紛擾已經等在前方了——戰爭為了自我合理化，指稱政治是始作俑者；或許，連政治也為了自我合理化，而認為戰爭是始作俑者。

這一段喚起鄉愁的敘述，甚至可以在英國傑出經濟學家凱因斯的作品中聽到回響，語見《和平的經濟後果》。早在一九二一年，他就以一種帶著明顯的憧憬和遺憾世界如此失序的語氣提及戰前的青春歲月。這非常能夠代表維多利亞時期最後幾十年出生的那一代，所集體擁有的生活經驗。這些人生得夠早，還記得十九世紀最後幾年那種可靠安穩的社會氛圍，以及接下來那個世紀第一個十年的樂觀氣息；他們也活得夠久，來得及看見原先似乎不只是能夠長長久久維持下去的繁榮，甚至是正在打造一個嶄新而且希望無窮的世界，但那一切卻在突然之間完全崩潰。

史：每當想起凱因斯，我們很自然地主要把他當成一位創造了一整個經濟學派的經濟學家，他的理論基礎是主張經濟衰退的時候國家可以插手干預。當然，他得到這樣子的結論是來自個人的經驗，這一點你說得沒錯。我們晚一點會在這上面多加討論。但是現在我們先談一些更廣泛的話題：凱因斯以其親身經驗提到第一次世界大戰之前的那個世界，其中有段話說得很棒：那年頭你要出門旅行不需要護照，只消派人去一趟銀行兌換適量的金條，然後訂好橫越海峽的航班，就可以放心上路了。

凱因斯和其他同代人可能都說對了，十九世紀到二十世紀之交確實一切都欣欣向榮，而且不單單是在英國。當時全球的貿易量與日俱增。奧地利人往南把他們的勢力範圍拓展到地中海；甚至連在俄羅斯，也終於出現了土地改革，對長久以來的農村經濟產生了確切的影響。

賈：那確實是一個自信滿滿的時代——然而只是在經濟上，在政治上或者意識形態上並非如此。那份自信以兩種型態呈現。新古典學派的經濟學家和他們的追隨者認為資本主義運作得非常良好，接下來也會繼續稱職演出，而且其內部就能夠源源不斷地提供能量，自行無止境的更新。然而還有另外一種並行的、絕對不會比較過時的看法，認為資本主義——不管眼前多麼繁榮進步——會被它自身的衝突與矛盾壓得喘不過氣來，終至衰頹崩潰。這兩種看法雖然出發點非常不同，但是對未來都有各自的前瞻性，對時局分析自以為是的程度也都超出了一般常情。

十九世紀末的經濟衰退結束後二十年間，是全球化第一次大行其道的黃金時代；世界經濟真如凱因斯原先所建議的那樣逐漸融為一體了。正因如此，第一次世界大戰期間和其後經濟崩潰的規模之大，以及兩次大戰之間各個經濟體陷入緊縮的速度之快，對我們來說，即使到今天都還是很難理解。那些年當中護照制度問世了；金本位重新恢復了（以英國來說是在一九二五年，當時的財政大臣邱吉爾不顧凱因斯的反對把它恢復）；多國貨幣崩盤，貿易量大減。

對上述這段歷史所產生的影響，有一種看法如下：在幾十年的緊縮和刻意保護之後，即使是原來繁榮發展的西歐核心經濟體，也要等到一九七〇年代中期，才終於回到它們在一九一四年的水準。簡而言之，西方的各個工業經濟國（除了美國之外）都經歷了六十年的衰退，期間發生了兩次世界大戰和一回史無前例的經濟大蕭條。比起任何其他事件，這一連串的經濟情況正是我們現在所討論的一切和上個世紀的世界史所生成的背景和環境。

後來當凱因斯在寫《就業、利息與貨幣的一般理論》時（第一次出版是在一九三六年），他所在意的——用「執迷的」一詞也許更為貼切——是穩定與破壞的問題。有別於古典經濟學家和繼承他們的新古典經濟學家（也就是他自己的老師們），他相信在資本主義的經濟體當中，不確定的諸多情況——以及伴隨而來的社會和政治不安——應該要被視為常規而不是視為例外。簡單地說，他是為他剛剛經歷過的世界提出了一個理論：穩定遠遠不是完美市場裡預設的狀況，而是未經規範的經濟活動當中不可預測甚至是稀缺難得的副產品。以各種不同形式出現的干預，則是為了要讓經濟健全發展的必要手段，有些時候，甚至是為了讓市場本身能夠繼續存在的必要手段。這個結論雖然帶著一股明顯的英國調調，卻和褚威格所寫的這兩句話如出一轍：我們曾經以為一切平靜安穩，現在我們才知道所有事情都變動不居。

史：是的，差別之大真的讓人很驚訝，不是嗎——褚威格那本《昨日世界》裡面的第一章，講的就是這種有把握的感受，不過在書中他認為當時就已經不復存在。褚威格那樣說的意思，不只是因為大戰爆發所以情況就改變了。他以何其懷念的心情與精準敘述所追憶的年輕時代，當年舉目所及的一切——他父親的家居生活，人們各司其職、前景一目瞭然的那種社會氛圍——在在都需要經濟上更能確保的環境，可是那樣的時代一去不返了。

對我來說，要把這個情況表達清楚，還有一個稍微負面的說法。第一次世界大戰之後，並沒有出現能夠讓人放心而且實際上有在運作的全球貿易，各國想要讓本國的經濟能夠自給自足這件事，就成了二十世紀歐洲共同的黑暗面。到頭來，納粹和蘇聯都被國家要健全發展就需要規模條件這一整個觀念給迷住了：要有足夠的空間、生產量能和勞工，國家才能夠自給自足，才能夠找回過去全球貿易盛行時各國互通有無所保障的安全穩定——而且有了規模，凡事就能夠按照自己的主張。

果真如此，按照史達林的說法，如果你能夠在一個國家裡面推行社會主義，即使世界革命遲遲無法實現也都無關緊要。只要你有足夠的生活空間，就像希特勒所相信的那樣，你就可以達成可觀的成就：為了主子民族（master race）的利益而推行封閉經濟體制（autarchy, autarky）。

所以，歐洲人想要創造出新型態的帝國，隨之而有的看法是，後帝國主義時期的民族國家規模都太小了。一九二〇年代的奧地利人滿腦子都是經濟上Lebensunfähigkeit的觀念，他們斷定如今失去了一切，被縮減成退據阿爾卑斯山區的窮困小國，奧地利已經不可能再作為一個獨立的政治實體存在了。Lebensunfähigkeit這個字本身就具體表達了那些年的普遍心境：「不足以維持生存發展。」

賈：不管怎麼樣，回想起來兩次世界大戰之間的奧地利，雖說版圖大幅縮水國力也被削弱，所幸這段時間出現了設想異常細膩又悉心安排布置的社會主義運動，直到最終遭到為了反動這個潮流而接連發生的政變所擊敗：第一次在一九三四年，然後在一九三八年又發生一次。奧地利是第一次世界大戰帶給歐陸的全部後果所提煉出來的精華：醞釀著革命的苗頭甚至可能就發生了革命；想要成為一個自給自足的民族國家（偏偏實際上又不可能做到）；經濟上的資源也越來越不足以支撐各股政治勢力在同一個民間社會和平共存。

偉大的歷史學者霍布斯邦論及一九二〇年代在維也納度過的童年和少年時光令讀者印象深刻：你會覺得，他寫到，好像是游移於一個已經被摧毀掉的世界和一個還沒有誕生出來的世界之間的模糊地帶。也正是在奧地利，我們找到當代其他偉大經濟思潮的理論根源，與凱因斯作品的結論激烈相左，其中赫赫有名的諸如卡爾・巴柏、米塞斯、熊彼得以及至高無上的海耶克。

奧地利在一九三〇年代崩潰之後，接下來的四分之三個世紀可以被看成是凱因斯和海耶克之間的一場決鬥。凱因斯，如同我先前所說的，一開始就觀察到在經濟不穩定的情況之下，我們沒有辦法假定穩定的結果能夠自動產生，因此最好是能夠想出辦法來干預以期達成穩定的結果。海耶克，他在寫作時是相當有意識地要對抗凱因斯，同時他根據奧地利的歷史經驗，在他的名著《到奴役之路》一書中，主張任何干預——也就是計劃，不管原先立意多麼良善，也不管在政治上有怎麼樣的前因後果——最後一定不得善終。他的書出版於一九四五年，其中最有名的就是他預言，第二次世界大戰之後英國當時正在成形的福利國家政策，終將步上與一九一八年之後維也納所經歷的社會主義實驗相似的失敗命運。一開始是社會主義式的計劃，最後一定會產生一個希特勒或者跟他差不多的繼起者。對海耶克而言，簡單地說，奧地利給世人的教訓，以及兩次世界大戰當中確確實實廣泛發生在歐洲的災難，可以整理出以下結論：不要干預，也不要計劃。所謂的計劃等於是拱手把主控權交給那些到頭來會為了國家而摧毀社會和經濟的政治領袖。四分之三個世紀之後，對許多人來說，尤其是在美國這裡，他這個看法仍然是二十世紀最明顯重要的道德教訓。

史：奧地利曾經發生的事情如此齊全多樣，不需要多費什麼力氣就能從中擷取矛盾的歷史教訓。當年那群擘劃維也納的社會主義城市規劃者所達致的歷史成就，並沒有複製到整個國家。畢竟，（一如今天）這群社會主義分子在第一次世界大戰之後所掌握的不是奧地利中央政府，而只是維也納的地方政府。他們當時成功興建了名聞遐邇的大片住宅，也創立了極具魅力的小型城市公社等等。但是從這個國家的其他地區看起來，公共住宅正好成為這些計劃之所以危險的一個象徵：就因為公社運作十分順利，於是成了「猶太人」和「馬克思主義信徒」所運用的權力基礎。接著在你先前提到的第一次危機，也就是一九三四年的奧地利內戰中，中央政府（當時由保守的基督教政黨所控制）將大炮一字排開，架在維也納周邊的山上，直接朝社會主義政權開火：轟向「卡爾・馬克思新村」（Karl-Marx-Hof）和所有其他漂亮的工人階級社區，還有他們的幼稚園、托兒所、游泳池和商店等等——市政規劃把力氣都花在這些方面，卻也因此遭受藐視。

賈：確實誠如你剛才所說。然而令人哭笑不得的是，這一番奧地利經驗——明明始終是、而且最主要是一場發生在城市馬克思主義左派以及對這段時間維也納的所有建樹都不以為然的鄉間基督教右派勢力之間的政治交鋒——近來卻被提升到經濟理論的層次，好像當時發生在奧地利的是一場計劃經濟與自由經濟之間的論戰，其實事情並非如此。由於這些事件在順序上是從一個有規劃的城市導致威權鎮壓，最終發展成法西斯主義，有些人就誤以為這樣足以當作證據，來歸納出經濟計劃與政治獨裁之間有一種必然的因果關係。這整套假設脫離了奧地利的歷史背景，而且事實上甚至脫離了當年真正發生的歷史脈絡，被那幾位宣稱自己已經幡然悔悟的維也納知識分子裝在他們的手提箱裡，一起移民帶到了美國——後來不僅啟發了經濟學上的芝加哥學派，而且當代美國所有討論政策選擇的重要公開對話都深受這套思維的影響。

史：我們會再回頭講這個部分。不過在我們暫別猶太氣息的維也納之前，難道二十世紀奧地利的這番前車之鑑不也採取了一種超自然的精神形式嗎？

賈：佛洛伊德的適時出現，對一整代中歐思想家產生了影響。對亞瑟·庫斯勒到馬內斯·施佩貝爾這一輩的人而言，要走出年輕時代以來一直都信奉的馬克思主義，合理的墊腳石就是心理學：根據各人不同的品味，選擇看是要取法佛洛伊德、阿德勒或榮格。就像馬克思主義本身一樣，這點我們也會再回頭來談，維也納發展出來的心理學給了我們一種解開這個世界之所以神秘的方法，同時讓我們發現一套包山包海、放諸四海皆準、可以解析行為與決定的敘事模式。而且或許，相較之下這也是一套比較有心想要深究如何改變世界的理論（只不過這套方法一次只能改變一個人）。

心理學，畢竟，在這個方面與馬克思主義和猶太—基督教傳統這兩者都有顯著的相似性，為我們提供了一套自我妄想、必要的受苦、衰頹乃至於覆滅，以及由此而生的自我意識、自我認知、自我克服，乃至於最終得到痊癒的敘事。我很驚訝在那些約莫生於世紀之交的中歐人後來所寫的回憶錄裡，居然有不少人（其中以猶太人居多）對當時風行的分析、「解釋」和這個新學派的種種分類（諸如神經衰弱、精神壓抑之類的說法）都有自己的看法。這種想要去挖掘表面解釋之下到底有些什麼真相的狂熱，想要去拆穿神秘運作的機制，想要去尋找一個被它所描述的人所否定、但卻再真實不過的故事——不用說，這一切很不可思議地讓人聯想起馬克思主義的發展過程。

史：還有另外一點相似之處。我們從佛洛伊德的思想當中也可以擷取一個由三個部分構成的樂觀故事，就像馬克思主義一樣。與其說我們是出生在一個天性被財產毀掉的世界裡，不如說我們是出生在一個原罪已經（或者還沒）被犯下的世界裡，父親已經（或者還沒）被殺，而母親已經（或者還沒）被睡過——我們是出生在一個因此感到內疚的世界裡，而且我們也不具有那種我們本來應該具有的天性，或許純粹也只是理論上應該具有。但只要我們理解了家庭的結構，而且經過治療，我們就能夠回到某種「天性所賦予」的狀況當中。不過，服膺馬克思會遇到的問題，服膺佛洛伊德也同樣存在：如果有一天我們達到了想像中的烏托邦，那樣的境地實際上到底是什麼狀況，我們還是有點不太清楚。

賈：在佛洛伊德式的故事裡，正如在馬克思主義的敘事中，需要考慮的關鍵是全心全意地相信「只要程序本身正確，其結果必然就會成功」：換句話說，只要你正確地理解以及克服了早期的傷害或衝突，你一定會到達應許之地。而此一成功的保證本身適足以成為需要努力到達那裡的根據。用馬克思自己的說法，他不是在為未來的食譜寫材料煮法；他僅僅是承諾，未來會有食譜出現，只要我們把今天的食材正確地準備好。

史：讓我用一個佛洛伊德式的術語來問一個我發現你在自己的作品中避而未談的問題，或者可以說是關乎這個世紀歷史中的巨大斷裂：浩劫大屠殺（the Holocaust）。你那部歐洲史的書名為《戰後歐洲六十年》，本身當然是有重啟一個新時代的用意。但是你的書從一九四五年寫起，使得你不用寫到猶太人所遭遇的集體屠殺。而且你的歷史著作中確實也很少提出與猶太人有關的問題，甚至明明相關問題已經如鯁在喉應該一吐為快，你也避而未談。所以我的問題是：我們今天稱之為「浩劫大屠殺」的歷史事件何時開始對你個人思考歷史的方式起了作用（如果有起到作用的話）？

賈：如果我對浩劫大屠殺的史料編纂史（history of the historiography）有什麼獨到的見解，那是因為浩劫大屠殺與我這一生息息相關。正如之前所提到的，我才十歲就對這個題目超乎尋常地見多識廣。可是我必須承認，六〇年代我在劍橋大學當學生的時候，對此一主題不太尋常地興趣缺缺——不只是對浩劫大屠殺，連對整個猶太人的歷史都不感興趣。甚至於，當我們在研究，像是占領時期的法國史，但竟然完全沒有談到當年驅逐猶太人的史實，我想我當時也不覺得有半點訝異。

事實上，我當時確實著手寫過一篇以法國維琪政府為題的研究論文，但我所提出來的問題（如實反映了我當時的學術水準）跟法國的猶太人毫無瓜葛。那些年的歷史學家滿腦子想的仍然是有關那個時期右翼政治的本質為何：維琪政府屬於哪種類型的政體？反對改革的？法西斯的？還是保守的？我的意思並不是說我在那些年裡面對法國猶太人的命運一無所知；正好相反。但不知何故，總之當時私下所得的知識從未整合到我的學術關注當中，甚至也沒有整合到我的歐洲研究當中。一直要到九〇年代，這個主題才進展到我學術關注的中心位置。

史：講到這裡或許是介紹一下漢娜．鄂蘭的好時機，她很早之前就把浩劫大屠殺視為跟每一個人都有關，而不只是施暴者和受害者的問題，她這個看法影響了很多人。雖然她自己既是德國人也是猶太人，但她提出了三點看法，呼籲世人不應該把浩劫大屠殺局限在德國人和猶太人之間。首先，她說最好是把納粹的政策放在比較廣泛的「極權主義」這個類別下才更容易清楚理解，而極權主義之所以成為一個問題，是大眾社會的產物。其次，大眾社會轉而反映出「民眾」與「菁英」之間的病態互動，是一種她稱之為現代性的獨特窘境。接著鄂蘭繼續斷言，現代社會的另外一個特徵是責任分散所造成的相互矛盾：官僚機制沖淡以及混淆了個體的道德責任，令人視而不見，於是就產生了艾希曼，並由於有艾希曼這樣的人而產生了奧許維茲。第三點，鄂蘭主張卡爾．雅斯培稱之為「不明說的形上內疚」必須要成為任何一個新德意志共和國的基礎，這點的出處我相信是在一九四六年她寫給雅斯培的一封信裡。透過這種方式，鄂蘭可以說，甚至於在有關浩劫大屠殺的歷史性對話展開之前就把它結束掉了。

賈：你的概括描述講得很好。我發現自己跟其他大多數讚賞鄂蘭的人看法不同。他們幾乎都壓倒性地傾向著迷於她對現代性的本質、共和政體未來的前景、以及集體行動的目標所做的那些志向遠大的思考，還有其他諸如她在《人的條件》一書中所呈現的那種超出哲學領域的思索。反過來說，許多讀者對鄂蘭關於猶太人的見解和她特意鑄造新詞來表達的「邪惡的平庸性」(banality of evil)則感到困擾，甚至為之激怒。

跟以上這些反應相比，我倒是覺得鄂蘭有許多屬於思索性的文章內容難以捉摸、過度抽象到惱人的地步，而這些領域正是必須力求知識論上的準確以及歷史學上的證據。不過她關於現代社會中猶太人處境的見解——從她研究拉赫爾・瓦恩哈根的生平事蹟到她根據艾希曼審判所寫的報告——在我看來似乎都是準確的。我的意思並不是說，因此她每一件事情都說對了。她太過於輕率地譴責東歐猶太人消極不抵抗甚至採取實際行動與納粹合作；換句話說，在衡諸他們所受的苦難之後竟然還加以怪罪。如此地不近人情，招致某些批評她的人斷言，她根本不理解羅茲這類地方的猶太人處境，因為她自己身受德國—猶太式的典型教養，想像所及只有法蘭克福或柯尼斯堡那樣的猶太人環境，那些地方的猶太人有更好的社會關係，能夠更老練地掌握時事變化，也更有餘裕在要留要走還是要抵抗當中做出選擇。

不過，在一件事情上她是絕對正確的。譬如，你想想看那個引人爭議的詞語：「邪惡的平庸性」。鄂蘭的措辭反映出一種韋伯式的對現代社會的精準掌握：在各個國家都由官僚體系所支配的世界上，這個官僚體系本身再被一層一層細分到很小的單位；到了那個底層，決定和選擇就是由，可以這麼說，一個一個缺乏積極主動的個人來執行。在這樣一種制度環境之下，沒有行動就變成了行動；缺乏主動的選擇就取代了選擇本身，以此類推。

回想起來，鄂蘭是在六〇年代初出版了《艾希曼在耶路撒冷》。當時她所論證的道理還沒有成為一般人公認的看法，還要再等個一二十年才有所改觀。到了八〇年代，在納粹以及各式各樣極權主義的歷史這類領域的專家眼裡，這已經成為一般共識，這些歷史如果被簡化成：一群又一群惡毒的人，有意識地刻意犯下罪行，以存心傷害別人的故事，那麼後世就沒辦法充分地掌握住事實的要旨了。

從倫理或者法律的觀點來看，當然後面這個觀點更有道理：我們不僅對集體責任或集體過失這樣的觀念感到不安，我們還需要某些意圖和行為的證據，以便在爭執有罪與無辜之間安排出令我們滿意的答案。但法律甚至倫理的標準並不是我們在解釋歷史時僅有的依據。而且這些標準確實沒有辦法充分說明，以何種方式和為了什麼，那些沒有什麼特別、所作所為也平凡無奇（就像在管理火車時刻表那樣）的人，能夠在良心不受困擾的情況下，卻製造出非常巨大的罪惡。

克里斯多夫．白朗寧的《普通的人們》一書中，也提出了相同的問題。這本書寫的是有關德國占領波蘭時期一支德國保安警隊的運作始末。我們在此要探討的是，那些原本籍籍無名隱身於世的人，卻日復一日、週復一週地犯下從任何標準來看都是構成違反人道的罪行：大量集體地射殺波蘭猶太人。我們應該從何開始思考他們的所作所為，為什麼他們當時會那麼做，還有我們要如何描述這個始末？鄂蘭起碼提供了一個起點。

史：鄂蘭致力於你剛剛所說的，對究竟發生了什麼事，想要去尋求一個普世皆準的確切描述。當然啦，尚—保羅．沙特那段時間也想找出同樣的東西；他也著手為二戰期間歐洲所發生的事情提出一套普遍的心理描述。存在主義者對於道德性的創造與責任所抱持的想法，是面臨這個已經脫離固有內在價值的孤寂世界所給出的一種回答。這一切都來自於馬丁．海德格，在此不多贅言；稍後我們會再回來談其中的關連。

我們先假定，鄂蘭是對的，浩劫大屠殺的重要性不要窄化地局限在猶太受害者與德國犯行者之間，而是要用普遍的和倫理的依據來加以掌握。如此看來，受到戰爭啟發的存在主義者，似乎勢必會考慮在這場浩劫大屠殺中最孤零零的受害者。由此引出了一個問題，那就是沙特自己相對地不太關心法國人應該在浩劫大屠殺當中承擔什麼責任的問題。

賈：我不認為沙特最糟糕的缺失是他沒辦法看清楚第二次世界大戰。然而我確實認為，淪陷時期他在政治上的短視，應該放到他一直以來不關心政治的世界觀底下來參照才能夠加以理解。這位仁兄，說到底，可是在沒有任何明顯的政治參與或反應的情況下，設法順利活過了三〇年代，儘管他曾在德國待了一年，也曾在法國歷經人民陣線那段眾所矚目的紛紛擾擾。毫無疑問，從現在回頭去看，沙特——跟他的許多朋友一樣——當時對這一切也覺得不安。他後來在道德上的一些論述，有關於真誠、不真誠以及責任感之類的相關主題，或許最好是理解成他對自己的良心不安所做的追溯投射。

不過，有關於沙特，我一直覺得困擾的是，即使在三、四〇年代事態不明的狀況解除很久之後，他還是持續沒有想清楚。到底為什麼他會如此執拗地拒絕討論共產主義的罪行，甚至誇張到連對史達林晚年的反閃族思想也一直保持顯而易見的沉默？這個答案，當然是在於他先前就已經仔細考慮打定主意，絕對不要以倫理為依據，或者至少不要以一種會把他自己的倫理承諾牽涉在內的語言來思考這些罪行。簡單地說，他找到方法來逃避一個困難的選擇——與此同時他卻持續堅稱，逃避困難的選擇不折不扣正是不真誠的具體表現，他還以定義這種不真誠並且加以譴責而聞名於世。

就是這個令人無法原諒的混淆——或者說得更直率一點，虛矯——使我覺得無法接受沙特的這套說辭。這並不是說他那一代人特別混亂費解：跟沙特出生差不到一年的，除了鄂蘭，還有亞瑟．庫斯勒和雷蒙．阿宏。出生於一九〇五年前後的那一代，無疑是二十世紀最具有影響力的一群知識分子。希特勒掌握權力時他們才剛成年，不管願不願意反正就被捲入歷史的旋渦，面臨那個時代所有悲劇性的抉擇，無力可回天只能選邊站或者讓別人幫他們決定站在哪一邊。戰後，他們因為還算年輕，大多躲過了前輩們所蒙受的身敗名裂，並且使出他們在知識與文學上早慧的影響力，在其後的幾十年裡主宰了歐洲（和美國）的藝文學界。

史：馬丁．海德格本身因為同情納粹，造成他在美國幾乎完全不被接受，甚至許多美國知識分子相信他的現象學裡蘊含著國家社會主義。同時間沙特的存在主義，思想源自於海德格，卻在美國的大學相關科系裡大受歡迎。但是回到我們關心的主題：不只是鄂蘭和沙特，當年那一整代歐洲知識分子都跟海德格在學術上相關，無論是直接受教於他或者沒有那麼直接。

賈：講到這裡，更要詳述是從一九三〇年代到六〇年代「後黑格爾」（post-Hegelian）與「後唯心論」（post-idealist）的德國思想對後世空前未有的衝擊。著眼於德國哲學的影響此一觀點，整個始末應該要把馬克思主義思想在西歐的興起（以及後來的沒落）也包括在內；馬克思的知識魅力——明顯有別於那些掛他的名字來運作的政黨所產生的政治影響——跟學術圈日漸熟悉他的早期著作以及他早年在青年黑格爾派當中的論爭與對話密不可分。不過至少從一個更狹隘的法國觀點來看，顯然那些十九世紀偉大的德國人與其繼承人的魔力，部分在於跟法國本土的哲學傳統形成了鮮明的反差，而這些本土傳統到了一九三〇年代與新生代所關心的事情完全風馬牛不相及。現象學最早源出於胡塞爾，然後來自他的學生海德格，這門哲學提供了一套動人的想法，認為自我是某種比佛洛伊德心理學所揭示的自我更為深奧的存在，從而提出一個概念：有關於身處一個不真實（inauthentic）世界裡的真實性（authenticity）。

就連在當時以及之後，從來都不受潮流風向影響的雷蒙．阿宏，也在他一九三八年問世的博士論文中寫道，德國思想為洞察理解本世紀和這個時代提供了唯一的方向。確實，我想不起在那些年裡有什麼重要的思想家——英美兩地的學術圈就別提了，早已經深受奧地利經驗主義的影響——會不贊同阿宏的看法。無論是法國還是義大利，再往東就更不用說，都沒有任何足以和德國現象學的存在主義闡釋互別苗頭的理論，這股思潮在二戰之後那些年裡還將進而主宰大部分的歐陸思想。確實，令人感到頗為諷刺的是，隨著納粹主義的失敗和德式文化生活的徹底荒廢，這個國家只有在這個領域仍然維持了二十世紀早期以來的主導優勢。

史：隨著納粹德國的崩潰，鄂蘭、雅斯培以及隨後稍微晚輩的政治哲學家哈伯瑪斯找到了一個容身之處：歷史。「我們」——這裡的「我們」指的是鄂蘭和雅斯培——「體驗過萬丈深淵，現在要把這個經歷昇華為一種政治上的道德哲學。而且我們碰巧具備哲學的工具與專業術語來完成這項任務，受惠於我們所受的德國教育，這些都唾手可得任憑我們差遣。也許我們開拓這道新途徑的方法缺乏條理，但我們將會清楚闡明並且令人信服。而我們真正要致力的，毫無疑問是明確表達出一種將德國的歷史經驗轉化成為憲政思想辯護的論證。」

賈：我有點疑惑，哈伯瑪斯的憲政思想和他所強調的歷史負擔，可以完全類比於例如鄂蘭所闡述的那種共和主義的倫理規範。後者在我看來似乎與英國或美國思想傳統上所理解的「共和主義」相當不同。我認為這套思路並非奠基於一種對歷史的陳述，甚至也不是一套觀察自然形勢或人性機巧所得的理論（就像啟蒙運動中的對話），而是更接近於剛過世的朱迪絲．施克萊稱之為「恐懼的自由主義」（liberalism of fear）那種思想。借這個概念造詞，鄂蘭的共和主義可以說是「恐懼的共和主義」。循著這個思考方向，一個現代民主政治的基礎，必定是我們從歷史的觀點中意識到，不去打造並維護一個現代民主政體所可能產生的後果，絕非我們所樂見。說得更白一點，真正重要的是我們要盡可能地理解把事情做錯的風險，而不是過度狂熱地獻身於把事情做對的使命。

史：鄂蘭、雅斯培和哈伯瑪斯所提出來的解方都太過脆弱。如果第二次世界大戰是一個歷史上的特殊時刻，我們可以從中擷取出某種形而上或者至少超越政治層次的教訓，這就意味著有一道限制我們怎麼去談論這個教訓的禁忌。這樣無疑就會產生另外一種問題：歷史學家和其他人終究對於這段過去就會頗有微詞——而這只不過是因為我們所知多於先前——如此一來就跟憲政主義者（constitutionalists）致力於表述令我們難堪的歷史並加以運用的方式有所牴觸。

賈：或許你說得對，不過我們需要把背景先給理一理。時至今日，一定要記住的是，鄂蘭、雅斯培或哈伯瑪斯心裡面的那個共和國是西德。戰後世界不止一個德國，也不止一個德國問題。自一九四九年成立以來，共產東德似乎遠比西德更加嚴肅處理納粹主義。確實在公開檢舉納粹主義這件事情上，他們真的表現得更加積極進取，這是由於東德在意識形態上占了明顯的優勢。對比之下，西德境內仍有許多人對納粹政權抱持同情——像這樣的立場並未遭受新的聯邦共和國當局積極反對。納粹主義或許因為引發災難性的挫敗而讓他們失望，但除此之外並沒有被視為犯下任何滔天大罪。

這個觀點一直都存在德國人的心目中，而且還被一種自覺犧牲的感受所強化：戰後大量德裔民眾被逐出東歐和中歐，而且被俘的德軍士兵也一直都還持續囚禁在蘇聯，這些點點滴滴都助長了這類的情緒。於是，在顯然無法將戰敗的意義與道德上的屈辱整合起來的西德，與（至少按照他們自己的陳述）完全可以自圓其說、不折不扣地把自己描述成一隊反法西斯的分支抵抗勢力、而非一個敗戰法西斯國家的東德之間，就出現了越來越顯著的分立。

到了五〇年代初，美國人、英國人，當然一定還要加上西德總理康拉德·艾德諾，他們一起重劃的不僅僅是政治上的界線，也是道德上的界線：如今的問題是要施行冷戰以對抗極權的共產主義。德國人先前是麻煩，現在卻成了解答，一道攜手對抗新敵人的同盟防線。把德國武裝起來就可以強化對抗蘇聯的西方聯盟。在法國，對如此急速的換檔還是有一定程度的不情不願；但在英國，尤其是在美國，這整個過程進展得迅捷平順。但也正因如此，給了為數不少的左派分子一個藉口，把美國塑造為冥頑不靈的德國國家主義甚至納粹主義的事後幫兇。這種情緒最早浮現在六〇年代中期，之後將成為西德境內的新左勢力與議會體制外政治所運用的部分核心修辭策略。

史：冷戰確實抑制了西方對於浩劫大屠殺的討論。但這不表示蘇聯就有多熱衷於推動這樣的討論。我們對浩劫大屠殺還有許多未知的部分，而我們之所以還未知道，其中一個原因就是蘇聯對待浩劫大屠殺的態度。在戰爭當中，史達林處心積慮地利用猶太人問題，藉此從他的西方盟友那裡獲得金援；後來他立場丕變，轉而對付曾經在那回的公關運作中幫助過他的猶太人，有些被他殺害了，有些被逐出政壇。

結果，特雷布林卡這個地方完全從蘇聯的二戰歷史中消失了。蘇聯小說家瓦西里·格羅斯曼在擔任戰地記者期間，曾於一九四四年九月造訪特雷布林卡。格羅斯曼對大饑荒、史達林的恐怖統治以及史達林格勒攻防戰的始末都瞭若指掌；他知道自己的母親在別爾基切夫被德國人所殺害，所以當他來到特雷布林卡，看著眼前這片神秘的原野時，他毫無困難就猜出到底發生了什麼事：德國人用毒氣殺害了幾十萬猶太人。因此格羅斯曼就寫了一篇很長的文章，題為〈特雷布林卡地獄〉。

但是這一類寫作，因為強調的是猶太人遭遇的特殊性，所以能夠出版的時間很短。戰爭結束不到幾年，史達林的立場突然逆轉——不僅在蘇聯，同樣的情形當然也出現在共產波蘭以及所有東歐共產國家。這個政策轉向的後果，是強行把遭受納粹毒手的對象予以普遍化，事後證明這麼做造成了持久的影響：共軍收復失土之後，所有先前在特雷布林卡或其他集中營裡遭到屠殺的那些人，都被視為一般普通人，只是與世無爭的蘇聯（或波蘭）百姓。

賈：當然在蘇聯這類控制之下也不乏例外，戰爭當中某些能說意第緒語的演員和猶太人確實還是有機會去紐約賺錢。而且顯然對於任何在馬克思主義傳統下長大的人來說，用階級術語來解釋法西斯主義顯然會更容易想得通。尤其是那些年的蘇聯領導階層，很習慣就把「衛國大戰」（Great patriotic war）形容並宣傳為一場反法西斯的鬥爭，而避免說成是投入與戰前不久才剛跟史達林結盟的德國之間的對抗，當然更不可能界定為一場反抗種族主義的戰爭。因此在這樣的充足理由之下，猶太人在整個始末當中就消失了。

並不是說猶太人在戰爭期間所受的苦難被否認或者貶為微不足道。諷刺的是，東歐和蘇聯的猶太人在被滅絕的過程中，終於獲得了很早以前開明的歐洲人就承諾給他們的平等地位：他們變成公民，就跟其他每個人一樣，不再區分彼此了。如此一來，他們從兩個層面來看都是最倒楣的：由於身為猶太人而被殺；可是被後世緬懷和官方悼念的時候，卻只被當成殉難時碰巧所在的那個國家的公民。

甚至到了今天，還是有許多人比較樂於接受蘇聯對德國當年大屠殺的說法，儘管這些人對馬克思主義或蘇聯根本也沒有半點好感。因為戰後蘇聯的史書編纂和政治宣傳都著重於全國受到的迫害而非任何種族受到迫害，以致官方所授權甚至鼓勵大肆炒作的都是全國受難與全國抗戰。

我的好友與同僚楊・葛羅斯可能會在這裡補上幾句，說蘇聯這個版本在某些地方還有特別的吸引力：波蘭和羅馬尼亞無疑就會買帳，或許斯洛伐克也會如此。將各類受害者全部混為一談，不管當年那些人是因為宗教、「種族」、國籍而遭受謀殺，或者正好在一場空前慘烈的占領與毀滅戰爭中殉難，蘇聯的說法抹去了些許尷尬，讓羅馬尼亞和波蘭等地的猶太人被消滅一事，不至於成為當地人會深切懊悔的往事。當所有的受難者都被拋到一塊，那麼回頭予以追究或進行史學修正的風險也就變小了。死者當然會希望能反對這種對他們所經歷的不幸避重就輕的重述，不過反正死者也無法投票表達意見。

史：好吧，如果你是個波蘭猶太人，而你成年後都是生活在戰後的波蘭，不管怎麼說已經跟那個社會同化了，並且事業也還算成功，就跟一九六八年共產黨發動反猶運動之前的某些人一樣，那麼你會很難把自己跟那一段歷史分開來。但是我們不能把這整個始末和後續的糊塗帳都算在史達林一個人頭上；很大的一部分責任還是屬於希特勒。雖然二戰當中被殺害的波蘭人沒有波蘭人所認為的那麼多，但仍然為數不少。你也知道，一定沒有到通常所說的三百萬人，或許也還不到兩百萬人，而是更接近於一百萬人；但一百多萬人仍然是一個很可怕的數字。

更何況，當初所發生的事情本身也有模糊不清的地方，例如你可能有兩個人都為波蘭救國軍——類似於法國地下軍——的情報組織工作，他們裡面的猶太人比例高得出奇。其中一人由於某個政治上的原因或者偶然的事故而身亡；另外一人因為猶太人的身分遭受處決，因為猶太人很容易用千奇百怪的理由被人告發。或者不妨回想當年的華沙猶太區，被夷為平地後變成德國人用來幾千個、幾千個處死波蘭人的地方。接著波蘭人的屍體，就在之前臨時搭建起來燒猶太人的火葬場中焚化——確實，有時候一起被燒的還有之前倖存但這回同遭圍捕的猶太人。這些人的骨灰，當然，也就混在一起了。

賈：錯綜交織的歷史事件形成理解上的問題，想要更加理解這些事件的構成要素，我們必須要把事件拉開來。但為了要看到整個始末的全貌，又必須將這些要素重新混編在一起。可惜的是，多數有關東歐猶太人以及東歐本身的歷史著述，所運用的原則要嘛就強行拆開，要嘛就打定主意拒絕拆開。拆開來看會使一部分的始末遭到扭曲；但是不肯拆開來看，相對地也會在某些其他層面產生扭曲的效果。

這樣進退兩難的窘境，對細膩的歷史學者來說是很真實的感受，但是在西歐並沒有出現這樣的尷尬情況；確實，這也是為什麼在歐洲東半部，第二次世界大戰的歷史比較難以詳述也比較難以理解的原因之一。維也納以西所面對的那種敵我難辨，我想，我們都了解得非常透徹。其中所涉及的是到底要抵抗、還是要合作，以及介於這兩端之間的不同作為和不同後果——這些往往取決於戰前已經存在的政治衝突，只是偽裝成戰爭時期的選擇要人選邊站。在西歐，所謂的「灰色地帶」——淪陷區的居民面臨了各種事關抉擇與機會的複雜道德處境，以及當事人在戰後所說的謊言和他們散播的各種對自己有利的錯覺——已經被討論得很多。簡單地說，我們很清楚，為了要了解那段時期的歷史，必須要拉開來的構成要素有哪些。但是在東歐要決定怎麼辨識出這些構成要素本身，對研究那段時期的歷史學者而言，仍然還是首要任務。

史：但是這麼一來東歐史的付之闕如有可能會成為一個超越東歐範圍的問題。如果對當年發生在那裡的事情沒有一個清楚的描述，德國人就能夠溜回到國族史或國族受難史當中。讓我深受衝擊，而且想知道你是否也有同感的是，二十世紀八〇年代德國人所討論的話題，跟九〇年代和二十一世紀前十年存在著某種差別。這一個顯著的差別在於「訴諸歷史」（historicization）與「訴諸受害」（victimization）之間的對比。在八〇年代，西德最熱中的爭論仍然是希特勒統治的那十三年間到底在國族史上要放在怎麼樣的地位。這場磨人的對話當中所用的術語，鄂蘭和雅斯培早在接近四十年前就已經準備好了。當哈伯瑪斯在八〇年代後期挑起「史家論戰」（Historikerstreit）時，他的目的是要重申納粹時代在道德上的獨特性質。批評他的人當然反駁他說歷史不能用這樣的道德調性來書寫；但不管是採取哪一種方式，我們還是必須找到一種方式來敘述德國史，哪怕是冒著把德國史給「正常化」（normalizing）的危險。然而不到十年的時間，在一九八九年的革命之後，這場爭論轉變成對戰不休的相互指控：受苦受難的是誰？造成這些苦難的又是誰以及到底有多苦難？至此已經變成相當不一樣的問題了。

賈：我同意。在德國直到很最近，到底誰比較受苦受難這個問題才被視為界定歷史問題的一種合理途徑——當然，本身在政治上就已經沒有正當性的階層除外。更何況你也不會想到還得去面對德國人寫書描述盟軍轟炸之下的德國有多麼悲慘。尤其是很難想像，君特·葛拉斯居然會寫一本暢銷書來悼念在威廉·古斯特洛夫號（戰爭最末期在波羅的海上被蘇聯擊沉）上失事溺斃的德國難民。並不是說這些人本身不適合被當作歷史主題；但刻意強調德國的苦難，而且還暗地裡拿來跟其他人遭受德國毒手的苦難相比較，難免造成一種會把納粹的罪行給相對淡化的危險。

如你所說，這一切確實在九〇年代的過程中發生了變化。有趣的問題是為什麼。其中一種答案是因為代與代之間產生了轉變。直到八〇年代中期，哈伯瑪斯還是可以宣稱——對許多他的讀者來說這個講法毫不為過——他的德國同胞還沒有掙得把他們的歷史予以「正常化」的權利：對他們來說這個選項還沒有開放出來。然而十年之後，歷史本身把德國正常化了——多虧了一九八九年的革命，德意志民主共和國（GDR）消失以及隨之而來的德國統一，正常化這件事就變得……正常了。

時至今日，德國不僅是一個重新統一起來的國家，而且即使是從最微小的意義來說，也不再是個被占領的國家了。第二次世界大戰，在持續了將近五十年後，就此在法律上和歷史上正式結束。德國的正常化，可以預料地，促使了德國歷史的改寫，也因此重塑了整個歐洲。今天，德國人和其他民族用來回溯過去的詞語，跟我們向來所熟悉的其他歷史撰寫模式相去不遠。既然這個觀點上的轉變正巧發生在「自覺受害」（victimhood）的心態盤據西方歷史與政治爭論的舞臺正中央之際，我們就不應該驚訝於誰更受苦受難、需不需要道歉和究竟怎麼紀念這些問題——從美國的身分政治到南非的真相委員會，這些話題是否有點似曾相識——會在德國人的對話當中占有一席之地了。

長久以來，因為各說各話的「真相」與公諸於世的代價，使得說出來這件事令人裹足不前；然而「說出真相」如今本身變成了一項美德。你不得不說的真話越是重大，你就越能夠喚起國內同胞與旁觀同情者的注意。因此，儘管存在著明顯與猶太滅族大屠殺此一根本事實相互衝突的危險，許多人還是選擇公開發言，把德國那些年不少令人覺得不太舒服的故事給說出來。

當然，這裡面真正的問題是，當一群具有共同經驗的人提到所謂「說出真相」時，他們的意思不只是要把他們所受的苦難予以極大化，同時也隱含著要把其他人所受的苦難予以極小化。

2 倫敦與語言：英國作家
London and Language: English Writer

對我來說，學校既不是家也不是家以外的逃避。其他的小孩，包括我的朋友們在內，都有講話不帶口音的祖父母。雖然只是在一些小地方顯得不一樣，但是這些差別讓我覺得費解，或許還有一點讓我覺得跟大家格格不入。在我的世界裡，祖父母和外祖父母都有口音。那就是祖父母和外祖父母的特色：他們說話你沒辦法聽得很明白，因為他們會毫無前兆地轉成波蘭語、俄語或意第緒語。我念小學的時候，校長沒頭沒腦地突然對猶太人大表讚賞，一度還拿我當作猶太人有多聰明的一個典範，害我之後飽受班上半數同學的嫉妒反感。這種嫉妒反感在我剩下的小學歲月裡一直如影隨形。

到了十一歲的時候，我被伊曼紐學校錄取。伊曼紐原本是一所接受當地政府直接補助，所以實質上不用學費的菁英學校，後來卻因為英國教育制度被誤導走向綜合化，以致被迫轉入私立部門。當時學校裡有一千多個男孩，其中猶太人我相信絕對不會超過六個。我遇到過很多次反猶挑釁，來自於父母無疑也是反猶的男同學。那些年，在這所學校招生範圍的南倫敦中下階層和勞動階層裡，抵制猶太人的心態並不罕見，沒有什麼不尋常。

我們忘了反猶心態在英國曾經多麼普遍，至少在一九六〇年代社會起了劇烈轉變以及對浩劫大屠殺的關注意識浮現之前，反猶心態隨處可見。邱吉爾一定沒有忘記。他麾下的戰時情報部門會讓他時時掌握猶太人在英國社會是如何遭到普遍地猜忌，他們也會不斷營造出眼前這場戰爭是「為他們」而戰的印象。正因如此，邱吉爾在戰爭期間會壓制社會上對浩劫大屠殺的討論，也會嚴厲審查皇家空軍是否應該轟炸集中營的公開論辯。

英國在我成長過程的那些年裡，很明顯地猶太人還是屬於少數的外來者，當時幾乎沒什麼亞裔，黑人就更少了。如果說猶太人是被猜忌的對象，尤其是在伊曼紐學校所屬的學區裡，並不是因為我們的學業成績表現出眾，甚至也不是因為我們天生擅於做生意或者成功過了頭。就只因為我們是外人：因為我們不信仰耶穌，而在那些年大部分的人都還是信仰耶穌的，而且因為我們來自或者被認為來自奇怪的陌生地區。公然反猶的男孩其實人數相當少，但是他們作風招搖，忝不知恥。

雖然橄欖球或許對我有點幫助，但在這類男孩眼中，我就一直是那種戴著眼鏡的典型小孩。有一兩次我因為被反猶的嘲弄所激怒，跟他們打了起來。這種常常瀰漫著敵意的周遭氛圍，顯然減損了中學生活在我心目中的魅力。我去學校用功上課以及參與運動，回家的路上還得留意提防那些壞孩子。除此之外，我對那一整段經驗完全不感興趣，回想起來那幾年裡面很少有什麼愉快的記憶。

我從學校裡沒有辦法得到絲毫集體認同的意識。我從小就是一個獨來獨往的孩子。妹妹比我小八歲，所以我們會玩在一起的時間不太多。從七歲到十五歲那個年紀，我最喜歡的休閒活動是在我的臥室裡讀書，以及騎腳踏車和火車旅行。伊曼紐十九世紀末葉遷校到了巴特西的一塊三角地帶，就在克拉珀姆交匯站的南邊。這個地點位於兩條鐵路的中間：往南的路線從維多利亞站出發向東走，往西南的路線則是從滑鐵盧站出發、從學校旁邊經過，往西到大西洋港口。每一堂課、每一段對話都會被火車駛過的聲音打斷。學校，這個造成我青春期孤單落寞的主要源頭，至少暗示了一條逃避的途徑。

雖然如此，學校還是讓我受到跟任何一個基督徒孩子沒有兩樣的教養與影響。就算沒有別的益處，這番教育也使我具備了素質較佳的英文能力，感謝無可匹敵的《欽定版聖經》。不過我認為這所學校對我的影響遠不止於此。即使到了今天，如果你問我，在正統的猶太聚會所與鄉間的聖公會教堂之間，我置身於何處比較自在，我還是得說兩者都很習慣，只是習慣的方式有所不同。在正統的猶太聚會所裡，我能夠馬上辨識並且參與其中正在進行的一切，但是我完全不覺得自己是周遭這些人當中的一分子。反過來說，在一座英國鄉間教堂與其附近社區的世界裡，我覺得完全自在，儘管我跟他們之間根本沒有一致的信仰，也並不認同這所有儀軌的象徵含意。

學校用另外一種方法把我教養成英國人：我們大量閱讀英國文學作品。伊曼紐遵循的是劍橋的高中教學大綱，毫無疑問是當時被認為最嚴格的課綱。我們閱讀古詩：喬叟、莎士比亞、十七世紀的玄想派詩人和十八世紀的奧古斯都派詩人。我們也讀一些散文：薩克雷、狄福、哈代、華特·史考特、勃朗特姊妹和喬治·艾略特。我得過一個跟英文有關的獎，獎品恰如其分是一本馬修．阿諾德的書。那些年我的老師們都受到F．R．利維斯的影響，鼓吹一種對英國文學教養極盡保守的看法。

這種觀點在當時相當普遍，認為到了一九六〇年代，孩子們仍然能夠從一種跟過去前幾代人所接受的幾乎沒有不同、甚至還更好一些的教育當中獲益。或許是有了這一系列傳統文化的薰陶，這種即使對英國無法百分百但對英語絕對能優游自在的感覺，使我這樣的人能夠輕鬆地從激進的青年政治參與轉身投入後半輩子的自由主義主流。

過程中容或有些波折，學校教育畢竟傳授給我對英語這個語文以及用英文寫作的深刻體會，這些根基從此牢牢跟著我，不因我的研究興趣與相關人脈多在國外而予以淡忘。跟我同時代許多英國出身的歷史學者，隨著學術潮流、個人傾向或者專業焦點的轉移，都長居歐陸。我想我也曾走上那個方向。不過跟他們大多數人比起來，我認為我還是更深深感覺到自己仍然是個英國人，雖然這麼說聽起來或許有點費解。我不知道我的英文是不是寫得比別人更好一些，但我知道我寫的時候可是發自內心地樂在其中。

史：我們先前已經提及第一次世界大戰在歐洲所產生的重大精神意涵。一戰之後在歐陸所發生的體制崩潰延後十年在英國也接續發生。雖然說在其他帝國裡——例如像哈布斯堡王朝那樣的內陸帝國——這種破壞清楚而立即：戰爭，落敗，革命成功或者不成功，但不管以何種形式都在短期內演變成一個新的世界。確實，整個中歐與東歐抗拒這些改變達數年之久，在東邊還有些軍隊持續煞有介事地戰鬥到一九二〇年。但某種新的現象正在形成當中：整個大局來說，凱恩斯無疑是對的。版圖規模略小的英國，相形之下，還有可能再多做一陣子重新回到戰前世界的美夢。

賈：一九二〇年代最具有代表性的聲音是伊夫林．沃的《粗鄙的肉身》：把第一次世界大戰之後那種強調及時行樂、有點蠻不在乎的態度和有感於社會改變的陰影步步進逼而在階級意識上的淡漠以對結合起來。擁有特權者可以繼續享用他們的特權，至少還可以再享用一陣子：戰前生活與種種門路排場仍然形式上存在，即使實質上已經大不如前。還記得史蒂芬．史班德，當時典型的左翼人士（同時也是詩人），他在回顧三〇年代時將之視為政治演變的關鍵十年；但他跟其他許多人一樣，在記憶中卻把二〇年代相對看成政治上顯得平靜無波的時期。不到幾年的時間，英國的思想家、作家和學者們突然都驚覺兩次大戰之間政局紛擾的現實；但他們在國內找不出什麼參照來據以理解這個近來充斥著承諾與約定的新奇世界。

確實，英國的歷史經驗與歐洲絕大部分地方都不同，對英國來說大蕭條並不是一連串危機當中距今最近的一個；自始至終就只有大蕭條這個危機。經濟應聲而倒摧毀了政治上的左派：不過兩年前才高奏凱歌贏得勝選的工黨政府，一九三一年在失業與通縮的重重挑戰之下便丟盔卸甲地垮台了。工黨本身也從此分裂：其中相當大的一部分，包括原先黨內多數的領導者，都進入了與保守黨共同組成的聯合內閣，也就是當時所謂的「國民政府」（National Government）。從一九三一年開始到邱吉爾在一九四五年大選挫敗為止，政治上的保守派分子統治了聯合王國，跟他們攜手合作的是零星幾個改變初衷的工黨人士和曾經在勞合．喬治領導下一度輝煌的自由黨碩果僅存的老臣。

因此這一段時期幾乎可以說，政治上的左派不但是在野，而且完全脫離權力的運作。左派內部所有政治性的爭執，以及所有一切對現行體制表達異議的討論，都被迫只能發生在傳統的議會政治之外。如果兩次世界大戰之間的英國知識分子後來變得比他們在三〇年代之前所扮演的角色更加吃重，並不是因為國家突然間醒悟到他們在文化上的重要性，也不是因為他們整體而言變得更有政治自覺，而更加「向歐洲看齊」（European），單純只是因為在這段時間內沒有任何其他的公共空間或者對話討論，可以闡述和辯論激進的異議與意見。

史：我不記得是史班德的哪一任妻子，我想是伊內茲，我也不記得到底是史班德寫給她的，還是她寫給史班德，不過我想是她寫給史班德的信裡，其中有這麼一行，「一開始你愛得太少，後來你又愛得太多了，」信是在他們離婚後寫的。這可以用來形容英國二〇年代和三〇年代之間的區別

賈：很貼切！

史：史班德在英國悠閒度過二〇年代之後——我只是拿他來舉例——跟克里斯多夫．伊舍伍德和奧登一起先是去柏林，接著又到了維也納，在當地目睹了那場失敗的納粹政變和一九三四年的內戰。他也在鬧革命的西班牙盤桓了一段時間。這一切在他那十年中的回憶錄《世界當中還有世界》裡

被描述成一段「被現實追著跑」的經驗：言下之意彷彿現實是一種不應該來煩人的東西，但如今既然已經煩了人，現實需要被承認。

賈：很巧，史班德周遊列國的地理路線和引發的議論都讓人聯想起後來雷蒙・阿宏所寫的觀察。在希特勒崛起掌權之際，阿宏還是一個在德國教書的青年研究生。他不久之後回到法國，拚命設法讓他的同僚以及同代人明白正在加快腳步逼近的現實，這些人當中包括了當年完全漠不關心的沙特。毋庸置疑，法國的情形在許多方面都和英國不同，但對照起來也有相似之處。在法國，二〇年代相對而言也是去政治化的十年，至少對知識分子而言是如此，反觀到了三〇年代，順理成章，就成了一個狂熱投入的時代。

之前就已經說過，那個「先前太少，隨後太多」的症候群——擺盪於漠不關心政治與憤而投身政治的兩極之間——或許在英國比在其他任何地方都更嚴重。正是在英國，從一九三四到一九三八的關鍵那幾年，共產黨居然能夠慫恿一整代出身中上階層的牛津、劍橋大學生成為同情共產主義、挺身為之辯護、積極活動參與的同路人，甚至其中有些人還乾脆變成了對方的間諜。

史：我想知道你同不同意左派的吸引力有很大部分是跟德國威瑪共和的那段經歷有關——至少對當時有些人來說是如此，雖然劍橋那些人不在此列，他們要到十年後才現身。因為我在想，對那個時代諸如奧登、伊舍伍德和史班德等人來說，威瑪德國是世界上最吸引人的民主國家：他們當時擁有教養最好的年輕人和最佳的政府組織架構。

賈：當然是如此，在奧托・華格納與異裝癖之間，德國當年看起來比英國要有趣得多；而且說實話，真真確確是比較有趣。在柏林和維也納，當時確實都有一些不尋常而且有趣的事情在發生。一下子從牛津來到這個文化氣息濃厚的地方，對於這些英國年輕人來說，可想而知心中的對比一定非常顯著。不過，即使對法國人來說也是同樣的強烈。年輕的阿宏顯然認為，如果他想要完成他在哲學和社會學上的學業，就應該在德國生活與學習；以這層考慮來說，至少沙特也有同感，他也花了一年時間在德國學德語（儘管一點兒也沒學到德國的政治）。跟其他許多人一樣，他們也被這個地方十足的能量所吸引，激動不已——其中當然也包括了政治上的黨派爭執所爆發的負面能量。

威瑪共和一直迴響在此後的幾十年裡。不免令人想到我們的同行艾瑞克・霍布斯邦——以這些目的來說，他應當被視為一種跨越國別的英國知識分子：他在三〇年代的過程中離開了童年時生活過的奧地利與德國，打進劍橋的學術圈。在威瑪共和逐漸化為烏有的那幾年，正好生活在柏林的霍布斯邦，十五歲的年紀適足以強烈感受到當時的社會氣氛與事態演變。在他的回憶錄當中，有一段非常感人而且充滿信念地描述他在那幾個月裡的感受：他覺得當時比他漫長人生的其他任何時期都更活在當下，更加地投入，在文化上甚至在性活動上都更有活力。回憶錄寫到很後面，他以語帶嘉許甚且不無歉意的筆調談到了東德和東柏林：雖然或許是灰撲撲的沒有效率，但還是有一種魅力，令他不忍見其消逝。這段讓人難免揣度，他可能是把埃里希・何內克的東德跟他年輕時的威瑪共和給搞混了。就像史班德和他那些朋友一樣，對霍布斯邦來說，他們對如此富於魅力又難以捉摸的民主政體有一種無可置疑的熱愛，深感其不易生存而無能自衛，但是絕對不會乏味。對威瑪共和的念念不忘，在那一代承先啟後的英國人被養成的過程中，證明具有關鍵性的影響，在接下來的幾十年裡形塑了他們的政治活動。

史：蘇聯懸掛在遙遠的背景裡，沒辦法被當成可以生活於其間的現實，而只是一個費心培植出來的神話。對那些被威瑪德國所吸引，後來轉而寄望共產主義的英國知識分子來說，這種吸引力可能或多或少是跟共產主義者成功地把「資產階級」與「民主」這兩個類別混合起來有關。但他們的威瑪共和幾乎稱不上是民主的資產階級。

賈：說「資產階級的民主」錯在被當成形容詞而非名詞，可說是真正才華橫溢的創新發明，出自於馬克思主義修辭專家的手筆。如果西方民主的問題在於其資產階級的屬性（無論意義為何），那麼身在其中感到不自在的人批評起這個制度可能就無所顧忌了：跟資產階級的民主保持距離所費甚微，而且幾乎不會威脅到制度本身。儘管在一九三三年之前的德國，對民主抱持批判的立場往往就體現為積極致力於促其崩解。簡言之，威瑪時代的知識分子，無論好惡，都不得不身體力行他們帶著散漫傾向的政治邏輯。反觀英國卻沒有人面臨過相似的選擇，當時沒有現在也沒有。

史：把資產階級和民主政體連結起來，在我看來似乎一直都是馬克思主義者聰明運用佛洛伊德式的套路所改編出來的情節：意思是你可以跟律師爸爸或者銀行家爸爸站在對立面，但同時還可以繼續任意享受童年的特權與幼稚的反叛。

賈：好吧，我想你在種類不同的歷史上面，可以輕易地在孩子氣的伊底帕斯心態，以及黑格爾式的邏輯模板論述當中，來回轉移純熟運用。然而，一個敏感聰明的成年人，只有在腦中想法跟自身利益不會明顯發生衝突的情況下才會繼續耽溺。但如果你是某個國家裡一對資產階級夫婦的孩子，而這個國家的資產階級受到真正的威脅，或者國家被瓜分瓦解，那麼無疑這樣的利益衝突就發生了。因為在那樣的情況之下，僅僅跟自己出身的階級保持距離無濟於事：因為你身為一個有罪階級的後裔已經是足夠的罪證了。在蘇聯或共產黨主政的捷克斯洛伐克，兩代都是「資產階級」可以預見其結局肯定不太愉快，反觀與此同時，身在紐約、倫敦、巴黎或米蘭的二代資產階級，卻正一路將他們自己提升到歷史發言人的地位。

史：英國似乎不像歐陸那樣，因為政治的緣故而把人和人之間的距離拉得如此遙遠。像T．S．艾略特不就幫史班德出了書。

賈：直到一九三〇年代，英國作家和思想家的圈子彼此交疊兜到一起，不是因為政治立場相近，主要是出於共同的淵源、各自的偏好與品味。百花里、費邊社以及圍繞著卻斯特頓、貝洛克和伊夫林．沃的天主教徒網絡，都是在審美上或政治對話方面自給自足的世界，頂多就是個精挑細選、只吸收個把英國知識分子的小團體。

然而，跟美國或者歐陸的標準比起來，英國受過完整教育的菁英階層人數還是非常少，或許至今仍然如此。大部分英國知識分子或早或晚都會彼此認識。諾埃爾．安南是艾瑞克．霍布斯邦在劍橋國王學院的前後期同學，他後來陸續當選國王學院以及倫敦大學學院的院長；生涯的幾十年裡，在英國各機構與文化圈幾乎每個重要的公共委員會都擔任過職務。他的回憶錄名為《我們的時代》。請留意他可沒講成「他們的時代」，而是「我們的時代」：每一個人都跟別人彼此認識。在安南的書名和內文中蘊含著這樣的假設，即他那一代人集體操辦他們的國家大事。

當時確實也都掌握在他們手裡。直到六〇年代後期，英國學童進入大學的百分比一直都低於任何一個其他的已開發國家。在這群受過良好教育的少數人當中，只有那些就讀於牛津或劍橋（再或者，倫敦也有一兩個學院還行，但可能性就要低得多）的學生才有望進入學術界或政界既成勢力的核心內圈。

把這一小群受過良好教育的人再做進一步的篩選，適度移除數量相當可觀的「家世背景」生——那些靠著他們的階級或門第而得以就讀牛津、劍橋的學生——事情就一清二楚了，構成英國文化界與知識界舉才來源的社會基因庫確實很迷你。

史：但當時牛津和劍橋不是開始招收從帝國各地來的青年嗎？

賈：有，但問題沒解決。一方面，回想一下，在五〇年代後期之前，你在倫敦住上一輩子也遇不到一個黑色或棕色臉孔的人。如果你居然還真的碰上了一個深色皮膚的人，那幾乎可以肯定他們是被納入英國教育系統中極少數的印度菁英：要嘛是通過仿照英國制度的印度寄宿學校，或者是通過印度貴族依循傳統會送自己的子弟去上的英國公學校，以確保他們能夠進入帝國內的菁英大學。

所以，確有其事，從十九世紀末以來確實已有不少出身於牛津和劍橋這兩所名校的印度人。其中一些人後來還領導他們的國家從大英帝國獨立出來。但除了比較出名的那幾人以外，我不覺得應該把他們的存在想得太重要。

史：英國知識界要把原本狹窄的圈子變大，另外一個方法當然是透過政治移民的加入：任教於牛津的以撒．柏林或許是其中最著名的例子。我們剛剛討論到的所有人，柏林就算不是全都認識，也認識大部分人，雖然說他可是個完完全全的外來者——從拉脫維亞來的俄國猶太人。

賈：不過以撒．柏林是很獨特的：當然他原本是猶太人也來自國外，但他確實是無可挑剔的圈內人。柏林在英國文化體制中被視為外來者，然而正因如此，他也被視為體制具有融合作用與能力的楷模範例。這種看法，當然，是有點誤導的：以撒．柏林無疑是個成功融合的傑出範例，但關鍵就在他是外國來的，這使得他即使不是更容易被接受，最起碼完全不會令人感到他的威脅。從他崛起的早期，批評他的人就一直在說，他的成功很大一部分是由於他不太願意採取立場，他不想要陷於「尷尬的處境」。就是這種潤滑調適的能耐讓柏林廣為同儕所接受：從他還是大學生的時代就如此，到後來他擔任英國國家學術院院長並在牛津大學創立一個學院的熟年仍然一本初衷。

相形之下，大多數圈外人本質上都是處境尷尬的。至於那些雖然是圈內人卻發現自己必須扮演批判所屬社群的角色，處境也是如此——喬治．歐威爾可能是其中最廣為人知的一例。不管這種尷尬是與生俱來，還是隨著時間逐漸形成，這樣的人都不好相處：個性中難免含稜帶刺。柏林卻完全沒有這樣的缺點。這無疑是他魅力當中的一部分；然而多年以來，這也鼓勵他對爭議性的主題保持一定的沉默，不願坦率直言，隨著時間的過去，逐漸有損他的聲譽。

毫無疑問這個「體制」能夠把對的人整合進來。諸如艾瑞克．霍布斯邦這樣的人物就能夠被引進來：一個在亞歷山卓出生、成長於維也納、曾經長居在柏林並且說德語的猶太共產主義者。以納粹德國的難民身分來到倫敦還不到十年的時間，霍布斯邦便被推選為使徒社的秘書，這是劍橋最機靈的一群年輕人內部彼此推選出來的秘密社團：幾乎沒有可能比這個還要更圈內的了。

另一方面，要成為劍橋或牛津的圈內人，並不會被要求得凡事從眾，或許只要注意別違逆知識圈的行為規範即可；這種規範的功能過去是、現在也是為了同化圈內人的知識活動。它引導相關的人明白如何「作為」一名牛津劍橋的指導教授；了解如何憑直覺進行一場英國式的對話而不至於在政治上流於挑釁；知道如何運用反諷、機智與一種精心故作的鑾不在乎來調整道德上的嚴肅程度、政治上的投入程度與倫理上的嚴格程度。很難想像這樣的才智能夠被運用在，比方說，戰後的巴黎。

史：其結果可能是，就政治上的選擇而言，私人生活的相關問題，尤其是愛情，最終對英國知識分子的重要性要大於對法國知識分子的影響。法國知識分子往往因為政治討論的意見不合而分道揚鑣，但我認為，比較少去追隨他們的愛人投身於各種不同的政治承諾。

賈：亞瑟．庫斯勒與西蒙．德．波娃之間曾經發生過不甚愉快的一夜情。這是我們從他們往來的信件和回憶錄裡可以判斷得知的，對於他們後來在政治上的決裂，那回的不快既不是成因，也不構成妨礙。德．波娃無疑曾經對卡繆大感興趣，或許這也是沙特那麼嫉妒這位年輕人的原因之一。儘管如此，這一切真的都跟他們彼此在政治上的扞格毫不相干。

反過來說，至少歷經整個七〇年代，英國知識分子之間的性關係——無論是同性戀還是異性戀——確實是在他們精挑細選的社交關係中占有舉足輕重的地位。我這麼說，意思並不是指英國知識分子的性生活，在什麼顯著的層面上比歐陸更為有趣，或者真的比較活躍。然而，考慮到大半個世紀以來他們在其他多數領域裡都相對地靜止與被動，那麼他們在感情上的牽扯紊亂確實顯得相當突出，甚至可說是居於不可或缺的主導地位。

史：就算從大英帝國轄下各屬地來的人在英國知識階層的活動中無足輕重，可是帝國本身無疑仍然是一個對大家都有影響的經驗來源吧？想想看當年在緬甸的喬治．歐威爾。

賈：從一九二四年到一九二七年，歐威爾在緬甸的帝國警署裡擔任一個層級不高、但在當地具有上級管理地位的職務。閱讀歐威爾的作品，讀者不會覺得他對帝國本身曾經發展出什麼興趣；從他那些年寫的東西，可以看出一整套有關於道德與政治的思索正在他腦中逐漸浮現——咸信是源自於他對帝國統治的指責——假以時日待他想到透徹，這些思索將會瀰漫於他對英國本身的觀察當中。歐威爾意識到，緬甸（或印度）的問題超越了當地的不公不義，應該放在帝國統治的不正當以及不可能之上來考慮，他當時所意識到的這些體悟，無疑對他回到英國本土後的政治立場產生了影響。

我再多說一點似乎也不為過。歐威爾是最早領會到左派必須納入正義與臣服這兩個議題的時事評論家之一；他認為這兩個議題的重要性不下於傳統的階級與政治議題——確實，從此之後抱持這樣的見解就成了所謂左派分子的部分定義了。我們現在的人已經忘記了，在兩次大戰之間的那一、二十年裡，國內的社會改良主義甚至是政治上的激進主義，本來非常有可能跟開明的帝國主義結合起來的。在那之前沒有多久，都還有可能相信英國要達到社會進步，關鍵在於把帝國保留下來，予以捍衛，甚至於再加以擴張。時至三〇年代，此一立場已經開始在倫理上與政治上說不過去了，這種在感受上的轉變有一部分應該歸功於歐威爾。

史：我這麼說你看符不符合事實，文學——當年那些出版品，主要是三〇年代那些人都會讀的那些小說——提供了一種思考帝國內世界的方式？想想看約瑟夫．康拉德或者比他晚一點的葛拉罕．葛林——他們書中的人物到異地去，通常就在帝國裡面，察覺到一些事情，當然因為這些作品往往是間諜小說，其中這些人物原本就是經過訓練要去察覺某些事情的。

賈：這種大受歡迎的帝國文學實際上關乎道德議題：誰是好人，誰是壞人；誰對（通常是我們），以及誰錯（幾乎千篇一律都是他們）。在那些年出現的有關間諜與有關於德國人的文學作品，結構上就非常富於帝國風味。而你在三〇年代的電影中也會看到這樣的特色，焦點放在間諜和失蹤的女士等等諸如此類主題。不過在我的印象中，這些主題更常是被設定在「中歐」：一種有如神話中的領地，一個滿載著神秘莫測與陰謀詭計的地方，約莫起自阿爾卑斯山綿延至於喀爾巴阡山，越往南往東就越加離奇。在十九世紀末，所謂異國情調，對英國人而言指的是印度與近東；奇怪的是到了二十世紀三〇年代，異國卻只是離蘇黎世一趟火車旅程就能到達的地方。帝國文學以這種方式刷新了形態，保加利亞人挺身而出取代了緬甸人。所以依循著這種有趣的方式，英國人在世界上無入而不自得，而所謂的異國，是那些距離並不是非常遠但卻永遠在帝國之外的歐洲地區。

史：福爾摩斯有一個探案就發生在波西米亞，那裡每個人都說德語反而沒人說捷克語。於是，當然政治上可想而知波西米亞就成了一個地處遙遠、我們幾乎一無所知的國家。弔詭的是，一般人倒不會用這種口氣來描述緬甸。

賈：確實如此，緬甸是一個距離遙遠但我們多少還是有點了解的國家。不過，當然英國人對中歐的距離感與神秘感其來有自而且歷史悠久：想想看莎士比亞和《冬天的故事》劇中的「波西米亞海岸」。這種覺得往東過了加萊之後的歐洲比帝國更加神秘的英國式感受其實由來久矣，而且根深柢固。對英國人來說，至少在他們的自我形象中，外頭廣大的世界具有一種可供參照的意義；但歐洲可不是我們會希望與之過度緊密連結的地方。你可以去到緬甸、阿根廷或南非，還是可以講英語，在當地開一家英國公司或依循一種英國式的經濟制度；在斯洛維尼亞你反而沒辦法那麼做，因此那裡也就更顯得是異國。

而且在帝國轄下的印度或者東印度地區，你會遇到那些跟你具有同樣相關背景的人，不管他們是你的白人同窗好友，還是棕皮膚受過教育的屬下。讓人不得不注意到的是，即使是今天，一個五十幾歲受過大學教育的加勒比海諸島人士、西非人、東非人或印度人，他們肚子裡的墨水比起英國的同齡人士絲毫不會遜色。當我碰到跟我同世代來自加爾各答或牙買加的人，我們彼此會立刻輕鬆自在起來，可以從各自知道以及記得的話題當中，上自文學下至板球無所不談；反觀如果是在波隆納或布爾諾萍水相逢的人，根本就無法那樣投契。

史：三〇年代的英國人開始對他們不熟悉的東方起了一種獨特的浪漫情懷：就如當時有名的蘇聯間諜「劍橋五君子」（the Cambridge Five）所抱持的那種心情。

賈：值得注意的是，那十年間五個共黨間諜中有三位都與劍橋大學的兩個菁英學院關係密切：也就是國王學院與三一學院。這些人可是屬於三〇年代英國知識界精挑細選的特權小圈圈的成員。

三〇年代的英國主要有兩種同情共產主義的人。其一就是那種英國人，典型中上階層的年輕人，這些人在一九三六年至一九三九年的西班牙內戰期間，跑去西班牙幫助挽救共和國。這一些人在當時是進步分子；打從一開始便把他們自己視為歐洲左派大家庭的成員，對自己接下來會遇到的狀況早已經不陌生。他們當中的大多數人是帶著幻滅感回到英國，而其中最優秀的人對他們的幻滅形成了一些有趣的看法不吐不快，儘管還是經過了一陣猶豫。喬治．歐威爾倒是毫不猶豫，他一回來便立刻在《向加泰隆尼亞致敬》一書中把他那一段希望與幻滅的記憶給詳細寫上。

另外一種是那些把自己的命運託付給共產主義，公開宣示效忠這個學說的人。年輕的艾瑞克．

霍布斯邦和後來跟他同在共產黨歷史學家小組中共事的那些人，或許是英國最廣為人知的例子。「劍橋五君子」那幾個年輕人很難被簡單劃入這兩種人當中的任何一種。對蘇聯來說，他們可資利用之處恰恰就在於，從外面看沒有任何跡象顯示出他們的政治傾向。打從一開始，他們的身分就是隱密的；他們之所以被吸收為蘇聯間諜，恰恰就是因為更知名的左翼知識分子與學生在諜報上目標太明顯無法發揮作用。

這些劍橋間諜當中有兩位，金・菲爾比和蓋伊・伯吉斯，都屬於英國土地上的英國圈外人，儘管他們操著上流階層的口音也受過頂尖的教育。金・菲爾比的父親聖約翰・菲爾比，是一位承包帝國內許多土木工程卻懷著東方思想並且對英國國教抱持異議的營造商，金・菲爾比繼承了父親對帝國的強烈厭惡，內心深藏著覺得帝國政策在倫理上無可辯解、在政治上也將會災難收場的信念。許多年後，當菲爾比被迫逃離英國、流亡莫斯科時（他的間諜身分即將被揭穿），他無疑從未對自己一以貫之的選擇有過任何懷疑：即使他到了蘇聯之後不是那麼稱心如意，至少他心裡明明白白，這就是這輩子所做的選擇衍生出來的合理結局。

蓋伊・伯吉斯在許多跟他熟識的人看來，不折不扣是個穿得人模人樣的惡棍。他成天縱情酒色，一般人很難嚴肅地看待他的政治思想，無法想像那是仔細理性思維之下的產物。當然正因為這樣，他才是一個完美的間諜——在紅花俠的傳統之中，這絕對是個老掉牙的情節了。然而為什麼英國的情報機構（他們從劍橋吸收了他）或他們的蘇聯對手（直到他五〇年代初逃離之前一直受他們控制）會認為他是能夠委以敏感機密任務的人，就這一點我始終猜不透。

五人當中的第三位是知名的藝術史家安東尼・布嵐特，他或許可以用來把這些人在英國上流階層的位置做一個最好的說明——而且如果不是好巧不巧這些人的偽裝意外被揭發的話，他們可能還會繼續位居要津呢。畢竟布嵐特可是圈內人當中的圈內人：成名的鑑賞家與學者，平常從事的是最為保守的收羅館藏與審美藝評。我們不要忘了，這個人最終可是躋身於女王繪畫典藏的館長之列。不料在長達三十年的時間裡，他卻堅定不移地獻身於一種政治制度——史達林麾下的共產主義——而這個制度最起碼在主要價值觀、利益與目標上都顯然跟他畢生公開擁護的目標背道而馳。

不過即使到了一九七九年，布嵐特都已經被揭發是一個蘇聯間諜，他在英國上流社會中的地位和這個階層在英國所形成的獨特默契仍然持續保護著他。在女王撤除了他的爵位，三一學院免去了他的榮譽教職之後，有人提議要將他逐出英國皇家學院。當時卻有為數不少的院士威脅，如果發生此事他們便集體辭職抗議。這些院士並不全然是左翼人士；其中有不少人是認為，智力的品質和政治上的忠誠應該有所區分。因此布嵐特雖說是一名間諜，一個共產黨徒，偽裝說謊，主動造成英國情報人員暴露身分甚至死亡——但在他的一些同僚看來，他並沒有犯下什麼嚴重到足以剝奪他英國皇家學院院士頭銜的罪行。

因此，這些劍橋間諜從來都沒有遭受過那些在美國幫莫斯科從事間諜工作而被發現的人所背負的罵名。在美國，間諜是真正的圈外人：猶太人、外國人跟倒楣的人——讓人無法理解這些男女的動機是什麼，想必單純只是因為需要錢吧。像這樣的人——羅森堡夫婦就是典型的個案——

都受到了嚴厲的懲處：在五〇年代偏執多疑的氣氛之下，這些人都被處決了。我不相信任何一個英國間諜會被他的同胞那樣看待，更別說被那樣殘忍對待了。在一般人的心目中他們所從事的活動甚至於還被浪漫化；不過更重要的因素是他們出身於這個國家的統治階級而受到了保護。

從英國以外的人看來，應該都會認為這些人的出身——以及他們的罪行所暗示的背叛意圖——可能會引發更大的義憤。但實際上這些人的出身卻造成社會手下留情。「劍橋五君子」就某方面來說是幸運的，他們無法克服自己的出身，不管他們對自己所處的政治現狀與人生做了什麼樣的選擇。這只不過是更進一步說明了出生在英國的間諜運氣好——至少在二十世紀是如此；在那幾十年當中跟世界上幾乎其他任何地方相比，英國都是一個可以背叛或批評而免於遭遇不測的國家。情報上的交戰，甚至即使推行到諜報的程度，看起來風險都比海峽對岸或者大西洋對岸要小得多。畢竟，在二十世紀的大多數時間裡，很難想像歐陸上會有人語帶嘉許地引用E・M・福斯特的那句名言，其大意是說，人寧可背叛自己的國家，也不能背叛自己的朋友。

麥克林恩、伯吉斯、菲爾比，甚至布嵐特，都因為獻身共產主義使得個人付出沉重的代價；然而那些年與他們同時代的英國知識分子所做的大多數選擇卻犧牲甚微。艾瑞克・霍布斯邦終其生涯都是正式公開的共產黨員，對他那一代英國學者來說或許顯得不尋常，但他所付出的代價相對低廉：只不過是被排擠出劍橋大學經濟史教席之列。他迫於形勢接受了倫敦大學博貝克學院的一個（絕對是很好的）教授職缺，一直等到他在那邊退休之後才終於成為名聞遐邇的公共知識分子。以代價來說，這似乎還不算特別高昂。

史：然而，當然不只是要不要付出這麼一點代價的問題吧？英國的菁英階層一直都生活在一個發展機會與周遭形勢都跟歐洲其他地區迥然不同的世界裡。波蘭的共產黨人在一九三七年和一九三八年遭到殘殺，動手的不是他們自己的政府，而是他們流亡之後前往莫斯科所投靠的蘇聯領導人。波蘭猶太人在四〇年代初被德國人殺害，是因為猶太人的身分而獲罪。霍布斯邦那一代原本大有可為的波蘭知識分子分別在一九三九年和一九四〇年被德國人和蘇聯人所殺害，之後又在一九四四年的華沙暴動起義中再遭德國人的毒手。如果當年霍布斯邦是在波蘭，他可能早就在那幾次的劫數當中送命了——當時可以讓他送命的理由可謂千奇百怪。偏偏他人已經到了英國，也因為他所有那些著名的反對意見和激進的政治傾向，霍布斯邦得以變成即使不是至高無上也是最具有影響力的歷史學家，不僅限於英國而且縱橫了整個世紀。

賈：在世界的這半邊裡，他赤誠地擁戴共產主義並沒有付出什麼代價，但其實他本來有可能因此不只被排除在學術圈之外，而且也被排除在任何形式的公共生活之外。在另一半的世界裡，他對共產主義的慨然獻身對他有可能是一個助力，但也有可能是一個阻力，而且更有可能是在很短的時間之內兩種情況接連發生。反觀在英國，他的黨員身分對大多數的論者來說只是腦海中一閃而逝的好奇話題。同樣的感覺應該也適用於許多跟他同代的人，只是被注意的程度比較低。

史：世界加緊腳步合而為一。波蘭詩人亞歷山大・瓦特筆下寫道「從這一邊來的我，從我另一邊的烘爐來的我」——這首詩以其獨特風格與T・S・艾略特的《荒原》頗有相似之處。確實兩篇作品都迂迴地揭示了一個發展過程中具有驚人相似點的時刻。艾略特繼續往前走向了宗教信仰，而瓦特則跟他那一代不計其數的波蘭人一樣轉為左傾，最終服膺了共產主義。但在這兩邊的例子裡面，我們都能看到他們致力於處理和解決必要的內在疑問。不過我們假設一下，如果他們兩個人異地而處，而這個情況並非那麼難以想像（畢竟瓦特後來某種程度上也信了基督教）。我們就會看得很清楚，決定這兩者的不同，偶然的成分居多：從德國以東，在青少年和剛剛成年的那段歲月，會有更多的陷阱和尖鉤把你給逮住。

賈：不需要以東，就連法國也有維琪政府血淋淋的肉鉤，讓一整代法國的知識分子上了鉤。以此類的情況來說，甚至在三〇年代的英國，法西斯主義眼看蓄勢待發，當時如果參與其中，風險也還不是那麼高。但這些都只是小打小鬧。法西斯主義在大不列顛完全沒有奪得政權的可能性。於是在這樣的情況之下，正當左翼有一些人以兒戲般的同情跑去參與西班牙共和軍的奮鬥，在極右派那邊，也不乏一些英國詩人和記者跟一些政治上友好人士眉來眼去，他們後來都可以跟那些人士劃清界線，而沒有受到長期的譴責或者社會的排斥。或許納粹主義還是有點不一樣，雖說最晚到一九三八年還是不乏有些英國貴族和報社主筆摩拳擦掌要為希特勒辯護，將他視為對抗共產主義或社會失序的中流砥柱。不過，即使當時很少有人關心德國猶太人的命運，但距離索姆河戰役結束還不到二十年，對英國人來說，跟一個德國的獨裁政權結盟，還是超出了容忍範圍。英國社會對義大利倒是另當別論，面對墨索里尼小丑般的言行，一直都很不尋常地高度支持他，某種程度來說，或許正因為小丑般的言行，他才得到那樣高度的支持。

如果英國在二次大戰之前那十來年裡，社會普遍對法西斯主義抱以同情，我相信這種情緒的來源是由於法西斯主義呈現給外國人看的是一副非常現代化的面貌。最重要的是，在義大利，法西斯主義與其說是一種政治上的教條，不如說是一種病態的政治風格。主其事者刻意站在改變行動與創新這一邊，處處顯得朝氣蓬勃，躍躍欲試，活力十足。對當時那些數量驚人的崇拜者來說，法西斯主義簡單地說就是在英國這個令人厭倦、留戀往昔的陰鬱世界裡，他們所錯失的一切。

從這個角度來看，我們可以得知，跟那些年裡左右兩派普遍所認為的不一樣，法西斯主義根本沒有與共產主義站在對立面。相較於其他政治制度，跟法西斯主義最為相左的是資產階級的民主，而這也是為什麼英國人會特別感到有吸引力的原因所在。奥斯瓦爾德・莫斯利脫離了一九二九至一九三一年間的工黨政府，得體地指責他的同僚在史無前例的經濟危機中毫無作為，責無旁貸，應受懲處，於是他組織了一個「新黨」，這個黨不久之後演變成「英國法西斯聯盟」。不過在此大家要注意：只要英國的政局中沒有一個真正的法西斯政黨產生任何確切的影響後果，單單只是一般性地表達對法西斯「作風」的同情並不會招致任何詆毀或者冒什麼風險。然而到了一九三六年，一旦莫斯利那群法西斯主義者開始鼓動民眾暴力相向進而挑戰官方的管理當局，社會上對他們的同情就煙消雲散了。

史：知識分子對法西斯主義偶爾自發性的同情，以及托利黨人未經深思熟慮以為國家社會主義只是另一個他們能夠與之周旋的德國，這兩種心態之間真的沒有什麼重疊之處嗎？

賈：這樣的議題是來自社會性的差異而不是政治性的差異。托利黨的高層政治活動不是大多數知識分子得以一窺堂奧的世界，也不是他們之中的許多人能夠尋求參與的世界。想想托利黨的要人們在偏遠的鄉間大宅裡，為希特勒能夠讓德國恢復秩序的這番成就舉杯慶祝，齊聲讚美紐倫堡黨大會，或者更嚴重的是，為了抵禦國際共產主義的威脅，他們還考慮要向這位納粹領導人赤誠表忠。這樣的對話確實曾經發生在歐威爾稱之為英國保守派人士當中比較愚蠢的那些人之間。但知識分子很少出現在這樣的圈子裡，就算有機會，即使他們附和了主人們的見解，可能不免招來藐視的訕笑。畢竟，這是屬於尤尼蒂．米特福德的世界：莫斯利就是透過娶了這一位米特福德家的女兒才攀上這樣的門第。雖然說他們家有兩位小姐（南希和潔西卡）得意於文壇，但米特福德家族不折不扣是上流名門。他們對希特勒的興趣跟他改造社會的方案，不管是真實的還是僅止於想像中的，幾乎扯不上任何關係。

對他們這個階層的人來說，至關重大的是帝國的存續。正是他們一心想要維護大英帝國的用意，使得他們竟然認為，跟希特勒達成協議由德國人主宰歐陸、讓英國人空出手來經營海外的這種安排是互蒙其利而且確實可行。所以無怪乎在一九四五年之後，當奧斯沃德．莫斯利發現，在剛剛贏得一場反法西斯的戰爭而深感自豪的英國，幾乎不可能把他的法西斯組織再興辦起來時，他就決定退而求其次，創建一個「效忠帝國聯盟」。這樣的轉折其來有自。把這兩者連接起來的信念是，唯有帝國——包括英國在全球各地可靠的白人國家盟友，以及在非洲和其他地方繁衍茂盛的土著臣民——才能保衛不列顛，以抵禦世界上崛起中的強權所帶來的挑戰。畢竟不是只有莫斯利一個人相信，倫敦不能倚賴美國（早在二〇年代美國已成為英國在經濟上的主要競爭對手），也不應該依靠法國。簡而言之，德國才是最佳選擇。德國也許在歷史上跟英國是世仇，在某些英國人看來德國的政策走向也有點討厭，但這類的顧慮都無關宏旨。

這不免讓我們想起，若干年前親德的帝國主義思潮曾經在世紀之交盛極一時，對此保羅·甘迺迪在他的《英德敵對的起源：一八六〇－一九一四》一書中做了精闢的剖析。在一次大戰之前，主流的論證是認為英國與其加入當時剛剛形成的法俄協定，不如跟德意志帝國結盟還比較有未來，當時無論托利黨人或者自由黨人在這點看法上都很接近。如果把發生在這兩個國家之間有時候會略顯嚴峻的產業競爭（雙方都受制於大型企業聯合和貿易保護政策）暫且不計，德國和英國其實在本質上有對稱一致的利益。這樣的看法一直被廣泛傳播到三〇年代，直到後來德國落在納粹手上，政策轉為更加右傾、反閃族，而且，當然也趨向反共。因此，當年那套想法跟後來劍橋或者倫敦不時會表現出對法西斯主義深表同情的浪漫思維幾乎談不上有什麼淵源。

史：這彷彿是暗示說史達林那套推論並非無的放矢，他總以為資本家們有能耐也肯定會聯合起來對抗蘇聯。因為史達林在某些方面的看法都很正確：希特勒當年確實是打算要回頭對付蘇聯，而那些資產階級的民主國家對這樣的可能性也並非不樂見。

於是史達林一九三九年八月就跟希特勒簽訂了《德蘇互不侵犯條約》，當時驚動全球。然而此舉確實為蘇聯爭取到一些時間。

賈：要是史達林更聰明一點，當時好好留意他自己的間諜回報，就會明白一九四一年六月德國人即將入侵蘇聯。然而確實，《德蘇互不侵犯條約》起到了標誌性的作用，把西方世界給搞糊塗了，也讓德國的侵略行動拖緩了幾個月，對蘇聯這方看不出有任何明顯的不利之處。而且我們不要忘了，當時德國要入侵波蘭已經箭在弦上，這些西方的盟國就算想要幫助史達林也只能徒呼負負。如今在西方，我們把這段史實認為是英法兩國面臨波蘭即將被蹂躪卻無所作為；但是從莫斯科的觀點看來，這些西方盟友的無能為力也是蘇聯從事外交時必須考慮在內的因素。

史：英國人和法國人當然不會為波蘭做什麼事；但是他們真的就對德國宣戰了——因為德國侵略了他們的盟國波蘭。當然在那個時間點蘇聯也還不是他們的盟友，但莫斯科的手已經上了牌桌開始博弈。蘇聯人趁著德國人進攻之際自己也入侵了波蘭東側，並且想盡辦法討好希特勒，爭取到其後二十二個月的緩衝。這使得希特勒有餘裕去侵略挪威、荷蘭和法國，這些國家全都在幾個星期之內就淪陷了。如此一來就只剩下邱吉爾領導的英國得單獨面對納粹德國那些顯然無堅不摧的地面部隊了。

這不禁讓我想提出一個自始便想問你的問題，你覺得溫斯頓．邱吉爾算得上是一位知識分子嗎？

賈：邱吉爾在這方面，就跟他在許多方面一樣，永遠是一個超乎尋常而且饒富趣味的個案。他來自一個以英國的標準而言算是極盡顯赫的貴族世家（布蘭海姆之役成名的馬爾博羅公爵後裔），但他所屬這一房只是順位較次的旁支子嗣。邱吉爾的父親藍道夫．邱吉爾爵士在維多利亞晚期的政壇上是個要角，但大好前程卻毀在自己手裡（由於政治上的失算再加上梅毒），所以他兒子繼承家業的時候顯得不甚光彩。此外，儘管出生在一座宏偉的英國宮殿裡（靠近牛津的布蘭海姆宮），而且祖上的來頭追溯起來比許多英國王室都要久遠，邱吉爾卻只是半個英國人——他母親是美國人。

跟大多數他上流階層的同輩一樣，溫斯頓．邱吉爾上的是一所聲譽卓著的公學（他是上哈羅公學），但他留級了。跟許多貴族士紳階層的子弟一樣，他也參軍服役——但他不是被分發到精銳的皇家近衛軍團，而是請纓加入了普通的騎兵，正巧趕上了參與一八九八年翁杜爾曼戰役（蘇丹）中英軍的最後一輪騎兵猛攻。邱吉爾的政治生涯經歷了三回在保守黨與自由黨之間的轉換陣營，隨著資歷漸深，也逐步升到了內閣首長的高層——擔任過內政大臣、財政大臣和海軍大臣等不同職務；在海軍大臣任上，他對海軍在加利波里的慘敗（一九一五年）責無旁貸。簡單地說，直到一九四〇年，他在政壇上的發展仍然只是天分過人的客卿：資質優異不容忽視，但論及是否要委以最高公職的重任，他給人太不依循傳統也太「不可靠」的印象。

邱吉爾身為一位英國政治家的不尋常之處在於，他即使身在局中，也總是保持一定距離來品評自己爭得面紅耳赤的從政生涯；當然這多少也是由於他的財務狀況始終略顯拮据，得靠搖筆桿子補貼家計。不管是直接在《我的早年生活》或他的一次大戰回憶錄（與其稱之為回憶錄，不如說是邱吉爾對他這段時間所扮演的角色進行自我辯解），或者是間接在他側寫布爾戰爭（他當時參戰，期間還短暫被俘，幸而逃脫）頗為得體的新聞記述當中，邱吉爾都同時身兼了歷史事件的參與者與記錄者。不過他後來也連篇累牘地撰寫了大英帝國的歷史，並為其生涯多采多姿的先祖馬爾博羅公爵親修了一部傳記。總之，邱吉爾在積極參與公共事務的同時，也在歷史和文學的寫作上頗有貢獻——這種全才在法國和美國比較常見，在英國屬於特例。

但僅僅是具有這項特質還不能稱他為知識分子。以英國的標準而言，他在公共政策制定上與公共事務決行上都積極參與且居於核心地位，令人很難視之為公正無偏的評論者；而依據歐陸的標準，毫無疑問，他對觀念性的深思堂而皇之地不感興趣。他的作品總是連篇累牘的經驗敘述，不時還要打住以一種道德口吻將事情經過略加重述，但就這樣，鮮少再及其他。話雖如此，他無疑是自威廉．格萊斯頓以來英國歷史上最有文采的政治人物。無論如何，在他那個時代，邱吉爾堪稱獨樹一幟，而且後無來者。

任何人想要以法國的萊昂．布魯姆或德國的瓦爾特．拉特瑙為範本以尋求「從政的知識分子」，一旦搜尋範圍限定在英國，就會發現乏善可陳。我這麼說的意思並非英國沒有智識上具備天分的政治家，而是這些人聞名於世的特長並非智識上的稟賦。純粹單從表面上而言，哈羅德．威爾遜（一九六四年至一九七〇年和一九七四年至一九七六年的工黨首相）無疑稱得上一名知識分子。威爾遜出生於一九一六年，進入政界之前，不到三十歲就升為牛津大學的經濟學導師，而且專業領域的能力得到了同僚非常高的評價；後來當選工黨黨魁的時候，也只有四十七歲，相對而言算是非常年輕。

然而威爾遜在位期間卻表現得不如預期，同黨同志對他越來越不以為然。到他政治生涯即將結束時，外界普遍認為威爾遜不夠正派、行事迂迴、虛偽作假、欺詐不實、悲觀帶刺、袖手旁觀以及——在所有缺點當中最糟糕的——軟弱無能。被人家這麼說並不奇怪，這些特性大多數都適用於知識界的所有成員，尤其是在一個知識分子很容易就被斥之為「聰明過頭」的國度裡。話雖如此，威爾遜最終還是不免兩頭落空：政治家的生涯以挫敗告終，同時也讓他知識界的同輩大失所望。

英國政壇還有另一名知識分子，雖說類型大不相同，那是赫伯特・亨利・阿斯奎茲：自一九〇八年至一九一六年的自由黨首相，但在一次大戰期間他的同黨同志大衛・勞合・喬治聯合了在野的保守黨把他趕下台。阿斯奎茲是一位真正的思想家，具有學者風範，長於自省——十九世紀自由主義者的典範，這裡所謂的「自由主義」是取其在英語中的原始定義，到了二十世紀他這樣的自由主義者日漸無所依據，時代的設定對他漸無意義，情緒上他也不適應這樣的演變。就像威爾遜一樣，不過他比較情有可原，隨著時間的推展，一般也認為他在政治上算是失敗——儘管他早年的改革與創新為英國後來走上福利國家的方向鋪設了道路。

或許，要在英國政壇最高層當中尋找知識分子的努力，面臨到的真正困難在於，在歐陸那種曾經推動意識形態與時調整的思想進程，在倫敦可說從來都付之闕如。

史：那班傑明・迪斯雷利又是什麼情況？

賈：以他的早期生涯來說，迪斯雷利無疑堪稱典範。但我們很難說迪斯雷利曾經追求過什麼智識上的進程，或者在政治上曾經致力於完整實現怎麼樣的目的。他的政治直覺一直都敏銳得很不尋常，無論是關於何為可行或者何為必要都是如此：關於如果你想要讓一些重要的事物保持原樣，到底需要做出多大改變。在這方面，迪斯雷利是艾德蒙·伯克─湯瑪斯，麥考萊版英國史活生生的具體寫照：在這段跨越幾個世紀的歷史當中，英國為了避免重大的變革，連續地也成功地接受了一些比較小的調整。

但是當然囉，關鍵在於你所謂的「比較小」和「重大」意義為何。迪斯雷利主導了一八六七年的「二次改革法案」，使得有投票權的選民人數增加了百萬之眾。即使我們假定連這個措施也是一種計算好要釋放政治壓力的安全閥──意在避免民眾挺而要求更激進的政治改革，他這一步棋仍然表現出超越常規的政治智慧。迪斯雷利理解到大眾選票有可能變成對自己的支持力量，而且體會到民主制度並不一定就會削弱統治菁英的核心權力，他是第一位有此見識的保守黨政治家，也是維多利亞中期那些同代人當中很不尋常的少數，能夠在很早的階段就覺察，英國如果想要繼續維持世界強權的地位，就必須做出多大的改變。

史：迪斯雷利意識到，為了讓英國人能夠理解他們自己本身，理解他們所具有的偉大特質和使命，他必須為他們好好打理一番。對邱吉爾來說也是同樣的道理。

賈：再一次地，我們看到局外人比較容易理解形勢。不要忘了迪斯雷利出生在猶太家庭。就跟邱吉爾一樣，沒有那麼局外，但毫無疑問是個獨行俠，不僅對自己的國家有敏銳觀察的天賦，對自己的政黨和所屬的社會階層亦復如是。任何人都不應該對這兩位當中的任一位過度要求——尤其是邱吉爾，他完全無視於帝國不可避免地正走向式微——但他們兩人對所領導的這個國家的特質有各自獨到的體會。在我們自己的這個時代，這樣的局外人渺不可尋；我不認為還有誰能夠符合那樣的勝任資格——除非是，當然啦，瑪格麗特·柴契爾。

柴契爾夫人從任何定義上而言都是一個局內人政黨（保守黨）當中的局外人。首先，她是個女人。出身於鄉間的中下階層——她父親在偏遠的格蘭瑟姆經營一家雜貨店。雖然當初牛津大學錄取了她，但她在科系上的選擇相當不同凡響：女化學家在那個時代實屬罕見。她後來在兩大政黨都走下坡之際，卻持續建立起一段成功的政治生涯，從戰後那幾十年間崛起掌權的一整代男人手中繼承了這項傳統。

雖然我還不至於會說柴契爾夫人有整套一以貫之的意識形態議程，但她千真萬確是抱持著固執武斷的偏見，可以視權宜與機會把激進的政策給加上去。雖說柴契爾自己怎麼樣也稱不上是個知識分子，但她非常受到那些可以幫她把直覺包裝得冠冕堂皇並適切描繪出來的男性知識分子所吸引——只要這些人本身也是局外人，還沒有受到慣習所薰染。柴契爾跟那些比她溫和的保守黨同志不一樣（她是如此大力地阻撓他們的政策與志向），她對猶太人相當公道，並在選擇自己的私人顧問時展現了對猶太人的偏好。最後，再一次地跟她保守黨的前輩意見相左，她對經濟學家寫的東西相當有好感——但僅限於某個跟她特別意氣相投的學派中人：海耶克那幫奧地利學者。

史：在英國，還有另外一種人也算得上是局外人，那就是特別誇張地篤信宗教，或者信奉天主教。在我們討論過的那許多人當中，T．S．艾略特允稱箇中翹楚。

賈：在十六世紀英國宗教改革和亨利八世沒收天主教所屬土地建物的過程中，英格蘭的羅馬天主教徒被驅趕到外圈的暗處。不過，這個國家還是號稱歷代都有極具權勢位居要津的天主教公眾人物，綿延不絕：這些公爵、各地領主和鄉紳的天主教信仰人盡皆知，但無礙於他們各行其是的空間與特權，全國上下都能理解，只要他們別太過分，不對既成的國教（聖公會）或公共領域的事務指手畫腳就行了。至少在一八二〇年代和「天主教解放法案」之前，英國的天主教徒都還必須謹慎行事：社會仍然保留了相當的場域讓他們能夠遵循天主教的習慣進行儀式或教育或寫作。但他們和這個國家的智識與政治活動從未融為一體，也從不感到放心自在。

這個故事比乍聽之下要複雜得多。聖公會並不屬於新教。英國國教從過去到現在始終是個怪物：其中最保守的成分，也遠比跟他們沾親帶故的美國聖公會更多藻飾，更受傳統所拘束。實質上，英國高教會派就是沒有了教皇的天主教（也不再使用拉丁文，比天主教本身更早就放棄拉丁文）。另一方面，在下層的英國國教——體現於鄉村社群，尤其是在天主教勢力最薄弱的英格蘭東部某些地區——比較類似於斯堪地納維亞的新教（除了禮拜儀式，因為長期在聖公會轄下，制度已經形成）：樸素少裝飾，執掌教務者往往是身形削瘦、面容蒼白，道德和裝束上都極端自制的牧師，這類人在許多十九世紀末到二十世紀初的英國文學中屢見不鮮，除了名義上不是之外，徹頭徹尾就是新教徒。

會把這些東西湊起來形成這個古怪的宗教，靠的是這些人長期以來對權力的認同。從諾福克一個村莊裡的小教堂到利物浦或約克郡的高教會大教堂，這一切都稱之為「英國國教」。歷史上，英國這條教會和國家之間的鏈結一直都非常緊密，統治菁英壓倒性地都出自於國教家族，而教會本身也跟政治既成勢力有如臍帶相連——尤其是教會裡的諸位大主教，個個都是上議院成員，在過去的時代真的都很有實權。那些主教和大主教們往往都來自幾個近親家族形成的網絡，多年來繁衍出一整個教會管理階層，這些人很輕易就可以成為部隊軍官、帝國總督和皇家閣員之類。因此，這種基於與聖公會的聯繫而確立起來的認同，其重要性遠勝過模糊的宗教標誌。最重要的是，這是「英國的」教會，至於其基督教性質往往顯得沒有那麼重要。

艾略特之於一九三〇年代，正如馬修．阿諾德之於維多利亞晚期：某種面對現代性所發出的道德不安之聲，這個聲音穿過文學性的感受，漸漸傾向於宗教性的感受。然而我們也不應該忽視艾略特在劍橋的宿敵，文評家F．R．利維斯：喜歡他與不喜歡他的讀者約略相當，端視個人的品味與鑑別力。你可以把他在英國的地位和大西洋彼岸的萊昂諾．特里林加以比較（兩者當然有許多不同之處暫且不計），特里林把高層次的美學判斷跟偶一為之的政治調解治於一爐，在文學品味的詮釋與掌握上具有可觀的影響力。

你可以在倫敦百花里的藝文圈子裡看到其中的相似之處：這種道地英國式的觀念認為，美感上的偏好是政治觀和（尤其是）道德觀的基礎。

毫無疑問，這是大半輩子都生活在百花里或劍橋的人士才負擔得起的一種驕縱。艾略特也多少有一些這種傾向，然而他在審美選擇上的想法比他們要開闊得多，而且他在道德上的涉入程度也比他們要全心全意，當然，這是他日漸加深的宗教感受使然。

我們看到當時正在運作的，我相信，是各式各樣試圖於道德或美學判斷上，可以恢復秩序和可預見性的解決手段。最能夠代表一九三〇年代英國的關切之一（一直影響到五〇年代），就是害怕陷入「相對主義」，無論這種相對主義是智識性的還是政治性的。就像沙特一樣（雖然把這兩個人相提並論有點奇怪），艾略特（以及利維斯，他對我的老師那一輩人的影響何其大）鼓吹這樣一種觀點，就是說人必須做出選擇，不能再漠不關心，必須對判斷的標準加以識別，雖說我們對於要從何處找回這些標準，感覺還不是很清楚。

在各式各樣美學和文學的論調中，出現了一種新的思維，主張你需要說出什麼是對，什麼是錯，以及為什麼事情會演變至此，形成英國這個所謂承諾年代（age of commitment）在文學和政治上都同樣重要的一項特徵。這種感受有時候趨近於信仰，然而當我們以世俗的眼光回頭看那些年的時候，對這個層面卻傾向於淡化處理。

3 家裡社會主義：政治上的馬克思主義者
Familial Socialism: Political Marxist

我的祖父艾諾克．尤德出生在華沙，現在的波蘭首都，當年是俄羅斯帝國的西部大都會。和那個時代的許多當地猶太人一樣，艾諾克是一名社會主義者。他對「本特聯盟」（全稱為立陶宛波蘭和俄羅斯猶太工人總同盟，Bund）的理念深表贊同。本特聯盟是俄羅斯帝國第一個大型的社會主義政黨，這是一個猶太人政黨，內部使用意第緒語溝通，因為那就是大多數東歐猶太人的母語，但聯盟的宗旨是支持俄羅斯帝國境內從歐洲到太平洋岸的所有社會主義革命。他的兒子，也就是我父親臼．賈德，十四歲便離開學校打起零工，先是在都柏林，接著到了倫敦。臼也是一名社會主義者，少年時代是「青年衛隊」的成員，這是一個性質屬於社會主義與猶太復國主義的青年運動組織，致力於協助猶太青年移民巴勒斯坦，目標是在那裡建立社會主義。青年衛隊所謂的社會主義與本特聯盟的社會主義是非常不一樣的概念，本特聯盟相當堅持猶太人應該去改變他們所在之處的社會秩序，而不是移居外地。

約莫在二次大戰之前，我父親十八、九歲的時候，轉而加入了「大不列顛社會黨」，這是一個從馬克思主義陣營中分裂出來的小黨，以倫敦為根據地，這個黨吸收了大量像我父親這樣的猶太自學者。到此刻他已經差不多放棄了更年輕時所抱持的猶太復國主義，雖說日後他還會經歷幾次信念上的反反覆覆。我出生於一九四八年，就在這一年以色列建國，捷克斯洛伐克變成了共產主義國家，使得東歐陣營（Eastern Bloc）完整地納入蘇聯的控制下。我是在冷戰的世界當中長大的，理所當然地認為我的家族所來自的這些東歐國家都是實行共產主義，永遠都將會如此，這些政權都靠蘇聯在背後支持。猶太人的政治與生活跟這些地方不再有關聯，但是跟馬克思主義的相關論辯當然還是會提到東歐。

小時候我跟父親經常會收看電視上A．J．P．泰勒長達一小時漫談歐洲史的精采講座，父親會從他的扶手椅上不時冒出馬克思主義觀點的評語。我十三歲的生日禮物，是父親幫我買了以撒．多伊徹三大本的《托洛茨基傳》，或許是因為他覺得我已經到了該學會明辨好人壞人的年紀了吧（在這個故事裡首惡的流氓當然就是史達林）。在那些年裡，托洛茨基對社會主義左翼來說是一個重要人物。俄國大革命的時候他是列寧最緊密的搭檔，但隨著列寧去世，在接班的一連串鬥爭中不敵史達林的權謀。

多伊徹這部心向著托洛茨基的傳記，我父親自己也讀過，這套書有助於維繫一種共產主義本來可以大有可為的野史傳說。像我父親這樣的人，之所以對托洛茨基抱持好感，很大成分是因為他們認為列寧是被誤導了，而不是有惡意：對他們來說，腐敗始於史達林。托洛茨基的許多支持者和盟友都是猶太人這項事實，或許與他們的這種看法並非毫無相關。這三大本傳記是我收到的第一套大部頭的書。多年之後我回贈給父親一套多伊徹的作品集，其中收錄了那篇著名的文章

〈不猶太的猶太人〉。我不太確定他收到時的反應是全然地滿意。

我想差不多是等到多伊徹書中的主題內容對我來說已經熟悉了的年紀，我就開始讀馬克思。我父親有一本簡明版的《資本論》，是大不列顛社會黨出版的。我還讀了《僱傭勞動與資本》、《價值、價格與利潤》；恩格斯的《社會主義：從空想到科學的發展》、《共產黨宣言》、以及我當時根本無法理解的《反杜林論》。我想我十幾歲的那些時間應該都花在讀馬克思，理解當然還是有限，但比我同輩的人大概提早了五年。差不多在十五歲時讀到霍布斯邦的《革命的年代》，距離這書在一九六二年首次出版並沒有多久。我父親當然也鼓勵我讀喬治・歐威爾，這位針砭極權主義的偉大英國批評家，他的散文和小說我在那幾年都狼吞虎嚥地讀了。我也讀亞瑟・庫斯勒的《正午的黑暗》和他那篇被收在《神力不濟》當中敘述他對共產主義幻滅的散文。這些都是戰後那幾十年不願苟同主流思想的左翼分子自我教育的核心文本，而我很幸運在那麼小的年紀就受到啟蒙。

我們家總是認為蘇聯的共產主義並非馬克思主義，所以從史達林之後的蘇聯共產黨人也並非真正的馬克思主義者。我父親常常跟我講一些他記憶中三〇年代末在倫敦東區反法西斯遊行的往事。他跟我解釋說，當年的共黨組織者會派人去外面找法西斯分子打架，然後自己到咖啡館去等結果。懷著這種心思的共產黨徒根本是讓那些工人以他們的名義去拚命，自己則坐享其成。聽了我父親的故事，雖然這麼想並不公平，但我當時因此認為那些共黨組織者都是憤世嫉俗的孬種。這在四〇年代大不列顛社會黨成員之間是很常見的看法，我父親在政治上的朋友大半就是那群人。不過到了六〇年代，我父親和許多他們同黨的人都退回到一種經過修正的馬克思主義論述當中，這套說法對天底下不管什麼事都能解釋得通，還能夠顯示出除了他們之外的其他每一個人都是跟現實妥協，而且出賣了馬克思主義的初衷。所以十幾歲時熱忱支持工黨的我，當一九六四年他們終於大選獲勝，卻在家裡被潑了一盆冷水：根本不應該對他們那一套有什麼期望。

我母親對父親的政治立場和理念，抱持著類似《寒星下的布拉格》那本書中希達．馬哥里厄斯．科瓦麗對丈夫老是沉緬於幻覺所表現出來的態度，她這本無與倫比的回憶錄描寫共產制度下捷克斯洛伐克人的生活：男人都被騙得團團轉，他們講一些故事哄自己，相信一些抽象的事物，反而我們女人能夠看得透徹。不過，柯瓦麗跟她那位共產黨員丈夫魯道夫．馬哥里厄斯的婚姻關係或許比我父母要親密一些。即使是在魯道夫一九五二年遭受公審並被判處死刑之後，他腦中回想的還是最後一趟跟妻子的面會時，對她說她看起來很美。

到了一九六八年，堪稱是馬克思主義在歐洲政治中的最後一搏，我當時已經是就讀劍橋的大學生。不像我的一些朋友，我既沒有站到最前面，也沒有扮演任何領導的角色。在那些年裡，如果說有什麼讓我憤怒，也是有關於越戰，這在當時是一種很普遍但感受強烈的看法。六〇年代末那些大型的反越戰示威遊行我都參加了；記得特別清楚的是著名的格羅夫納廣場上的遊行和對美國大使館的作勢攻擊。我還親身參與了劍橋和倫敦的各式相關聚會與號召。但這畢竟是在英國，那些活動的意義也不過就是遠遠地叫罵幾句做做樣子罷了。

我在劍橋還參加了一回抗議丹尼斯．希利的示威遊行，希利是當年工黨執政時的國防部長，至少他們原則上是支持詹森總統繼續那場戰爭的。那天希利才剛在劍橋演講完，正沿著特蘭平頓大街驅車往南離開，包括我自己在內的許多學生都跑在車旁，跳上跳下大聲吶喊；我有一個朋友彼得．凱爾納甚至還跳到車上，捶打車頂。當然那輛車還是給跑了，我們白白死守在特蘭平頓大街的另外一頭，直到學院的晚飯時間將至。所以我們就開始跑回到市中心。我發現跑在我旁邊的是一位被派來控制遊行秩序的警察。我們一邊小跑步，他還轉頭問我：「所以這趟遊行怎麼樣，先生？」而我，對他這樣的問話一點都不覺得奇怪或荒謬，轉頭回答他說：「我覺得進行得相當順利，你不覺得嗎？」然後我們就繼續往前跑。搞革命絕對不是這麼幹的。

一九六八年春天我如願以償到了巴黎，並且跟所有其他人一樣被那個狂飆的年代掃得東倒西歪。然而我腦中殘存的社會主義與馬克思主義餘緒，使我出於本能地對當時法國流行的觀念，也就是學生是一個革命性階級、甚至成為僅有的革命性階級這個想法感到懷疑。所以，雖然那年的幾回雷諾車廠罷工和其他學生占領運動讓我印象深刻，但我絕對不會為了丹尼．科恩—班迪特和當時所謂的「路石底下，就是海灘」（Sous le pavé, la plage）這種想法而癡迷。

那年秋天，第一個讓我明白左派政治運作和只靠學生運動標舉左派價值有多大區別的，是歷史學家艾瑞克．霍布斯邦。我一九六八年成為國王學院歷史學會的秘書，多年前艾瑞克也擔任過這個職務。霍布斯邦在許多重要的層面上都是典型忠誠的國王學院成員：三〇年代的時候他是這裡的學生，五〇年代中期他回校擔任研究員；在他生命中的某些領域，國王學院的意義不下於更為外界所知的共產黨淵源。他那年到國王學院來做過一回細緻的政治演說，含蓄地貶抑了當時搞革命的年輕人，並且把馬克思論及費爾巴哈時著名的第十一個論點倒反過來說：有時候關鍵所在真的不在於改變世界，而是要去了解世界。

我對他這番說法很有共鳴：對我來說，最有吸引力的始終是那位擅長分析的卡爾・馬克思，是那位政治評論家，而不是革命預言家。如果你問我，為了讓學生領略到馬克思的天分同時掌握他的核心意旨，在馬克思的文章當中我會推薦給學生哪一篇，我想應該是《霧月十八日》，其次跟這篇水準很接近的或許是《階級鬥爭》和《法蘭西內戰》。馬克思是一位天才雄辯的評論家，雖說他在更廣泛的理論思辨上或有缺失。因為這個緣故，我對六〇年代發生在「青年」馬克思的擁護者與「老年」馬克思的擁護者之間的爭論，也就是到底馬克思是著眼於異化的哲學家還是致力於政治經濟學的理論家，大致上無感。對我來說，馬克思始終是而且最主要是一位政治事件與社會現實的觀察者。

史：我們先從一些早期政治上的馬克思主義者，也就是十九世紀進入二十世紀那些年的馬克思主義理論家和男女黨工說起。這些人閱讀馬克思和彼此的著作，並對通過革命、總罷工或甚至是選舉（儘管這在當時是有爭議的）來獲得權力懷抱著確切的希望。這是在第二國際的時代，從一八八九年到一九一七年，大致介於馬克思一八八三年逝世到列寧的革命之間。這些人都屬於知識界的既成勢力。他們通常受過大學教育，滿口那個時代流行的哲學語彙；普遍對政治相當有自信，這不僅表現在他們相信時代站在他們那一邊，也表現在他們自認為能夠了解事物的順序條理。他們同時也滿懷憤怒，並且善於表達自己的怒氣——這一點使他們有別於，比方說，我們這個時代的知識分子，空有滿腹怒火，或者長於表達，但很少像他們那樣兩者兼備。

賈：他們那一代人在政治上與眾不同，所組成的政黨也呈現出獨特的輪廓。想想當時在倫敦出現由亨利·海因德曼所領導的社會民主聯盟，威廉·李普克內西、奧古斯特·貝倍爾、卡爾·考茨基與愛德華·伯恩施坦領導下的社會民主黨在德國的興起，以及尚·饒勒斯在法國政黨中的崇高地位，更不要講義大利人、荷蘭人、比利時人、波蘭人以及當年全球矚目的俄國人了。

這些政治現象從何而來？當年的社會主力是最早真正的「後宗教世代」（post-religious generation）。如果你回溯到上一代，社會還處於達爾文所引發的辯論當中，或者還處於基督教徒與社會主義信徒的爭執當中，或者還處於浪漫主義晚期有關於宗教復興的論辯當中。但這些人裡面有相當數量在談到他們政治上以及思想上的立場時，都自稱沐浴在尼采所謂「上帝已死」的朗朗餘暉之中。他們不僅不再信仰宗教，也不再覺得信仰問題對他們而言是最重要的問題了。不管這些人士是早就脫離教規的猶太人，還是反對教廷的法國天主教徒，或者是北歐來的那些抱持社會民主思想不上教堂的新教徒，他們都不再沿襲過去老一輩在批判社會不公時所運用的那些純粹訴諸道德的詞語。在我看來，如果你不把這樣一群人視為極盡所能試圖把社會想成一套非宗教問題的世代，那就無法解釋格奧爾基·普列漢諾夫和俄國人，或者饒勒斯和法國左派，所抱持的那種執迷不悟的唯物論。

如果說當時在政治上有什麼先驗的考慮，那不會是社會的意義為何，而應該是其目的為何。這項轉變難以察覺但卻至關重要。我們如果繞點遠路先去檢視英國的自由主義，就能看清楚這整個脈絡。自由主義斷開信仰顯然始於啟蒙運動，從此在思考人類終極意義的觀點中，信仰不再是其中的要件。不過在那之後還有第二個階段，這個階段對英國（以及法國）非常重要：即十九世紀第三個二十五年之間宗教信仰的實際崩解。甫由當年那樣的環境所孕育出來的自由主義者意識到，他們的世界不再是個有信仰的世界，而是一個虛浮無根的世界。於是他們試圖用哲學思考的新方法來為這個世界奠立根據。當尼采筆下寫到人們需要現實主義的根據以便採取合於道德的行為，但是他們卻找不到這樣的根據，實因他們對這樣的根據究竟為何無法達成一致見解，這番解說就點到了這個問題的其中一個層面。他們已經沒有什麼東西可以作為這樣的根據——既然上帝都死了——然而沒有了這樣的根據，他們的行為也就無可依循了。

所以凱因斯在他那本《我的早年信仰》中寫到，他曾經非常熱衷於劍橋哲學家G・E・摩爾的作品。這麼說似乎還算公允，如果尼采出生在英國，看起來應該就會像摩爾那樣。沒有了上帝，所有倫理問題都呈現出徹底的非必然性（non-necessity），但我們還是必須要找出可以遵循的規律，即使是只能適用於菁英階層。所以這些菁英分子就在自己的生活圈裡宣揚他們的行為準則，並且向世界上的其他人說明他們之所以遵循這些準則的理由。在英國，這導致了對彌爾之後的功利主義倫理學加以選擇性的奉行：我們英國人將會履行康德式的倫理義務，但我們本於其他的人性考量，會從實用功利主義的基礎上來履行這些義務，因為這將是我們給予這整個世界的禮物。

第二國際的馬克思主義看起來就是如此模樣。這是一套自命為「新康德主義」的準則與規範，用以指出現狀的錯誤和應該怎麼改變，但又帶著一種疑似科學的氛圍，意圖解釋要如何從這裡發展到那裡，一方面是跟他們自己解釋另一方面也向其他人解釋，期望支持者都能相信歷史是站在自己這一邊。嚴格說來，從馬克思對於資本主義的描述當中並沒有辦法摘錄出社會主義為什麼應該要（就道德上而言）實現的理由。列寧明白這一點，他承認社會主義的「道德規範」是宗教權威一時揮之不去所形成的替代物。時至今日，當然這樣的「道德規範」大致上是社會民主制度所遺留下來的，但在第二國際的那個時代，這些「道德規範」對社會主義所面臨的冷酷歷史現實造成了威脅。

馬克思主義具有一種獨特的吸引力，不僅對當年第一代受過教育的知識分子評論者而言是如此，即使到了六〇年代仍然是如此。我們傾向於忘記馬克思主義在描述歷史如何運作以及為什麼會如此運作時是多麼不可思議地令人信服。任何人一旦從中得知歷史站在自己這一邊，正共同邁向進步，心中不免大感安慰覺得前途有望。如此的聲稱使得無論是哪一種形式的馬克思主義，跟同時代其他形成的激進思想都有顯著的區別。無政府主義者並沒有這整個系統要如何運作的確切理論；改良主義者對於激進的轉變過程也無法加以描述；自由主義者對於現狀所激起的憤怒也沒有一套可以安撫的說詞。

史：有關於宗教信仰，你這些看法應該錯不了，於是我會想知道你是否同意，宗教信仰從此就走上完全不同、背道而馳的兩條路了。

一條是現世的道德規範：十九世紀末在講德語的那些地方，以康德式的面目取代宗教信仰重新受到人們的重視，在一八九〇年代到一九〇〇年代的第二國際期間，由維也納的奧地利馬克思主義者把這個理念表達得最清楚，而義大利馬克思主義者安東尼奧．葛蘭西又足智多謀地看出，需要用制度把這套道德規範予以組織起來。於是推演出葛蘭西的霸權概念：在實行上，黨的知識分子必須自覺地仿造一套像教會一樣的階層體系，從而把社會主義的道德規範制度性地確立起來。

此外還有一條是「末世論」：也就是最終會得救的概念，人終將回歸到他自己的本性，為了追求所有這些不可思議的理念，一個人能夠在現世中做出種種犧牲——列寧認為犧牲是非常重要的，不可或缺的本質性成分。在我看來，這兩種觀念似乎都很能夠取代宗教信仰，然而分別會把你帶往非常不一樣的地方。

賈：你說得對。而且這兩種觀念在不同的地方也以不同的力道顯現在眾人面前。例如說末世論這個路數的推論，就對斯堪地那維亞半島上的新教徒很沒吸引力。難免有些人會驟下斷語，但這還不足以據此就說共產主義沒有在斯堪地那維亞發揚光大的道理，因為像瑞典這樣的地方，社會民主制度在以農人和工人為主的選區中已經行之有年。要這麼說也是事實，但不足以解釋其中的原由。在斯堪地那維亞，除了挪威曾經短暫出現過因為遭受忽視憤而決絕的漁民之外，從未有選區會去支持那種全有或全無、孤注一擲、一次了斷的政治主張。

北歐人當中也不會出現那種潛意識裡想要尋求新型宗教組織的念頭。這種組織形式——葛蘭西的霸權概念，政黨必須取代原來的宗教組織，並且要完整地連同其等級體制、上層領導、禮拜儀式和教義問答這一大套都予以取代——在某種程度上解釋了為什麼列寧式的共產主義組織在天主教國家或東正教國家會遠比在新教國家表現得好。共產主義在義大利和法國（還有曾經短暫地在西班牙）始終都比社會民主主義更受歡迎。

關於天主教國家常見的一種論點，是說這些地方缺少足夠的勞動勢力，使得他們無法從工會演變成一個足以產生大型左派政黨的組織形式。但這樣的說法還不是很真切。法國有為數龐大的藍領工人，從許多觀點來看都組織得相當好。他們只是沒有被人從政治上組織起來。例如當年「巴黎紅帶」（Paris Red Belt）裡勞動階級的政治組織，就毫無疑問是共產黨人建立起來的；在那之前，行會（syndicts）大體上影響力很小，因為其中缺乏跟任何政黨的有機連結。他們對社會主義很有戒心，原因也正是忌憚其強烈的組織欲望。

與此恰好相反的例證來自英國。那裡在一八七〇年之前就完整形成了先進的技術勞工運動；到了一八八〇年代之後，也就是約莫在社會民主主義形成的那段時間裡，新近興起、人數與重要性都日益增加的非技術勞動力出現在比較大的城市裡：這些人的生活動盪不安，身處於劣勢所以很容易被人煽動。結果造成了一場迅速擴張的工會運動，差不多在一八八〇年代初期取得合法地位，之後這些政治活動被導引到一九九〇年成立了「勞工代表委員會」，再過六年之後發展成一個完整規模的「工黨」，在這個世紀剩下的最後幾年裡，由黨內那些工會領袖們予以主導並提供資助。雖說（或者也許正因為）當年那些工黨領袖當中不成比例地大多出身自衛理公會和其他新教，但歐陸主張激進改革的那一套宗教末世論和教會組織在工黨裡卻完全付之闕如。

史：馬克思主義的秘訣不是有一部分與各國激進政治的本土傳統意外相容嗎？

賈：馬克思主義當時是歐洲激進思想的深層結構。馬克思並沒有完全意識到，他自己便綜合了十九世紀早期許多社會批判和經濟理論的潮流：比方說，他很了解法國政治小冊子的那一套，對英國古典經濟學也略通虛實。因此，這位黑格爾形上學的德國學生留給歐洲左派的只是他的思想中能與當地眾多激憤傳統相容不悖的版本，而且這個版本還提供了一個能夠超越這些傳統的說法。

在英國，舉個例子來說：十八世紀那些激進的手藝工匠或者被剝奪繼承權的農民所主張的道德經濟（moral economy），藉由堅稱資本主義的破壞性創造力和所到之處帶給人類災難的核心論述，直接為馬克思主義提供了背景思想。在此，就像馬克思主義本身一樣，我們接觸到一個已經失去但或許能夠重新尋回往日世界的故事。當然，在更早的（而且經過道德化的）眾多版本中——例如在理查・柯貝筆下——強調「破壞」，尤其是人際關係所受到的腐蝕；可是馬克思卻從另一個觀點，將這種破壞轉變成優點，在他看來，一種人類經驗的更高形式可以從資本主義的瓦礫中出現。

至少在這一點上，馬克思的末世論本身，相對於工業化早期所帶來的深切失落感與混亂感，只不過是次要的附加反應。於是，也因為如此，馬克思自己並不知道，他為這個世界提供了一個模板，讓群眾可以在其中陳述同時辨認出他們已經說了好一陣子的那個故事。這是馬克思主義的一個魅力來源。但如果這種情緒的根源沒有被呈現出來，僅憑著對資本主義運作有其弊病的描述，再加上三言兩語地斷言未來會有什麼結果，本身並不足以在超過一個世紀的時間裡，讓四塊不同大陸上的知識分子、工人、政治機會主義者和社會運動分子都為之心生嚮往。

史：但這其實是黑格爾的魔力，不是嗎，東尼？因為按照你所說的，馬克思其實是把一個本質上保守的觀點，與一種對於過去的精神見解，再加上所謂「對我們不利的東西實際上對我們有益」的辯證論點，給整併起來。例如，想想看恩格斯關於家庭的論述，還有馬克思筆下對人性在被財物所有權腐化之前的看法：在這些篇章裡你看到史前或歷史未記載的過去當中，人性的正直與融洽和諧，多虧他們寫得這麼充滿熱情，如今讀來還是不禁愕然。透過黑格爾的辯證法，懷舊之情與不僅是接受甚至於還歡迎正在毀滅過去所有美好的那種能耐居然還結合了起來。你能夠擁抱城市，你也能夠擁抱工廠：兩者都代表了創造性的破壞。資本主義看起來似乎是在壓迫我們，以及異化我們，並且無疑會讓我們變得一無所有，然而即使如此，其中自有美妙之處，同時也是一項客觀的成就，稍後待我們回復自己的天性，就能夠加以運用。

賈：不要忘了，就是辯證法的相互對抗，賦予馬克思主義者獨特的優勢。對那些堅持應該聽天由命的自由主義者和進步論者來說，馬克思對受苦與損失、惡化與毀滅提供了一個強而有力的敘述。在保守分子當中，有些人贊同這樣的敘述，但卻準此更加堅定原本主張的過去的優越性，馬克思當然看不起這樣的反應：這些變化，無論在中間的過程裡看起來多麼不吸引人，卻是必不可少，而且無論如何，為了更好的未來，難以避免需要付出的代價。事情就是如此，但這樣的代價是值得的。

史：馬克思主義的魅力也跟基督教與達爾文思想這兩者有關：到十九世紀末年，兩者分別以不同的方式，被哲學性和政治性的觀點所超越。我想這樣講下去我們都會同意，社會主義者把這兩者拋在腦後，只是為了用各種不同的方式加以徹底改造。想想看基督教和耶穌受難所蘊含的意義：我們活在這個不完美的塵世中，目的只是為了等待來世的救贖。至於那些致力把達爾文思想推廣於世的人來說（同時也將之庸俗化，這些人裡面包括了恩格斯）：演化，他們堅決認為，不僅跟某種對政治變革的憧憬相容，而且隨著演化就一定會衍生政治變革——物種出現，然後相互競爭。生命就跟自然界一樣是相當血腥的，齒間爪上都是一片紅通通，而物種之所以會滅絕，無論在道德上或者科學上，都並非無理（階級的滅絕也是如此）。由更優越的物種出線存活，時至今日造就了我們在這個世界上的現狀，同理，萬事萬物也演化出最佳的可能性。

賈：到了二十世紀初，恩格斯所詮釋的達爾文思想影響力要遠大於原典。恩格斯在馬克思身故之後繼續活了十三年，有充裕的時間可以把他自己的解讀嵌入通行於世的馬克思主義文本之中。他的寫作風格比他的朋友清楚。而且他有幸投入寫作的時間正逢科普思想被引進政治與教育主流之後，這一切要歸功於赫伯特·史賓塞等人的努力。例如，恩格斯的《社會主義：從空想到科學的發展》，任何一個受過教育的十四歲男孩都讀得懂。不過，當然那也是問題所在。恩格斯對十九世紀的演化論隨意刪改，使得達爾文思想被簡化成一個針對日常生活的警世故事。馬克思主義搖身一變成為可以用來理解萬事萬物的說法：不再只是一種政治敘事、經濟分析甚或社會批評，而是幾乎不亞於一套宇宙如何生成的理論。

馬克思所帶來的這股新的宗教情緒，在其最初的形式當中伴隨著一個終極目的，一個使整篇故事都顯得有意義的終點：這套思想確知自己的去向。到了恩格斯手裡，這一整套被壓縮成一個簡單的本體論：生命與歷史由來處來、往去處去，然而即使這其中存在著可以辨識的意義，也肯定不是源自未來的展望。儘管恩格斯有許多優點，但在這一點上，他與史賓塞非常相似：抱持著機械論，過度野心的主張，極目四望無所遺漏，能把原本組不起來的材料拼裝成一個適用於萬事萬物的故事，從各種時鐘的歷史到每根手指的生理學無所不包。這套萬能的說辭被證明是極為管用的：人人都能理解，同時又能補救公務菁英階層在解釋權上的專擅排他。沒有這套思想，列寧那種獨特的政黨模式是無法想像的。而正是因為這個理由，我們把辯證唯物主義的荒謬歸罪於恩格斯。

史：讓我們回到你先前所說的，馬克思主義在天主教國家比在新教國家更容易引發共鳴，這是因為使用語言與環境布置的種種儀軌有暗合之處。我們能不能套用這個論點來解釋猶太教與激進政治之間的關聯？

賈：馬克思主義是一種世俗的宗教，這似乎是不證自明的。不過到底因循的是哪一種宗教呢？這點一直都不是很清楚。其中包含了大量傳統基督教的末世論：人的墮落，彌賽亞，祂的受難與人類的代行贖罪，獲得拯救，復活重生等相關概念。也不乏一些猶太教的成分，但比較少在實質上而更多是在作風上。在馬克思和其後一些更為有趣的馬克思主義者（羅莎．盧森堡，或者萊昂．布魯姆），以及當年在德國《新時代》雜誌上沒完沒了的社會主義論戰中，我們無疑能夠輕易辨認出各式各樣的「皮爾普爾」（pilpul），也就是在拉比裁決糾紛與講述傳統猶太道德規範與過往故事時，心裡頭略帶戲謔的那種辯證性質的自我耽溺。

如果你有興趣，不妨想想看他們在這些哲學範疇裡有多機靈：馬克思主義者對世界的詮釋如果與事情的演變不相符，他們居然還可以顛來倒去，悄悄落跑，然後過一陣子再改頭換面捲土重來。破壞被他們說成是創造性的，而維護既有反而變成消極無益。偉大的東西將會變為渺小，而眼前現存的真理註定將腐朽化為過眼雲煙。那些自己研究過馬克思甚至寫過關於他的文章的人，當我跟他們提起馬克思的意圖與師承當中有這些相當明顯的面向時，他們聽了之後常常會煩躁起來。這些人本身是猶太人的情況屢見不鮮，而且在我強調馬克思的猶太背景時，他們會顯得侷促不安，就好像是他們的家庭私事被人家拿出來品頭論足。

這讓我想起了豪爾赫．塞姆普魯恩那本自傳性的小說《週日何其美》當中的一幕。在他們全家被西班牙驅逐流亡之後，二十歲的他加入了「法國抵抗運動」，隨後被當作共產黨員逮捕起來。當年被遞解至布亨瓦德集中營，在那裡受到一位德國老共產黨員的照顧——無怪乎他竟然能從那邊倖免於難。當年有一回塞姆普魯恩問這位長輩能不能跟他解釋一下何為「辯證法」。於是長輩就給他如下的答案：C'est l'art et la manière de toujours retomber sur ses pattes, mon vieux（永遠都能讓你雙腳著地安全降落的藝術與技巧）。這套根本就是猶太教士的修辭法：所謂讓你雙腳著地安全降落的藝術與技巧——尤其是藝術——幫助你能站穩權威和堅信的立場。要成為一個革命的馬克思主義者就要把自己的無根狀態變成一種優點，其中沒有宗教羈絆尤為關鍵，同時要牢牢守住那種每一個希伯來語學校的學生都非常熟悉的論理方式（即使只是一知半解也無妨）。

史：大家都忘記了，在舊俄帝國裡，猶太社會主義者比其他政治勢力都組織得更早也更好。「本特聯盟」實際上比其他組織都出現得早，而且一度讓當年其他圖謀在俄國創立政黨的嘗試都相形見絀。確實，列寧為了要將他的立場定義清楚，只好把他的追隨者從「本特聯盟」分離出來——這項分裂的重要性更甚於布爾什維克與孟什維克之間廣為人知的分裂。

你怎麼看列寧在這一整代人當中，在當時那個社會環境當中，在第二國際當中的運作？

賈：當年在第二國際當中，俄國人的存在讓大家相當不安。第二國際是由許多馬克思主義政黨聯合組成，比起在沙皇專制統治下的俄國激進分子，這些政黨一般而言都能夠更好地被整合到各國的政治體制裡。各國共產黨人要不要加入當地資產階級政府的問題在一次大戰前夕是第二國際中最首要的議題，但俄羅斯這個專制帝國的臣民對如此的議題卻毫無興趣。

俄國的馬克思主義者，當時可以分為屬於唯物主義傾向的德國式社會民主派多數——以比較年長的普列漢諾夫為其中代表人物——以及比較年輕的列寧所領導的少數激進派，兩派人之間的歧見相當深。你仔細推敲不難發現，這是所有威權社會裡敵對雙方之間照例常見的分歧不合：其中一方對威權統治者的微幅改善樂觀其成，另一方則視這種改善為最大威脅，認為反而只是削弱與分化尋求激進變革的各方力量。

透過描繪馬克思主義，列寧重新詮釋、修改並因此激活了祖國俄羅斯的革命傳統。在他之前的那一代，搞革命的斯拉夫派沉浸在一種令人愉快的想法裡面，認為俄羅斯有自己獨特的故事，這個國家無論走向任何激進的行動都會有其獨特的軌道。他們當中有些人贊同恐怖主義，將之視為一種暗中顛覆專制獨裁但同時又能夠保留俄羅斯美好特色的手段。雖然列寧對長久以來俄羅斯積極從事革命、大搞虛無主義與暗殺之類的積習感到不耐，但他還是堅持認為要繼續強調自願的行動力。不過他這種強調自願的看法是伴隨著馬克思主義者憧憬各種革命即將到來的想像。

然而列寧對俄羅斯的社會民主黨人也沒有比較不輕視，儘管在厭惡無意義的暴力這件事情上他們看法其實一致。在俄羅斯的傳統裡，斯拉夫派的對手是西化派，基本上西化派是相信，俄羅斯的問題在於心態落後不前。俄羅斯本身沒有什麼獨特的長處，俄羅斯人的目標應該是要把國家帶往西邊歐洲國家已經走出來的發展道路上。西化派也接受了馬克思主義，他們從馬克思和政改論者的見解中推論出，西方已經發生的和即將發生的一切都應該以更純粹的形式在俄羅斯促其儘速實現。資本主義、勞工運動和社會主義革命在先進國家都已經先經歷過了；在俄羅斯出現的時間會來得比較慢，也會比較晚，但等那麼長時間還是值得的——西化派的這種態度曾經惹來列寧多次出言表示不屑。因此，這位布爾什維克的領導人終究還是把西方式的時局分析跟傳統的俄羅斯激進主義給結合起來。

過去大家都認為這只是顯示出列寧在理論上的卓越才華，但我對這個看法不是那麼確定。列寧是一位出色的謀士，但除此之外也無甚可觀，而在第二國際中，除非你在理論上有所建樹，否則不可能成為重要人物，因此列寧才把自己呈現為一個馬克思主義的辯證天才，他的擁護者也以此形象大肆宣傳。

史：我很想知道列寧的成功是不是也跟他對於未來的大膽無恥有點關係。列寧視馬克思為一名決定論者、歷史的科學家。幾位那個時代更加聰明的馬克思主義者，諸如葛蘭西、安東尼奧．拉布里奧拉、史坦尼斯勞．柏左卓夫斯基和格奧爾格．盧卡奇都拒絕接受他這個看法（不過盧卡奇後來改變了心意）。但在這方面，列寧對馬克思的闡釋繼恩格斯之後居於主導地位。

接著列寧又判定「歷史的科學家」不僅可以觀察眼前的實驗，還可以介入其中，稍微把事情往前推動。畢竟，如果我們已經事先知道結果為何，為什麼不儘快到位呢，尤其是在我們明明就非常渴望如此結果的情況之下。不過有了列寧的這個看法，心裡一旦相信了他這個偉大的主意，你就能更有把握地面對眼前那些渺小、瑣碎又乏味的事實所呈現出來的意涵。

而這反過來駁斥了當年仍為顯學的「馬克思主義的幾個康德形式」（Kantian forms of Marxism）：這種思潮試圖賦予馬克思主義一套獨有自足的道德規範。對列寧而言，道德規範只是回溯性質的工具。小小的謊言、輕微的詭計、無足輕重的背叛與一晃而過的掩飾，等到結果出來全部都會顯得有意義，同時在道德上可以接受。在這些小事上真切的道理，運用在大事上也同樣有效。

賈：你甚至於也不用對未來抱持什麼信心。問題在於，究竟原則上你是同意所有付出都容許留待未來再予以清償，還是你相信應該即時就得到回報。

考慮到所謂「結果」的問題，還可以從這上面進一步區分出兩種態度：一種是考慮到自己也考慮到他人，本著未來可能的結果小心計算利弊得失；另一種則是自顧自地算計，毫不在意地把自己造成的結果強加於他人。我願意為了一個未知但有可能會更好的將來而忍受眼前的現在是一回事，以這同樣無法驗證的假設為名去造成他人受苦可完全是另外一回事。這一點，在我看來，正是這個世紀裡知識階層的罪孽所在：以他人的命運為賭注擅做裁定，名義上是因為你預見了他們的未來，對這個未來你也許沒有任何投入也不會損失，但你卻宣稱只有你最知道到時候會出現什麼結果。

史：要從現在按照道理來推論未來至少有兩種方式。一種是從一個未來的景象開始，接著想辦法回溯到現在，然後說出他知道這過程中應該是經歷了哪些階段。另一種則是從現在開始，然後就說，如果近未來與現在差不多，但又在某個特定的方面有所改善，那豈不是更好。這兩種方式似乎可供我們在政策規劃與共產革命之間做出一個區隔。

賈：我同意這樣的區隔不容小看。不過這裡有一個小小的歷史障礙把你絆了一下：這兩種思考公共政策的方式都根源於同一個啟蒙運動的方案。

讓我們舉一個像勞合．喬治這樣典型的十九世紀自由主義者為例。當年他那個敢於突破的徵稅方案，就像他在一九〇六年至一九一一年的自由黨政府期間所引進的國民保險政策，為我們帶來一整套未審的假設：可以合理地期待當下所採取的某些行動會產生我們想要的結果，即使代價是短期會有些花費或者政治上會不得民心。因此，勞合．喬治就跟任何前後一致的改革者一樣，只好含蓄地聲稱，他現在所做的事，要等到未來大家得到好處才會明白他做得對，明白大家現在這樣反對實屬愚蠢。

在這層意義上，社會主義（或者至少社會民主主義）跟自由主義之間並不存在知識論的鴻溝。然而，兩者都跟那種過度依賴數學計算規劃設施的公共政策有顯著的區別。後者只能稍微自我辯解說他們對未來完美或接近完美的結果很有把握（對於現在就更不用說了）。既然我們對現在或者未來所知道的一切——不管是有關於經濟學還是任何其他方面——都不會以完美的形式賜予我們，可見規劃從本質上就有虛幻的成分，規劃越是包山包海，宣稱可以達到的目的就越是虛幻（同理也適用於所謂完美或有效率的市場之類的概念，不過很少有人會這麼說）。

話說，自由主義或社會民主主義的興起或沒落，並不是決定於它們是否能夠成功說中未來，但共產主義是。這就是為什麼我會相信，社會民主主義作為一種模式、一種理念和一種「大敘事」（grand narrative），隨著共產主義的消失，竟然也就崩解，實在太不公平，也太不幸了。這對自由主義者來說也是不好的消息，因為任何一種說法，只要是可以用來反對社會民主主義對公共事務的構想，就同樣可以用來對自由主義者興師問罪。

史：讓我試著從知識論這一塊來區分自由主義與馬克思主義。自由主義是從對人性的樂觀假設出發的，但在實務中很容易讓人收斂這樣的觀點，學到應該要稍微悲觀一些，也就是說可能需要多一些干預、多一些屈尊俯就和多一些菁英主義之類的補救。而這事實上就是自由主義一路發展過來的歷史，至少對二十世紀初接受國家干預的新自由主義來說是如此。

雖然說自由主義原先假定對人性可以樂觀，可是在有了一些經驗之後便稍有保留；馬克思主義則多虧繼承了黑格爾思想的路數，至少假定了一個非偶然性的事實：我們的異化。馬克思主義的觀點說起來大致如此：我們的本性相當差，但有可能會變得相當好。這兩種情況與可能性的根源是私人財產，一個條件變數。簡單地說，變化事實上是操在我們手中，而且有可能差別顯著：隨著革命的到來，不只是財產制度遭到終結，偏頗不公、孤獨無依和生活困頓也隨之而去。因為這樣的未來是操在我們的手中，自然本身就變成可以替代——或者換一句話說，我們現在這種無法令人滿意的狀況就變得不自然了。有見於此，幾乎任何激進的步驟和威權的態度都變得可以想像，甚至變成人心想要追求的了——這樣的結論自由主義者根本無法接受。

賈：你看，這個知識論和道德上的鴻溝並沒有像分化馬克思主義陣營內部那樣，把自由主義者與馬克思主義者區隔開來。因此，如果我們審視過去這一百三十年，就會發現其中最重要的一條線區分了兩種人：一種人是那些被這個故事最極端的版本所吸引的馬克思主義者（尤其在他們年輕的時候），但他們最終沒有受到牽連，所以到了結局也就沒有接受其前提；另一種人是那些到最後仍相信所有後續發展和相關一切的馬克思主義者。那種認為一切都全是或全非的想法——一切都非此即彼，不能夠同時兼具，比方說如果某一件事（以刑求為例）是惡劣的，那就無法根據結果而辯證性地將之歸為良好——這種想法始終都被歸類為非馬克思主義的思想，而且正如你所知道的，被大肆譴責為「修正主義」。這也是理所當然，因為這種知識論的經驗主義在自由主義的政治思想裡有其根源，並且還代表了——事實上始終代表了——跟深藏在馬克思主義吸引力核心那種宗教風格的論理方式已經徹底決裂。

儘管如此，在過去大半個世紀裡，許多社會民主主義者幾乎無法想像自己並不是馬克思主義者——更不用說要把自己歸類為「自由主義」了——也無法朝向「回溯性的必然論」（retroactive necessitarianism）邁出終極的一步。在大多數的情況下，他們有幸迴避了這樣的選擇。在斯堪地那維亞，社會民主主義者有機會上台，無須推翻或鎮壓既有的當權者。在德國，那些不願跟憲政上或道德上的限制有所妥協的人，則將自己排除在社會民主的共識之外。

在法國，因為共和政治強加於人的妥協，這個問題顯得無關緊要了。反觀英國，感謝激進左派早已邊緣化，這個問題根本多餘。弔詭的是，在所有這些國家裡，那些自稱為馬克思主義者的傢伙還在自欺欺人：他們可以繼續相信自己的行動是受到馬克思主義歷史敘事的指導，然而然而又不用真的把馬克思主義聲稱想要達到的目標當一回事，不用受其牽連。

但在其他地方——其中俄羅斯是第一個也是最典範的實例——對馬克思主義者來說，取得政權的機會確實大增，而這正是因為他們對歷史以及其他民眾毫不妥協地提出如此的要求。因此，緊跟著一九一七年的布爾什維克革命之後，形成了尖銳而持久的兩派分裂，一方不願意接受他們自己的理論帶給人類的竟然是這樣的結果，另一方則認為這些結果固然令人不快卻還是在他們意料之中，正因為結果令人不快，更加讓他們確信：革命不易；我們真的必須要做出這些困難的抉擇；這些惡劣的事情我們無可迴避就是得要去做；這可是一場革命；如果我們的買賣就是要做蛋餅，那此刻可不容對雞蛋手下留情。換句話說，這是一場跟過去的決裂，也是跟我們的敵人決裂，有了這一套無所不包有關於人類將會如何轉變的推理，所有的後果都有正當的理由可以予以解釋。那些認為革命後的可怕現狀只意味著鎮壓的馬克思主義者（也不是完全沒有道理）被指責為無法掌握他們所抱持的這個學說的言外之意，理應受到嚴厲懲罰，被拋進歷史的垃圾桶裡。

史：我在卡爾．考茨基身上看到一件有趣的事，一九一七年之前，他一直是歐洲社會主義在智識界的權威，俄國大革命爆發時，他並非就此停止思考並全盤接受隨著革命所發生的一切。反而他卻像當時某些比較沒那麼有名的馬克思主義知識分子一樣，用長期以來他們已經習慣的馬克思主義分析框架，來審視列寧的所作所為。與某些其他社會主義的領導者相比，他可不會只因為列寧說這場布爾什維克革命服膺馬克思主義，就一廂情願地信以為真。

賈：你說得對。卡爾．考茨基和愛德華．伯恩斯坦——他們直到一九一七年之前，都還在有關修正主義的歧見上彼此爭執，這項歧見正是戰前德國社會主義的典型爭論——雙方都沒有全盤領會俄羅斯人的所作所為對嚴謹的馬克思主義思想究竟意味著什麼（這裡或許值得一提的是，比起任何其他人，這兩人各自以其特有的方式，都更接近於恩格斯，從而也更接近於早年的傳統馬克思主義）。

羅莎．盧森堡則又是另外一回事，她因為考茨基和伯恩斯坦等人對她激進緊迫的行動無所呼應而對他們頗有微辭。她至少也跟他們一樣清楚意識到列寧思想的不足之處，事實上她對布爾什維克的批判或許在思想上是最為嚴厲，但她與她那些德國同志又不一樣，她當時繼續堅持與過去徹底決裂的可能性和必要性，然而她所運用的語句與列寧所施展的那一套又相去甚遠。

史：對這樣一種分裂的可能性抱持著信念，似乎是這些人的核心思想，即使已經晚至一九一七年，尤其是已經晚至一九一七年。

這種信念有點類似中世紀或者近現代早期的基督教世界觀，真正在乎的是你是否能得救。如果我是一個信徒，我應該更關心你終將消逝的靈魂，而非你的愛好為何，我應該試著解救你。即使解救你意味著得折磨你，甚至於意味著，到最後得要殺害你；只要我能夠解救你的靈魂，那麼我的作為不僅是對的事情，也是不證自明屬於我應該去做的事。

這種推導事理的方式是自由主義實際上絕對無法苟同的。也就是說，按照這套想法，群眾的意圖都是個別顯現的，然後從經驗上由其他人辨識出來，並歸諸於原先意圖於此者。黑格爾思想中有關於事物的深層目的及其意義的可辨識性這番見解被引入馬克思主義，從而也被引入承繼馬克思主義的列寧式理解當中（雖說這個理解不盡人意）。

以這樣的方式，歷史的終極目的——藉助革命來達成並對其有所理解——變得跟靈魂不朽具有同等性質：不惜任何代價只求得救。而且，這不僅僅只是有關於一個瑣碎意識上的信仰或信念。幾十年來，這番想法賦予了「革命」某種神秘色彩與意義，使得過程中所有的犧牲都有了正當理由——尤其是那些別人所做的犧牲，而且越血腥越顯得理直氣壯。

賈：為了要理解一九一七年革命之後為何會有那麼多人把自己的身家性命託付於列寧思想與蘇聯，除了信仰之外你必須要從共同體和歷史背景方面著手。共產主義的海市蜃樓，遠比僅僅是社會民主主義，也就是附帶福利國家政策的民主政體，要更加包山包海。那一大套誇張過火的雄心壯志，對熱衷於全面闡釋歷史以及將社會目標與個人獻身之間的抽象關係當作結論的人很有吸引力。從來沒有人談起過社會民主主義之神辜負了他們，但受到共產主義之神辜負卻是長篇累牘訴說不盡，而且，當然，內容主要都是有關於如何失去對共產主義的信仰。

史：是的，好像自從一九一七年俄國大革命之後，布爾什維克就壟斷了神秘主義。為何那些同路人會如此輕易就對布爾什維克的說辭產生信仰，即使在蘇聯最血腥的時刻仍然認同所謂的革命？

賈：對那些已經信仰了共產主義的人來說，無論是作為共產黨人，或者作為進步的同路人，蘇聯的那套說辭實際上跟他們親眼所見已經無關。問當年去過那裡的人為何沒辦法看出真相，其實是錯失了問題關鍵。大多數明白蘇聯當時正在發生何事的人並不需要親歷目睹。而那些以真正信徒的身分前往蘇聯的人通常回來後還是深信不疑（安德烈．紀德是其中著名並且稀有的例外）。

無論如何，一位信徒所尋求的那種真理，無法衡諸當代的證據來加以驗證，而只能乞靈於未來的結果。大致不外乎是相信未來會有那麼一個蛋餅，所以眼前這無數顆破掉的雞蛋也不是沒有原因。如果你不再繼續相信，那麼你不僅拋棄了一項到目前為止被你明顯錯誤解讀的社會資料；而且你也拋棄了一套保證未來會讓你獲取報酬，足以讓所有付出都變成值得的說辭。

共產主義還為其信仰者提供了一種與其他信仰者為伍的熱切社群感。法國詩人克勞德・羅伊在其回憶錄的第一卷裡回憶了他年輕時代的法西斯主義，這一卷的書名是《我》。而描述他共產主義生涯的第二卷，則意味深長地命名為《我們》。這是有跡可循的。共產主義的思想家覺得自己是具有類似感受的知識分子社群中的一員，這讓他們覺得自己不僅在做正確的事情，而且正與歷史的方向一致前進。是「我們」在從事這番事業，而不僅僅是「我」。這一點克服了「寂寞群眾」(lonely crowd)的概念，並將服膺共產主義的個人置於中心位置，不僅是在一項歷史計劃的中心，也在一趟集體進程的中心。

有趣的是，到底有多少對共產主義幻滅的回憶錄是以失去當年的群體和信仰這個觀點所寫成。難處不在於睜開眼睛看清史達林的所作所為，而在於跟所有一路上與你懷抱共同信仰的其他人決裂。因此當信仰與吸引力非常可觀的共同忠誠結合起來，就給了共產主義某種其他政治運動都沒有的獨特優勢。

當然，不同族類的思想家被共產主義吸引的原因也各不相同。亞瑟・庫斯勒那一代出生於一九〇五年前後，是最早被列寧思想所吸引的世代，但他們最遲也因為一九三六年史達林的「作秀公審」(show trials)或一九三九年的《德蘇互不侵犯條約》而感到幻滅。這一代人因此跟被蘇聯紅軍在二次大戰中的勝利形象所惑的那些人很不一樣；後者是誤信了共產黨(不管真實還是想像)曾經英勇抵抗納粹，而且又誤以為如果除此之外只有美國，但美國又是資本主義最魯鈍粗鄙的化身，於是選擇共產主義就再合理也不過了。

比他們稍後的那一代人對共產主義幻滅，大致是在一九五六年蘇聯入侵匈牙利時。對前一代的共產主義者而言，是在社會民主主義失敗，以及至關重要的，法西斯主義與共產主義之間明顯不容迴避的選擇；然而到了二十世紀四〇、五〇年代，選擇已大不相同，即使史達林費盡心機想把冷戰呈現為一整套基本上相當類似的選項。因此，共產主義的同路人，也就是對共產主義抱持同情但還不到要承諾加入的人，在戰後要比在兩次大戰之間更加事關重大，這時候最主要的問題已經變成：人們是否以及何時會停止繼續相信共產主義，而成為所謂的「前共產主義者」。

史：當一個人成為共產黨的一員，或者表明自己跟共產主義有關的那一瞬間，對他這一生來說是非常重要的。這其中存在一種雙重的短暫陷阱：從那一瞬間往前，革命便有如一道彩虹在你面前逐漸褪去。你想要繼續不斷追逐它。與之同時在你身後逐漸退去的是你做出那個選擇時的青春歲月，當年你很可能因此結交了許多好友，或找到了新的愛人。而我認為人很難把自己跟當年結識的那些人以及那個瞬間一刀兩斷。

賈：再一次，我們來玩味一下霍布斯邦的回憶錄。書中給人一種感覺，他生命中所有一切，和他除此之外無法解釋的忠誠，都可以連結到德國威瑪共和的最後一年。一九三二年，他還是個生活在柏林的十五歲少年，他在那一年目睹了德國民主制度崩潰瓦解，加入了共產黨，並清楚地感覺到，這是二十世紀重要的轉捩點，而他在必須選擇的時刻正做出了一個選擇。這個選擇不僅形塑了他此後的人生，也為在此之前的一切賦予了理由和意義。在那些當年做了同樣的選擇但後來又摒棄的人當中，許多人無法說清楚，究竟如今他們的生活還有什麼意義——除了致力於寫作演說來對抗當初曾經給了他們意義的那個玩意兒之外。

如果你仔細想想幾個曾經相信但後來悔悟的人，像伊釀西歐・希洛內、惠特克・權伯斯或馬內斯・施佩貝爾，你會從中看出兩種情感上的潛台詞：一種是試圖表達信仰不復存在的失落，另一種是試圖將先前曾有的信仰合理化。失去信仰，當然，比不上信仰來得那麼具有吸引力：所以儘管抽身離開也許合乎理性，但你得不償失。在試圖合理化的族群裡，一個有趣的實例是安妮・克里格爾，這位法國歷史學家原先是一個史達林的信徒，後來卻成了反共分子。她的回憶錄名為《我曾經以為我明白的事》。悉尼・胡克在他的回憶錄《亂了步調》中也接二連三地試圖解釋為何「我當時以為我清清楚楚地明白」。弗朗索瓦・福雷的《幻想消逝》講的也是同一回事，只不過藏在一部二十世紀史的外表之下。以這樣的方式，他們要說的是：「我個人」之前的選擇與其說是一種信仰，倒不如說是面對特定形勢的合理回應。順著這個理路，當初選擇成為共產主義者，跟後來選擇不再繼續相信共產主義，兩者都有可以自豪之處。

史：在福雷的書裡有一個遠遠超過合理化的絕妙事例，他告訴我們說，一九四七年他讀到庫斯勒的《正午的黑暗》。庫斯勒描述蘇聯治下的恐怖非但沒有說服福雷他不應該成為一名共產主義者，甚至於，史達林主導的「作秀公審」期間，審問者以及受審者所表現出來的理性還在青年福雷的心中留下了令人佩服的印象。

賈：我們要記得，當年庫斯勒在寫這部小說時，自己都還沒有擺脫辯證法的魔力。庫斯勒想要告訴世人的是，為何有那麼多的民眾會被這些思想方法所誘惑。但這部小說寫得那麼好的部分原因，也正是由於他自己仍然還有一點受到這樣的誘惑。

史：這就是為什麼《正午的黑暗》是來自共產主義內部的絕佳記述，解釋群眾為什麼會被共產主義所吸引。但有關於當年大清洗（Great Terror）的確實情況，這本書的記述就沒有那麼好了，一九三七年和一九三八年數以十萬計的工人農人遭到槍殺，這本書中就隻字未提。

賈：在庫斯勒的記述中——跟霍布斯邦有相同的見解——無論好人或者壞人同樣是共產主義者。首先，所有的受害者——當然是所有讀者在意的受害者——都是共產主義者。其次，那些「施虐者」都是史達林的信徒，他們為了自己的目的濫用了「好好的」共產主義，並且利用法律或職權來宣告那些與他們意見不同或者他們希望清除的共黨同志有罪。正如你也注意到了，這本書所記述的，並不是那些年當中蘇聯歷史最重要的面向；而且書中寫到大清洗的部分也有偏頗。但對知識分子來說，還是很把這本書當一回事。

史：知識分子真正關心的是這樣一種社會環境：你所認識的人——或者那些跟你所認識的人頗為類似的人——以及這些人的遭遇。在這個社會環境之外的是農民作為一個整體，在一九三〇年代初失去了他們的土地，數百萬人餓死，然後到三〇年代末又有幾十萬人遭到槍殺。

賈：在庫斯勒的《恐龍的足跡》一書中有一篇優美的散文，題為〈聖日爾曼德佩區的調戲〉。他將法國的共黨同路人和共產黨人形容為一群偷窺狂，通過牆上的孔洞來窺視歷史，而不去親歷親為。共產主義的受害者可以被輕鬆地重新形容為（而且往往也就成了）只是被歷史所害，而非人為加害。因此，在那些歷史無法記錄實際發生過什麼事情的國家中，共產主義被暫且當作黑格爾的鬼魂來代替原本歷史應該做的工作。隔著這樣的距離，大家就可以爭論歷史的所費與所得：然而這所費的代價是由別人來承擔的，而所得的利益則大到隨你想像。

在某個層次上，這與我大學階段在國王學院所學到的關於工業革命的討論相當類似：其後果對人類來說雖然在短期間或許相當可怕，但確實有其必要，也有其裨益。如此的轉變勢在必行，因為如果沒有工業化，就沒有辦法產生足夠的財富來克服馬爾薩斯所稱的「農業社會的障礙」；對全體人類而言這樣是有裨益的，因為長遠來看每個人的生活水準都提高了。

這個論點由此觀之，與共產主義的西方辯護者所提出的理由頗為類似（在那些他們承認共產主義罪過不小的場合當中）。不同之處當然是在於，一八三三年並沒有人坐在倫敦規劃起工業革命，並且擅自決定不管代價為何，都值得為了長遠的利益而將之強加於他人身上。

這個觀點在布萊希特有一首獲得許多讚美卻令人不快的詩中總結得很到位：「即使對卑鄙的憎惡／讓前額緊蹙。即使對不正義的憤怒／讓聲音愈發刺耳。可嘆，一心想為仁慈奠定基礎的我們／本身卻無法仁慈」。簡而言之，為了要辯護當前的罪行，我們必須將目光牢牢地盯在未來的利得上。但我們應當牢記在心的是，在這類陳述中，代價總是分配給別人去承擔，而且通常轉嫁到另一個時間與地點。

史：對我來說，這似乎是一股政治浪漫情懷的具體實踐。我們在二十世紀的其他地方也見到了類似的事例中有這樣的心情。在一個許多人——尤其是知識分子——已經不再相信來生的世界裡，死亡必然相形之下愈加重要。要死也一定要有個理由；一定要走在歷史的前面：上帝已死，死亡千秋萬世。

賈：如果沒有第一次世界大戰和因此而產生的對死亡與暴力的異端崇拜，所有這一切將遠遠更難以想像。一九一七年之後的年代，共產黨知識分子與法西斯知識分子的共同心態，在於他們對你死我活的鬥爭以及因此而對社會有益或者在美學上有所進境的結果深深感到迷戀。特別是法西斯知識分子，他們把死亡搞成身兼戰爭與非戰爭暴力的正當理由以及魅力所在：幻想從這樣的混亂中將會誕生一個更好的人和一個更好的世界。

在我們滿意於恭賀我們自己說出「所有這一切俱往矣」（goodbye to all that）之前，一定要記得，這種浪漫的感受根本就還沒有被我們甩到身後。我還清楚地記得康朵麗莎・萊斯女士，時為小布希總統的國務卿，對二〇〇六年第二次黎巴嫩戰爭的反應。當時她評論以色列入侵黎巴嫩南部造成平民更多傷亡的情況，很有自信地宣稱，這些傷亡都是「一個新中東要誕生前的陣痛」。而我還記得自己當時心裡想，這種話術我以前就領教過了。你懂得我的意思：再一次地，他人所受到的苦難被用來解釋成歷史要接生一個新世界的方式，於是那些如果不這麼說就根本無法原諒也難以解釋的事件就被賦予了如此的意義。如果到了二十一世紀一位保守的美國國務卿都還可以借助這樣的違心之論，半個世紀之前的歐洲知識分子為什麼不能訴諸類似的理由為自己辯護？

史：那麼我們還是稍微再回來想想看霍布斯邦。何以一個犯了那樣的錯誤而且從未改正的人，等到時機成熟，卻變成二十世紀最重要的詮釋者？而且他所經歷的過程並不是個案。

賈：這個問題的答案，我相信，可以讓大家恍然大悟。我們內心裡一直都還多少有那種感覺——就像霍布斯邦自己或許也還堅持這樣的看法——如果你內心未曾跟其他人共同有過二十世紀的諸多幻想，尤其是共產主義的幻想，那麼你就沒法充分地體會二十世紀的確實情況。在這一點上，研究二十世紀知識階層生活樣貌的歷史學家進入了一個本質上無法參透的領域。群眾在一九三〇年代所做的那些選擇（以及他們做那些選擇的理由），對我們來說是可以理解的。即使我們無法想像自己會做同樣的選擇，但他們的心情不難體會。而且即使我們很清楚地知道，二十年後同樣的這些群眾當中有許多人將會後悔他們當初的選擇，或許找個對自己有利的說法來重新詮釋當初選擇的動機：年輕不懂事所犯的錯誤，情勢所逼不得不屈服之類的。

史：曾經是共產黨員讓人對共產主義有著贊同傾向的理解；他知道共產主義的虛實，也曾經投身於解決那些似乎是這個時代最主要的議題，也擁有開展工作所需要的原始素材。這使得他作為一位歷史學者有其優勢，因為傾向於贊同的理解說起來大概是我們每一個人都想要擁有的東西。然而，如果有人聲稱，曾經是一個史達林信徒會具有知識上的優勢，那麼由此似乎也可以聲稱──從一個純粹方法論的觀點來看──但願自己也曾經是一個納粹分子。

賈：一九三三年那些優越的德國人選擇了歡迎納粹，從而也接受了納粹對他們的歡迎，以他們的共謀與沉默為代價換取高官厚祿：如今看來除非視之為一種怯懦的行為，我們完全無法理解這些人是怎麼回事。因此即使事過境遷回顧當年，有問題的行為就是有問題，而且我們也都不太願意讓「年輕不懂事所犯的錯誤」或者「情勢所逼」成為可以對這些人從輕發落的條件。簡單地說，我們對某一類過去的政治閃失無法輕饒，卻對另一類閃失很能容忍，甚至滿懷同情。這似乎顯得很不一致，甚至毫無條理，但其中還是有一定的邏輯。

就算能夠讓我們自己鑽進那些規劃與宣傳納粹政策的人腦中，我也看不出這對我們理解二十世紀史有什麼益處（這是我不贊成同時代的人對喬納森．利特爾的《復仇女神》阿諛謬讚的原因之一）。我就是想不起有哪個納粹知識分子的論證，可以在二十世紀思想當中被高舉為一種有點意思的歷史性記述。

反過來說，我倒是能想到好幾個理由來仔細閱讀──如果不好說是感同身受的話──某些羅馬尼亞和義大利的法西斯知識分子令人討厭的著作。我的意思並不是說，因為最終沒有涉及種族滅絕，或者沒有大規模地殘殺民眾之類的惡行，所以非德國形式的法西斯主義對我們來說，在某種程度上就比較可以忍受，就比較可以理解。我的意思是，其他的法西斯主義是在一個可辨識的民族憤慨或地緣性缺乏正義的框架中所引致的，這樣的成因不僅是可以理解，而且如果我們想要搞清楚周遭的世界究竟怎麼一回事，從這個成因所得到的理解還能有一些更廣泛的運用。

然而，德國知識分子在納粹時代的發言，無論是以納粹的一分子或以納粹的同情者身分，大多數都單單只適用於德國的情形。確實，納粹主義——跟供其養分的浪漫主義與後浪漫主義民族傳統一樣——依附於一大套關於是什麼讓德國與眾不同的獨斷說辭之上。許多羅馬尼亞——或者義大利或者西班牙——的知識分子大多數時候都相信他們自己所擁護的是舉世皆然的真理與範疇。即使是沉浸在最自戀的愛國情操當中，像羅伯．布拉席亞緒或迪厄．拉荷歇這樣的法國法西斯知識分子，也還盲目地認為自己有著超越法國邊界的關聯性與利益。在這層意義上最起碼，他們跟共產主義知識分子還可以相提並論：他們也提出了一種有關於現代性及其不滿的論述。我們也就，因而，能夠從他們那裡多少學到一些東西。

史：十九世紀當義大利自由主義的愛國志士馬志尼為文抒發民族主義時，他深信民族主義能夠而且應該成為一個舉世皆然的主張，就像你剛剛言外之意所暗示的那樣：如果民族自決對義大利有益，那麼在原則上就應該沒有理由會對任何一個人無益。世界上可以有許多自由國家。所以一九二〇、三〇年代的法西斯主義可以被理解為下列這個思想的一個畸形的戰後繼承者：原則上一個國家的法西斯主義者能夠同情其他國家法西斯主義者的雄心壯志。但一個國家社會主義者就不會有這樣的念頭：納粹主義是關於德國的，沒有辦法成為其他國家的典範，因為它的形式與內容兩者都是專屬於德國的。

然而正因為你剛剛那麼說，我很想知道，到底國家社會主義是不是無法普遍化。對自己這個種族加以幻想崇拜是一種極端的情況，也是絕無僅有的極端情況。但是當然，我們每個人都有可能會屈服於這種我們是獨一無二的謬論吧？難道傾向於認為自己是個例外不是舉世皆然的人性缺陷嗎？

賈：或許是如此。你現在所陳述的是一個更加抽象的觀點，關心的點並不是在思想者本身，而是我們可以從這些謬論的一般特徵中學到什麼，正是因為這些謬論使得他們，或者毋寧說，使得數百萬他們的受害者淪為犧牲品。我要再重申一遍，我們能夠而且必須要在納粹和那些知識分子之間維持一個區別；在那些知識分子眼中，他們保留並且堅持了他們自己普世皆然的性質——這是一種典型啟蒙時代的想法，也就是說他們自認為是一場國際性對話中的局部：無論對話的內容是政治，還是人類社會的起源，或者是資本主義如何運作，或者進步的意義，諸如此類的議題。我們可以有把握地說，共產主義知識分子（或者特定條件下的法西斯主義知識分子）是如此對話的繼承者。我們就是沒有辦法說納粹的知識分子也是這樣的繼承者。

4 國王學院與吉布茨：劍橋的猶太復國主義者
King's and Kibbutzim: Cambridge Zionist

一九六三年，我父親建議我不如去一趟以色列，他跟我母親不久前才生平第一次去到那裡旅遊。我爸媽發現了「德羅爾」，這是一個跟某個吉布茨運動有關連的猶太青年組織，專事組織年輕的英國猶太人夏天裡去以色列一遊。我對在倫敦負責這個運動的以色列召募者大為傾倒：茲維和瑪雅・杜賓斯基夫婦，他們兩人代表一個成立已久的左翼吉布茨運動「吉布茨聯」。茲維擔任官方的「改宗師」（proselytizer），二十八、九歲，是一位富有領袖魅力的堅定猶太復國主義者；他的妻子瑪雅出生在巴黎（我後來才得知，她姑姑嫁給了我表哥），人很漂亮，抱持著世界主義的信念。那年夏天我就跟他們一起去了以色列，腦子裡原來的顧慮一掃而空。

於是就開始了我和吉布茨之間的冒險故事。以色列有的是迷人的女孩與友善親切直言不諱的猶太男孩，在那裡他們無需為自己的猶太習性或周遭其他人的敵意煩惱。這裡的周圍環境，不需要特別去熟悉，就會覺得很習慣不陌生。不過即使我已經全心投入猶太復國主義及其意識形態氛圍當中，我想我仍然不自覺地多少有一些保留。那些日子在比較堅持意識形態的吉布茨裡，「流散在外」（from the diaspora）的新成員都會被指派希伯來名字。這種名字要嘛就是新成員的歐洲名字在《聖經》裡對應的相似名字，再不然就是跟歐洲名字具有某種關係；取個希伯來名字是這整個過程當中的一部分，大喇喇地把猶太年輕人從他們的歐洲傳統中抽離出來，然後嵌入這些人在中東的未來。由於《聖經》裡沒有東尼的對應，我在吉布茨的新朋友們便把我名字中的「n」和「t」對調，試圖要叫我「南森」（Nathan）。我馬上就拒絕了這個叫法，所以大家還是叫我東尼。

我在位於加利利的哈庫克吉布茨工作了七個星期。我後來才明白，我除了未來被期待能夠移民過來，眼前也是廉價的臨時勞力：對吉布茨來說，花上大筆開銷派遣有吸引力的代表去英國，這個算盤還是打得精的，只要他們帶回願意在農場工作的年輕人。這種廉價勞力當然正是我的擔保人所要尋求的。「吉布茨聯」是以色列「勞工聯合黨」所號召的吉布茨運動，勞工聯合黨在那些年是以色列中間偏左的主要政黨之一。對該黨來說，吉布茨運動代表了金融、社會、政治和象徵性的資本，而我們這些被召募進來的新成員就是這個運動的未來。就算這是剝削，也沒人反對。我當年確實樂在其中：摘採香蕉，享受自己的強壯健康，坐著卡車玩遍這個國家，還跟幾個女孩去遊覽耶路撒冷。

「勞動猶太復國主義」的要旨在於猶太事業的前景：這一理念認為，海外的猶太年輕人將從他們原本孱弱無力、只能被同化的命運中獲得拯救，然後被送往巴勒斯坦鄉下偏遠的集體聚落——在那裡創造（而且，如這種意識形態所宣稱的，是重新創造）出一種活生生的猶太農家生活，既不受剝削，也不剝削人。我看以色列是透過一個玫瑰色暈的鏡頭：是一塊獨特的中間偏左的土地，我認識的每一個人都從屬於一座吉布茨，而我也能夠把一座吉布茨投射到所有猶太人全體，呈現出一種特有的猶太社會民主主義理想形式。我當時從未遇到過任何一個阿拉伯人：左翼吉布茨運動避免雇用阿拉伯勞工。正如我現在已經明白，這麼做在他們實施平均主義的資格履歷上當然並不光彩，著眼的是要遠離中東生活中讓人不便的真實情況。我確定自己當時並無法完全理解這一切——不過我倒是還記得自己曾經很好奇，為什麼我待在吉布茨這麼長的時間裡，從來都沒見過一個阿拉伯人，儘管就生活在這個國家人口最稠密的阿拉伯社區附近。

那會兒我可忙著呢，就像米蘭・昆德拉筆下的「舞者」：我加入到這些人的圈子裡，在雙層的意義上學會了這種語言：一是在字面上，一是在政治上。我是他們當中的一員——說得更準確一點，是「我們」當中的一員。因此我可以抱持著某種信念說，我跟昆德拉或者帕維爾・科胡特一樣，也被賜予了圈內人才會獲得的，有關於圈子裡到底是什麼情況的特殊知識：所以能夠沾沾自喜地倨傲環視周遭那些無信仰者、無知識者、未受教者與未開化者。

我回到英國時已經變成堅定的社會主義猶太復國主義者，這個身分中的兩個部分在我十五歲的這個年紀都處於我信仰的核心。猶太復國主義對我來說無疑是一種青春期的反叛心理，但我並沒有想要反抗任何特定父權的或社會的規範或者權威。我確定並不是去接受一種被我父母所排斥的政治形式：剛好相反。我對英國的文化、服飾、音樂或政治也並不反叛——至少不會比那時候的其他任何人來得反叛，可能跟許多人相比還略顯溫馴。我所反叛的是我的英國習性，或者說，是反叛我童年生活到這時為止都還未受到審視的那種模稜兩可：我既是道道地地的英國人，同時又無可置疑地是東歐猶太人的小孩。一九六三年在以色列，我釐清了這種曖昧不明，變成了猶太復國主義者東尼．賈德。

我媽嚇壞了。她認為猶太復國主義只是猶太習性的一種虛張聲勢，在她心裡面，把猶太習性拿來吹噓誇耀既沒品味又不明智。不過她也夠聰明，看得出猶太復國主義會影響我的學校功課，事實上也確如她所言。她一再告誡我學業要放在所有其他事情之前，但我當時所受到的誘導卻更願意相信，在加利利海邊經營一片香蕉林，要遠比用功準備可以據以申請大學入學的A級國家高考更有樂趣。

特別是，我母親居然還看出了，我對起初把我介紹到以色列的那兩位很有魅力的夫妻檔非常傾心。瑪雅對我來說很有吸引力是確切的事實，她沒比我大幾歲。雖然我不至於會說她就是我把接下來四年的大好青春獻給猶太復國主義的原因，但她肯定穩居這個故事的中心。如我母親所看到的，瑪雅代表了某種可以誘使我遠離另一個自我的力量，遠離我早年生活裡那個獨來獨往、智識取向、偏好自力求解的孩子。也正是由於這個原因，我父親一開始還很熱心——但不久他也注意到同樣的危險信號。所以我父母親都開始力勸我打消輟學投奔某個吉布茨的念頭。

我跟爸媽達成了一個非正式的約定：我可以前往以色列，但是得要先考過A級國家高考。我當時之所以接受這些條件，是因為我並沒有那麼反叛。無論如何，大多數的A級國家高考我都沒有去考——不過我也沒有輟學。反而，在學校老師們的鼓吹之下，我提前一年去考了劍橋大學的入學考試。根據當時的規定，只要你以足夠高的級分通過這個考試，有學院願意收你，那你就達到了這所大學錄取的最低標準。

4 國王學院與吉布茨：劍橋的猶太復國主義者
King's and Kibbutzim: Cambridge Zionist

一九六五年秋天，就在劍橋考試即將到來的幾個月前，我還興沖沖地跟一個猶太復國主義青年運動裡頭認識的女孩約會，顯然不免會犧牲掉準備考試的時間。有一天晚上，我回到家約莫凌晨兩點，發現我父親竟然等在餐廳裡，嚇了我一大跳。結果我就被教訓了一頓，說得客氣一點就是，把攜女為伴的順位放在學校功課之上不是明智的行為。我並不認為自己之後有對這番訓斥心生不滿，或許甚至就在當時，我也明白父親這麼說我是為我好，心裡只有感激。於是我隨隨便便就把那可憐的女孩給甩掉了，日以繼夜地用功，最終在那次入學考試中，表現得比我先前考過的任何一回考試都還要好。

在那些年，如果你贏得一個公開的獎項，劍橋那些學院就會發一通電報——一通真正的電報——來通知你。於是有一天晚上在北倫敦，幾位猶太復國主義者的朋友家裡——對我來說，這一家人的主要吸引力，是有兩位跟我年齡相仿的漂亮女孩——我接到了我爸媽的電話留言，說有一通發給我的電報。當然他們就把電報打開，然後念出來，說我獲得了劍橋國王學院的一項表揚（exhibition）。他們問我這到底是什麼意思，於是我解釋說，這是頒給我一份獎學金和一個名額。他們堅持我得要趕快回去，想幫我慶祝一下。可是等我回到家，聽到的卻是打從樓上傳來的爭吵聲。原來我爸媽正忙於激烈爭執，我這麼有出息究竟是得力於哪一邊的遺傳……

接下來那個星期，我給劍橋國王學院的高級導師寫了一封信，請他允許我不要再準備應試A級國家高考——簡單地說，准許我從高中輟學。那位高級導師以非常寬大為懷的體諒口吻回覆我說，可以，因為你已經在入學考試中通過法文和德文的試卷，而且表現超越A級國家高考的標準一個等級，你已經達到了我們所在意的資格要求，所以你不用再準備A級國家高考。

我如釋重負，自此將六年的中學課業拋到腦後，一九六六年的春季和夏季就在以色列的瑪哈納亞姆吉布茨裡度過。我選擇瑪哈納亞姆完全是聽從吉布茨組織的指示。人一到那裡，我就被分派到橘子園裡勞動——這比在哈庫克的湖畔香蕉林要來得輕鬆：柑橘屬的果樹芳香當然遠比有水蛇出沒的環境討人喜歡。

瑪哈納亞姆和哈庫克屬於同一個吉布茨運動，但瑪哈納亞姆的成員在日常的意識形態問題（例如電器設備和布票之類的分配）上要更嚴格一些。這是一個比哈庫克更大、組織也更完善的社區，但也比較不友善，而且容不下任何反對意見。我在那邊待了好幾個月，發現氣氛越來越壓抑，讓大家都很不愉快，令人聯想起共產制度下的集體農場。

當我在吉布茨的同僚們得知我被劍橋大學錄取，並且打算要去入學時，他們都嚇壞了。這整個「阿利亞」（aliyah, going up）的文化以回歸以色列為尚，假定來到這裡的離散地青年應該切斷與海外的所有聯繫和各種機會。那時候的青年運動領導人心裡都很清楚，一旦英國或法國的哪位青少年獲准留在那裡念完大學，那麼對以色列來說就很可能永遠失去這個人了。因此官方的立場是，快要去念大學的學生應該放棄他們在歐洲的就學機會；先矢志為吉布茨奉獻幾年，摘採橘子、駕駛拖拉機或者分揀香蕉；然後，如果情況允許，再向社區提出接受更高教育的申請——申請者心裡明白會由吉布茨來集體決定他們應該去學習哪些課程，這樣的決定著重的是課程未來對整個集體有沒有用處。

4 國王學院與吉布茨：劍橋的猶太復國主義者
King's and Kibbutzim: Cambridge Zionist

❖ ❖ ❖

我還是去上了大學。如今我已經能夠理解，我在一九六六年秋天進入劍橋，成為很特別的那一代當中的成員。毫無疑問，關於英國，我們很難寫出一本像尚—弗朗索瓦．西里內利的《知識分子的一代》那樣的書，內容是研究一九二〇年代後期畢業於巴黎高等師範學院的那一群學者：包括梅洛—龐蒂、沙特、阿宏和德．波娃等人，他們在之後的大半個世紀裡幾乎主宰了法國的知識界與政治圈。就算把牛津、劍橋和倫敦經濟學院都湊在一起（當然事實上不應該那麼做），加起來的畢業生也還是因為人數太多，而且喜好各自不同，無法構成一個連貫的知識分子世代。雖然如此，從一九六〇年代初到七〇年代初這段時間在英國大學度過求學生涯的那一代人，還是有一些非常引人注目的特點。

這一代年輕人都受惠於一九四四年的教育法案與後續的改革，凡此種種都促使英國中等教育向任何能夠從中獲益的人免費開放。這些改革確立了一個菁英體系，經過挑選的學生可以進入國立中學，這些學校採取老派的教學方式，常常取法歷史悠久的公學（在英國這當然指的是私立學校），卻對每個階級裡面有才能的學生開放。此外，還有為數較少但採取類似菁英汰選制度的直接撥款學校（Direct Grant schools），嚴格說起來是私立學校，但地方當局或中央政府也會補助，因此也有學生在這個體系中受惠。

中下階層的孩子如果能進入這些學校，都是屬於十一歲時在國家考試中表現優異的學童，因而得到接受學術中等教育的機會（那些沒考好的絕大多數只能屈就二流的所謂「技術」學校，並且往往在法律規定的最低離校年齡也就是十五歲時輟學）。從文法學校或直接撥款學校畢業的那些天分最高或準備最充分的學生，到時候將會經過牛津或劍橋的入學考試來仔細篩選。

歷經六〇年代後期，工黨廢除了這些挑選程序，依循美國中等教育的模式建立一般稱之為「綜合教育」（comprehensive education）的體系。這個用意良善的改革結果不出所料：七〇年代還不到中期，任何稍有能力的父母，都花錢讓自己的孩子脫離國家體系。於是英國就從一個剛剛建立起來的社會與智識上的菁英體系，回頭後退到一種社會性揀擇（socially selective）的中等教育體系，讓富有的人再度能夠買到一種窮人無法負擔的教育。英國的高等教育從那之後就一直在過度補償：想方設法從公立部門的孩子當中評選出最優秀的學生，全然不顧那些學校往往無法提供給這些人要攻讀大學絕不可少的打底預備。

其結果是，大不列顛有了一種法國人稱之為「菁英思想一代」（Génération meritocratique）的體驗，一開始是教育法案的最初成果，然後被綜合教育給終結了。我恭逢其盛忝列於這一代當中，對這整個過程有充分的意識。我可以證實在我那個時代的劍橋——史上頭一遭——數量相當可觀的學生家長都沒有上過大學；或者，就我個人的情況來說，許多朋友的父母甚至連中等教育都沒有完成。這使得我那個時代的劍橋跟過去好幾代人的劍橋都很不一樣，以往劍橋的學生幾乎毫無例外都是更以往之前畢業校友的兒孫。

這個菁英主義並且積極向上的學術世代有一個迥然不同於以往的特點是，我們當中有非常高比例的人對從事學術或學術相關的生涯很感興趣。畢竟，我們就是通過這個路徑承蒙提拔獲得成功的；所以我們對相關的事物很感興趣，也以此看待我們自己跟源始出身並且成功擺脫的背景和社群之間的關係。因此，我的同輩中有多到不成比例的人畢業後進入學界、高中教育界（通常任教於他們就讀畢業的那一類菁英中學）、出版界以及新聞媒體和政府部門的高層。

那個時代的學術圈生活還保有現在多數人無法奢望的優渥前景：待遇不斐，過程刺激。學術中人本身當然不見得喜歡冒險刺激——而且從這個專業的本質來說，也不會吸引大量敢於冒險的人。但關鍵不在於此。知識、觀念、論辯、教學和政策制定在那個時代，就個人生涯而言，不僅受到高度敬重，收入也相當令人滿意，而且總的來說，這也是聰明有趣的人都想要從事的工作。

劍橋的國王學院儘管多年以來就有學風自由不拘常規的名望，但骨子裡仍然是毫不掩飾的菁英主義。我在那邊第一年遇到的每一個人，都在入學考試表現傑出，而且大多數都極為聰明，雖說大家各自的興趣也都南轅北轍。我跟馬丁．波利亞可夫成了親近的好友，他如今是英國皇家學會的成員以及諾丁漢大學專任的無機化學教授。當我們其他人都不同程度地沉迷於女人、政治與流行音樂之際，馬丁對這些都沒有表現出特別的興趣。他父親是一位俄羅斯科學家兼且從商；他的祖父曾在舊俄帝國的鐵路興建過程中扮演重要的角色——馬丁自己受到家裡的鼓勵學了俄語，直到今天他都還能夠說這種語言。他娶了一位畢業於紐納姆學院（當時三所女子學院之一）的數學家，在我當年那些朋友裡面，他是極少數始終都跟同一個人維持婚姻關係的罕見個案。

另一位朋友約翰．本特利，是他們家第一位上大學的人；表面上看起來，這也是我們最主要的共同點。約翰來自英格蘭北部里茲的一個工人階級家庭，在他生活中顯而易見的主要興趣，除了女人、啤酒和他的煙斗（按照升序排列）以外，便是在荒野中步行。如今當我想起英格蘭，如果說還有任何感懷，心裡面浮現的是約翰的世界，而非我自己成長過程所見。約翰讀的是英語，隨後成為一位教師，在英格蘭北部的米竇斯伯勒教了四十年的英國文學：我不知道這是不是他始終想要過的生活。我和他一直保持著一種漫不經心、常常搞笑、有時候爆點粗口、相當親密友愛的關係，現在有了神奇的電子郵件，聯絡起來更加便利。

我這一代劍橋人當然對彼此背景的細微差別都非常敏感，只是每個人有各自不同的方式。在美國，你可能會問某個人他高中就讀哪所學校，然而大多數的情況你還是對他們沒多知道什麼。他們的回答在社會與文化背景上都會留下很多可能性的想像空間，除非對方是處在社會的某個極端，那當然就比較容易了解。據我的觀察，大部分情況下，美國的大學生對他們同學的中學經歷與背景都幾乎一無所知。而在英國，你只要知道某個人曾經讀過哪所中學，你幾乎就知道要把他們歸類到某個特定詳細背景所需要的全部資訊。

我還記得大家都聚在一起的頭一個晚上，幾個十八、九歲略帶羞澀的男孩剛剛在劍橋的住處安頓下來。大家直覺地，也都預料得到地，彼此相互詢問的第一件事就是各自之前上的是哪一所學校。我記得當時問默文．金，如今貴為英格蘭銀行行長，他讀的是哪一所中學。不出所料，跟我們大夥兒差不多，他也來自中下階層家庭，讀的是當地社區辦給聰明孩子念的文法學校。這馬上就跟我們在劍橋的老師們形成了鮮明的對比：當年給我們授課的那些人，我想，毫無例外地都曾經就讀於溫徹斯特、黑黎貝里或其他菁英階層的付費公學校。

因此，我們正處在一個社會學上巨大轉向的震央位置，然而在我看來，我們卻沒有感覺到被排拒在外。國王學院是凱因斯和E．M．福斯特的學院，是如此全然自覺地不依慣例，那裡除了恐同的反動分子之外，沒有人有可能覺得不自在。我當時感覺到並且表現得好像劍橋是我的，而非屬於某些本質迥異的菁英階層卻一時不察讓我誤入。而且我相信，除了些許例外，連國王學院的老警衛也能感覺到這種包容的態度。當然，與此平行運作的還有另外一個劍橋，保留給一幫社會上以及經濟上的少數族群，他們在那裡從事些什麼我們無從得知，也並不關心。無論如何，我們這邊的女孩還是比較好看。

一九六六年秋天的劍橋，我把許多時間花在往返於倫敦的路上，大多數是為了參加「德羅爾」的會議。當時我正在跟一個特別迷人的女孩約會，她名叫賈姬．菲力普斯，是猶太復國主義青年運動的成員，我在前一年跟她認識。她是我跟倫敦之間的連結，那段時間我認識的一些年齡差不多的人和朋友大部分都同在劍橋。雖然賈姬跟我一樣參與在猶太復國主義運動當中，而且某種程度而言是透過我才參與的，但她本身對政治興趣缺缺。在我看來，她被這個運動吸引主要是基於最常見的理由——因為她想在以色列度過夏天——而她之所以一直留在運動裡沒有離開，則是因為這是一個愉快的社群團體，而且那時候她跟我變得過從甚密。無論如何，我們跟猶太復國主義以及我們彼此之間的關聯使得我們再度踏上以色列的土地。

一九六七年春天，就在「六日戰爭」之前，武裝衝突的序曲階段，我在組織支援以色列的工作上扮演相當積極的角色。以色列的猶太復國主義組織、吉布茨和工廠紛紛發出呼籲，徵求志願者到那邊工作，以替換那些被召集起來準備加入戰鬥的備役軍人。我從劍橋幫忙建立起一個尋找並且派遣志願者的全國性組織。之後我自己也跟賈姬和另一位朋友莫里斯．柯亨一起去了以色列，在盧德機場不收降落航班之前，登上了最後一架飛往以色列的飛機。我只好再度請求國王學院允許我提前結束那個學期（儘管這次只是提前幾個星期，而且我第一學年的期末考已經考過了），他們也再度慷慨同意。

我們抵達的時候，已經有一輛巴士等在那裡，準備把專機載來的志願者送去瑪哈納亞姆。但我沒打算回到那兒，於是就告訴司機，起碼我們三個是預定要在哈庫克下車。為了掩飾這點盤算，我宣稱我們原本被派來的時候就說好了。因為預期戰爭即將爆發，以色列當時全面熄燈管制，我只好摸黑幫司機指路。等我們到達那裡，運氣好瑪雅．杜賓斯基也正巧在食堂裡：這純屬偶然，因為根本沒有人知道我們要來，我們就毫無預警地現身了。

我已經兩年沒見到瑪雅，她接待我們的時候或許也狀況不佳。當時她正值外遇（恐怕也不是頭一回了），吉布茨也完全還沒做好戰鬥的準備，成員分成互相看不順眼的兩派：瑪雅的朋友們一派，被她外遇男友拋棄的元配也有支持者另成一派。我浪漫地追求回憶與冒險，卻撞見了一幕了無新意的鄉下桃色糾紛。

然而我們人都已經到了那裡。在戰爭過程中與剛結束的時候，我再度在加利利海邊的一片香蕉林裡工作。不過幾個星期之後，勝利的以色列軍隊發出召集令，要求志願者加入軍隊作為輔助人員，並且協助戰後的任務。我當時十九歲，對這種號召無法抗拒。我跟一個朋友李・以撒克斯一起志願參加：所以就結伴去了戈蘭高地，編入那邊的一個單位。

我們本來應該駕駛虜獲的敘利亞軍卡車回到以色列，但我很快又被另外指派了翻譯的工作而走不了，當時有些失望。之所以被那樣指派，是因為我希伯來語講得還算可以，而且又能說一口流利法語。當時此地充斥著說英語和法語的志願者，都是從世界各地到以色列來的，他們幾乎對以色列的通用語言都有聽沒有懂。因此，我有一段短時間就變成了年輕的以色列軍官跟派到他們單位講英語以及講法語的輔助人員三方之間的通譯。

這樣的結果，跟原本可能開卡車南下山谷地區比起來，我見識到更多的以色列軍隊，著實讓我開了眼界。我第一次體會到，以色列並不是一個由熱愛和平、居住在農場的猶太人所組成的社會民主主義天堂，這些猶太人除了恰巧是以色列人之外，其他都跟我沒什麼兩樣。這是一個跟我之前學著想要理解或者堅持自己想像都極為不同的文化和民族。我所遇到的那些下級軍官都來自城鎮，而非來自吉布茨，也多虧了他們，我才能體會到某些對我來說之前就應該顯而易見的事情：田園社會主義的夢想其實也不過如此。猶太國家的重心想當然爾必定還是會落在城市裡。簡言之，我理解到自己當時生活於其間的以色列並不真實，更早來的那幾年也不是生活在真實的以色列。

取而代之的，我先前是被灌輸了一套時空錯置的概念，過了一段時空錯置的生活，而如今我才理解到自己這個誤會有多深了。生平第一次我遇上了不折不扣沙文主義的以色列人：廣義種族主義的「反阿拉伯」；只要有任何殺死阿拉伯人的可能性就一點也不會覺得良心不安；這些人常常感到遺憾的是，無法獲准一路打到大馬士革，把阿拉伯人徹底擊垮永世不得翻身；他們對那些被他們稱為「大屠殺的後嗣」的猶太人滿懷不屑，認為那些人生活在以色列之外，不了解也不感激這些新猶太人，也就是土生土長的以色列人。

這可不是那麼多歐洲人所樂於想像的社會主義以色列幻想世界——一廂情願認為具有中歐猶太聚落的所有優點又沒有任何弊端的理想投射。這是一個中東國家，卻蔑視四周鄰國，並打算透過強奪占領對方領土來開啟一場持續長達整個世代的慘烈不和。到那年夏天結束，我懷著幽閉恐懼的沮喪心情離開以色列。又過了兩年後，也就是一九六九年，我才再度回到那裡。但這回當我到達那裡，我發現自己強烈地厭惡幾乎所見的一切。如今我以前的吉布茨同僚和朋友們都視我為一個外來者與賤民（pariah）。

三十年後，我回頭用以色列為主題，發表了一系列文章，批評以色列在約旦河西岸的做法以及美國對其不予批判的支持。二〇〇三年秋季一篇發表在《紐約書評》上後來飽受指責的文章中，我的觀點是「單一國家的解決方案」（one-state solution），無論多麼難以置信，多麼為相關各方所不樂見，對中東來說，卻是最現實可行的未來前景。此一斷言的驅策力量多半是來自姑且抱持著期望的絕望，卻引發了一連串忿恨與誤解的熊熊怒火。我確實覺得，身為一個猶太人，有責任要去強烈並且嚴厲地批評以色列，而且是以各種非猶太人無法做到的方式——因為非猶太人害怕會被莫須有但很有效地冠上反閃族主義的指控。

我作為一名猶太復國主義者的親身經歷，使我有辦法辨認出其他人身上同樣存在的狂熱、短視與狹隘的排外意識——其中最明顯的是長年為以色列搖旗吶喊的美國猶太社群。事實上，我現在明白，以色列問題已經越來越讓美國人進退兩難。我所有關於中東的文章，都或明或暗地指出美國在宗教政策上的問題，以及美國的猶太僑民組織在挑起和激化衝突上所扮演的惡毒角色。於是我發現自己不管願不願意，都捲入了一場美國人自己內部的爭論，而在這場爭論當中以色列本身只扮演一個次要的角色。我在辯論過程中享有得天獨厚的優勢，不僅因為我是一個猶太人，可以把猶太同胞吹毛求疵的道德勒索不當一回事；也因為我在以色列生活過並且曾是堅定支持猶太復國主義的猶太人——事實上，甚至是一名在「六日戰爭」期間志願請纓去協助以色列軍隊的猶太人：面對那些自以為是的批評，這些履歷有時候是相當耐用的資產。

當我討論「單一國家的解決方案」時，是有意識地試圖掀開一局原先遭到封鎖的爭論。一方面，我在這池唯唯諾諾、輕率贊同的死水上丟了一塊石頭——那幫自命為美國猶太「領導階層」的人就是這副德行。不過讀我文章的還有另外一些人，是對中東很感興趣，或只是關心美國中東政策的非猶太裔美國人——這些人一旦想要表達他們的觀點，就會因為反閃族主義的指控而被迫消音：無論他們的觀點是關於以色列遊說活動的過當、占領的非法性質、以色列利用「大屠殺」對社會道德勒索的不成體統（如果你們不想要再發生另一個奧許維茲，就不要批評我們）、還是在黎巴嫩或加薩的衝突醜聞。

全國各地會來邀請我去發言的是像這樣的群眾：教會團體、婦女組織和學校之類的場合。這些民眾都是對外面世界的認識高於平均水準的普通美國人，其中有《紐約時報》的讀者、美國公共電視網的觀眾和學校的老師，這些人士全都是為了此一複雜的困境前來尋求指引。而我在這裡，不同於一般常見的情況，是願意來把話說清楚，不抱任何特定的黨派目的或種族立場。

我過去和現在都不反以色列，也沒有給過任何人這樣的印象。我很明白阿拉伯世界到底有多大的差錯，我也不覺得這些事情有什麼不能說的。我有以色列的朋友，也有阿拉伯的朋友。身為一個猶太人，我很願意毫不保留地討論我們這個時代執迷於悼念大屠殺所帶來的麻煩後果。因為我這種完全不妥協的風格，天生不適合來跟人家辯論，而且最重要的是，我不跟人結黨結派。所以，我能夠跟高中生、跟定期上教堂做禮拜的人或者讀書小組展開對話，而每回總結的時候他們都會表示多麼感激我此趟前來，因為他們難得有這樣的機會來公開討論如此讓人內心頗有負擔的話題。

史：從現代猶太政治的一開始，就有猶太人要融入周遭非猶太的社會（以你而言是進劍橋並展開學術生涯）以及猶太人參與猶太族群事務（以你而言是去以色列的那些年）這兩者之間的緊張。事實上你可以把十九世紀末希奧多．赫茨爾最初的猶太復國主義，視為一個與歐洲非猶社會同化程度相當高的猶太人，企圖將歐洲生活某一種比較好的形式輸出到中東——那就是在巴勒斯坦建立起一個猶太民族國家。

賈：歐洲大陸上存在著幾個不同的歐洲地區，也有好幾種不同的歐洲猶太人，甚至有好幾種不同的猶太復國主義。就嚴格的學術上來說，我們可以用這樣的觀點來談論德國、奧地利或法國各地不同的猶太人，他們——就像赫茨爾——成長於十九世紀下半葉的歐洲，那個已經「解除了魔法」（disenchanted）的世界裡，猶太復國主義對他們來說，至少有一部分是他們四海一家不分畛域的歐洲生活再向外延伸。但這種概念明明就無法適用於住在更東邊的猶太人，也就是當時生活在柵欄圈起來的村落裡那些嚴格意義上的俄國猶太人，這種概念對他們當中的絕大多數都不適用，至少對所謂的「阿什肯納茲猶太人」都不適用。可是毫無疑問，在那之後的幾十年裡，正是這些猶太人的影響最大。他們所生活的世界仍然是一個宗教籠罩的世界——一個被施以魔法（enchanted）的世界，即使動亂頻仍——因此反叛與分裂對他們來說，整個形成更加戲劇化的轉折。

史：但我們也能在中歐猶太人大感失望的同化經驗，與更東邊的歐洲猶太人截然不同的經驗和嚮往革命中看到一種差別，這種差別我們之前已經討論過了。尤其體現在猶太復國主義，體現在你所經歷過的「勞動猶太復國主義」的俄羅斯版本當中。認為可以重建一個理想的田園社區，這個打算不僅僅是猶太復國主義有這樣的想法，應該說並且事實上根本是俄國社會主義所抱持的想法。

賈：當我們回過頭來理解的時候，猶太復國主義在歷史上的一大混淆，是沒能看出猶太復國主義的思想家們與出現在俄羅斯帝國以及根植於中歐西歐的其他激進派之間的緊張關係。這種緊張關係已經超越了他們著手要憑空建立的究竟是哪一類國家的問題；由此而牽涉到他們對待批評者和競爭對手會有非常不一樣的態度。

俄羅斯帝國的激進派，無論是不是猶太人，大多無法理解妥協的意義何在。根據早期俄羅斯

（或波蘭）猶太復國主義者的觀點，由於長久沉浸在以往悲慘不容妥協的敘事裡，歷史只是且永遠只是爭鬥不休——說起來故事的結局最終都是贏家全拿。反觀中歐人的經驗，至少能夠想像一種自由派的觀點來看待歷史，還能將之視為一個進步的情節，其中各方都會有一席之地，而且進步本身確保了所有人都有其空間與自主權。這種如假包換的維也納式想法，從一開始就被頭腦清楚的俄羅斯激進分子，像是伏拉迪米爾．賈鮑京斯基，斥為是在兜圈子。他生前常說猶太人在巴勒斯坦所尋求的不是進步，而是一個國家。當你建立一個國家，你就製造了一場革命。而在一場革命當中只會有贏家和輸家。這一回翻轉過來我們猶太人將會成為贏家。

雖然我早期被灌輸的是一種比較溫和、屬於某種社會主義變體的猶太復國主義，後來隨著時間我也漸漸理解賈鮑京斯基的批評當中那種嚴酷精準和頭腦清醒的現實主義。無論如何，這是根源於俄羅斯的傳統，以賈鮑京斯基修正派的猶太復國主義來說，所繼承的是一種極端保守主義的革命傳統。如今，是賈鮑京斯基那套修正派猶太復國主義的繼承者統治主宰著以色列，而不再是勉強結合左翼的俄羅斯烏托邦主義與中歐自由主義所成的那個混合體，雖說那幫人也曾在最開始的三十年裡統治這個國家。

從目前已知的層面看起來，如今的以色列類似於俄羅斯帝國消滅之後出現在東歐的小型民族國家。如果以色列就像羅馬尼亞、波蘭或捷克斯洛伐克那樣在一九一八年就成立，而不是等到一九四八年，那就會走在跟一次大戰後所產生的那些小小的、脆弱不滿的、主張收復領土、自覺不安全而在種族上排外的國家差不了多少的路徑。但以色列直到二次大戰之後才建國，因此就很堅持有一點偏執的民族政治文化，變得很不健康地依賴大屠殺——這件事成為一根道德上的拐杖，一項可以用來抵擋所有批評的武器。

史：猶太人跟歐洲的決裂——首先是被大量屠殺，然後把猶太人的歷史從東歐移到以色列——使他們得以跟後基督教歐洲新近產生的非宗教倫理保持距離。我們很難不去注意到，今天的歐洲不僅是後基督教的歐洲——傳統信仰與宗教慣例大致上都已經被拋棄了——從更戲劇性的意義上來說，也已經是後猶太（post-Jewish）了。

如今的歐洲，猶太人所擔任的角色有點類似於一種集體的彌賽亞：長期以來他們是一個可觀的刺激物——他們惹出了許多麻煩，也導入許多討厭的革命理念或自由思想。但是當他們死去時——被大規模地消滅——他們給歐洲人上了共同的一課，歐洲人得經過三、四十年良心不安的沉思之後才凝聚出自己的教訓。對歐洲人來說，如今猶太人已經不再跟我們一道了——我們當年殺害了他們，而且任由剩下沒被殺的人逃離——此一事實變成過去遺留給我們最為重大的教訓。

但我們之所以能夠把猶太人併入歐洲史的意涵當中，正是因為他們已經不在了。就當年曾有的規模而言，現在歐洲真的沒有多少猶太人了，也很少有人想去爭奪在歐洲新的倫理記憶中再扮演什麼角色。真要說起來，剩下的猶太人也很少對歐洲的知識圈或文化生活再做出什麼重大貢獻，至少不如他們在一九三八年之前那樣了。事實上今天還留在歐洲的這些猶太人形成了一種自相矛盾：如果猶太民族所留下的教訓表明他們會被毀滅和驅逐，那麼他們仍然存在那裡只會讓事情變得令人困惑。

這使得歐洲對以色列抱持一種正面態度，不過只是一種有條件的正面態度。對歐洲人來說，以色列這個國家的意義是跟大屠殺緊密相連的：指向一個失去了的彌賽亞，從這個彌賽亞所留下的遺澤我們至少可以從中汲取出一套新的現世道德。但在以色列實際存在的猶太人卻破壞了這種說法。他們惹出了麻煩；照著歐洲人的想法，如果他們沒有惹出那麼多麻煩，而且容許我們歐洲人來幫他們解釋，豈不是比較好！所以歐洲的評論者始終都把焦點放在以色列的一些小錯上面。這點，你應該也發現了，我現在可是在幫以色列講話。

賈：說得非常好。在你那個基督教版本的猶太人歷史當中，猶太人就很像耶穌基督，唯有在失敗時（或者說，唯有在失敗後），才能獲得真正的勝利。如果他們看起來要勝利了，即將實現他們的目標時（代價由別人去付），問題也就跟著浮現。平素優雅的歐洲人習慣把別人的故事移作他用，這使得情況越來越複雜。其中第一個問題，已經被你如實強調了，就是以色列的存在。

這個情況更像是——請容我冒犯——耶穌基督轉世成了一個唯利是圖但除此之外比原來更有才幹的化身：他在耶路撒冷一家咖啡店裡坐下來，說著跟他以往所說大致差不多的話，讓之前迫害他的人因為把他釘上十字架而感到歉疚——即使他們也會因為他讓他們再想起這件事而對他深感不悅。不過想想看這麼一來將意味著什麼。這樣會造成，用不了多長時間——只需要經過一兩代——耶穌受難這個令人難堪的回憶，就會因為沒完沒了地祭出來讓人頭疼而被忘得一乾二淨。

因此最後你會得到一個看起來像這樣的故事。猶太人——像耶穌一樣——成為用來證明我們自己不完美的殉道者。但我們在他們身上看到的只是他們自己的不完美，和他們過度執著於把我們的缺點化為他們的優勢。我相信即使到今天我們還是不斷看到這樣的情緒反覆出現。再過幾年，以色列就會把大屠殺的意義與耐用性給貶損、削弱而致最終摧毀，使之淪為許多人都已經在說的：以色列諸多惡行的藉口。

我們過去常常在喪心病狂的人或法西斯主義的外圍分子口中聽到這樣的抗辯。但如今這種說法在反文化（counter-cultural）的智識主流中已經司空見慣不足為奇。我們如果去到，譬如說，土耳其或阿姆斯特丹或甚至倫敦（雖然美國倒還不至於），任何一場有關中東或以色列的嚴肅討論裡面，都會有人問你——是很真誠地問你——還沒到需要把以色列和大屠殺區分開來各自看待的時刻嗎？因為大屠殺不應該再繼續被他們拿來當作流氓國家的「出獄許可證」（Get Out of Jail Free card）了。

史：我看不出來為什麼耶穌復活變成一個討人厭的咖啡館知識分子會冒犯到基督徒！這跟他第一次出現時的情況差別並不是很大。當然，祂之所以神聖的整個重點是，祂事實上是個人；假如祂想要幫妓女洗腳，我覺得祂是真心如此。所以恐怕你想要冒犯也冒犯不了——耶穌在一家耶路撒冷的咖啡館裡是個不錯的意象。

不過說正經的，關於大屠殺在美國與歐洲之間不時仍然各自湧現一些不同的意見。雖然兩方都聲稱將之視為一種普世道德（「汝不可如何如何」）的原始資料，但近期最重要的實例，也就是伊拉克戰爭中，各自拿來運用的教訓就有顯著的不同。大屠殺相當容易既被當作支持戰爭的論點，也被當作支持和平的論點。從一個歐洲人的觀點來看，二戰和大屠殺所傳遞出來的資訊似乎大致如下：避免以謊言來為非法的侵略戰爭辯護——這種謊言會引出你內心最差勁的一面，於是你有可能做出很糟糕的行為。當然，你做出來的事情應該不會是最糟糕的事情，但順著那個方向江河日下的程度可能遠比你想像得還更離譜。

相形之下，美國人的反應則會是這樣：慕尼黑的慘案教給我們，如果你不起而反抗侵略，那麼可怕的事情就會發生在無辜的人身上。而且慕尼黑的教訓——姑息心態，或對他人的罪行睜一眼閉一眼——正適用於當前的現狀。因此我們必須竭盡所能，來避免類似二戰前夕的歐洲那樣的情勢再度發生。

在這套說法當中，伊拉克戰爭直接跟猶太人所遭受的苦難做了連結，因為有可能被捲進旋渦的無辜旁觀者是以色列人。我們經常被提醒，薩達姆．侯賽因是以色列人的敵人；與此同時，以色列政府出於自己的理由積極鼓勵入侵伊拉克來支持並確認這套說法，然而在我個人看來，這根本違反以色列的利益。

賈：非常好，然後：我們應該如何在這兩種立場當中做出裁定呢？如果我們不把自己局限在抽象問題上的話，倒是有可能論斷是非。我們所爭論的不是對道德規範的詮釋，而是對歷史的詮釋。如果慕尼黑不是一個恰當的類比——而我相信它不是——這是因為要井井有條地從過去接渡到現在，需要照顧太多局部的形勢與變數。但如果我想達成這個目的，就必須從這些形勢與變數著手。簡單地說，我必須從這些事實開始著手。這根本不是一個透過把對抗的道德描述同時並陳就能夠獲致解決的爭論。

甚至從本—古里安開始，以色列的政策就相當明確地堅持這項主張，也就是以色列——以及劫後殘餘的整個猶太世界——仍然面臨再度遭遇大屠殺的危險。諷刺之處當然在於，以色列本身就構成了一個非常強而有力的反證。但如果我們同意，無疑我們當然應該同意，無論猶太人或者以色列人都沒有面臨迫近的滅絕危機，那我們就必須得要承認，目前正在發生的是對罪惡感的政治操縱以及對無知的剝削運用。作為一個國家，以色列——在我看來是不負責任地——利用了自己國民內心的恐懼。與此同時，也利用了其他國家的恐懼、記憶與責任心。但這麼做，隨著時間久了，就得冒著把他們起初有辦法如此剝削運用的道德資本給消磨殆盡的危險。

據我所知，以色列掌握政權的階層——當然包括以色列軍方和擬定政策的菁英——當中沒有人對以色列能不能繼續存在表達過個人的懷疑：一九六七年之後當然大家都不會感到懷疑了，但他們當中的大多數人早在那之前就不曾懷疑過。害怕以色列會被「摧毀」，被「從地球表面抹除」，被「趕到海裡」，或害怕類似過去發生的事情還會再重演，都不是一種真正的恐懼。而是一種政治上經過算計的修辭策略。或許這樣說也不為過：只要是人都能明白，一有機會就要聲稱其脆弱無助以及亟需外國的同情與支持，對一個動盪地區的小國來說，其利用價值不容小覷。但那並沒有辦法解釋外人為什麼會吃他們這一套。簡單的答案，當然不是因為當代中東的現實局勢，十足是大屠殺所導致。

史：我想，這有很大的成分，是跟某一群你還沒有明講出來的人共同感到的內疚有關：那些沒有「阿利亞／回歸」以色列的美國猶太人。

賈：我們常常打趣說，所謂猶太復國主義者是一個猶太人幫生活在以色列的另一個猶太人付帳。美國充滿這樣的猶太復國主義者。美國猶太人有很不尋常的身分認同問題：他們是一個殷實富有、地位穩固、聲譽卓著以及有權有勢的少數「族裔」，所屬的這個國家裡各少數族裔在族群的馬賽克拼圖當中都有其獨特以及（大多數情況下）受到肯定的地位。但與眾不同的是，猶太人是一個無法確切描述自我範圍的少數民族。我們會說義大利裔美國人、西班牙裔美國人和原住民裔美國人之類的。對於以上說法所形容的族裔來說，這樣的詞語就已經清楚表達了意涵。

但不管是誰，只要說到「猶太裔美國人」，都會馬上被懷疑是不是帶有偏見；美國猶太人他們自己肯定不會使用這個詞語。然而他們當然還是猶太人，同時也是美國人。所以他們跟其他族裔的區別是什麼？無疑不是他們的宗教，大多數都早就不信了。除了一些非典型的少數以外，美國猶太人對傳統的猶太文化習俗已經不熟悉。他們沒有一種鮮明獨有世代相傳的語言——大多數美國猶太人都不太懂意第緒語和希伯來語。不像波蘭裔美國人或愛爾蘭裔美國人，他們也沒有所謂對「故國」的深情回憶。那到底是什麼把他們繫在一起的呢？答案，用非常簡單的話來說，是奧許維茲和以色列。

奧許維茲代表了過去：另外的時間另外的空間裡另一些猶太人受苦的回憶。以色列則代表現在：在奧許維茲的對立面，以一種積極進取充滿自信的軍事國家形式呈現出來的猶太人成就。

有了這個猶太國家，美國的猶太人便能建立一種身分的標籤和明確的聯繫，不需要實際搬到那裡去，在那邊交稅，或以任何其他方式來改變國家忠誠的對象。

這個族裔當前對自己所做的描述與另外那些時空裡的猶太人已經沒有相似之處，這樣的轉移在我看來似乎有點病態。美國猶太人如此熱衷於認同過去的猶太受害者，乃至於竟然相信——正如許多人無疑所相信的那樣——要維持以色列存在最好的理由就是另一場大屠殺隨時都會發生的可能性，這當然不會是一種健康的想法。身為猶太人真的需要你舉目所見都覺得會看到一九三八年的慘劇重演嗎？如果真是那樣的話，那麼去無條件支持一個自稱不久之後會遇到這種事情的國家，就真的是有道理。但抱著這樣的心理很難是一種正常的生活方式。

史：說得也是，如果我們要談論美國猶太人，我想還有兩個起作用的因素。我打算要來凸顯一個你的觀察，從而顯示出那些對美國的中東政策觀點表達得最有力的美國猶太人，並沒有那麼認同以色列本身。應該說，他們是把賭注押在了「以色列聯合黨」——或者可以說是以色列聯合黨的組成要素讓他們最感到內疚。再換句話說，以色列右翼讓這些美國人看了覺得很不愉快——可是他們卻反過來，容許以色列惡行惡狀。

但不止於此。美國猶太人，我相信，跟黑人有一些共同點——外來者不見得能夠看出來的共同特性：猶太人，與黑人一樣，很清楚他們自己是什麼人。美國猶太人可以毫不猶豫就辨認出誰同樣也是美國猶太人。以色列人就沒辦法。在我一生中，只有一個美國猶太人曾經問我是不是猶太人，而且是在一個容易搞錯的環境背景，布拉格的一座橋上。以色列人就一定都會問。

當以色列人來到美國，這樣說就算誇張也只是稍微一點，他們環顧四周，對於哪些是猶太人，哪些是來自堪薩斯州的浸信會教徒，完全沒有頭緒。比較起來，美國猶太人在平常生活中不斷地都在辨認這些區別——其他的美國人可能完全沒有意識到這樣的區別。畢竟，非猶太裔的美國人通常無法辨識出別人是不是猶太人，所以就會避而不在意這樣的區別。

這不只是有禮貌：大多數美國人確實沒辦法看出誰是猶太人或誰不是。我認為一般而言，如果你隨便問一個美國人，保羅．伍佛維茲是不是猶太人，他們會……不，東尼，我跟你說，這些人是跟我一樣的人。接著他們就會停下來想一會兒，然後說，你知道嗎，經你這麼一說，搞不好他還真是個猶太人。

賈：好吧，如果你說得對——我就把它當作你說得對好了——那倒非常有趣。

史：換成是一個美國猶太人就會看一下保羅．伍佛維茲，然後說，對，他是我們的人——但是我的天哪，他到底要把我們害得多慘？這場瘋狂的伊拉克戰爭（或許也有可能是這場伊拉克的精彩大戰）對我們猶太人會造成什麼結果？

這使美國的猶太人處在一個有點怪的立場。他們知道自己是什麼人，但是周遭的社會並不知道，或者至少知道的人要比美國猶太人通常認為的要少得多。而且，他們周遭的社會也並不真的很關心，即使關心，其程度也肯定比美國猶太人所認為的要少。大多數美國人都知道史匹柏是猶太人，這會有困擾嗎？我不這麼認為。我甚至不認為他們對好萊塢變成猶太人的天下會有多關心。猶太人有什麼成就或者有多麼顯赫，在這個國家根本就引不起什麼波瀾，哪個領域都一樣。

這感覺就好像我們保留了傳統阿什肯納茲猶太人區分我群、他群模式的其中一半，也就是知道哪些是自己人，卻完全搞不清楚哪些不是，因為我們缺乏基督教農民階層那種基於本能地、充滿疑慮地意識到有猶太人混在他們當中的傳統。美國實在太大，族裔來源也太分歧了——地理上來說猶太人的聚落也太過集中——要持續保持注意辨識這一類的差別並不容易。

賈：或許吧。不過你這個說法顯然應該歸功於過去四十年來反種族主義立法、多元文化政治和政治正確潮流的顯著成效。在試過各種方法之後，美國人終於明白了人不應該糾結——人可以不糾結——在別人是不是黑人、是不是猶太人或其他種族的人這個問題上。最終，透過法律與訴訟來予以強化，認為人種「無關緊要」（indifference）就變成系統性的常態。如果你反覆告訴民眾足夠多次，以膚色、宗教或文化來鑑別他人是一種惡劣的行為——而且如果不存在種族主義政黨、制度性的偏見、大眾共同的恐懼或其他任何蠱惑人心的動員形式可以施壓來對抗你的遊說方向——那麼到最後人們就會出於習慣做起正確的事。

除了法國以外，世界上從未有其他任何一個國家在同化和族裔去偏好的議題上有類似的立法上或文化上的壓力。而且法國的情形如你所知，是由一連串非常不同的考慮與形勢所造成。即使如此，有些效應還是可以比較。考慮到法國人有一種古怪的顯著個性，他們喜歡取個明顯的（外國氣息的）猶太名字，例如芬基爾克羅（Finkielkraut），所以對法國的觀眾、聽眾和讀者來說，沒注意到某位知識分子或公共評論員是猶太人就相當尋常——於是法國人對誰是不是猶太人就變得不怎麼關心。

舉個或許是當代最著名的例子，我從沒聽說過有誰會說貝爾納—亨利．李維是個猶太人——光從名字上來看，很難被誤認為非猶太人——即使是從那些對他抱著輕蔑態度的人口中。這似乎可以理解為，作為一位法國的公眾人物，不管你的優缺點為何，都能夠被適當予以歸類，無論正面或者負面，而無須訴諸族裔的標籤。但請特別注意，這肯定不是一九四五年之前的情況。

在我看來，你這是恰如其分地暗示，美國的猶太人對他們跟一般有所區隔的身分有一種嚴格的主觀意識，而這種意識他們之外的旁人並不具備，由此出現了一個有趣的問題。如果只有猶太人能夠認出彼此這個說法真的是事實，那麼美國必定長期對猶太復國主義的大前提形成了挑戰。畢竟，如果你可以來一個國家，在那裡，時間久了，除非你希望別人知道，否則大家都不會意識到你是猶太人，那我們就已經實現同化主義者的偉大目標了。在這樣的情況下，我們要以色列做什麼？

所以這真是奇怪的弔詭之說，好不容易有一個國家的同化真的奏效了，我們卻發現猶太人單單執迷於那些同化不是失敗就是被徹底拒絕的環境：大規模被消滅以及猶太人國家。為什麼全球各地當中就唯獨在美國，猶太人會對這種事情這麼感興趣？

現在我得提醒你，那些教我猶太復國主義的老師們對這類弔詭有一個答案：就算那些非猶太人喜歡你，對待你如同他們當中的一員，你也不會喜歡你自己。事實上正是因為這個原因，你才會比較不喜歡你自己。你會尋求別的方法來維護你獨特的猶太性質。而同化的代價是，你所維護的猶太性質就會顯得不合情理、有礙身心。

有時候，我覺得這些猶太復國主義者也不無道理。

史：我認為這裡還有別的因素也起了作用，不僅僅關係到同化的一般軌跡，也關係到美國以及在地理上和政治上美國與東歐和中東的距離。這兩個關係最重大的經驗——大屠殺和以色列——甚至都不是美國猶太人歷史中所發生的事件，對其中大多數來說，確定不是直接發生在他們身上。

賈：確實如此。因為大多數美國猶太人可以追溯他們祖先抵達這個國家的時間，都早在大屠殺或以色列這個國家誕生之前。

史：但是你現在看，我是逐步在為美國猶太人對於奧許維茲和以色列這麼全神貫注予以辯護。從一個美國猶太人的觀點來看這件事：你是一路跌跌撞撞地融入了美國的生活；時而有點好笑，時而有些困難，但這個過渡期或多或少發揮了作用……然後你被人從外面攻擊。

想想二次大戰期間的美國猶太人和他們在因應大屠殺時所面對的困難。希特勒宣稱是猶太人發動了這場戰爭，並宣稱他的敵人們正為了代表一場國際性的猶太陰謀而戰，置美國猶太人於一個尷尬的處境。而且在一九三〇、四〇年代，美國的反閃族思想要遠比如今猖獗得多。

許多美國猶太人推斷，如果他們把猶太人被屠殺當作一個開戰的理由，就會落入希特勒的圈套。因此許多人選擇了沉默與不作為——雖說也對希特勒將他們置於這樣的窘境懷恨在心。在那些年間，任何希望美國能夠參戰的人都會被慎重地告誡，在有關今天被我們視為那個戰爭極其邪惡的核心事件上，要維持一定的斟酌餘地。

賈：我明白你的苦心。而且我同意，美國猶太人的歷史在許多層面上都是對歐洲或中東的某些事件延遲發作的反應——常常會耽擱一兩代之久。對猶太人所受的災難以及在以色列建國過程中感覺到這場災難的後果，真正意識到這些都是在事過境遷之後。五〇年代的人都寧可繼續裝作沒看到——我可以證實英國的經驗雖然不一樣但也很類似。那些年以色列就像一個遠房親戚：你雖然好聲好氣地跟他講話，也會定期給他寄張生日賀卡，但如果他來拜訪你可是叨擾太久了，你就會覺得為難而最終有點不高興。

首先，那時候，我認識的猶太人裡面很少有人會想去拜訪那位遠親，更不要說跟他一起生活了。如果這在英國來說接近事實，那麼在美國就更是如此了。美國人與以色列人在這一方面倒是很像，看重成功、成就、晉升、利己以及克服自我發展的障礙，對已經過去的就不屑一顧。因此，大屠殺並不是一個完全不會讓人不安的故事，尤其大家會想到那個廣為流傳的概念：猶太人「像羔羊入屠夫之手」那樣一去不回。

說得更徹底一點。我認為，在民族敘事本身學會適應受苦犧牲的故事甚至予以理想化之前，大屠殺根本沒有辦法好好置於美國猶太人的感性當中，更不用說要置於美國整體的公共生活當中了。英國人一向自滿於「敦克爾克」——難堪的失敗卻重新塑造成英勇的勝利。但美國人直到最近之前，在歷史上對失敗都是毫不同情的，如果不是拒絕承認，就是設法找出某種積極的道德面。

因此，有很長一段期間，美國猶太人出於習慣與偏好繼續訴諸一個更古老的敘述：一個關於逃離故土，頭也不回地直到抵達新家園的故事，到了那裡，過去的身分就變得不重要。歐文．柏林是一位俄國猶太人。但比起思考、談論或書寫他的俄羅斯猶太氣質，他更擅長寫美國式的曲調，用活潑好記的敘事韻文，表達音樂性的自我讚頌：在這方面他做得比大多數土生土長的美國人都要更好。柏林被當成了偶像崇拜。但在那幾十年裡，有誰公開讚揚過以撒．辛格？所有這一切後來都改變了，但我認為沒有辦法早於八〇年代。

史：難道都沒有介於中間的階段嗎？美國猶太人遲遲不願認同大屠殺的受難者難道沒有別的理由嗎？想想冷戰和它所帶來的後果。西德人幾乎可說是從五〇年代初以來美國在歐陸最重要的盟友，當時的嚴峻現實逼得他們需要在短時間內恢復聲譽。基督教民主黨的總理艾德諾仔細考慮後提出，用西德的支持與擁戴來交換美國人同意不再重提雙方先前的過節。

與此同時，在西德——然而不只是在西德——出現了擁戴對象上出乎尋常的顛倒逆轉，左派從讚賞有勇氣的社會民主主義小國以色列，一變而成為厭惡猶太復國主義式的帝國主義，而右派則放棄了反閃族思想，開始學著去愛我們以猶太人國家的形式所呈現的強健小盟邦。

賈：國際社會對以色列的感覺也有他們自己的歷史沿革。這個國家來到世上，是由史達林接生的。左派的觀點，不管是共產主義還是非共產主義都很類似，認為基於意識形態與系譜上的原因，一個由來自社會主義背景的東歐猶太人所組成的國家，肯定可以是相互支持的夥伴。但史達林比大多數人都更快理解到，以色列很自然的發展軌跡，就是會形成擁戴西方保護者的忠誠盟邦，尤其考慮到對西方的安全和經濟利益來說，中東與地中海日益重要。其他的左派後續慢慢也都領會到這一點：整個五〇年代一直到六〇年代，政治上與智識上的主流左派跟以色列都還時相往來，也對其頗多稱許。事實上，以色列的前三十年，整個統治權都是被一群自封為各式社會民主黨人所構成的政治菁英所牢牢把持。

國際上的左派倒不是在一九六七年「六日戰爭」爆發時就放棄了以色列，而是在「六日戰爭」到一九七三年的「贖罪日戰爭」之間的那段日子裡。其動機，我相信，更多是因為以色列對待阿拉伯人的態度，而不是因為國內政策，那些年間以色列的國內政策幾乎沒有什麼改變。

史：「六日戰爭」確實把很多猶太裔美國人帶到了以色列，但是我認為產生的衝擊沒有像在歐洲那麼大。不過當時的人對大屠殺的理解，似乎是認為處於極端的情況之下應該要用暴力來捍衛人權。當大屠殺變得很輕易地就被他們不僅是跟受害犧牲連結起來，而且還跟人權連結起來——於是也就跟著為這些人權仗義出頭而施行的軍事干預連結起來了。

於是當大家回想起美國人如何自我辯護在一九九〇年代干預巴爾幹戰爭時，事情就很清楚，牽涉其中的每一個人都援引大屠殺當作一個模板：這是有史以來對人權最為嚴重的侵犯，這種事情一定「永遠都不能再發生」。掌握政治權威的整代人在那之前已經被教會了要這樣思考，而這也是最終被援引來辯護美國何以要干預塞爾維亞的理由所遵循的思路。

這樣的理由居然能夠有效地和當時發生在歐洲的事件和鳴共振。說來奇怪，把大屠殺予以一般化實際上顯得最有道理的就是在原始的發生地，也就是在歐洲，因為老一輩的歐洲人出於本能就可以理解這種理由，並且直覺上同意相關結論。

但就是這同一個理由，我相信，當被運用在世界上的其他地區——或者如同經常所發生的那樣，被美國人運用在以色列和中東地區——時，會產生非常不一樣的回響。這個理由的風險在於，從奧許維茲得出來的教訓被簡化成一般性質然後運用於以色列，而以色列也反過來從一個國家轉變成了一個全球共同的隱喻：再也不要讓任何一個地方像以色列那樣遭受如同大屠殺之類的事件。但從美國之外的其他地方來看——例如就在中東地區——將一種道德上的類比延伸到地方上的政治活動範圍，似乎還是有點奇怪。

賈：你離美國的海岸越遠，以色列的行為看起來就會更像是對一種受害者敘事的政治利用。最終，當然，你離得有夠遠之後，就會到達一些其他國家與大陸——東亞、非洲之類的——在當地，大屠殺本身只是一個陌生的抽象概念。就這點而言，人們放眼所見只是超乎尋常的怪誕景象：一個位於危險區域裡不重要的小國，卻有力量能拉動世界上最有權勢的國家來保護這個小國的利益，而費力保護它的那個強國反而利益受損。

因此，這個古怪的狀況包括了三個層面。首先是美國不加批判的介入與居間調停，是透過對歐洲這場種族滅絕的意義予以天真地一般化所達成。其次是歐洲的反應：等一等，儘管我們願意承認大屠殺確實完全如你所說，但你這麼做根本是濫用了大屠殺。最後是世界其他地方的反應：他們會問，你現在強加給我們，造成地緣政治上荒謬扭曲的後果，這到底是個什麼樣的西方說法？

史：讓我們回到美國，回到最源頭。我要幫美國猶太人和他們的世界觀發起辯護，說起來是像這樣：因為東尼你來自英國，無須跟非猶太的基督教徒那些發自內心但令人困擾的宗教熱誠在小事上糾葛。英國沒有這一套。無可置疑，一般民眾都屬於英國國教派；這是一個受到尊重也對社會有益的公共機構，他們會制定曆法，也讓寡婦有點事情可以做。但英國國教派很難被說成是宗教熱誠的源頭。

反觀在美國這裡，一旦你離開東西海岸屈指可數的那幾個猶太聚居區，就會遇到基督徒——真正的基督徒。他們會慶祝耶誕節，而且其中有些人還是真心在慶祝。復活節也都有在過，嚇人的殘忍遺風完全保留一點也不馬虎。你離家越遠越深入鄉下腹地——這點必須承認猶太人大多不太願意這麼做——你就會遇到形式越發奇怪的狂熱外來基督教信仰。

而這一切——雖然我認為這樣比較非常不準確，但我真的有這種感覺——讓美國猶太人很反射性地想到俄羅斯或波蘭或烏克蘭或羅馬尼亞：那裡的人也是有跟他們不一樣的宗教儀式，實際上還信得很虔誠，那些人可能還不止跟他們不一樣，而且確實對他們有威脅。我認為就是這種恐懼——當然通常都說不太上來是怎麼回事——支撐起人們對未來可能會發生另一場大屠殺所萌生的初期焦慮，這也是為什麼猶太人渴望扶持以色列來當作未來的避難所。在我看來這似乎是很不合理，而且極度錯誤，但並非完全不能理解。

如今，對此還形成了另外一種反應——一種人數極少的、新保守主義的反應。在我看來，相信以色列應該作為其他猶太人的家園而存在的美國猶太復國主義者，以及相信以色列應該在猶太人被即將來臨的末日給激烈滅絕之前，作為一個猶太人的聚集點而存在的美國基督教基本教義派之間，存在著盟約關係。一方面，你有對以色列知之甚少的猶太人；另一方面，你有對猶太人知之甚少的基督徒。但他們有部分重疊的願景和部分重疊的理由，都希望猶太人去以色列，而且真心希望中東發生戰爭。我沒有辦法不想到，回顧以往，在猶太人的政治史中，這似乎是一個最奇怪的聯盟：這使得一九三〇年代修正派的猶太復國主義者與波蘭的合作看起來似乎是徹底的缺乏想像力。

賈：我們把這件事情看得更寬廣一點。正如你所辯護的，美國看上去有點不同，是多虧了周遭非猶太人世界奇怪而強烈的宗教熱誠，美國的不同也體現在強烈、進取的公民平等主義上，這種平等主義是由憲法強制規定於所有人之上，並反覆地灌輸給民眾，說身為美國人的部分意義就是這個。如你也注意到的，我是在一個基督教已被相當稀釋了的國家裡長大的，聖公會這個形式是預設的生活條件，往上甚至包括了為此而建立起來的國家制度——確實，本來最重要的，就是當初創立的國家制度。在《新約》、《詩篇》、聖歌、教義問答和基督教堂裡的禮拜儀式這類問題上，我比自己認識的任何一個沒有專門研究過的美國猶太人都更為了解。不像美國人，我在宗教與公民或民族這幾類認同之間的區別上，缺乏這種發自內心的堅持。所以說，美國在這一方面也很不一樣：在兩個極端上都很不一樣。你同意嗎？

史：非常同意。不過在這樣的不同當中還有某種東西，使得美國猶太人跟你之間的差別比你可能了解的還要大。強烈認同一個政教分離的國家會產生一定程度的無知，而這種無知不管過去或現在對歐洲人來說都是無法想像的。比方說，美國猶太人就覺得很難區分不同種類的基督教信仰。我這裡所指的基督教信仰不只是各式各樣令人迷惑的新教宗派，也包括基本教義派和非基本教義派之間的核心差異；以及會上教堂禮拜告解的天主教徒和不怎麼上教堂的天主教徒之間，甚至天主教徒與新教徒之間的核心差異。

這種搞不清楚的情況來自一種令人驚訝的文化無知，也就是難以想像的竟然對《新約》如此不熟悉。這使得美國猶太人與英國猶太人之間的差別乍看之下比預期的要大得多——因為你可能會假設，就算只是出於自衛的考量，美國猶太人也多少應該要抽出一個下午的時間來熟悉這些難以理解但畢竟相當簡潔的《聖經》「附錄」吧。

我想這就是為什麼擴展到北美大平原然後越過洛磯山脈的基督教世界遠比你所認為的要更加陌生，或許也更加令人畏懼。反觀在英國，對我而言，似乎基督教有著更為廣泛以及更為熟悉的文化參照。當你，譬如說，講到《英王詹姆士欽定版聖經》時，你所指的不僅僅是諸多聖經版本中的一種。你是提到一個文化上的文本，跟莎士比亞一樣的普及常見。這樣的觀點很少會有美國猶太人跟你一樣。

賈：在英國，宗教熱誠降到最低，但也因此其文本更容易吸收或記得更清楚，這在我的童年裡仍然是很普遍的情形。我不知道會有哪一位英國猶太人，搭上了一列火車，深入到林肯郡的腹地，從林肯站下車，走進林肯大教堂或者類似的當地教區教堂時，會感到深深的不安。他們倒是比較有可能會覺得這是一段令人相當自在甚至熟悉的經驗，尤其是如果他們出生在一九六〇年以前的話。然而我覺得如果是某個來自曼哈頓上西區的人，偶然間被放到德克薩斯州西北部的一座浸信會教堂裡，可能會有各式各樣的理由讓他覺得非常不安。

史：你有沒有曾經感覺到有人試圖把你逐出美國猶太社群？

賈：為了回應我《紐約書評》上那篇飽受抨擊的文章，利翁．維澤爾蒂爾發表在《新共和》的著名評論裡，說我擺明了是一個這樣的猶太人：在紐約的一些宴會上待了太長的時間，聽到有人在批評以色列，就對自己跟以色列的牽扯覺得尷尬，想跟以色列保持距離。在我看來這似乎是一個奇怪的誤解：我一向就不喜歡宴會，寧可想方設法避免參加！我到現在也還是如此，不過，當然現在我已經不需要想出理由來婉拒人家的邀請了。

更何況，身為一個猶太人聽到以色列被批評，從來也不會讓我覺得有什麼尷尬之處——一方面，我對那個國家沒有認同；另一方面，我也不會因為自己是猶太人就感到困惑或者不安全。所以，要把我排除在所謂頭腦正常的美國猶太人社群之外，似乎很奇怪，我根本從來就不曾屬於過這個群體。本來可能會比較有效果的一種指控是，我因為是猶太人，所以對以色列的行為覺得很煩惱。然而正如你已經跟我指出的，我不會太在意被這個群體驅逐：或許我甚至於還會覺得很樂。這樣的排斥再一次提供了把自己視為局外人的機會，而對我來說，這始終是一個安全甚至舒適的處境，可以從中找到自我。

史：好嘛，跳傘空降到曼哈頓下城區，然後把你自己界定為主流美國猶太人的對手，這肯定是計劃好的，只為了讓你自己成功變成一個局外人！

賈：風險始終都不大。讓我們設想一下，如果我被逐出的不是一個我自始至終——跟格魯喬・馬克思一樣——就沒有特別想要加入的群體，而是一個構成我收入來源和專業地位的職務與階層。那可就大不相同了。所以要是有人說，「喔，你採取一個那麼不受歡迎的立場，真是英雄豪傑」時，我回應的時候就會真的很不自在了。

當然，因為文章寫得好或者說出了某些真實或有趣的話而受到讚賞或尊敬，沒有人會不樂意。然而事實是，當你在一所名校大學裡擁有一席終身教職時，在《紐約書評》上發表一篇關於以色列的爭議性文章，根本不需要什麼勇氣。就算我有承擔任何風險，那也僅止於局部範圍——我或許失去了一些紐約的朋友；視情況而定——我想會有一兩家報章雜誌可能不會再刊登我的文章。

所以我當然不覺得自己這樣有什麼勇敢。我只是認為自己——恕我有點不夠謙虛地這麼說——比我所認識的一些其他人稍微真誠與直率一點。

5

巴黎，加利福尼亞：法國知識分子
Paris, California: French Intellectual

在劍橋，以及之後在巴黎，社會主義不只是一個政治目標，也是我學術研究的範疇。從某些方面來說，這個狀況一直到我初初邁入中年都還沒有改變。一九六六年我剛去劍橋還是個大學部的學生時，法國的「人民陣線」成立三十週年，這個左翼勢力的聯盟當年曾經一度在法國執政，由社會主義者萊昂・布魯姆出任總理。趁著三十週年紀念那一陣子，冒出一大堆描述並評價人民陣線何以失敗的書籍。許多致力於這個主題的作者，是抱持著明確的目標，希望能讓大家記取教訓，以期確保下一回再有機會時能獲得成功：對許多人來說，一個改頭換面的左翼政黨聯盟似乎仍然還是有可能，也是大家想要尋求的。

我自己主要感興趣的，倒不是在這些討論所表明的那些立即的政治議題上。以我所受到的特殊家庭教養那個視角看來，追求革命的共產主義一開始就是一場災難，我也不覺得重新評估眼前有什麼契機將會是核心問題。在另一方面，我剛上劍橋的時候，正逢哈羅德・威爾遜所領導的工黨政府執政期間，一片冷嘲熱諷、無計可施、滿懷歉意的頹勢走向。國內的時政似乎難以有所期待。所以我對社會民主主義的希望所繫就把我導向國外，去到了巴黎；如今想起來，當年就是因為政治因素才把我引入法國研究，而不是因為研究法國才開始關注政治。

雖然現在回過頭去看顯得有點古怪，但我既然有這樣的政治思想，那裡又發生如此的騷亂，巴黎正是我當時需要的，讓我可以好好向歷史學習。我獲得了一份可供我在「高等師範學院」攻讀研究所的劍橋全年獎學金，對研究觀察法國智識與政治生活而言，是個理想的據點。一九七〇年我在那裡安頓下來，變成一個真正的學生——比我之前在劍橋時更有模有樣——而且在我有關於一九二〇年代法國社會主義的博士論文寫作上也達成了重大的進展。

我開始向外尋求學術上的指導。在劍橋，並沒有人真的教你什麼：你只是讀書然後略說心得。我在那裡的老師們彼此之間也很不一樣：有老派、自由主義的英國經驗主義史學家；也有對方法論非常在意的思想史家；還有一些是屬於兩次大戰之間舊左翼學派的經濟史學家。在劍橋，我的那些博士導師們，不要說在歷史方法論上把我領進師門了，平常根本連個照面也見不上。我原先的指導老師大衛・湯姆森，在我跟他頭一回見面之後不久就去世了。我的第二位指導老師是非常和藹、年事已高的法國第三共和史專家J・P・T・伯里，他老是請我喝很好的雪莉酒，但對我要做的題目一無所知。在我攻讀博士學位的整個過程中，相信我們見面的次數不會超過三回。因此一九六九到七〇年間，我在劍橋博士研究的第一個學年完全得不到什麼指導。

我不僅得自己擬定論文題目，還得憑空營造「問題意識」(problématique)，也就是在這個研究中有意義的問題為何，以及我在回答問題時應當援用什麼標準：為什麼社會主義無法實現原本的許諾？為什麼法國社會主義的成就會遠不如北歐的社會民主制度？為什麼法國在一九一九年沒有爆發起義或者革命，儘管預見別的地方會產生極端的動亂？為什麼那些年裡蘇聯的共產主義會比共和政體的法國本地社會主義更能夠繼承法國大革命的宗旨？深藏在這個背景之下的問題是，為什麼極右派勢力會在三〇年代大獲全勝？法西斯主義與國家社會主義的崛起能不能單純被理解為左翼的失敗？我在當時抱持著如此的想法；要等到很久之後，對我來說這些原本如同幽靈的問題才開始有了生命。

只要是能夠接觸到的任何東西我都讀。盡我所能去摸索出這樣一個主題的根源究竟為何，以及要到哪裡去把這些根源找出來；然後接著我就著手大肆猛讀。在我搬到巴黎，得以接觸到各種法文檔案之前，我在英國能夠做的一項有用工作，是閱讀第一次大戰之後的法國出版物。所以一九七〇年的「四旬節學期」(Lent term)，我南下倫敦，搬進了賈姬・菲力普斯她母親的家裡，把大英博物館在科林戴爾的法文報紙館藏給爬梳過一遍，使得我對二〇年代的法國有了更深入的熟悉。自然而然地，這一段「旅居」(séjour)也讓我跟菲力普斯他們家更為親近，於是賈姬跟我隔年就結了婚。我們舉辦了一場盛大而且頗為傳統的猶太婚禮，在一座「彩棚」(chuppah)之下，禮成時還循例摔碎一只酒杯。

接受這筆在「巴黎高師」進修的獎學金之後，我逐步跟一些事物產生了緊密的關係：法國、法國史和法國知識分子。多虧了我在劍橋已經做好功課，我精確地知道在巴黎需要去找哪些人談，建立一些必要的社會聯繫，並且相當程度地貫徹自我督促（雖然我有被正式指派給一位法國的學術指導老師——勒內・雷蒙教授——但我們對彼此沒什麼興趣，雙方都同意見過一次面就好了）。

突然間我置身於共和政體的法國過去與現在智識體制的震央中心。我很清楚地意識到，我現在做研究的這幢大樓，十九世紀末涂爾幹與萊昂．布魯姆也駐此研究，或者說在那之後三十年，尚—保羅．沙特與雷蒙．阿宏也盤桓於其間。我感到無上地滿足，周遭都是些聰明、彼此志趣相投的學生，在巴黎第五區這座校園的背景之中，結合了居住上的舒適以及一座極其便利的圖書館，藏書可以真的讓人借出館外（在巴黎無論當時以至於現在，這樣的慷慨都是聞所未聞）。

是好是壞，總之我的思想談吐都開始像個「高師人」（normalien）。這在某種程度上是個形式問題：採取某些立場，樹立起一種風格，無論是在學術上或者其他領域；但這也是一個潛移默化的過程。高師充斥著過度教育到荒謬地步的法國年輕人，具有膨脹的自我與萎縮的胸膛：其中許多人現在都成了聲譽卓著的教授與遍布全球的高級外交官。這是一種強烈的、有如溫室裡的氣氛，非常不同於劍橋，我從中學到了一種推理和思考的方式，至今仍然奉行。我的同事與同輩論辯起來都嚴謹有度，鞭辟入裡，儘管有時候他們也會稍微拒斥那類經由世俗經驗而來的論據與事例。我養成了這種風格之所長，無疑也難免於其所短。

回顧這一路以來，我對法國智識生活的認同大半得歸功於結識安妮．克里格爾，研究法國共產主義的偉大史學家。我到了巴黎之後跟她聯絡，只是因為她寫過那部涉及我研究主題的書，上下兩冊的巨著：《法國共產主義的起源》。她堅持得要從歷史上來理解共產主義——從其運動中來理解，而非僅止於抽象的理論——這對我起了很大的影響。同時她又是一位極具領袖魅力的人。反過來，安妮也驚訝於我一個英國人竟然講得出像樣的法語，感興趣的居然還是社會主義，而不是一時風尚的共產主義。

社會主義在那些年裡，作為一個歷史主題似乎陽壽已盡。法國社會主義陣營在一九六八年的國會選舉當中成績不佳，然後又在一九七一年因為在最近一次的總統大選中顯現無力而正式瓦解。確實，機會主義的密特朗適當地把這個陣營再組織起來，但只是將其權作沒有靈魂的選舉機器，換個新的黨名，也不復原先既有的精神。在七〇年代初，長期來看唯一還有前途的左翼政黨，眼看著就只剩下共產黨了。在一九六九年的總統大選中，他們囊括了百分之二十一的選票，遠遠超過其他所有的左翼政黨。

那個時候，共產主義看起來似乎在法國左翼的過去、現在與未來都占據著中心位置。在法國就像在義大利一樣，更不用講在更東邊的那些地方，共產主義能夠也的確以歷史的勝利姿態自我呈現：社會主義則除了在歐洲的極北部之外，似乎在其他地方都消聲匿跡。然而我對贏家不感興趣。安妮明白這一點，而且視之為嚴肅史家值得讚美的品格。所以要感謝她與她那些朋友——尤其是偉大的雷蒙·阿宏——我才能循徑一窺法國史的堂奧。

安妮·克里格爾是一位堅韌而複雜的女性。她因為身形嬌小時常引人誤判——站起來只有四呎十一吋高——但安妮十六歲就加入了「法國抵抗運動」。跟她同輩，後來寫《村裡的共和國》的作者莫里斯·阿居隆回憶，在戰後很久，她還始終在宿舍的牆上留著一挺衝鋒槍。克里格爾在五〇年代初變成了一名教條式的史達林信徒，她是巴黎共產主義學生運動的書記以及事實上的政治委員。跟她那一代許多其他人一樣，在一九五六年匈牙利革命遭到蘇聯鎮壓之後，她就脫離了這個年輕時的政治信仰。不久之後，她接著就成為自己過去所隸屬的共產主義這個主題眾所皆知的專家。

我還沒認識安妮之前，她就已經把她過去保留給蘇聯的那種不容置疑的獻身精神與積極熱誠投注到以色列和猶太復國主義之上。說來也奇怪──或許可能也並不奇怪──就這樣，我發現自己深深被這個女人所吸引，可是她信奉共產主義的過去與信奉猶太復國主義的現在幾乎同樣都令我反感。安妮．克里格爾是七〇年代初在智識上對我產生重大影響的兩個人之一；另一位是喬治．李希特海姆。雖然我曾在博士論文中對她書中的結論提出異議，但當這篇論文作為我的處女作《重建社會主義政黨：一九二一－一九二六》在法國出版時，她還是滿懷熱情同意為我寫序，其心胸之寬大可見一斑。

事實上，我在那本作品中之所以會提到安妮只是為了反駁她；一般而言，我會完全避免討論跟我主題相關的二手文獻。我下定相當的決心不要只是寫出另外一本傳統英美風範的歷史專著，也就是不要只把所有的相關詮釋都全面並陳，然後試探性地加上一些次要的修正。我想要換個做法，全憑自己的敘述能力看能寫出怎麼樣的造詣。

如果就一個二十幾歲的年輕學者而言，這樣的目標聽起來稍嫌自負，我的辯解應該是說當年的我不僅對二手文獻所知有限，也沒有人教過我要如何把這些文獻運用在我的論文裡。在史學方法上，我主要靠自學。雖然我有劍橋的歷史學位，但我多多少少──或許超過正常的程度上──始終流於自學。當時我的理解還很有限，無法看清我是把自己置於一個源遠流長還不時有特出成就的史家傳統之中，這些史家所受的教育很大程度上——太大程度上——都來自他們自己不曾受到指導的閱讀。

同樣在巴黎的那些年，我還認識了波里斯．蘇瓦林，他是法國共產黨的創黨元老之一，不過可能最為人知的，還是他是最早闡釋史達林和史達林思想的先驅（至今仍為最好的闡釋之一）。正是從蘇瓦林那裡，我學到——或許應該說是得到證實——某種我在好幾本書裡都努力想傳達的意念，那就是：對馬克思主義的深沉信仰撐起了舊時歐洲左翼的政治理念，使得他們不論站在激進政治光譜的什麼位置都不為所動。蘇瓦林告訴我一個有趣的故事，把這個觀點闡述得很透徹。

沙爾．拉波播耳是另一位共產黨的創黨元老，他跟蘇瓦林曾在二〇年代初談到一次大戰期間法國社會主義陣營的領導人之一尚．龍格。龍格是一位天生的妥協家，總試圖在列寧與主流歐洲社會主義者之間尋找一個中間路線，他那些激進的同黨同志對他那麼靈活變通非常不滿。他同時也是馬克思的外孫。於是拉波播耳就轉頭跟蘇瓦林評論說：「你看，龍格這個人既想討好大家，又想討好他外公，」這句話是把拉．封丹最著名的寓言之一〈磨坊主跟他兒子以及驢子〉中的一句妙語「既想討好世人又想討好父親」略加變化機巧運用。這番評語完美點出了龍格和他這一類人的特質，他們無論身處任何情況之下都死命地想讓他們對馬克思主義的忠誠也能並存不悖。不過這個故事當中的說法還點出了左翼知識分子的另一項本質：他們能夠領會彼此話中的含意，不僅是因為他們有共同的政治目標，也因為他們都博覽群書。

由於我的論文範圍選擇了研究一九二一年到一九二六年，於是跟一九三〇年代以及人民陣線這個主題保持了一定的距離。但我仍然深受萊昂．布魯姆的悲劇形象所吸引，他在我所描述的一九二〇年代社會主義政治中居於核心地位，而且在那之後的下一個十年裡當然還會出任法國總理。那時候我還沒想到要來寫一部側寫相關人物生平的史書；但布魯姆已經穩居我論述的中心位置，因為他具體表現了某種在政治上超越社會主義的東西：一種持續想要把十九世紀的理想在二十世紀的群眾政治中實踐的努力。

雖然我從以前到現在都不喜歡做訪談，但是當年我訪談了萊昂．布魯姆的兒子羅伯特．布魯姆以及兒媳婦蕾妮－羅伯特．布魯姆。儘管笨拙，我還是試著要進入一八七〇年到一九一〇年間出生的那一代歐洲知識分子的內心世界。布魯姆自己出生於一八七二年：比羅莎．盧森堡稍微小一點，比路易吉．伊諾第大三歲，比威廉．貝弗里奇大七歲，比克萊蒙．艾德禮和凱因斯大十歲。布魯姆跟所有這些人的共同點，是不免沾染十九世紀末特有的，那種因為感受到應該出力推動公眾進步的義務，而不禁油然而生的文化自信。

我當時感興趣的時期是在一九三九年以前（萊昂．布魯姆在三八年總理卸任），但我的關注範圍局限於歐洲自由主義的左翼後繼者，所以毫無疑問就避開了那幾十年的政治生活裡，尤其是智識生活裡的特定關鍵問題。在兩次世界大戰之間左派與中間派的思想裡，缺少對「邪惡」（evil）在公共事務中作為一種可能性的覺察，即使是視為被迫的成分都缺乏意識，更別說是視為支配性質的要素了。納粹所施展的那一套精心布置的政治罪行，對當時大多數的觀察者與政論家而言，光憑著自己的體會根本無法理解，不管這些人是右派還是左派。

一九三〇年代史達林統治之下的饑荒與恐怖，是當時大多數西方評論家都不理解的事實，正說明了這一點。第一次世界大戰確實埋葬了早些年的許多進步幻想；但這些人內在的感受還不至於代換成「詩情已經再無可能」的冷酷心境。事實上對當時的許多人來說，三〇年代絕不是奧登筆下所謂「卑劣詐偽的十年」。

出生於一九一七年的牛津歷史學家理查．柯布曾在回憶中稱人民陣線時的巴黎為「一方福地」（happy place），充滿了希望與朝氣。對柯布和其他許多人來說，三〇年代是一段能量滿滿的時期，只等著被運用起來。當時每一個人絕對都沒有來日無多或者時代走到盡頭的茫然感受。人民陣線本身（在法國就跟在西班牙一樣）是社會主義者、共產主義者與激進主義者難得形成的同盟。當年帶給法國的改革措施包括有薪休假、縮短每週工時和承認工會權利等，遠超過布魯姆那些盟友原本的預期。特別是法國共產黨人，服從來自莫斯科的指示支持了一個左翼的資產階級政府，以對抗納粹德國興起的威脅，完全無意於讓中產階級驚恐，更別說要推展革命了。

然而對當時的那些右翼人士來說，一場革命似乎已經展開了。才華橫溢的極端保守派批評家羅勃．布哈斯雅克，在《我無所不在》這份報紙上很有把握地表示，他正活生生地目睹法國大革命再度重演。但布哈斯雅克認為，這場革命的後果將超越之前發生在法國與俄國的前例，因為這回可能甚至無須違背本身原則便能獲得實際上的成功。更糟糕的是，領導者是萊昂．布魯姆，一位猶太知識分子。

作為一個猶太人，布魯姆讓我感興趣的地方正在於此：他所撩起的恨意。時至今日，我們甚至於很難想像，布魯姆這樣的人當年竟然會引發如此不加掩飾、毫無愧色的偏見與厭惡，主要只是因為他的猶太血緣。在另一方面，布魯姆自己對群眾的反猶心態以及隨之而來不利於他的氣氛往往置若罔聞。關鍵當然在於布魯姆的身分裡存在著某種矛盾：他問心無愧以全然的法國人自居，但同時他也是一個毫不掩飾充滿自豪的猶太人。他晚年對中東新生的猶太國度抱持極度的同情，但同時也對猶太復國主義所傳達的理念近乎忽視。這些表面上互不相容的身分認同與熱情所繫，跟我自己在幾個不同時期的情況或許相去不遠，所以多年來才會對這位人物始終興趣不減。

然而那個時候，我在學術上的關切面始終對猶太相關問題敬而遠之。儘管我在那不久之前還曾經積極參與支援以色列，但在那些年，也就是七〇年代初期，完全沒有想過要把布魯姆作為猶太人的這個層面設為研究題目。我在青少年時期全心全意地參與猶太族群的政治活動，可是一旦放下了，在我的職業生涯中彷彿從此就再也看不到這些猶太問題，遑論涉入其中。回過頭去看，我「醉心於猶太事務的十年」就這樣結束了，之後全心全意地投入準備醉心於法國的十年。

一九七〇年代那段時間，我滿腦子都是各種制度、不同政黨以及社會理論：雖然不曾那麼明確地說出來，但我傾向於把這些都視為社會在不同條件之下的產物。在當年的劍橋，昆廷．斯金納和約翰．鄧恩正以各自不同的方式教授思想史，他們在論及人類的腦力作品時會注重其文化上以及認識論上乃至於相關背景的語境出處。我之所以有志於認真探究各種不同觀念最初如何發展而來，然後在另一個時空中被闡述後究竟意義為何，必須歸功於這兩位業師的教導。但對我來說，上下文的語境參照仍然是屬於社會性的，或者頂多屬於上層政治的性質，而不是出於宗教上、文化上或詮釋學上的背景。

在巴黎，我善盡一個學術中人的本分：寫了一部學位論文，將之付梓出版，然後向外尋找新的研究領域。但除此之外，我並不完全知道自己所為何事，也對未來走向感到茫然。我對如何成為一位歷史學者以及成為這樣的學者意味著什麼，都沒有清楚的見識，不過除此之外我也別無其他所學。最終我得以將自己幾種不同的興趣與偏好運用於學術生涯，但這些無非只是出於幸運，全賴一路上有人慷慨伸出援手。

完成我的博士學業之後，一開始沒辦法找到任何研究的獎助或者有保障的學術職位，只好退而求其次，先在倫敦南邊一所頗負盛名的男校謀個教職。當時我一直拖著沒去就任，然後多虧了我在國王學院的良師益友約翰．鄧恩出手相助，終於獲得了一個國王學院的研究員職位。

我之所以能夠一腳邁進劍橋的大門，主要歸功於喬治．李希特海姆，這位偉大的馬克思主義與社會主義的歷史學家，我素未謀面的恩人。在一九六八至七三年之間，我讀過他所有重要的著作，毫無疑問也深受其觀點所影響：從十九世紀末至二十世紀初，他是一位對馬克思主義不無同情然而又持續予以嚴厲批判的觀察家。李希特海姆和克里格爾這兩位前輩當年顯然都寫了信大力推薦過我，他們的根據是讀過我的博士論文。我能進入學術界是拜他們所賜——如果這一切必得要虧欠誰，我想不出還有哪兩位前輩更讓我心悅誠服。

但李希特海姆和克里格爾代表的是一種少數的品味，而且他們兩位都屬於局外人——至少在英國學術圈裡是如此。理查．柯布，當時英語世界最頂尖的法國史學家，也是我研究領域中很有影響力的一號人物，就從來不曾認真地把我視為歷史學者。對柯布來說，我是挾著法國知識分子的所有劣根性闖入了這個學科：表面上扛著歷史學的學術招牌，實際上寫的卻是政治。

承蒙他的否決，我當時每年在牛津或劍橋申請的所有研究獎助與職位都被打了回票。我的博士論文也沒辦法找到一家英國出版社正式付梓。為了要符合國王學院這份研究獎助的要求，我當時只能先以法文出版：由法國的「國家政治科學基金會出版社」跟我簽了一紙出版合約。他們居然會承諾幫我這個名不見經傳的英國人出版第一本書，必定是先前收到頗不尋常的強烈推薦——很可能來自安妮．克里格爾。

我後來沒有再嘗試找一家英文出版社，此一事實或許另有涵義：與其定位我是學術中人，不如說我是個知識分子，在謀職的算計或者策略規劃上十足天真爛漫。我當時完全沒有想到，如果我想要在美國或者英國的歷史學界出人頭地，用法文出版我的第一本書是愚蠢之舉。柯布並非全然無理：我在這個學門裡確實有點分類上的謬誤。我走在一條英國歷史學者的生涯路徑上，卻視自己為一個抱持不同見解的法國式知識分子，行為模式也照著那個理路。

❖ ❖ ❖

七〇年代早期，在英國教歷史而且跟北美學界完全隔閡，都還是行得通的。那時候的大西洋遠比現在遼闊。不過，在得到國王學院那個研究員職位後又過兩年，一個很偶然的機會裡認識的朋友問我想不想去美國加州任教。有一天晚上，正好跟F．羅伊．威利斯在國王學院一起用餐，他大學的時候是念國王學院，此刻任教於加州大學戴維斯分校，寫過一本歐洲統合的初期史：《法國、德國與新歐洲》。我們那回匆匆一面之後又過了九個月，他打電話到劍橋來，問我願不願意去戴維斯教一年書。

威利斯以美國人那種可靠的態度開出了一個年薪數字。我遲疑了一下：這比我在劍橋當時的待遇要優厚多了，不禁懷疑自己有沒有聽錯。他見我遲疑誤以為是嫌少，於是又提高了金額：這是我生平第一次也是比較成功的一次跟人家議價協商！隔年夏天，賈姬跟我就飛去波士頓，先在麻州劍橋一個朋友那邊叨擾幾天，然後買了一輛巨型的別克舊車，展開我們橫越美國的旅程。

在戴維斯的那一年，也就是一九七五到七六年，是我在美國的初體驗。那是一段很愉快的經歷，了無其他牽掛。我首度概括性地教授歐洲歷史，由此體會到：既然來到了加州，就不能再像以往在劍橋那樣，大家幾乎都只是把講稿在課堂上唸出來。取而代之，我學會怎麼即興發揮，變成一個稱職的大學老師。

我在美國的學生，學習態度跟英國學生很不一樣。在加州，我所教的那些年輕人實際上知道得不多，但他們不會恥於承認這一點，而且很積極想要學習。在英國，超過十六歲的人很少會承認自己什麼事情不知道，劍橋那些人當然就更不用說了。這種風氣讓人際言談之間顯得更有自信，但也意味著，典型的英國學生常常幾年下來連很基本應該讀的書都沒有讀過，因為不會有人質疑他或者她對這些內容是否熟讀。

從一九七六年回到英國之後，賈姬跟我就開始漸行漸遠；那年十二月雙方分居，兩年後離婚。分手的原因不難想見。加州已經打開了我的視野，雖然婉拒了戴維斯提議給我的固定教職，但回到劍橋證實令人失望，而且最終我也不再滿意於當時的待遇。我們搬去美國之前，賈姬跟我一直住在一層兩間臥室的小公寓裡；等到我們再從加州回來，顯然應該買個大一點的房子。但買房子這種事情實行起來往往很費神。現在回頭想起來，似乎直到那時候，我都只是沿著一條從念研究所時就設定好的單軌鐵道持續向前行進；但從那之後我不再那麼確定自己的生活想要呈現這個狀態。我不再能夠甘心接受人生僅止於此：一份教職，一所大學，一幢房子和一個妻子。

賈姬跟我分居之後，我遠走法國在那邊生活了一段時間，研究怎麼寫我的第二本書《普羅旺斯的社會主義》。一九七七年的前大半年，我大部分時間都花在下普羅旺斯地區的瓦爾省，那裡是我研究材料的來源所在。劍橋的經濟學者也是我國王學院的同事尼古拉斯．卡爾多，還把他在拉加爾代弗雷納的家借給我住；那是差不多距離聖特羅佩北方大約十二公里處的一個小鎮。他家是一棟十八世紀普羅旺斯小鎮風格的老屋，所在的那條街空空蕩蕩，整排的房子都裝有百葉窗，街的一邊是豔陽灼炙，另一邊則在陰影底下有草地山丘。我很高興又重返單身，因為從我十八歲以後這是頭一回：自己一個人生活，只有一個目標，以及少數幾件應工作與生活之需的所有物：一輛車、一口裝滿衣服的旅行箱、剛好夠用的錢和一棟夏天以前都歸我運用的房子。

拉加爾代弗雷納的生活有其自古以來形成的慣例。夏天遊客湧至之前，這整個地區還是很有老普羅旺斯的風味，一些僅存還操著傳統方言的老人讓這景致更顯古樸。羊群與牧人的日常移動，古老的田園經濟模式和山地村落裡的街道作息，仍然喚起人對十九世紀的回憶。我的主題——普羅旺斯農村社會主義在經濟上與社會上的根源——就在周遭一如當年。從各方面而言，我「全身上下無不舒暢」(bien dans ma peau)。

每天一早我就起床，跌跌撞撞地出門坐上那輛德高望重的敞篷雪鐵龍DS19，這是我要從美國回英國的時候買的；借助下坡的落勢將車子發動（啟動馬達已經故障），而且——因為那條路往下一直通到海邊——把電瓶稍微充一充電，足夠我這一天再開回家。我會把車停在聖馬克西姆，幫自己買一根長棍法國麵包、一點乳酪和水果、一瓶礦泉水和當地的報紙，在沙灘上坐三個小時，間歇下水去游泳以及閱讀；然後走回車子裡，開上山，沖個澡，小睡片刻，再起來專注幾個小時寫那本書，直到入夜。

有些下午，我會耗在村裡的圖書館、市政檔案室、附近德拉吉尼昂的省政檔案館以及海濱城市土倫的市政檔案處。前此我已經研究過其他相關著述，但從來沒有像這樣密集的規模，對當地也沒有像這樣的熟稔。這番經驗讓我更加確信，除非有把握能長期間近距離地接觸到檔案材料，否則歷史學家不應該許諾擔當主要以資料為基礎的研究工作。根據偶爾才飛去參訪幾趟的遠距離研究，即使在最好的情況下還是令人感到挫折，而且往往不足以達到所需的目的。

當時我已經年近三十，又跟第一任妻子分手，父母親都感到很失望。當然，之後我又再離了一次婚，我妹妹黛博拉也離了兩次，到最後連我的父母他們也離婚了；但在一等親屬當中我是第一個離婚的。儘管我後來才知道，在家族史上，離婚和多次結婚，以及混合這兩者的各種排列組合，其實相當普遍，我父母與我當年是被五〇年代的英國同化得太厲害，才會認為離婚頗不尋常，應該避免為之。

不過除了我在找合適妻子這件事的無能逐漸浮現出來之外，無論如何，在我父母看來我日子過得挺好的，只是讓他們有點想不透。看不太出來（從他們的觀點）我真的像是在從事某種足以識別的「工作」，尤其是我的雇主，居然對我到法國南部消聲匿跡長達六個月之久，似乎並沒有什麼反對之意。我母親（跟她那一代的所有人一樣）深受三〇年代失業之苦的影響，唯恐我離校太久，劍橋會把我的職位收回。不過時間久了，他們漸漸明白什麼是學術生活、研究和終身制——雖然我不確定在《戰後歐洲六十年》出版並且成功之前，父親或者母親是否真的完全了解我在忙些什麼。

一九七七年，當我在思考以及撰寫關於法國農村勞動者和十九世紀法國工人階級的文章時，我期望自己仍然是在捍衛甚至實行某種馬克思主義——至少是從歷史方面入手——但同時又在政治上跟之保持距離，只承認這對我的著作有部分的影響。我第一本書也是有關於馬克思主義者，但寫出來卻完全不是原先所設想的那種社會史，因為書中論述的主要是政黨以及積極在其中運作的政治工作者。

我並不反對那種我認為的古典社會史。正好相反：在那些年，沒有什麼比莫里斯．阿居隆和他《村裡的共和國》那樣的珠玉在前，對我有更大的激勵作用了。阿居隆展現並闡明了十九世紀上半葉法國鄉間所形成的政治激進主義從何而來，尤其是，他描述了那些對某種鄉村社會主義的廣泛期望，但一八五一年路易・拿破崙・波拿巴的政變，終究讓這種期望破滅。

受到阿居隆和其他研究法國南部鄉村的歷史學家所影響，我就開始寫一本我自己的草根社會史：十九世紀末普羅旺斯的區域研究，儘管從某個層次而言，這一類細及銷栓的歷史寫作並非我本性上的強項，也與我知識上的直覺並不一致。但總之我就在瓦爾省的那些檔案堆裡埋頭鑽研。許多年前，我在劍橋的一位年長老師克里斯多夫・墨利斯曾經（不免流於說教地）勸我，說一位歷史學者在他研究的年代中應該熟知市場上每一年的豬價。於是我從善如流，經過幾年的研究之後，對一八七〇年到一九一四年間瓦爾省每一年市場上的豬價知之甚詳（遑論許多其他物價）。這番研究似乎就是在宣告世人，我也可以寫出一本嚴格意義上的社會史。而我既然已經做到了，於是從此就不再那麼做。

七〇年代那種社會性的歷史寫作真的把我搞得很困惑。經濟、政治甚至社會本身都不是當時關切的焦點，而且事實上整個都逸出了此一領域。我對當時盛行選擇性地運用社會史與文化史的材料，以取代傳統上從前因後果或政治上的解釋來敘述主要事件的方法頗感不耐：按照這個套路，法國大革命可以被簡化為一場性別上的反叛，甚至是一種青春期對於代與代之間的不滿所做的表達。過去自不待言就會被視為重大事件的那些最重要的特徵，都被過去以來被視為次要的考慮層面給取代了。

我鑽研現代史，是因為顯而易見這似乎是一條讓我可以在智識上參與並且略盡公民責任的路徑。然而當你的同胞們對你這番智識上的公民參與沒什麼興趣，因為你這些行為很明顯地只是沉迷於你們學者之間才會感興趣的次要問題，無關社會痛癢，你又怎麼能夠繼續依然故我？當時我的許多同僚似乎都參與了這種自己也心裡有數的學術亂彈（charivari）：一種隨心所欲的角色翻轉，置身這種氛圍，即使二流的社會史學者也能跳出來主宰此一領域，對過去幾十年內以其著作與關切統治這個學門的重要學者橫加詆毀、起而推翻。

我因此跟我自己研究領域的主要趨勢走上了不同方向：當時的主流一方面傾向於現代化理論，另一方面——時間上稍微晚一點——則傾向於「文化研究」。我覺得讓我特別感到不快的是，許多人還聲稱這些新的社會史學方法拓展了或豐富了某種他們其實誤解得很嚴重的馬克思主義。

現代化理論，在那些年，受益於幾位可敬的前輩在五〇年代所寫的工業社會論述：拉爾夫·達倫多夫和雷蒙·阿宏是其中的佼佼者。儘管形式略嫌粗疏，這類論述提出了一種進步的敘事，推到最後是一個清晰的、未經嚴審的終點：工業社會和它在政治上的分身——民主。在我看來這一切似乎是相當露骨的哲學目的論，提供了一套關於過去如何一路走來以及未來會有什麼後果的確定看法，這是我作為一個歷史學者——甚至於，作為一個馬克思主義歷史學者，雖然聽起來有點怪——覺得格格不入的。至於文化研究，我覺得膚淺到令人沮喪：只不過是為了需要把社會資料與經驗跟一切經濟上的根源或影響區別開來，最好是能夠將他們這樣的主張跟遭到詆毀的馬克思主義區別開來，不然他們就會整天無恥地傍著馬克思主義。

在這之前幾十年的政治與學術辯論中，馬克思主義終究是被視為一個由無產階級的利益與行動所驅策的歷史模型。但正由於這個原因，隨著藍領無產階級在整個社會中的數量和重要性都逐漸減少，馬克思主義似乎就更容易受到質疑，認為其前提不可信。

到頭來，一旦無產階級不再能夠充當歷史的引擎，將會發生什麼狀況？在一九七〇年代實際從事文化和社會研究的人手中，這部機器仍然可以運作：你只要把「勞工」代換成「女性」；或者學生、或者農民、或者黑人，或者——最後還是會輪到的——同性戀族群，或者任何確實有充分理由可以對目前權力與權威的安排處置感到不滿的族群。

如果說這一切在我看來只覺得空洞幼稚，那麼這種不快應該起源於我自己受教育過程中的獨特經歷。早在一九七〇年代之前，我就已經陷在了某種時間扭曲的詭異當中。我理解像霍布斯邦以及E．P．湯普森那類學者的世界觀，並且在很大程度上對他們頗為認同，反而對我自己這一輩學術中人所專注的問題相對無感。霍布斯邦這些人是由二十世紀二、三〇年代的問題所形塑出來的，我的博士論文中也選擇處理同樣的這些問題。

在我看來，跟我同時代的這些美國人似乎行動有點太快了，連對他們正在失去的東西都還來不及充分了解。另一方面，我二十四歲就已經拿到博士學位，當跟我同年齡的人才剛認識他們在研究所的指導老師，並且被鼓勵要去尋找新的興趣領域與研究方法時，我已經開始教書了。因為是獨自向前，這一代人應該有的行為舉止我都不具備。所以我會跟我這一代人的傾向不只一次背道而馳或許也不足為奇。

那些年我做了一些差勁的選擇。一九七七年，我從普羅旺斯回到劍橋不久，就跟派翠西亞．希爾登交往了起來，她是我在戴維斯教書時指導過的研究生，到劍橋來跟我做研究。因為受到她的影響，我在批判新社會史的過程中對女性史網開一面，雖然我實際上對這個主題相當無知，僅有的些許認識也不覺得有什麼值得深究之處。但派翠西亞是一個非常積極進取又充滿自信的女性主義者，聰明敏銳又絕不留情：這些特質混合起來很奇怪地有種魅力。所以，懷抱著無恥的自相矛盾，我縱容自己埋頭研究女性史，儘管我對所有其他的這類什麼什麼相關特性的研究還是敬謝不敏。

我們的關係從一開始就是思慮不周，不只是因為這層關係迫使我涉入了智識上不誠實的領域。在那接下來的幾年裡，我來回穿梭於英國與美國之間；主要是跟隨著派翠西亞，她不管去到哪裡似乎都無法感到心滿意足。一九七八年春天，我在美國申請了兩個低階的職位都獲得錄用，分別是在哈佛和加州大學柏克萊分校。我選擇了柏克萊，表面上是因為哈佛似乎跟我正要離開的劍橋太像了。至少這是當時我給自己的理由。但主要的考慮還是派翠西亞希望能回去加州。我也對再回到那裡的想法覺得頗有意願，儘管我在學術上已經對社會史的研究方向失去了興趣，然而柏克萊之所以對我產生興趣，也正是看中我在這方面的研究。

所以，從一九七八到八〇年，我在柏克萊就一直只能教社會史：確實可謂事與願違。曾經有一個學期，我開了一堂歐洲社會主義與共產主義史的課程，來修課的學生超過兩百名，所以本來一開始只是一個研討班，結果演變成大型講座。當我講到托洛茨基和俄國革命的悲劇時，為什麼我會這麼受歡迎的根源就呼之欲出了。從二〇年代以來，有一些馬克思主義者（實際上是列寧主義者）將托洛茨基視為他們沒有走上的路線，歷史不知道為什麼偏離了正道，成了所謂「海峽對岸的廢王」。事後想起來，在七〇年代末的北加州，處處都還有抱持這種看法的人。在我講完托洛茨基之後，有一群年輕人湊過來跟我說：「東尼，我們真的很喜歡聽你的課，不知道你願不願意來跟舊金山的第四國際集團講述有關托洛茨基的種種錯誤——以及下回應該如何避免重蹈覆轍。」

此地，在這塊遙遠的土地上，映照出我父親年輕時滿腦子想的事情，或許也縈繞在我心頭：革命的左派究竟出了什麼問題？他們之所以會失敗的部分原因難道不是歐洲三〇年代和四〇年代那些可怕的暴力嗎？對這些學生來說，確實就像對我父親和他的一些朋友而言，像這樣的問題仍然只能得到個人性質的答案：要脫離列寧主義的窘境，解方是托洛茨基，而不是史達林。我自己從來不會那樣看待問題，也跟任何類型的革命馬克思主義都保持遠遠的距離。但我認得出那種熟悉的情感，那種熟悉的嚮往。我了解到，我當時正在教授的，其實是一門有關於怎麼以史為鑑來貫徹極左派政治理念的志業課程。柏克萊有其魅力。

但派翠西亞堅持我們得要住在戴維斯，不能住柏克萊。所以我們就落腳在戴維斯，意味著我得要通車去柏克萊：搭大學校車單程一百公里。就在一九七九那年的夏天，我們在戴維斯結了婚。但之後的那個學期，至少我可以搬到柏克萊——永遠都對所在位置不滿意的派翠西亞，在那之前回英國去做一個博士後的研究了。

我在加州第二年的過程中，清楚意識到自己來錯地方了。柏克萊感覺上離歐洲很遠，跟我的興趣所在離得更遠。在美國的體制裡，系所與大學對前途看好的年輕講師會用升等和「終身職」來加以獎勵，讓他們抱著未來有機會成為保障終身職的教授。確保自己能夠得到終身職（或者不讓別人得到）因而就成為大學教職生涯最主要的執念，因為透過那樣的升等，就會得到社會地位、豐厚待遇、獨立自主與終身保障：報酬可謂優渥。

我自己在柏克萊能否得到終身職的評審過程，因為一篇我在一九七九年發表的長文而埋下了陰影，文章題為〈豪華紫衣的小丑〉，內容對社會史中的流行趨勢略加指責。當時就有好幾位歷史系的同事語氣聳動地勸告我，說因為這篇惡名昭彰的論文，他們到時候只得對我投反對票。其中一位還跟我解釋說，這倒不是因為論文中有爭議的內容，而是因為文中「指名道姓」。尤其是，被我列為始作俑者的威廉·斯威爾，畢業於柏克萊。對我這樣的年輕助理教授來說，貶低同事的學生所做的研究，是「對制度大不敬」（lèse-institution），罪無可赦。我這個人因為缺乏對組織的忠誠以及生性不夠謹慎，當然始終都不了解我所干犯的眾怒究竟到了什麼程度。拜這篇文章之賜，我們系上對終身職的評審表決分成了兩派，雖然說贊成的還是占了多數。不管長期來說我在系上的前景如何，整個氣氛感覺上很彆扭。

所以我決定一有機會就回英國去。這時牛津的政治學系出缺，是一個講師職位，同時在聖安妮學院兼任研究員。我就去申請，也獲聘了。我高高興興地回到英國。我會想念在加州的日子——開著一輛敞篷野馬汽車沿著一號高速公路的海岸兜風，跟托派分子交換政治上的意見之類。還有想念我那些學生。但我從來都不後悔離開柏克萊。

（東尼這裡才講到一半，我想打斷他的敘述。）

史：無論在私底下還是學術生活裡，你都是一個左傾的反抗者，但並非抵禦左派的反抗者。甚至於你的猶太復國主義也是社會主義式的，當你發現其中並非每一個成員都是社會主義者時，你就起而反對以色列。作為一名學者，你著手的是一個對馬克思主義史學家來說非常傳統的主題，而你對一九七〇年代的不滿，跟當時左翼學者們都拋棄了馬克思主義的研究範疇有關——這些都不經意地出現在你那篇〈豪華紫衣的小丑〉結尾。那一段你提到社會史的全面坍塌，幾乎可說是「對歷史失去了信仰」。但我認為，你在生活和職涯的那個階段，是最後一次嘗試要讓自己確信，萬事萬物都可以放到馬克思主義的範疇裡來看待。

但二十世紀的歷史當中，能夠被放到馬克思主義的範疇裡來理解的也就只有這麼多了，或者果真放在更大的教化框架與其各類變體中來理解，馬克思主義就是其中的一種變體。既然你在之前有關於法西斯主義的討論中已經那麼說過，我想你會同意。所以在回來講左派或左派的失敗之前，讓我們討論一下極右派。讓我們進入極右派的智識生活，談一談法西斯主義者。

我們已經說過、並且接下來還會再說到馬克思主義和列寧主義能夠喚起感情和訴求知性的魅力所在。畢竟，人民陣線是一種反對法西斯主義的形式。然而邏輯上來說，在反對法西斯主義之前必須先有法西斯主義：墨索里尼在一九二二年崛起掌權，看起來跟他很類似地，希特勒也在一九三三年崛起掌權，而羅馬尼亞的法西斯主義者在三〇年代影響力越來越大——以此而言，法國和英國的法西斯主義思想雖然相對微弱，但直到今日都還相當盛行。

所以讓我從問你這個問題開始，這個主題在你的博士論文中刻意沒有寫到。為什麼我們會這麼輕輕鬆鬆就把二〇年代和三〇年代的法西斯知識分子給忽略無視了呢？

賈：說起馬克思主義者，我們可以從觀念開始。法西斯主義者並不真的有所謂「觀念」。他們只有「態度」。他們對戰爭、蕭條與落後有一些特定的反應。但他們並非自始就有一套思想概念，然後運用在這個世界上。

史：我想知道，我們之所以不太容易想到這些法西斯主義者，另外一個理由是不是因為他們即使有論點，通常也都只是反對什麼：反對自由主義，反對民主以及反對馬克思主義。

賈：兩次世界大戰之間，法西斯知識分子一直到三〇年代末（甚至到四〇年代初被占領的戰爭時期），開始涉及起到實際作用的政策制定，例如反閃族的立法，但在許多其他的政治討論中還是顯得很不出色。當時明顯屬於法西斯主義者的法國人皮埃爾．德里厄．拉羅謝勒和羅伯特．巴西拉奇，其言論跟中間偏右的法國主流報刊在評述像西班牙內戰、人民陣線、國際聯盟、墨索里尼以及美國這類重要議題上的社論，幾乎分不出有什麼差別。

他們的批判到底是針對社會民主主義還是針對自由主義，或者說他們的態度是反應馬克思主義還是反應布爾什維克主義，也非常難以區別。即使是在一九三三年之前的德國，大致來說也確實如此，當時舉凡自由派的古斯塔夫．施特雷澤曼一直到納粹黨人，在對外政策上，差不多都抱持著同一套態度。而在羅馬尼亞，情況雷同，我們現在認為是法西斯知識分子的那些人——默西亞．埃里亞德、埃米爾．蕭沆——當時不只是主流，他們在知識分子階層是居於主導地位的。

史：法西斯知識分子在智識上有什麼長處嗎？

賈：讓我們舉羅伯特・巴西拉奇為例。他被跟他同時代的人視為極右翼中經驗老到的發聲者之一。而他就跟他們這類人同樣一貫的早慧。在三〇年代就臻於成熟。文筆非常好，就跟許多法西斯知識分子一樣。比起左翼的知識分子，他們往往更顯得機智也更擅長譏諷，而不陷於力不從心的過度嚴肅。他們具有一種審美的慧心，使得他們對現代藝術的反應能夠抱持同情、頗有涵養。舉例來說，巴西拉奇是一位電影評論家——而且非常出色。如果你現在不帶偏見地去閱讀他當時的作品，會發現他對如今廣受推崇的那些三〇年代左翼電影，提出了相當辛辣的批評。

比起戰後那一代主力的左翼知識分子——也就是沙特那一代，是緊隨於其後的當紅知識分子——三〇年代的法西斯知識分子往往不太會去聲稱什麼統攝萬物的見解。他們不是那種全能的知識分子；而是傾向於聚焦在特定範圍，以此聞名於世。他們每每都對自己身為文化評論家，或者外交政策專家，乃至長於任何術業有專攻的領域而頗感得意，不會徘徊在公共政策的各色領域中漫無目標。他們當中有一些人因此廣受讚賞，即使有點勉強，但也比單純被視為全能的法西斯知識分子要有人氣。所以巴西拉奇由於影評以及一些文化評論而擁有許多崇拜者，即使這些文章當初是刊登在像《我無處不在》那樣低劣的右翼報紙上。我認為，像這樣的專業分化使得法西斯知識分子在被指責為只是舞文弄墨時，能夠據於更好的地位來自我辯護。

最後，在像巴西拉奇這樣的範例當中，存在某種富於教養的個人主義，這當然是與他右派的身分契合，如果是左派就會顯得有點格格不入。右翼知識分子看起來比較像，譬如說一八三〇和四〇年代那些精心打扮的文化評論家；比起稍後幾個世代固守左翼意識形態的知識分子，他們在社會上呈現出來的類型更容易識別也更討人喜歡。像巴西拉奇這樣的人物，沒有以任何積極或一貫的方式認同某個政黨。當然有點諷刺之處在於，當時的法國，根本稱不上有什麼他能夠認同的極右派政黨。不過在這一點上，當時其他地方也都如此。大多數右翼知識分子——恩斯特・榮格、蕭沆、巴西拉奇——都是無黨派人士。在知識分子的世界裡，上述這些都是力量的泉源。

史：這些法西斯知識分子從何而來？我們能夠講出一套法西斯主義者的完整智識系譜嗎？

賈：關於這些人的起源，主流說法是，法西斯主義是從一次大戰前的那個世代在面對戰爭以及隨之而來的戰後時期因感到無所適從當中應運而生。那時候突然間你就有了一種扭曲的新型國家主義，被一次大戰的能量和暴力改頭換面成了一種新型的政治運動，一股群眾運動，潛在屬於右派的勢力。跟這種說法截然不同的是，澤夫・施坦赫爾強調，一次大戰前人們對民主制度與道德式微的態度，以及整個戰爭中的經驗和左派在戰爭中的失靈，導致那一整代的人轉而支持法西斯主義。在這套論述中，法西斯主義真正的起源，尤以其經濟政策與對民主制度的批判為最主要，是把一切都歸咎於左派。

你不必在這些說法當中選擇相信誰。我們不難找到當時有些個人就同時循著這兩條軌跡前進。而且也很有可能這兩個說法都各有一些張冠李戴之處。如果你能把時鐘停在一九一三年，也就是一次大戰爆發的前一年，詢問當時年輕一代的政治立場和他們未來可能服膺的黨派，你就會看出左右之分根本不是重點所在。當時大多數的運動都刻意把自己定義為既非左也非右。他們拒絕被放在法國大革命的語彙當中來定義，而長期以來這樣的語彙為現代政治的形勢劃出了界限。

反之，他們把發生在自由社會內部的種種爭論視為問題本身，而不認為能夠從中找出解決之道。想想一次大戰之前那十年裡，義大利未來派提出了各式宣言和藝術上的各類嘗試。法國曾經舉辦過一項調查，名為「今天的年輕人」，結果成了當時年輕右派的某種宣言，儘管發起的那些人本來意不在此。當時年輕人內心共同的信念是，只有他們能夠掌握這個世紀。我們想要自由，他們堅定地表示：我們要釋放出深藏在這個國家裡面的活力。在一九一三年，你沒有辦法知道這樣的情緒到底是左派還是右派：作為一種左翼的現代主義宣言似乎也相當合理——改革勢在必行，常規即將被徹底打破，我們必須因應眼前，而非囿於過去。但與此同時，這些受挫的青春衝動從其語調上聽起來又是典型的右翼音色：國家意志、國家目的、國家能量。十九世紀是資產階級的世紀。二十世紀即將是改變的世紀，這一切來得如此之快，只有年輕人以及尚未定性的人才可望把握當下，順應時勢。這其中的本質是速度：飛機和汽車當時才剛剛被發明出來。

在德國，所有的人無論是屬於素食族群或者自行車社團，從登山俱樂部到自然協會，除了少數例外，都傾向於國家主義的右派。反過來，在英國同樣類型的人，即使穿著打扮和所作所為都極其相似，思想卻傾向於左派：所談的都是採用哪些威廉．莫里斯花色的壁紙，如何提高勞動人口的文化層次，以及推廣避孕節育和均衡飲食的知識來增進大眾福祉之類的話題。

史：一九一三年之後，先是發生了一次大戰本身，然後是「民族自決原則」付諸實行，以及布爾什維克革命。我想知道，是不是我們無法把法西斯主義之所以會出現的部分因素跟當年時間空間的背景區別開來。

賈：即使回過頭來看還是令人驚訝的是，一次大戰的暴力並沒有產生我們如今本來假定會有的那些效應。正是由於戰爭血腥與致命的面向使得那些人反而大加讚頌，認為這在他們的青春歲月裡是決定性的時刻。當你讀恩斯特．榮格、皮埃爾．德里厄．拉羅謝勒的作品，或者當時的人對埃里希．瑪利亞．雷馬克的憤怒反應時，你會發現，對「前線世代」(Front Generation)裡的許多成員來說，讚頌戰鬥過程中同甘共苦的回憶，賦予戰爭一種非常特殊的光輝。那一代的退伍軍人可以區分成兩個族群，一種是終其餘生滿腦子「懷念在泥濘當中」的人，另一種則是那些從此遠離一切形式的國家主義政治和軍國主義的人。後者可能占了絕對多數，尤其在法國和英國；但在知識分子階層這種人顯然為數不多。

布爾什維克革命發生於一九一七年底，早在大戰結束之前。這意味著，甚至在戰後時期真正開始之前，第二段動亂的威脅已經逼近：被戰爭打斷然後因為和約條件(真實的或者想像出來的)不公正所以有了正當理由而促發的一場歐洲革命。你如果從義大利開始，一國接著一國看過去，就會發現，如果沒有共產主義革命的威脅，法西斯主義者要毛遂自薦出來確保傳統秩序的空間將會小很多。確實法西斯主義，至少在義大利，對於本身到底算激進還是算保守仍然拿不定主意。後來落在右派這個範疇，很大程度上是因為其右翼成功地把法西斯主義說成是對共產主義威脅的合理反應。如果不是對左翼革命的擔憂揮之不去，左派的法西斯主義者本來也有可能會躍居主導地位。結果適得其反，墨索里尼只好把這些人予以清除，正如十年後希特勒也採取了相同的手段。

相反，主張革命的左派在戰後的英國、法國或比利時相對弱勢，造成在接下來的十年裡右翼試圖運用恐共心理來操縱群眾的可信度遭到限縮。在英國，連邱吉爾也因為執迷於赤色威脅與布爾什維克的概念而屢遭嘲弄。

史：許多法西斯主義者都很佩服列寧，羨慕他能那樣革命，崇拜那個蘇維埃國家，並把一黨專政視為楷模。

賈：諷刺的是，布爾什維克革命與蘇聯的建立對左派所造成的問題遠比對右派來說更加棘手。在一次大戰後的初期，西歐對列寧和他的革命知道得很少。因此，各地都有許多人憑著偏好對發生在俄羅斯的情勢進展隨心所欲地概略改寫：將其描述為一場工團主義（syndicalist）的革命、一場無政府主義的革命、一種因應俄羅斯當時現況的馬克思社會主義、獨裁統治只是暫時手段之類的解讀。左派不免要擔心，這場革命發生在落後的農業國家裡，跟馬克思當初的預言並不相符，因此可能會造成扭曲甚至專橫的後果。反觀對法西斯主義者來說，列寧主義這些讓傳統馬克思主義者最感困擾的面向——強調「唯意志論」（voluntarism），以及列寧對加快歷史進程的一廂情願——都正好最對他們的胃口。這個蘇維埃國家暴力地、堅決地、並且穩定地由上而下領導：在最早的那些年，這是未來的法西斯主義者一心嚮往但在他們所處社會的政治文化裡卻不可得的一切。這個前例使得他們堅信，一個政黨可以製造出一場革命，掌握一個國家，然後如果必要的話，用強制手段來予以統治。

史：在俄羅斯革命後的早期，確實有一套效果卓著甚至堪稱美妙的宣傳手法。而且隨著時間推演，布爾什維克還變本加厲地練就一種運用公共空間的獨特本領。

賈：我再說得更仔細點。法西斯主義跟共產主義的公眾面目往往明顯雷同。例如墨索里尼對羅馬所做的市區規劃，看起來就跟莫斯科大學驚人地相似。假如你對尼古拉・西奧賽古的人民宮過往沿革一無所知，要如何判斷這到底是法西斯主義還是共產主義的建築？經歷了革命那些年最初的激情之後，這兩者在高級藝術上的品味呈現出一致的保守主義（當然從表面上來說是相互矛盾的）。在音樂、繪畫、文學、戲劇和舞蹈這些領域，共產主義者跟法西斯主義者對創新或想像都異常警惕。這樣發展下去，到了三〇年代，美學上的激進派在莫斯科就跟在羅馬或柏林一樣不受歡迎了。

史：讓我印象很深的是，對羅馬尼亞的法西斯主義者而言，當眾唱歌非常重要。我想知道，法西斯主義是不是沒那麼依賴一定程度的技術發展（這裡隱含著馬克思主義者對法西斯主義的某種論調），當地民眾可以輕易被打動，但訊息沒有那麼容易流動？畢竟，合唱是一種早在收音機問世前就廣為群眾理解的交流方式，而在兩次大戰之間的羅馬尼亞鄉間，收音機仍屬罕見。

賈：我們正講到歐洲社會進入群眾時代的時間點上。人們有報紙可以讀。為數非常眾多的一群人一起工作，無可避免地會共同經歷許多事情——在學校裡、在軍隊裡、乘坐火車旅行。所以你看到當時大規模地出現了具有自覺的各類團體，但這些團體大多數跟真正的民主社會階層毫無相似之處。於是像義大利或羅馬尼亞這樣的國家，特別容易著迷於把非民主形式與大眾內心所想的東西結合起來的運動和組織。

我想這就是為什麼不太有人能夠了解他們的原因之一；那些對他們百般挑剔的人，當然就更加無從了解了。馬克思主義者沒有辦法從法西斯主義政黨中找到任何「階級邏輯」；因此，他們把法西斯主義貶為只不過是舊統治階級在上層結構的典型表徵，發明出來作為組織民眾對抗左派的一種工具——對法西斯主義的訴求與功能做這樣的解釋有其必要，但說明力遠不足夠。

因此，在二次大戰之後，隨著大部分西歐以及部分中歐國家建立起穩定的民主制度，法西斯主義失去支點完全合情合理。在接下來的幾十年裡，出現了電視（還有後來更具威力的網際網路），群眾被分解為更小的單位。其結果是，傳統的法西斯主義雖仍具有煽動魅力能夠吸引群眾，但推行起來已經困難重重：法西斯主義者極端擅長做的一件事，就是把憤怒的少數人變得人數更多，然後再將這變多的人數轉變為群眾，但事到如今要再這麼做已經異常困難了。

史：是的。法西斯主義者擅長的就是，在很短的時間內、在國家的層次上化零為整。我想現在或許沒有人能夠那樣做了，至少沒有辦法用同樣的方法那樣做。

賈：今天一個國家必須是陷於群眾社會再加上政治組織遭到分化而岌岌可危才會讓法西斯主義能夠趁

機崛起。以當今而言，我想不出西方目前有哪一個國家在這些條件上已經達到如此嚴重的情況。

話雖如此，我們也不至於就推論說，對法西斯主義的需求，或者抱持法西斯主義傾向的個人，已經永遠絕跡了。我們不久前才在波蘭和法國看到相關跡象，在比利時、荷蘭和匈牙利，我們也能夠觀察到法西斯主義頗為盛行。但如今最初的那種法西斯主義者已經沒有什麼活動的餘地：首先，他們沒辦法公開地承認其自然的政治忠誠誰屬。其次，他們得到的支持仍然局限於某個特定城市，或者單一的利益規劃：例如驅逐移民，或者強制實施「歸化測驗」。以及最後，今天有可能轉變成法西斯主義者的人面對著已經全然不同的國際環境。他們的直覺傾向還是以排他性的國家語彙來思考，放在當代這種強調跨國機構和國際合作的常態中，顯得不太協調。

史：法西斯主義者可能是最後僅存仍然相信權力之美的人。

賈：相信權力之美，沒錯。共產主義者當然相信到最後權力也能行善：如果權力是出於好意，適當地用正確學理予以包裝，展現出來時仍然不需要覺得歉疚。但毫無歉疚地展現權力，以之為美？是的，這不折不扣就是法西斯主義者的看法。但我想知道，對非歐洲的世界來說，你這句話對不對呢？想想看中國，畢竟，顯然就很值得我們深思。

史：我恐怕中國反而證實了我這句話。

不過還是回頭來講歐洲：法西斯主義和國家社會主義常常被解釋為一次大戰後不公正的和平

協議所導致的後果。雖然美國人引入了「民族自決」的原則，但實際劃出來的國與國邊界很大程度上仍然跟過去差不多：懲罰戰敗的敵人以及獎勵盟友。

但事實上幾乎可以說，一次大戰的結果造成這些國家的領土到底是得到太多還是太少，似乎都差別不大。舉個最明顯的例子，羅馬尼亞就得到太多領土——而在兩次世界大戰之間，他們可是法西斯主義的一個重要代表。所以我們很難得出結論說，這樣的結果一定是對和平協議的不滿所導致。

義大利人無疑是屬於戰勝國之列。確實，有一些東西他們當時想要卻沒能夠得手；但他們跟羅馬尼亞人一樣，是屬於戰勝的一方。即使如此法西斯主義還是在義大利掌握了政權。所以或許我們需要一個更有深度的解釋，足以說明法西斯主義者為什麼不滿，即使他們的國家已經奉民族自決之名得到了許多領土。

賈：因為多了那些領土，事實上正因為多了那些領土，這個問題變得更加嚴重。法西斯主義者一直都對他們國內的少數民族頗有微辭！民族國家不管外表看起來幅員已經何等遼闊，他們還是不以此滿足，當時的義大利就是活生生的一例。匈牙利人、烏克蘭人或猶太人，在旁邊更強勢的民族看來，是如同惡性腫瘤一般的存在，破壞了詩人眼中的羅馬尼亞形象，或者所謂愛國者眼中的波蘭形象，或者其他任何這類觀點的自我想像。

這樣的情緒能夠跟國家最近擴張領土而產生的感受完美契合，由此從另外一種意義上覺得自己的國家還是太小：無論是在其他國家的眼中看起來，或者跟其他文明相較之下。因此即使是自認為最有美感眼光、最老練成熟以及最見多識廣的法西斯主義者——羅馬尼亞人從這個觀點而言就是絕佳的範例——也常常墮落到最粗暴、最憤恨的國家主義當中。他們會問說，為什麼大家都不明白我們是何等的重要？為什麼大家都不了解羅馬尼亞（或波蘭，或義大利）是歐洲的文化中心？所以不愉快的國家跟愉快的國家之間的差別，變得非常不容易看得出來。即使那些已經遂其所欲的國家，在某種更大的層面上而言，也尚未得償宿願；他們沒有變成原以為戰爭會讓他們變成的那種國家——但是，在內心深處，他們一直都明白自己不可能變成那樣的國家。

史：認為創建一個國家是歷史的目標或者實現群眾的志向這種觀念，很快就被證明了不是事實，就像在波蘭或波羅的海三國那樣。這種觀念還有一種變體是，你現在已經有了一個小的國家，但你相信還需要更多的領土，就像在羅馬尼亞——同樣也很快就被證明了不是事實。

賈：正是這個難解的謎語讓法西斯主義者得以用他們自己的詞彙來改寫此一問題。他們後來在二〇年代爭論的焦點並不是沒有政府（一九一九年之後，對大多數歐洲國家而言，不再是個問題）；而是存在錯誤型態的政府。他們那種屬於資產階級、自由主義和世界主義性質的政府太虛弱了。是在缺乏指導之下模仿西方更早產生的政府模式所建立。又迫於情勢在國內妥協接受了某些錯誤的國民，所以在族群上混雜了異質的因素，諸如此類的情況。

但是對兩次大戰之間稍微早期的法西斯主義者來說，意識到自己國家的弱點而飽受折磨卻往往源自於經濟現實的逼迫。大多數中南歐小國（不管是戰勝國還是戰敗國）都遭受到相當大的破壞：有的是戰爭所造成，有的是因戰後領土重新劃分所導致。尤其是貿易從此一蹶不振。舊帝國無論有什麼缺點，終究還是能夠自由貿易的遼闊地帶；新建的民族國家則完全沒有這種便利。

法西斯主義在這裡抓住同時代民主主義左派的一個獨特弱點而發展茁壯：社會民主主義者沒有經濟政策。社會民主主義者確實有的是社會政策，以及大致上要怎麼籌措這些財源的想法。當然他們同時對於資本主義為何功能失調是有理論的，甚至還有經濟理論。但對他們當時必須負起的責任，也就是要如何處理功能失調的資本主義經濟，卻沒有什麼想法。

於是從一九二〇年代一直到大蕭條期間，左派的民主主義完全沒有聲音，讓法西斯主義者可以空出手來，有餘裕提出各種激進的經濟措施而幾乎沒遇到什麼競爭。確實，那些年最熱衷於改信新興法西斯主義的是年輕、受過高等教育、前途看好的左翼專業人士，像亨利・德・曼、約翰・斯特拉赫、奧斯瓦爾德・莫斯利和馬塞爾・迪阿，他們都嫌惡地拋棄了無法發揮想像力來因應這場經濟災難的社會主義。

史：法西斯主義者之所以能夠恣意推動打造福利國家的早期實驗，正好就是因為他們沒有受制於馬克思主義者對於要改革還是要革命那種拿不定主意的猶疑，因為他們對任何一種正統概念都不感興趣。於是他們大可以說：或許我們應該來搞經濟計劃，蘇聯就是這麼做的，似乎很有成效；或者，我們應該把猶太人的財產充公重新分配，這似乎切實可行。

賈：幫這些人說句公道話，這裡面還有一種別具奧妙的考慮：我們為什麼不運用政府來制定以及推動經濟政策，省去還要經歷冗長的議會政治機制。未來我們就逕自發布政策，不用再尋求支持。這種論調最常出現在那些對「資產階級民主」感到幻滅的前左翼人士筆下，或者出現在之前不曾參與政治但已經等不及了的年輕人所圖謀的各種計劃裡。他們會質問，為什麼要參照個人的行為來制定政策？個人固然不應該借貸超過償債能力，但如此的限制對政府並不適用。

而這，當然就是法西斯主義的思想源頭：一種認為政府可以為所欲為的概念。只要覺得有需要就可以任意印製貨幣；只要覺得有需要就可以重新擬定政府開支與人力配置；把公共的專款基金投入基礎建設計劃，即使幾十年都沒辦法回收也無所謂。這些都不是法西斯主義本身的想法：確實，這些概念再加上精良複雜的形式，不久之後就將與凱因斯筆下的論述有所關聯了。但在一九三〇年代，只有法西斯主義者有興趣將之採納實行。

在德國，希亞爾瑪．沙赫特很容易會被視為活用凱因斯理論和「新政」的經濟官員，只要人們不再追究他當年默許納粹的反猶政策。部分也是由於這些原因：直到一九四二年，法西斯主義不僅廣受世人尊敬，而且還制度性地支持了許多創新的經濟思想。這是對政府職能的濫用，把激進的政策創新在政治上可能會有的障礙視而不見，並且樂於在公共開支上去超越傳統的限制。不過值得注意的是，如此一來他們也變得熱衷於對外征戰，因為那是彌補赤字最簡便的方法。

史：那是一個重要的差別；凱因斯所提供的建議是追求國家經濟的平衡，然而沙赫特和他的繼任者卻把希望繫於掠奪其他國家。

雖然這麼說，我不知道我們這樣會不會太急著把法西斯主義者跟歐洲思想的真實連續性給切斷了。那種認為一個人所屬的民族並非生活在同一個國家之下的人民，而是那些跟他說同一種語言，同屬於某個傳統，或在特定的教堂中共同膜拜的人，這樣的想法相當直接是來自於浪漫主義，在十九世紀的民族主義中也很容易看到。我的意思是，我們今天讀到這些事蹟，會覺得十九世紀的民族主義者語調上有些天真，在某種程度上也顯得無害，但儘管如此，你仍然可以把費希特和赫爾德歸為一端，一個世紀後的法西斯主義者歸為另一端，畫出一張圖表來。

賈：我們總是能夠找到這些連續性。比方說，你可以從拜倫開始，看他如何把希臘及其長處讚頌為一切美好的泉源；然後結束在羅馬尼亞詩人米哈伊．艾米內斯庫——顯然他並不相信，整個世界會從對羅馬尼亞文化身分的慷慨擁抱中得到好處，反而認為整個羅馬尼亞將從驅逐非羅馬尼亞人當中獲益；既然說是羅馬尼亞的領土，定義上就應該只有羅馬尼亞人能夠在其間居住。換句話說，隨著民族主義的興起，浪漫主義的觀念逐漸退縮倒反。一開始是讚頌無處不可容身，後來卻變成僅僅只是捍衛著某一個地方。

這種情形在法國更是如此。以維克多．雨果為例。他提出所謂「法國特質」這個浪漫的概念——甚至包括他十九世紀中葉出版的反拿破崙詩集小冊子《懲罰》——歌頌每一個心懷良善的人都具備的法國品格。照他的說法，法國是人類美德及其可能性所提煉出來的精華。然而，在兩次大戰之間以法國為主題的那些作家筆下，他們的國家不再是一個舉世景仰的模範，反而成了歷史的受害者：被德國、英國以及他們自己所犯的錯誤所害，諸如此類的描述。用這樣的語氣來召喚法國魂，只不過是一種新浪漫主義的緬懷，急於想要恢復不知道跑到哪裡去了的往日榮光。法國地圖（就這些目的而言，相當於羅馬尼亞、波蘭和德國之類的地圖）變成了一種右翼的護身符：一種由上帝所賜予的天時地利，是最好的也是獨一無二的法國。

史：共產主義者傾向於崇拜那些他們視為非偶然的事物：那些會發生在所有人身上、無可避免到變成人人想要的東西。反觀法西斯主義者雖然也相信歷史，但他們熱愛唯意志論的、偶然的和隨機的事物。畢竟，你所操的語言是隨機的，你所屬的族裔是隨機的，你的母語和祖國都是隨機的。於是你必須讓自己以那種方式去愛這些東西。這或許也可以解釋法西斯主義者的講究儀表以及紈絝作風。

賈：我明白你這個歸納想要導出的立論，但即使是法西斯主義者對隨機性事物的擁抱，也遠非前後一致。我們非常容易會誤以為世界上有所謂「法西斯知識分子的立場」，對這樣的抽象概念還夸夸其談。法西斯主義在不同的國家都會不一樣，不同的人也會抱持著不同的法西斯主義。像巴西拉奇那樣紈絝氣息的知識分子，有他特殊的癖好，跟恩斯特·榮格那樣習慣於暴力手段的民族主義知識分子，或者跟以法西斯主義為處事原則的知識分子都很不一樣。你知道，像德里厄·拉羅謝勒這類的人，對經濟上的爭論根本就一無所知。反觀馬塞爾·迪阿，這位由社會主義者變身的法西斯主義者，則是一個資質優異的高等師範畢業生，對凱因斯經濟學領會得很紮實。所以不像共產主義的知識分子，法西斯知識分子並不會被某種對未來的前景或甚至某一個事件的忠誠度連結起來。他們就像法西斯主義本身：表現出來的風格和以什麼為敵，遠比其內容實質要更加清楚得多。

史：共產主義者接受暴力是為了要展開歷史在客觀上必不可少的條件。法西斯主義者則似乎喜歡把暴力當作將他們的主體性強加於他人的方法。紈絝子弟也能夠非常暴力。我指的是羅馬尼亞人。

賈：文化上的對話與修辭上的扼殺差別微乎其微。我現在說的不是科德里亞努和學生運動中那些幾近於宗教狂熱的分子，這些人後來轉變形成了意義上真正的羅馬尼亞法西斯主義。我說的是那些在世界上任何一所大學的公共空間中都十分體面而且受到尊敬的人——事實上我在後面會提到：例如米爾恰·伊利亞德就是其中一個名字。

他們自信滿滿地講著要怎樣驅逐猶太人，或者屠殺匈牙利人，或者為了要把有害的少數民族從被污染的羅馬尼亞本體淨化掉，使用暴力有其必要。他們把邊界，羅馬尼亞的邊界，視為保護他們免受侵犯的外皮。這是一種憤怒的語言，即使這些人本身從個別看來似乎並沒有特別憤怒。就好像他們是被一種極端的辭令給浸透了，即使他們想要說的事情並不明顯或者不必然那麼極端。

這一點，那些接觸過他們的人都有注意到，但他們對此不見得有多說什麼。米海爾·塞巴斯蒂安在他三〇年代到四〇年代初的布加勒斯特日記中，寫到了他跟米爾恰·伊利亞德和納伊·伊奧尼斯古的一些交談內容。他們到布加勒斯特鬧區裡的一些咖啡館裡，喝著看起來像是某種巴黎風味的咖啡，一邊聊著建築、繪畫或任何其他話題。塞巴斯蒂安在日記裡面記載，伊利亞德會突然講出一些對猶太人十足惡毒的評語。有趣的是，他完全沒有想到，跟本身就是個猶太人的塞巴斯蒂安講這樣的話豈不是很怪。而塞巴斯蒂安自己也是事後才整個想起來。就好像言談中有部分內容對少數民族這麼惡毒顯得非常自然，以至於似乎需要非常努力自覺，才會意識到自己是被冒犯了，或者因此開口跟對方爭吵。

史：我覺得塞巴斯蒂安與眾不同，雖然他聽了這些話似乎不以為意，但他還是有注意到這些話。我認為他的猶太個性正表現在這個地方，也就是他還不厭其煩地把它寫下來。我認為對塞巴斯蒂安來說，這正好就是因為政治偏離了文化。因為你要是知道猶太人在布科維納可是被人活活燒死，那麼最起碼這一番反閃族言論就顯得突兀了。這些日記如此迷人之處就在於，塞巴斯蒂安並不真正知道二次大戰期間發生了什麼事；他一九四五年就事故身亡，從來不曾有機會像我們這樣得知大浩劫的來龍去脈。他日記裡寫的只是羅馬尼亞以及一種羅馬尼亞才有的墮落。

賈：對我們來說，那是一個更大的問題當中的小小實例：我們要怎麼樣才能夠回到那個法西斯主義者信口發言的世界？而且我們需要小心，不要隨便給他們貼標籤。無論以任何標準來衡量，鐵衛團和科德里亞努的所作所為，包括組織與動員的方式、他們的政治理念與宣傳方式等等，都是更加直接的法西斯主義者。知識分子做不出走上街去割人喉嚨，然後把他們吊在屠夫的肉鉤上這類的行為。不過從另一方面來說，科德里亞努的運作方式也還是有一點點不太一樣，把他稱之為法西斯主義者——雖說多少還是確切表達了他的行為——還是無法精準地等同於他所說出來的意思。

史：科德里亞努的組織以鐵衛團聞名於世，但實際上全稱叫作「天使長米哈伊爾軍團」——科德里亞努曾經在監牢裡目睹天使長米哈伊爾顯靈。我認為這個組織所服膺的是：愛上帝，愛彼此，完成我們的天命，諸如此類。誰都沒有辦法從教科書上對法西斯主義的定義裡推演出像這樣的目標。

賈：而且對地處更西邊的某些了無信念的非宗教（non-religious）、無宗教（irreligious）或反宗教（anti-religious）的法西斯主義者來說，他們看起來很奇怪。

史：稍早我們討論馬克思主義與自由主義時，你說到成長於一個沒有了宗教的世界裡的第一代人，在這樣的世界裡信仰已經無關宏旨。對自由主義者或馬克思主義者來說，個人的感受可能如此，但從社會學的角度而言，到底哪一個上帝是其他每個人都不再相信的，或仍然可能還相信的，這個問題至關重要。以羅馬尼亞為例，他們信仰的是東正教，那似乎還是很有差別。

不可不提的是他們那種獨特的死亡崇拜。羅馬尼亞的法西斯主義者事實上對個體的死亡有一種執念——不只是對你所殺害的那個人的死亡，也著意於你所等待的即將降臨到自己身上的死亡，他們視之為一種復活。這似乎是對基督教義的一種曲解，而沒有其他的思想來源。

我們不得不聯想到一九三〇年代受右翼統治的那些天主教國家——西班牙、葡萄牙、奧地利和義大利。法國則是在戰爭期間加入了這個行列。

賈：天主教國家與東正教國家不同，教會有一種穩固同時或多或少獨立自主的制度性基礎。而且在每個天主教國家內部，都有一些特定的忠誠和制度性的傳統。法國人口有絕大多數在名義上是天主教徒，粗略而言，有半數是會積極上教堂的天主教徒。天主教會站在一個被歷史所決定了的反對立場：功能上與法律上的權力已經被撤除——但在二十世紀的大部分時間裡仍然保持巨大的影響力。跟極右政黨互不連屬；而是堅定地與傳統中間偏右的政黨攜手合作。這也是為什麼在二戰期間，除了稍晚迫於外來的諭令之外，法西斯主義在法國沒能夠掌握政權的原因之一。

當然，另外還有一個原因是，從社會學的角度而言最接近法西斯政黨的法國政黨是「激進黨」，由心懷憤恨恐懼的下層中產階級所組成，他們害怕左翼革命，也不滿社會上有權有錢的人。出於某些偶然的法國式因素，這個黨被歸為左派政黨：因為擁護者所抱持的反教權主義以及這個黨視法國大革命為立法基礎的淵源。說起來或許這也是另外一個原因，可以解釋為什麼法國的法西斯知識分子集體而言並沒有明顯效忠於任何一個政黨。

你可以看看比利時或荷蘭，然後說那邊的天主教政黨是右翼的政治觀得以藉此表達的主導性組織。梵蒂岡本身從一九三八年到一九五八年也是由一個極右派組織和統治集團所掌控，所以在那些年裡，天主教權威與保守政治勢力就很理所當然地重疊起來了。

與此同時，英國的保守黨凡事都跟聖公會密切合作。這也是保守黨為什麼是如此成功的庇護性政黨，使得個別的法西斯主義運動在英國幾乎沒有什麼機會發展。從這個保守、受教會約束的政黨內部，偶爾不免迸發出極端主義，然後就會被緩和為一種老式的文化反動政治觀。

史：希特勒在一九三三年掌握政權，最晚差不多到一九三六年情況漸漸明朗，納粹德國即將成為一個歐洲強大的右翼國家。這些法西斯主義者當時是怎樣在他們各自的國內背景當中因應這個情勢？

賈：通常他們就重新強調他們跟義大利法西斯主義之間的關聯。法西斯主義在義大利並沒有公然把種族主義包含在內，而且對大多數歐洲國家來說也不特別讓人覺得受到威脅，因此法西斯就成為某種各國樂見在其國內可以實行、值得尊敬的政治理念在國際上的化身。這樣的情況也發生在英國，奧斯瓦爾德．莫斯利就非常崇拜墨索里尼。當年許多法國右派都到義大利旅行，讀義大利文，自稱精通義大利式的生活。義大利甚至在一九三三到一九三六年間保護奧地利不讓納粹德國插手干預一事扮演了一定的角色。

但在那些年裡，對希特勒表達讚賞仍然完全行得通，很多人也真的就那麼做了。莫斯利的夫人和小姨子當年都去了德國，見到希特勒，對他的力量、決心與創意都以佩服的觀點廣為報導。也有一些法國人去德國參觀，雖然為數較少；法國的法西斯主義者最初大多是以民族主義者的鑄模澆灌而成，而且那年頭在法國，所謂民族主義從定義上而言，指的是反對德國，以及反對英國。

羅馬尼亞人對德國並沒有表現出多少興趣，至少到戰爭之前是如此。他們把自己視為拉丁文化的延伸，因而涉入西班牙內戰甚深，把這場戰爭當成是三〇年代重要的文化選擇。總而言之，大多數羅馬尼亞的法西斯主義者都有點不太願意與希特勒為伍：倒不是因為希特勒代表了任何特定不合他們意的政策，而是因為他是德國人。他們當中有許多人是由一次大戰所衍生的反德情緒所形塑而成，在當年那場戰爭中，德國人明確地擊敗了羅馬尼亞人（雖然戰爭結束後，羅馬尼亞作為協約國一員，被視為戰勝國）。羅馬尼亞在戰爭結束時獲得了大量領土，尤其是來自匈牙利，但這要歸功於跟法國與英國的結盟。既然希特勒著手想要摧毀由那些和平協定所締造的戰後秩序，羅馬尼亞人就有理由予以反制。從一九三八年之後，一旦希特勒展現出他有辦法決定歐洲各國的邊界，羅馬尼亞人除了跟他打交道以外就別無選擇。確實，一旦希特勒計劃要把某些羅馬尼亞領土歸還給匈牙利，他們就別無選擇。

有時候，德國國家社會主義中的德國特性還頗具吸引力，雖然這種情形屬於例外。想想看比利時的法西斯領袖萊昂．德格雷爾。即使德格雷爾本身口操法語，他卻代表了一種比利時式的修正主義，而這種想法在佛蘭芒語地區更是盛行。這些修正主義者很正確地看出，德國比鄰近那幾個一心一意想要維持現狀的法國、荷蘭或英國都更具有同情心。他們尤其關心一些瑣細的領土重劃以及佛蘭芒語的存廢權利，當一九四〇年德國占領比利時之後，就很聰明地把這些權利給了當地人。不過，親德的法西斯主義當中最突出例子是挪威人維德孔．吉斯林的政黨。這些挪威人認為自己是德意志精神（Deutschtum）的延伸，是廣大北方空間的一部分；他們可望在此為納粹的野心扮演某種角色。但一直到戰爭之前他們都還無足輕重。

不過，德國國家社會主義在歐洲也有一定的吸引力。德國人有一套義大利人沒有的說法：一個後民主的、強大的歐洲由德國來主導，其他的歐洲國家，也就是所謂西方國家，也會得到好處。許多西方知識分子都被這個想法所吸引——其中有些人還深信不疑。這個歐洲一體的概念，我們很容易會忘記，在當時是一個右翼的概念。是一個對布爾什維克主義的反動，這一點很明顯，但同時也是對美國化的反動，反對工業化美國挾其「唯物主義價值觀」與外表看起來由猶太人主導的無情金融資本主義來勢洶洶。這個新生的、經濟上實行計劃的歐洲將會強大起來——確實，唯有超越無關緊要的國與國的邊界，歐洲才能夠強大。

這一切對那些更年輕、更加經濟導向的法西斯主義知識分子都很有吸引力，他們當中有許多人在各國被德軍占領之後執掌政權。所以在一九四〇年之後，在淪陷的波蘭、挪威尤其是法國，德國模式曾經一度大行其道。

橫在這個模式之前的阻礙是必須解決猶太人問題。在那個時候，也就是戰爭期間，種族議題變得無可迴避——於是許多法西斯知識分子，尤其是在法國和英國，都無法略過這個議題。沒完沒了地宣稱文化上反猶主義多麼有魅力是一回事，組織起來支持對整個民族實施大屠殺則完全是另外一回事。

史：希特勒崛起掌權，也造成了蘇聯的外交政策，在差不多一年之後，依照共產國際的見解，徹底重新定位。蘇聯人接手撐起了反法西斯主義的大旗。共產黨人不再跟立場比他們更右的勢力進行鬥爭，這其中包括了首先也是最重要的社會民主黨人。從一九三四年起，他們跟社會主義政黨結成了選舉聯盟，並以「人民陣線」為名贏得了選舉。因此，蘇聯共產主義得以標舉「反法西斯主義」這個動人的共同目標，把所有法西斯主義的敵人團結起來。不過限於當時的時空背景，這種普世都能因此得救（universalism）的想法大致上只實現在法國。法國共產黨的重要性變得遠超過實際的份量。德國共產黨則已經不存在了……

賈：而當時大多數其他歐洲的共產主義政黨都還無法左右政局。只有法國共產黨稍成氣候。時至一九三四年，史達林意識到，在現存的西方民主政體當中，他一手布置足堪槓桿運用的只剩下法共。法國共產黨突然間從法國左翼政治裡頭一支聲量不小但規模不大的參與勢力，搖身一變成為國際事務上的重要工具。

法共是一種乖僻的動物。根植於整個民族長久以來強大的左翼傳統，在唯一同時具有開放民主政治制度和強大革命性質左派的國家裡面運作。一九二〇年剛開始的時候聲勢不小。當時歐洲各地的布爾什維克革命都迫使社會主義者得在共產主義與社會民主主義之間二選一，而在大多數的地方，都是社會民主黨人占了上風。唯獨在法國不是如此。直到二〇年代中期，法國共產黨的勢力都還比較大。

然後，多虧莫斯科強加在他們頭上的發展策略，再適逢內部分裂，以及無法提出一個讓選民支持他們的合理論據，這個黨就漸漸萎縮了。如此演變到一九二八年大選，法共在國會中的黨團人數已經很少；然後到了下一回一九三二年的選舉，人數更是少到要特別去找才會發現了。史達林本人也對原本在法國政治生態中還算得上是一股力量的共產主義竟然就這樣萎縮掉了大感驚駭。到了那個時候，僅存的勢力只有共產黨所掌握的工會和巴黎「紅帶」裡的自治區。但這樣就已經不能小看：在一個首都就是一切、還沒有電視但有大量廣播電台和報紙的國家裡，無所不在的共產黨人在巴黎所有激進郊區裡發動罷工、引發爭執以及上街宣傳，使得這個黨的能見度，比實際上的人數能夠達到的效果還要大得多。

對史達林來說，幸運的是，法共還具有驚人的可塑性。一九三〇年，唯唯諾諾的莫里斯·多瑞茲被扶持接掌黨權，於是共產黨在短短幾年間從原先很邊緣的地位逐漸在國際上嶄露頭角。隨著史達林轉向人民陣線的策略，共產黨人不再被迫宣稱，真正威脅到左翼勞工的是被稱為「社會法西斯主義」的社會黨。

相反地，這麼一來他們就可以跟萊昂·布魯姆的社會黨人形成一個聯盟，以保衛共和國不受法西斯主義的侵害。這麼做可能主要是出於保衛蘇聯不被納粹主義入侵而採取的一種名義上的手段，但確實讓人很容易就可以接受。國內左翼勢力長期以來偏好針對反右勢力結成聯盟，正好符合共產主義外交政策的新走向，那就是力主資產階級的共和體制應該與蘇聯結盟，以共同對抗國際上的右翼。當然，由一九三六年春天那回大選當中的「統一戰線」所演變出來的那屆政府當中並沒有共產黨籍的內閣成員，但共產黨卻被右翼視為人民陣線聯盟當中最強大也是最危險的組成政黨（這麼想並非完全錯誤）。

史：史達林改變了他對蘇聯國家利益的詮釋，使得蘇聯的國家利益這時候看起來跟法國的國家利益是一致的。所以突然之間，不像多瑞茲之前在每個場合所說的那樣，衷心期望能夠按照原先劃定的邊界把亞爾薩斯和洛林歸還給德國人；如今德國有可能會變成大敵——這樣的立場對他來說變得容易多了。

賈：而且不止於此。那些因為拒絕組成一個共同防線來抵禦德國日漸形成的威脅而讓法國失望的國家，如今則是讓蘇聯失望，因為它們無法保證一旦戰爭爆發就讓蘇聯紅軍自由通過。波蘭與德國在一九三四年一月簽訂一份互不侵犯的聲明，於是每個人都知道波蘭永遠不會願意讓蘇聯軍隊通過。因此法國與蘇聯的利益曾幾何時居然交織在一起，而且為數眾多的法國人對這個新的情勢頗感支持。「人民陣線」同時還讓人聯想起從一八九〇年代直到第一次世界大戰的法俄同盟，當年可是法國在國際事務上最後一次展現雄風。

於是法國也出現了一種對蘇聯的獨特態度，只要想到莫斯科，不知道怎麼地，就會覺得跟想到巴黎是同一回事。史達林主義的問題在法國主要被視為一個歷史上的難題：俄國革命是不是法國革命的合法繼承者？如果是的話，難道不應該幫它抵擋所有外來的威脅嗎？法國大革命的陰影始終阻礙了法國人看清楚莫斯科到底發生了什麼事。因此，從一九三六年開始的那些「作秀公審」在許多並不完全是共產黨人的法國知識分子眼中，只當作是羅伯斯比式的恐怖，而不是極權主義的集體屠殺。

史：人民陣線允許共產主義與民主制度一定程度的合併。因為希特勒在同一段時間裡把德國民主制度僅剩的部分也都拋棄了：一九三三年的前半年裡他查禁了德國共產黨。一年之後，蘇聯鼓勵共產黨人在民主制度當中運作。於是就在那個時候，正好，法國共產黨得以在一個屬於民主的體制中持續發揮功能。

賈：別忘了，到當年那個時候法國共產黨已經活動了十幾年。所以當它回到傳統的左翼聯盟裡面，對於許多願意相信共產黨本意良善的人來說，還是存在將之視為自己人的可能性。而且確實，許多共產黨人對自己回到這個大家庭也並沒有感到不快。

史：這是一場相當喧鬧而且戲劇性的家庭團聚：不只是人民陣線政府在一九三六年六月成立，還要把在那之前各方做出來的種種姿態都算進去，連共產黨人都開始唱起《馬賽曲》，以至於在巴黎召開的各種公開聚會……

賈：……在民族廣場、巴士底獄和共和廣場這些地方所舉辦的具有象徵意義的大遊行當中，社會黨人和共產黨人一起攜手合作，這些景象讓任何熟悉之前十年間左翼外圍如何打得頭破血流的人都大感驚訝。大家都強烈想要把當年錯失掉的左派團結再予以恢復，如今這樣的情緒又跟對納粹主義日漸加深的恐懼交織在一起。

一九三六年，史上第一回，所有三個左翼政黨，除了在地方層次有一些例外，都同意不要在第二輪選舉中相互對抗——換句話說，要確保左派陣營能夠獲勝。而在大多數情況下，那麼做就意味著，只有社會主義者，也就是介於激進黨人和共產黨人中間的候選人，是可以被接受的折衷妥協。於是，出乎所有人的意料之外，布魯姆的社會主義陣營首度一躍成為法國最大的單一政黨——而且至少在人數上，也是人民陣線聯盟中的主導性政黨。所有的人，包括大多數社會主義者，原先都認為激進黨會出來主導。

布魯姆對共產黨的本性有十足的覺悟：之前那麼多年來他都是這些人的首要攻擊目標。但他深切渴望左翼力量能夠團結一致、彼此合作並終結左派內部之前不快的分立。為了要達到這樣的團結，布魯姆是最適當的人選，不只是個有名無實的頭面人物，而是適切的代言人。

史：布魯姆究竟有什麼樣的能耐，使他能夠扮演好這個角色，從某個觀點來說如此稱職，然而從另外一個觀點來說又如此可恨？

賈：布魯姆是一位出身於亞爾薩斯的猶太劇評家，講話的聲音略顯尖高。他比大多數知識分子更富於知性，穿著上絕對不馬虎：夾鼻眼鏡，高統鞋罩，整套的行頭。他在南方很受農民群眾的歡迎，在那裡他代表了先前尚．饒勒斯的選區，對礦工和鐵路工人都同樣能從容應對。

在個人層面上，後來證明布魯姆是一個頗不尋常的魅力型領袖。他是如此明擺著地誠實、直率、不做作，使得他確實很有吸引力，選民也都接受他那種獨特的作風。他的風格在我們看來似乎相當浪漫，就政治上的用途而言，尤其放在左派裡頭來看，有點過度優雅細膩——但這實際上又被認為是證明了左派也能夠有一位優雅出色的領袖。於是很自然地，共產黨員從這個角度痛恨他，而法國的右派則從另外一個角度痛恨他。

當時只有布魯姆了解他的政黨，也就是社會主義政黨，要怎麼做才能在法國政壇保有一席之地。如果社會主義者拋棄馬克思主義，試圖變成一種北歐模式的社會民主黨，那麼他們只需要與現存的激進黨合流就行了，這兩黨本來就有許多共通的社會基礎。從另一方面來說，社會主義者要作為一個革命與反體制的政黨，跟共產黨根本沒得拚。所以，布魯姆走在一條狹窄的小徑上，小徑這一邊是假裝領導一個革命政黨致力於推翻資本主義，另一邊又是要實地推行一個法國僅有的最接近於社會民主政黨的運作。

當時共產黨的策略是基於這樣的假設：激進黨會贏得勝選，並組成一個中央偏左的溫和政府，這樣的政府不會嚇到任何人，於是就能夠成為共和國可靠的領導者，同時又能被推往親蘇的外交政策。事與願違，結果他們得到的是一個社會主義的政府，由一位至少在口頭上承諾要改造法國的政府管理、組織結構與其社會政策的人物所領導。共產黨的領導層對法國的激進變革毫無興趣，更別說要革命了。這群人感興趣的是要促成一個為蘇聯的利益服務的法國。

布魯姆面臨幾個難題。他所組織的聯盟本質脆弱使他寸步難行。激進黨人幾乎不想要有任何政策上的革新，共產黨人則只想要在外交政策上改弦易轍。他們不想要創造出內政上的困難以免弱化政府。他們的使命是維持一個左翼政府掌握權力，然後把外交政策導向符合蘇聯的利益。社會主義者只好獨自去要求並透過議會來推動工時限制、殖民制度改革、承認工廠裡的工會地位、帶薪休假之類的措施。

布魯姆對經濟學所知不多。他對赤字財政、公共投資等等概念也大致不是很懂狀況。因此，他很少在這方面插手，結果就是各方都對他感到不滿。右派認為他過度冒進；左派則對他缺乏想像力的反應感到失望。他腹背受敵不知所措。

在位的這整段時間裡，布魯姆也很難在國外找到同盟。西班牙當時也有一個人民陣線政府，但是正處在軍事政變的威脅之下。布魯姆個人雖然對他們很同情，但也沒有採取什麼行動幫忙。

他幾近於偏執地擔憂失去英國的支持，以至於不願意向西班牙共和軍提供援助。

史：對左派來說，巴黎是一個特別的地方，而且還不只是對法國的左派。三〇年代的後面五年此地可說是變成了歐洲共產主義的首都，當時正當蘇聯國內政治局勢特別肅殺血腥之際。你同不同意這種陳述，就是說因為德國以及其他國家的左翼政治難民能夠在反法西斯的巴黎生活安全無虞，所以他們本身對史達林的忠誠也就能夠維持不變？

希特勒的勝利與隨後毀掉德國共產黨，對德國共產黨本身的共產主義信仰和對史達林的服從態度而言，是極其駭人的一擊。但在巴黎，像這樣的人群有一個比較好又足供寬慰的左翼政治變體。共產主義在更加溫和的人民陣線當中似乎得到了允許，並且因為一個確切的法國人民陣線政府出現了，而似乎有可能會實現！

賈：在那些年裡，對共產主義與法西斯主義之間即將決一死戰的恐懼似乎並非那麼難以置信：你最好知道自己將會選擇哪一邊。即使在英國，歐威爾也無法在一家主流的左傾出版社出版他關於西班牙內戰的回憶錄《向加泰隆尼亞致敬》：正統的左派不希望跟針對共產主義的攻擊沾上邊。不過巴黎也對共產黨人產生了直接的影響。想想亞瑟．庫斯勒，他在回憶錄裡好不容易才承認已經放棄了史達林主義，但出於維護反法西斯主義的團結起見，又不能公開承認他已經變節。反法西斯主義的邏輯非黑即白：任何人不跟我們站在一起就是反對我們。這使得當時要批評史達林變得更困難，因為這麼一來可能看上去是在幫希特勒。

史：庫斯勒來自於蘇維埃烏克蘭的哈爾科夫，在那裡生活過一段時間。目睹了強制集體化與饑荒。他就是我們所說的那一群極少數知識分子當中的一員，親眼目睹了蘇維埃所規劃的那些體制改革最惡劣的一面。之後他來到了巴黎，如你所說的，當時的氣氛讓他沒有辦法把所知道的事情暢所欲言。

賈：庫斯勒當時打破了沉默——我認為這一點非常重要——打破了對西班牙內戰的沉默，而非對蘇聯的沉默。巴黎當時是坐而談之所，然而西班牙卻是起而行之所。歐威爾和庫斯勒都去了西班牙，就跟當時許多最優秀的左派思想家一樣。

一九三一年，西班牙的君主制度被推翻，共和政體宣告成立。自一九二三年以來，西班牙一直存在著一種溫和版的墨索里尼。然而對此當時沒有人太在意。無論對墨索里尼這類型的人物抱持怎麼樣的崇拜之情，都只限於「領袖」(Duce)本人，而西班牙領導人普利莫·德·韋拉幾乎沒有什麼人認識。然而一旦共和國建立之後，西班牙的政治結構——儘管仍然沒有引起多數外國人太大的注意——就變得比較顯著了。一邊是教會與軍隊，自認為是永恆西班牙的化身；另一邊是安達盧西亞的無政府主義者、加泰隆尼亞的自治論者和工團主義者、巴斯克的民族主義者和阿斯圖里亞斯的礦工！所有這些人在政治經濟上的激進要求跟籲請地方自治，以及對馬德里長期以來的不滿，都能夠相互呼應。起初，這些事件對局外人來說都沒有多大的意義。但一九三四年情況開始改變，當時阿斯圖里亞斯的礦工起而叛亂，然後遭到鎮壓，在這樣的情況下看起來像一場世人所熟悉的、以工人為基礎的階級對抗，但卻登上了國際新聞版面。這些事件與一場奧地利教權主義者的政變正巧同時發生，剛好就在希特勒崛起掌握了德國政權的一年之後。

然而，為何西班牙在一九三六年變得那麼重要呢？有一部分的原因是對大多數觀察家來說，這個國家正循著一個如今大家已經熟悉的模式：屬於遭受法西斯——或者至少是反民主——的各種力量威脅之下的民主共和國。以西班牙的情況，這些所謂的反民主力量都顯而易見是反革命的：軍隊、地主和教會。尤其是地主——從他們的觀點來看當然也不無道理——對大選獲勝的人民陣線聯盟所提出的政策感到備受威脅：要對中等規模的農場徵收累進稅，以及大肆鼓吹土地的集體化。這尤其是對新政府在南方的支持者而言非常具有吸引力，但對中西部的小型資產業主來說就不是那麼受用了。因此在那些年裡，把潛在的中間選民推向右傾，左派確實是要負起某些責任。但一九三六年西班牙最重要的事，顯然還是那場針對民選政府而發動的軍事政變。從歷史上來看，這是一場相當傳統的西班牙政變，軍隊秉持既往，照例宣稱他們所言所行都是為了國家，反對一個背叛了國家利益的政治階級。然而這一回，軍隊與政客之間的內戰被併入一系列的國內衝突和地方內戰，參與的每一方，都因為跟國家層面的分歧有關而被激怒了。

所以當年這是一場歐洲的內戰：在巴黎人的討論當中、在蘇維埃的教條當中以及希特勒與墨索里尼的演說當中漸漸成形。這一切似乎都在西班牙的透鏡裡反映出倒影。在歐洲各地，因為有了這場內戰，使得左右兩派都可以宣稱，共產主義在西班牙此役中扮演了重要的角色：然而事實上，非要等到一九三六年十月史達林宣布他對共和軍的支持之後，共產黨人在這當中才開始產生關鍵性的影響。其餘的左派則是內部分裂，以致即使是在歐威爾語多支持的記述裡，也點出了這些人在政治上的力不從心以及軍事上的微不足道。

於是，發生在西班牙的這番衝突變成了一場歐洲思想、政治和軍事上的交戰，原因主要是西班牙境外對這件事所做的重新描述：是共產主義對抗法西斯主義、工人對抗資本家，而非加泰隆尼亞對抗馬德里，或者南方沒有土地的勞動者對抗西部擁有土地的鄉間中產階級，或者堅定信奉天主教的區域對抗大致而言反對教權的區域。西班牙共產黨人宣稱在這其中扮演核心的角色，然而實際上他們一開始有點外圍；地方上的社會主義者和共和軍的指揮中心都比不上他們那麼積極——尤其是隨著時間往前進展，他們積極的程度更甚，他們極度需要所有能夠到手的支援。

非共產主義的共和國護衛者為蘇聯援助所付出的代價，是在他們當時控制的區域裡，共產黨的影響力與日俱增。與此同時，在共和軍所主導的地區，有一些區域實質上形同獨立自治，由共產黨人、社會主義者或無政府主義者管轄。因此革命當中，還有某種革命正在進行：有時是真正激進的革命，有時只是共產黨奪取地方上的控制權，來壓制左翼競爭者。

史：如果你是一個流亡的知識分子，法國就挑中了你。巴黎自然就會是你的去處。但西班牙當時是人主動選擇去的。為什麼會有那麼多的人去西班牙參與作戰？

賈：去西班牙為共和國而戰非常有吸引力。這是一條成為反法西斯主義者的道路，當時在朋友之間這是非常簡單的選擇，眼前的環境驅使你去那麼做。右派也有一些志願軍，包括一些羅馬尼亞人，但來幫左派作戰的志願軍占了壓倒性的絕大多數，一般認為這是劣勢的被壓迫者起來對抗反動傾向的力量。但最終你要記得，當時的那一代人距離第一次世界大戰已經有一段時日——可以到國外去為了捍衛民主、共和、進步和啟蒙後的世界以及諸如此類的目的盡一份力。去西班牙在當時可以被形容為非常有智慧，而且是慷慨赴義的浪漫死所。

史：所以回來講亞瑟．庫斯勒——就他自己而言，同時也將之視為一個例子。你想到底為什麼是西班牙最終激發他摒棄了蘇聯模式，從此不再依循共產主義的路線？

賈：庫斯勒曾經一度面臨死刑——不過當時是在法西斯主義當權的監牢裡，所以為什麼這一段經歷居然會使他集中思緒在莫斯科的政局演變上，並不是那麼不言而喻。我認為有一部分原因是他遠離了巴黎。斷開當時進步知識分子的溫室聚落，也遠離了那樣的一種環境；使他有充足的理由不太需要假裝，而可以對內心的疑惑保持沉默。

對庫斯勒來說，當時他人在西班牙，而西班牙是有關於行動的；不再是有關於神話，或者團結統一，或者有關於任何其他事物。我認為當他不必成天面臨那些選擇保持沉默、不願把真實想法說出來的前共黨同輩時，對他而言，要對自己說出實情就容易得多了。

史：一旦跨越這道門檻，其餘就來得驚人迅速了。你援引他那一本《正午的黑暗》，有關於史達林式的樣板公審，這本書寫於——

賈：一九四〇年。庫斯勒與這方面相關的三本著作——《西班牙遺囑》、《地球人渣》和《正午的黑暗》

——是以很驚人的速度在兩年當中寫成的。第一本書反映了他在西班牙的經歷，第二本書則反映了一九四〇年歐洲的現實以及庫斯勒自己的世界變成了什麼樣子，第三本書是延續了前兩本書所產生的結果：有了那樣的經歷，在失去了那麼多其他人之後，庫斯勒如今可以公開地把共產主義的悲劇寫出來。

史：後來庫斯勒寫到他自己的幻滅。不過這讓我想到，《神力不濟》中庫斯勒所寫的那一章，質量上類型不同於

賈：書中所有其他各章——

史：因為庫斯勒以能言善道又扣人心弦的細節，說明了他當初加入共產黨的理由。

我想如果有那麼一場歐威爾與庫斯勒之間的公開賽，比一比這兩人當中誰是英語文壇意義最重大的政治知識分子，你會跟大多數人都不一樣，把庫斯勒排在歐威爾之前。

賈：對我來說，歐威爾的作用似乎顯現在兩個不同的領域，一個高高在天，一個落實在地。在地的那個是他對英國的特殊性所具有的英國式洞見，清楚感受到英國的階級與幻覺的細微差別。在《向加泰隆尼亞致敬》一書裡，他善於速寫細微處的技巧無人能及，使得筆下的西班牙躍然紙上，雖說他也在其中理出了更廣泛的結論。

而高高在天的那個領域，歐威爾當然無疑是以英文描述極權主義的頂尖小說家——儘管他還

沒達到俄羅斯那幾位大師作品的水準。在這一點上，他筆下所及是在最高的領域，專攻最大的主題：在《動物農莊》，還有很明顯地在《一九八四》這兩書中，他刻劃概述了極權主義的典型特徵，目的是為了向世人指出我們這個時代裡以信仰、妄想與權力為代價所得來的那些巨大教訓。

庫斯勒筆下所呈現的領域，對我來說，似乎沒有到很小但也沒有到很大。精確地落在他所擅長的中間領域。他的興趣不在於描寫意識形態的幾種原型及其缺點，反而在於向讀者說明他內心的種種態度以及對這個世界的錯誤認知：他對被他錯誤認知的世界倒是沒什麼興趣。

這一點就遠勝於對這些問題硬生生不肯面對的歐威爾，使得庫斯勒對二十世紀最大的這番情節抱著頗不尋常的同理心：發生了那麼可怕的後果之後，這許許多多的聰明人怎麼還能夠對著自己講這些鬼話。就這點而言，庫斯勒勝過了任何其他人。這當然也正是因為，他自己本來就是他們當中的一員。反觀歐威爾既然從來都沒有以這種方式受到蒙騙，於是就可以好好觀察像這樣子的人，不過並不會對他們特別抱持著同理心。

史：但他們兩人都認為，當時在西班牙和蘇聯之間有一種相當不尋常的連帶關係。在歐威爾《向加泰隆尼亞致敬》這本書的最後有一段，有關於發生在巴塞隆納的騷亂，涉及那段電話裡的交談，他寫道，這個事件的後果不僅止於巴塞隆納，也不僅止於西班牙，整個世界都會感受到這些後果。這個說法如果從上下文中抽離出來，似乎顯得荒謬——

賈：甚至可稱之為怪誕。

史：——但他這麼說是再對也不過了。因為他所著手的是蘇聯之所以會發生大清洗的部分邏輯。史達林確實把西班牙和蘇聯視為同一場鬥爭當中的局部。他看待這些事情的方式跟歐威爾完全一樣，雖然他們兩個人的價值觀當然是南轅北轍。史達林所關心的是，可能發生在西班牙的情況絕不允許發生在蘇聯。對他來說，這整個都是同一場鬥爭。而且因為對史達林來說，這整個都是同一場鬥爭，所以就表示歐威爾的看法是正確的……

賈：……把當時發生的事情視為同一件事。那些在一九三九年不相信歐威爾的人，再過幾年之後還是只好回過頭來：從一九四五年一直到一九五〇年代中期，蘇聯的陣營裡——無論是在波蘭、捷克斯洛伐克、匈牙利、保加利亞、羅馬尼亞還是東德——那些年的所有審判當中，關鍵性的訊問重點都是被告在西班牙內戰期間的行為。強調的重點，萬變不離其宗，無論是分歧的異議甚至是獨立思想，對共產黨的統治集團來說都無法接受。個別共產黨員在西班牙時相對所擁有的自主權——或是二戰時法國敵後程度較輕的相似情況也一樣——必須追溯並予以懲戒。

在那層意義上，共產黨在西班牙所採取的策略，事後看起來是為了一九四五年後在東歐攫取政權的一場操演。顯然，在當時這層意義一般人還是很不容易領會。畢竟，莫斯科是西班牙共和軍唯一重要的明顯後盾。蘇聯當時越來越被視為是在抵抗中歐與東歐的——因此也包括西班牙的——法西斯主義崛起所僅存的堡壘。其他的國家，包括英國在內，都寧可傾向於對現實妥協……只要這個趨勢還沒有影響到他們自己。

史：所以讓我們稍微從巴黎的安逸以及西班牙的挑戰當中退回來一點。時為莫斯科作秀公審大行其道之際，大清洗甚囂塵上。經歷整個一九三〇年代，在蘇聯所發生的恐怖手段，無論從規模還是壓迫程度，都遠比納粹的所作所為更加惡劣。希特勒掌握權力時，蘇聯有數百萬人正處於饑餓狀態；在一九三七年到一九三八年的大清洗中，又多槍殺了七十萬人。而在開戰之前，納粹政權可以被歸責的死亡人數頂多一萬人。

賈：首先，納粹德國在某些方面而言仍然是一種法治國（Rechtsstaat）。雖然這樣說聽起來可能有點奇怪，然而其運作還是有法律的。這些法律可能沒有什麼過人之處，但只要你不屬於猶太族裔、共產黨員、異議分子、殘疾人士或其他社會上不符合他們所需的類別，也就不至於會觸犯這些法律。蘇聯也有法律：但任何人都可能觸犯到這些法律，只要你被重新歸類為敵人這個階級。所以，從受害者的角度來看，蘇聯比納粹德國可怕多了，因為什麼時候會輪到自己倒楣更加難以預測。

畢竟，我們應該要記得，當時可是有不少民主國家的旅客曾經去到納粹德國，而且並不覺得有什麼不妥。確實他們還相當著迷於其成就。固然當時也有一些西方遊客到了蘇聯遭受蒙騙，但納粹德國完全不需要搞什麼樣板秀，如實呈現，就有許多民眾趨之若鶩。

蘇聯，相形之下，大致是不為世人所知的，而且完全與其自我描述的情況南轅北轍。但當時有許多人需要相信這個自我定義，將蘇聯視為革命的故鄉——這些人當中有許多甚至於是受害者。如今，我們並不知道許多西方觀察家是基於什麼心態居然會去認可作秀公審，對發生在烏克蘭的饑荒卻淡然處之（甚或否認），或者還相信他們被告知的所有一切關於生產力、民主制度和一九三六年偉大的蘇聯新憲法。

但不要忘了，那些什麼都知道的人往往也太相信他們所知道的事情。舉葉芙根尼亞．金斯伯格的回憶錄為例，她人在那裡，被掃進了古拉格，之前經歷了所有莫斯科最惡劣的監獄，然後用火車解送到西伯利亞。她所遇到的那些跟她一起受到迫害的女性獄友，不僅都還繼續狂熱地信仰共產主義——她們還深信，她們所受的苦難背後必定有某種邏輯和正義；而且她自己也還繼續致力於某種共產主義理想；她還繼續抱持著，這個體制可能已經走入歧途，但還是可以矯正的觀念。這種相信蘇維埃的規劃會把事情做好的能力——這種深度需要去相信的能力——到一九三六年時已經如此根深柢固，即使身受其害都不至於失去信仰。

但我認為，如果我們想要搞懂作秀公審——至少是一九四〇年以前的作秀公審——必須記得的另一件事是，即使是西方批評這件事情的人，也找不到可以與其相比的事例。他們所缺少的是一個可藉助的歷史實例，讓人可以領會當時所發生的事件究竟含義為何。弔詭的是，觀察者越是傾向於自由主義，所來自的國家越是民主，他就越難搞懂史達林的行為。確實，一個西方觀察者可能會評論說，若非這些指控當中多少有幾分事實，否則人們怎麼可能會承認如此駭人的罪行呢？

畢竟，在英國或者美國的法庭上，只要你認罪，事情就到此為止。所以，如果被史達林指控的人都爽快地承認了罪行，我們這些在英國或美國的人有什麼立場來對此表示懷疑呢？我們想當然爾會假定他們所有人都受到了刑求。不過如此一來就暗示了，蘇聯必然在道德以及政治上是腐敗的，是一個不致力於社會革命，卻致力於保有絕對權力的制度。否則，為什麼會做出像這樣子的事情？但在一九三六年，要抱持這樣的想法需要一定程度的頭腦清醒與思想獨立，而當時這樣的人相當罕見。

史：一個歐洲人遠道去了蘇聯，實際見識蘇聯最醜惡的罪行，然後回到歐洲談起所見所聞，確實非常罕見。我是說這時不免會讓人想起庫斯勒在哈爾科夫的朋友亞歷山大・魏斯貝格，他跟庫斯勒一樣都目睹了烏克蘭的饑荒。後來他在大清洗之前被捕。魏斯貝格僥倖活了下來：他是蘇聯與德國在一九四〇年互換的囚犯之一。結果他最終去了波蘭，在大浩劫中倖免於難，然後寫了他自己有關於大清洗的回憶錄——稍微糾正了他朋友庫斯勒的小說。

賈：嗯，這很像瑪格麗特・布伯—紐曼，她在一九四八年出版了她所寫的《希特勒和史達林的囚犯》。

史：布伯—紐曼和魏斯貝格在一九四〇年曾經同坐一架蘇聯內務人民委員部的運輸機離開蘇聯，然後被直接送進了蓋世太保的掌握當中。

不只是有許多人儘管在蘇聯受到迫害之後也還信仰這個制度，一般而言，那些受到懲罰的人還相當有把握這其中肯定是出了什麼錯誤。而如果這就是你的想法，那只可能是因為你認為這個制度本身基本上是正確的。你是某回司法誤判的受害者，反觀你的獄友則確實都是罪犯。你認為自己的個案屬於例外，而且似乎不應該歸咎在這個共同的制度上。

賈：注意所有這一切跟納粹集中營裡囚犯的處境有多麼不同：他們完全清楚自己並沒有做錯什麼，只是被一個作惡多端的政權給監禁起來。當然，你的生存機會並不會因此而變得比較大，無疑也沒有辦法減輕你的痛苦程度。但確實讓你比較容易正視眼前的情況並且說出真話。

相反地，共產主義的經驗讓倖存的知識分子對自身的信仰格外難以忘懷——其程度遠甚於當初他們被指控的那些罪行：回過頭來看，正是這樣的愚忠才能解釋他們所受到的創傷，比他們在獄卒手中所受到的任何一切都更加痛苦。安妮・克里格爾的回憶錄被命名為《我以為我明白的事情》——就很能捕捉這樣的心情。從中感覺到反覆的自我拷問：我是不是誤解了？我了解的是什麼？我看到了什麼，以及沒有辦法看到什麼？一言以蔽之，為什麼我無法一眼看穿？

史：蘇聯的恐怖是針對個人的。所以在作秀公審中，有一些人居然認了完全讓大家無法置信的罪行，但是他們都是個別認罪的。然而在大多數情況下，逮捕也都是針對個人的，即使是在大肆搜捕的行動當中。在一九三七年到一九三八年間被槍決的七十萬人當中，大多是在半夜裡單獨遭到逮捕。這使他們及其家人都無法了解究竟發生了什麼事。而那種可怕的陰沉灰暗，那種沒完沒了的不確定感，直到今天始終都還殘留在蘇聯記憶的部分情景之中。

我想，那就是為什麼當我們只把歐威爾視為一個見事明晰的人，就錯失了整件事情的另外一半。就像庫斯勒一樣，歐威爾也具有能夠憑空想像幕後正在進行、乍聽之下可能顯得荒謬的陰謀詭計，而且視之為真實存在的能耐：從而憑著他們的筆力也讓我們覺得真有其事。

賈：我認為這一點至關重要。那些有把二十世紀想懂的人，不管是在事先預料——例如卡夫卡——或者是作為同時代的觀察者，都必須有能力想像一個沒有先例的世界。他們必須要假定，這個前所未有而且表面上荒謬絕倫的情況，實際上就是現實，而不是像其他每一個人所認為的那樣，覺得怪誕無法想像。要能夠這樣來思考二十世紀，對當時的人來說極其困難。出於同樣的原因，許多人都自我安慰說，不可能會發生大屠殺，因為那麼做根本毫無道理。不只是對猶太人來說毫無道理：那個部分顯而易見。而是對德國人來說也毫無道理。既然他們想要打贏戰爭，明擺著納粹就應該剝削利用猶太人，而不是花那麼大的代價來把他們殺害。

把一種極其理性的道德與政治計算應用在人類行為上，對成長於十九世紀的人來說自不待言，只不過到了二十世紀，這樣的想法就不管用了。

6

諒解的一代：東歐自由主義者
Generation of Understanding: East European Liberal

我從加州歸國返回瑪格麗特．柴契爾的轄地，她一九七九年當選英國首相，一路執政到一九九〇年。如果說在柏克萊那些年我滿腦子都還是一些被我視為後馬克思主義的學院左派初出茅廬的文化關切，那麼回到英國之後我突然就面臨了一場政治經濟上的革命，由右翼所發動。

我之前一直把左派或者更準確地說社會民主制度的某些成就視為理所當然。在柴契爾任內的八〇年代英國，我很快就看到先前的成就如何輕易地被侵蝕毀損。二十世紀中葉社會民主制度下獲得共識的偉大成就，諸如菁英制的基礎教育、免費的高等教育、政府補貼的大眾交通、一套能夠運作的全民健康醫療服務、國家支持的藝術活動，以及許多其他德政，都有可能被全面叫停。柴契爾方案的邏輯從其自身的標準而言怎麼樣也錯不了：後帝國逐漸衰弱的不列顛，無法再承受稍早那段時期的社會支出水準了。我對此一邏輯的抗拒，不只是對這種政策會產生的高社會成本直覺上感到不可行；也是我對政治進行一種新的思考所得，經過這番考慮讓我能夠了解，任何如此指導性的邏輯都有可能是錯誤。

我這份牛津的新教職在政治系，需要我既能夠做分析性的思考，也能夠做規範性的思考，同時又讓我有機會增進這兩方面的技能；歷史學者那種看得更遠的觀點可以先放在一邊，至少有一部分是如此。為了教學所需，我開始讀一些之前少有涉獵的同時代作者，如約翰．羅爾斯、羅伯特．諾齊克和羅納德．德沃金，以及自由主義與保守主義思想中的經典名作。當時或許是我生平首度必須根據不同類型且互別苗頭的政治理論來進行思考。我的興趣也不再專注於馬克思主義的不足之處；如今所有的政治理論對我而言，究其本質似乎都是對人類處境的複雜性，予以局部與不完整的敘述……我也由此體會更深。

我漸漸變成一個用以撒．柏林特有的語感所稱的「多元論者」(pluralist)。確實，我是在那幾年間才開始認真鑽研柏林的作品，儘管在那之前我就已經讀過他一些更廣為人知的文章。(至於柏林本人，我在牛津幾乎不認識他：我們只有在一兩個場合裡短暫打過照面。我對他的死心塌地完全限於智識層次。)

柏林關於日常政治分析與辯論最為中肯的教誨，是提醒世人所有的政治選擇都涉及真正且無可避免的代價。問題不在於是否存在一個無論對錯總之可以採取的決定，甚至也不在於是否你所面對的選擇當中，所謂「正確」的決定就是要避免掉最糟糕的錯誤。任何決定——包括任何正確的決定——都涉及放棄某些其他選項：剝奪了你去做某些事情的力量，這些事情當中也許有一些是本來值得做的。簡單地說，我們所做的選擇就算是對的，但潛在地會涉及到排斥其他也不容否認可能有其優點的選擇。在真實的政治圈中，就像在生活中大部分其他領域，所有值得做的決定都牽涉到真正的獲得與損失。

如果不存在單一的善，那就可能也不存在單一形式的分析能夠捕捉所有各種形式的善，於是就沒有單一的政治邏輯可以掌握所有的道德規範。這不是一個借助於當代歐陸政治思想的範疇或方法就可以輕鬆獲致的結論。循著當代歐陸政治思想的理路，主導性的概念是，利益是絕對的，代價倒是有可能避開；依照這種論調，政治上的爭辯具有一種零和遊戲的性質。制度與目標有好有壞，選擇也有好有壞，取決於假定的前提不折不扣的對還是錯。以這樣剛剛經歷全面戰爭的經驗而更添自信的方式來思考，政治實際上被形容並且被視為一場全有或全無、若非勝就是負、若非生就是死的比賽。多元主義就其定義而言是一項歸類上的錯誤，一場精心布置的騙局或一個悲劇性的錯覺。

也就是在那些年間，我讀到了出版史上對馬克思主義最傑出的批判。一九七九年《馬克思主義主要潮流》出版時，我對波蘭的政治史或思想史都還不太了解，雖然我早在六〇年代就聽說過萊謝克．柯拉科夫斯基的大名，當時他還是波蘭馬克思修正主義的領導者。一九六八年他失去了華沙大學的哲學史教授一職，共產黨當局指控他是那一代造反學生的精神領袖，這項罪名當然也不是完全沒有道理。他離開波蘭這件事正好標誌著馬克思主義作為一種嚴肅的思想力量在歐陸走到了盡頭。柯拉科夫斯基最終落腳在牛津萬靈學院，我第一次見到他就是在那裡，當時《主要潮流》的英譯本才剛出版不久。他這三大卷的作品是人文學術上的一面紀念碑。我驚歎於其規模竟然如此宏偉，並且不禁為柯拉科夫斯基面對馬克思主義的那種嚴肅態度而心折，即使他著手進行的是摘除馬克思主義在政治上的可信成分。

柯拉科夫斯基的觀點，認為馬克思主義，尤其在全盛時期，值得從思想層面予以關注，但無法在政治上實踐或者體現任何道德價值——這個觀點後來也變成我所抱持的觀點。柯拉科夫斯基把列寧思想視為我們在解讀馬克思主義時，即使並非無法避免也至少是表面上合於情理的一種體會（而且無論如何這也是我們僅有的一個在政治上成功的體會）。在讀過柯拉科夫斯基之後，對我而言，要繼續強調從小就被灌輸的馬克思主義思想與眼前蘇維埃現實之間有所區別，變得越來越困難。我之前跟柯拉科夫斯基不太熟。我這個人真的有點害羞（在讀過他這部名作之後越發如此），所以或許都不會開口去求見。但是我當時的妻子一點兒都不覺得這有什麼好害羞，堅持我們要跟他更加熟識，所以我們三個人在八〇年代初就找了一個時間在牛津共進午餐。那回之後我在不少場合又遇到萊謝克，最後那一次是在他去世之前不久。他始終是我深感欽佩與敬意的對象。

❖ ❖ ❖

正是在那些年，我遇上了之後幾十年裡往來最密切的朋友之一。理查·密藤來自密蘇里州一個德裔背景的下層中產階級家庭；曾經就讀於東南密蘇里州立大學，然後以狂熱托派分子的心態在芝加哥的鐵軌調度場任職。拜一連串的好運之賜，他後來繼續到哥倫比亞和劍橋研究深造。理查始終沒有完成他在劍橋的歷史學博士學業，這或許是因為他不太明智地選擇了二十世紀初維也納的奧地利馬克思主義者作為研究主題。這個題目雖然重要又迷人，但需要研究者具備語言和智識上的精良訓練。理查經過多年努力確實也在這方面有足夠精進，但主要是靠著他親身在維也納研究與生活。長年遠在他鄉切斷了他跟母校之間的聯繫——很類似我那一代人往往陷在巴黎的處境：「實地考察」(going local)，去成為扎實嵌入他們所研究的那個世界的學者或知識分子，但正因為這個緣故，反而無法完成當初把他們帶到那裡的研究主題。不過理查終究在維也納大學完成了博士學業，也在那裡教了一段時間的書，然後轉去布達佩斯附近的中歐大學任教。如今他在紐約城市大學的巴魯克學院主持國際研究計劃。

那些年我在英國的另一位好友也是美國人。大衛．特拉維斯就像理查一樣，也比我小個五歲左右；我一九七五年在戴維斯任教時，他是我某個研究班上的大學部學生。那時候我比大多數的美國教職員都年輕得多，而大衛則比大多數的美國大學生要長個幾歲——他曾在加利福尼亞州的漁獵部任職——這個背景有助於我們兩個人的友誼發展。經我的鼓勵之下，大衛申請到劍橋來攻讀義大利史的博士學位，因此當我去到牛津的時候他人也在英國。兩年後，大衛獲選到牛津從事博士後研究，於是我們就能夠一起享受那種感覺上比較美式、比較「不太英國味」的相處時光。

有一回覺得學院裡的伙食有點膩，我們就去牛津的麥當勞，我點了一個四分之一磅的乳酪漢堡。櫃台後的女店員客氣地回答說：「對不起，我們乳酪漢堡賣完了。」麥當勞怎麼可能乳酪漢堡會賣完？不過當時確實如此——全球化還得再等上許多年。另外有一次我們去看《異星兄弟》，約翰．塞爾斯一九八四年的電影——是在牛津東邊一家冷颼颼的小戲院裡，走道上放了一台開放式的電熱器取暖。電影劇情是一個逃避追捕的黑皮膚外星人碰巧降落在紐約，然後被帶到了哈林區，當地的居民完全把他視為普通人。在地鐵上有一幕非常搞笑，當時他跟一個新結交的朋友剛搭上往北走的A列車。那位朋友（一個紐約人）就跟他說：「我秀給你看我的神奇魔力，我可以讓所有的白人都消失。」當列車開到五十九街，從這裡就會一路直達一百二十五街，也就是黑人聚居的哈林區核心地帶，那位朋友就說：「門一打開，我會讓所有的白人都消失。」果然門一開，所有白人真的都走出車廂，這讓外星人驚奇不已。大衛跟我在走道上笑得滿地打滾；電影院裡的其他人都一臉茫然默不作聲。我這文化上的邊緣意識自顧自地在這歡鬧聲中愈加強化。

我到牛津沒不久，我的妻子派翠西亞——秉持她的一貫風格——就決定要回美國。她申請了亞特蘭大市埃默里大學的一個職缺，獲得了這個工作，於是一九八一年一月就去履新。為了陪著她，我在隔年接受了該校一個客座教授的職位。我強烈地不喜歡亞特蘭大：一個濕熱、乏味、偏遠、孤立的灰色地帶。埃默里被教職員們認為是南方沙漠中一塊有文化教養的綠洲，在我看來似乎只是一個可悲又平庸的地方：這個看法我始終沒有機會予以修改，不管說起來顯得多麼不公平。待在那裡時最顯耀的一刻是霍布斯邦來訪，他當時到亞特蘭大來出席一個會議。我們或許都很樂於陪伴彼此，在亞特蘭大遺世獨立了無特點的商業鬧區附近，盡情消磨幾個小時。

❖ ❖ ❖

我寄居在亞特蘭大期間，最重要而且影響深遠的是波蘭政治社會學家（現在是歷史學家）揚·

葛羅斯到訪。因為我之前在牛津是屬於政治學系，所以我在埃默里就被分到社會學系作為政治社會學的客座教授。當時那位院長亟於想改善系上難登大雅之堂的師資陣容，趁機就把我放進了一個遴選委員會，取代一位屆退的政治社會學者。我們遴選審查的申請者大部分都是美國社會學界中西部量化模型之下的普通複製品。

就在那個時候收到了葛羅斯的申請。揚是一位來自波蘭的政治移民，在一九六八年的反閃族主義運動期間被迫流亡。他在耶魯完成了一個博士學業，也在那裡獲聘第一個學術職位。我記得曾經讀過一本他的書，有關於二戰期間德國對波蘭的統治，當時心裡立刻想著：這個人可以爭取。我設法把他跟三位學經歷都很不錯但也不是無可替代的政治社會學者同行放在候選名單中。因此，揚就被邀請到亞特蘭大，做了一場對當年那些聽眾來說似乎完全都聽不太懂的演講：這邊什麼加利西亞，那邊又什麼沃里尼亞，一會又冒出個什麼白俄羅斯——講稿取材自後來變成他關於蘇聯戰時併吞波蘭東部的經典研究，但這樣的主題對埃默里的社會學系完全引不起任何興趣。

那時他跟我吃了一頓晚飯，席間談到了團結工聯，這個共黨統治下的波蘭工會組織在一九八一年十二月遭到戒嚴法的鎮壓。團結工聯是一個名副其實的群眾運動組織，成功吸引了左右兩邊智識界的支持，協助把波蘭重新介紹給西方世界。揚跟一九六八年那一代的其他許多波蘭人一樣，和波蘭國內的知識分子都還保持著聯繫，並且積極投入把波蘭的發展解釋給西方的聽眾理解。我發現他這個人跟這個話題合起來都很令人著迷。那天晚上的過程中，我第一次覺得自己待在亞特蘭大的時間並非徒勞無益：遠非原先所以為地降落在祖克行星（Planet Zurg），而是再度真正置身於跟我一樣的人群之間。

遴選委員會果然就推薦其中一個「複製品」打算要任用（不顧我人單勢孤的反對），於是我就瞞著系裡私下去找院長：你大可以繼續複製這一個平庸的社會學系，我勸他說；如果你希望情況能夠改善，就把揚．葛羅斯給聘進來吧，這是一位真正的歐洲知識分子以及有份量的學者，既了解社會學也了解許多其他事物，假以時日他會讓你這個社會學研究部門的學術地位脫胎換骨。這位院長不是傻瓜，立刻就聘用了揚。社會學系始終都無法原諒我。

揚的妻子伊蓮娜．格魯辛斯卡－葛羅斯本身在當時已經是一位頗有名望的比較文學學者，他們有兩個年紀還小的孩子。跟揚一樣，她在一九六八年的華沙學生運動中也很活躍，所以也跟揚一樣在那之後離開了波蘭。在埃默里大學期間，揚逐步確立了他在東歐研究這塊領域當中的重要地位，成為最傑出的東歐史學家之一。後來他先是去了紐約大學，接著又到了普林斯頓大學。隨後出版了關於蘇聯吞併波蘭東部的專題著作《未來的革命》，這是「蘇聯學」（Sovietology）這塊野地上罕見的一面豐碑——所探究的主題幾年之後就自我毀滅了。後來，揚出版了兩部波蘭猶太人在戰時以及戰後相關經歷的研究，引發了爭議：《鄰人》和《恐懼》。尤其是前者，一出版就確立了經典地位，改變了波蘭國內對大浩劫以及波蘭人涉入程度的討論方式。

很大成分是多虧了揚和伊蓮娜，東歐與東歐人開始給了我另外一種社會生活，這種生活後來——就這個地區來說可謂恰當——變成一種重新復活與重訂方向的智力活動。如果不是因為揚和伊蓮娜，一九八四年秋天我會更不想回到亞特蘭大擔任客座教授。那時揚和伊蓮娜已經全家都落腳在那裡定居，於是我就在他們家寄宿了一段很長時間。我想派翠西亞並不喜歡我那樣住在人家家裡。揚和伊蓮娜與我共同有一種與世隔絕、茫然失所（Dépaysement）之感。身處在不僅僅是美國，而且還是美國南方的環境當中，我們感覺到自己身上的歐洲色彩，是加倍的外來異質：我們平常抽煙、喝酒、熬夜不睡、暢談理念，為了要強調自己所言或者甚至只是炫耀，我們會切換成講起法語或義大利語，我們會討論團結工聯，彼此交換一些文化上的洞見和笑話。派翠西亞跟我們之間沒有那麼多東西可以交流，對自己不知不覺間被排除在外深感不滿，往往一心只想要回家去，躺在床上，磕著南瓜子讀《新聞週刊》。

一九八五年初派翠西亞跟我分手，我頓覺如釋重負。但即使如此，生活環境上的種種改變，還是留給我滿腹的不確定與消沉。我隨後回到牛津，但跟揚還是一直保持著密切的聯繫，他建議我要交一些新朋友來轉換心情。尤其是，他推薦我跟他在巴黎的一些波蘭朋友和熟人稍微聯絡——一九六八年的波蘭流亡者，就跟先前的許多流亡者一樣，直覺本能地都被吸引到巴黎來。我好好地把這些人的名字記下來：沃伊切赫·卡爾平斯基、亞歷山大·史莫拉爾以及當時頂尖的波蘭文學評論期刊《文學筆記》的編輯芭芭拉·托倫切克。

一九八五年牛津的春季（Hilary）學期結束之後，我到歐洲度假；先去羅馬拜訪大衛·特拉維斯，然後在回程順道經過巴黎。到了巴黎，我突然心血來潮想去看看芭芭拉·托倫切克——大部分認識的人都管她叫作「巴西亞」，波蘭語裡面「小個子」的意思。她邀我去到一間亂糟糟堆滿東西的公寓裡，在那邊花了大約六個小時看著她編輯《文學筆記》。

然後她轉過頭來對我說：「我現在要跟幾個朋友去薩瓦阿爾卑斯山滑雪，你要一起來嗎？」我其實當天早上才剛從羅馬搭乘火車過來，不過我還是答應了，當晚就跟一幫精神飽滿一心要去滑雪的波蘭人坐上另一列火車往南：這些人都沒什麼錢，但是什麼都肯試一試。

❖ ❖ ❖

我已經好幾年都沒有滑雪了，而且從來也都稱不上精於此道。當時已經是滑雪季的後期，雪道上頗為危險：雪已化成了一小塊一小塊，迫使我們得要巧妙避開雜草和岩石。我們不能夠使用登山纜車，只能步行爬上布里昂松附近的半山腰。因此我很努力，有一部分是出於單純的恐懼，另一部分無疑是為了讓巴西亞刮目相看，後來其他人都回家之後，只留下我跟她單獨相處。

芭芭拉．托倫切克是個很不尋常令人著迷的女性。勇氣與才華兼具——她曾經被警方挑出來，指為波蘭學生反抗運動的教唆者，如今又一個人編輯著整個東歐最有影響力的文學雜誌——就是她把我越來越拉近波蘭。跟揚一樣，巴西亞是跟我最親近的同代人，我越來越意識到跨越政治分歧、把我們這一代人聯結在一起的那條精神繫繩。

我的一九六八年經驗當然跟我的波蘭朋友們很不一樣；我所受的教育驅使我必須要去理解那些不同之處。跟我那一代大多數西歐人一樣，我對那一年發生在鐵幕背後的那些事件只有一些模糊的意識。我當時確實去了巴黎，但我並沒有去波蘭；在波蘭，學生們飽受催淚瓦斯、毆打與逮捕，為數不少的人還被驅逐流放，這種命運在西方來說簡直駭人聽聞。我當時只是模模糊糊地意識到，波蘭的共黨統治者很有把握地向他們的國民宣稱，這場學生運動是由「猶太復國主義者」所組織並領導的；因此他們還簽發旅行文件給具有猶太血統的波蘭人，允許他們離開，但剝奪他們返國的權利。

坦白說，我也為自己當年對歐洲東邊一無所知而感到不好意思，而且非常清楚地意識到自己在六〇年代的經歷，比起揚、巴西亞和他們同輩的那些人實在有著天壤之別。就在那場運動方酣，他們的政府正指控他們（以及其他成千上萬的人）是「猶太復國主義者」，以便把他們跟主流的波蘭人與波蘭同胞隔離開來的當時，我實際上正是一個猶太復國主義者，正樂在其中沒有感覺到需要付出什麼代價。後來我們所有的人都經歷了幻滅：我從猶太復國主義的幻夢中醒覺過來，他們則放棄了心裡面僅剩的改良式馬克思主義。但是我的幻夢只是浪費掉一些時間，我那些波蘭的同代人卻得為他們的錯覺付出可觀的代價：有些是在大街上付出，有些是在監獄裡付出，以及到頭來有些得要在被迫遠走他鄉的歷程中付出。

在那些年的過程中，我發現自己很順理成章地滑進了另一個世界，取代了原本可能在另一條時間線上的位置：這條時間線很可能一直都在那裡，潛藏在表面之下，由一段我只是約略意識到的過往所鑄造。在這條過往當中，東歐不再只是一個地方；其歷史對我來說是一個直接切身、高度個人化的參考架構。

畢竟，揚和巴西亞這些人不只是我的同代人；如果不是因為命運上的一些小差池，我們可能都會出生在同一個地方。我父親的父親，說到底，也是來自華沙。他認識的大多數人——我童年時的那些老男人和老女人——也都來自那附近。我所受的教育自始明顯不同於我的波蘭同代人，但我們的成長背景受到一些共同的傳承根據與歷史脈絡的薰陶。不管我們這一代人是在哪裡長大，都在相同的時間掙脫馬克思主義的教條束縛，儘管掙脫的理由與背景各不相同。當然，歷史給了東歐的那些人一個絕佳的據點；對我和我的波蘭朋友來說都一樣很重要的萊謝克·柯拉科夫斯基，曾經說過一句很有名的評語，比喻改良社會主義就像在鍋裡煎雪球。在西歐，這個訊息花了稍微比較長的時間才廣受理解——可以說是花了一整代的時間吧。

巴西亞·托倫切克不嫌麻煩地努力讓我了解，波蘭文化、文學和思想所構成的那個失落的世界有多麼重要；不僅對西方來說理所當然是失落了，而且由於蘇聯霸權毀滅性的衝擊，這個世界對波蘭人本身來說也一樣是失落了。對巴西亞來說這個世界顯然至關重要，而她在運用第三種語言（法語，我們交談所用的語言）上所遇到的挫折則很可能使這項工作更添困難。但當時我們這些西邊的人卻從未真正想要穿透這層迷霧。提摩西·賈頓·艾許曾經告訴我一個故事。他太太達奴塔（Danuta）是波蘭人，所以他兩個兒子都同時能講兩種語言。在他們還小的時候，有一次他跟大兒子——當時還叫做阿力克（Alik），現在已經改名為亞列克（Alec）——解釋他得去密西根演講。兒子就問他：「那你打算講什麼呢，老爸？」提摩西回答說：「我要跟他們講一講波蘭的事情，」接下來一陣沉默。然後小阿力克下意識地從英語轉換成了波蘭語對他說：「oni nic nie zrozumieja（他們聽了也不會懂）。」

提摩西．賈頓．艾許是個真正能夠理解東歐的英國人。雖然我們都生活在牛津，但我能夠遇到他是多虧了巴西亞。她堅持說，你絕對要跟賈頓．艾許見上一面：「他能夠懂得我們說的這些事情。」提摩西那時還很年輕，不到三十歲。然而已經出版了那部關於團結工聯的非凡著作，被許多人視為英語世界裡能夠心存同情與理解、不帶偏見地呈現波蘭的不二人選。我們三個人在我的住處見面一起晚餐。我馬上就感覺到提摩西有一股自然的親和力（當時不明就裡，直到多年後我才得知，我們都成長於倫敦西南部那幾條街附近）。

提摩西那本《波蘭革命》是政治分析的嚴肅力作。但也是一本深涉於主題之中的書，作者並不假裝保持距離或者故作冷靜客觀。波蘭是提摩西的西班牙，他寫到格但斯克的那些段落足以媲美歐威爾描寫西班牙內戰中關於巴賽隆納的敘述。稍晚，在他這些關於中東歐的卓越文章出版十年之後，提摩西得以目睹他的研究主題以諸多可能當中最好的方式在他眼下消失無蹤。他正確地把這個主題表達出來，而且在將其拆解的過程中扮演了一個積極的角色。我們吃的第一頓晚餐，席間聊起了柴契爾、牛津和東歐；我們還調侃巴西亞先前所說的「能懂」；三人度過了一個確實非常愉快的夜晚。我不認為自己那時就很明白這一點，但「能懂」這個概念對我來說開始成為一個越來越核心的目標：比起僅僅只是「正確」，要更困難，更深入，也更經得起時間的考驗。

遇見提摩西進一步有助於一種新的環境形成：暴露出我對另外半個歐洲的歷史一無所知，但同時也把我帶到離「家」更近的境地。令我好奇的是，我的東歐同代人中，有很多都來自比我更上層的家庭背景：他們大多數是共產黨菁英的子女。巴西亞形容這些人是「香蕉青年」——相對於法國和波蘭所謂「鍍金青年」這個觀念而生的戲稱，青春期的時候養尊處優，聰明又幸運。對我來說，香蕉則喚起一個猶太復國主義者的社會主義幻想；對他們來說，香蕉則是一種得寵的徵兆，因為在共產主義的波蘭，通常只有在供應給黨裡菁英的特殊商店裡才能夠看到香蕉上架。

這麼一來我成了一個局外人群落裡的局內人，是一種全新的感受而且相當愉快。但即使如此，我還是跟這個圈子維持著一定的距離。雖然我的波蘭朋友要多上好幾倍，但我進入東歐的獨特路徑卻是經由捷克斯洛伐克。我是在牛津的時候走上這條研究路徑，但純粹出於偶然。一九八一年，頗負盛名的英國左翼歷史學者及政論家E・P・湯普森在《新政治家》上寫了一篇特別愚蠢的文章，並未指名道姓地批評一位捷克知識分子，怪他竟然說自己國家的情況不如西方，而且還說西歐的左派慣常對兩邊都同等譴責（甚至因為國際局勢緊張而怪罪自己政府）的傾向根本錯誤。我寫了一封投書給《新政治家》，表達我認為湯普森的回應是多麼褊狹，他對鐵幕東側的現實情況是多麼典型地一無所知。

在那之後沒有多久，牛津的社會學者史蒂文・盧克斯在我們兩人的言談當中問我有沒有興趣跟他的一些捷克朋友與同行碰個面。於是我就這樣去了揚・卡萬在倫敦的住處。揚曾經是一九六八年布拉格之春當中積極運動的學生之一，他在一九六九年逃到了英國（其母為英國人）。他當時處於低潮——心情沮喪，正在吃藥當中，深信不管是他自己還是他的祖國都沒有什麼未來。他才幫倫敦週末電視台做了一段很長而且帶有某種自我推銷意味的訪談，內容關於從國外偷偷夾帶書籍進入捷克斯洛伐克的情況。揚事後對他在節目中所說的話感到害怕，唯恐當時說得太起勁的一些訊息會對他的朋友們產生不利。

因為我們碰面的當時正好趕上他陷入這個進退兩難的窘境，揚・卡萬過度高估我這麼一個不怎麼有名的牛津教授的影響力，居然拜託我以這個身分去說服電視台不要播放錄好的節目。所以在對主題、節目以及相關背景幾乎完全無知的情形下，我還去跟倫敦週末電視台自我介紹，為卡萬的這件事說項。那邊的記者認為我是來試圖掩飾醜聞，反而對播放這個節目變得更有興趣。我覺得從結果上來看倒沒有發生什麼可怕的事，但卡萬在節目中的言行無疑對他的風評有所影響，咸以為他這個人不太可靠：他的國家解放之後，最終他還是當上了外交部長，然而那是在謠傳他曾經提供情報以及跟共產黨當局合作的流言平息之後。

那段期間，我人回到牛津，察覺到自己先前去干預這件事情的本質有一點荒謬，對事情背景的無知程度也令人尷尬。所以當天我就去布萊克威爾書店買了一本《自學捷克語》；幾個月之後還報名加入了一個大學裡的捷克語文班。而且我決定假以時日一定要在牛津政治系裡開始教授東歐政治及當代史的課程。接著就是一年的苦讀：傳統的各國歷史、政治科學期刊和相關的主要材料——重點首要集中在捷克斯洛伐克，但大方向上是以整個中歐地區為研究對象。

我從頭到尾讀完的第一本捷克文的書是喀瑞爾・卡培克與托馬斯・馬薩里克的對談集，這是捷克作家和捷克斯洛伐克總統之間一連串無所顧忌的誠實對話。不過那些年裡我所讀到的所有材料似乎都顯得刻不容緩、新穎獨創而且馬上就覺得與研究主題息息相關。對比於在我看來已經浸沒在一九八〇年代那些文化理論和瑣碎次題研究當中的法國史，這些材料都更具有活力。我想在這之前我自己都沒有意識到，在研究了二十年之後，我對法國實際上已經感到何等無趣：東歐讓我能夠重新開始。

我的波蘭朋友們有時會對我近來突然對捷克那麼感興趣覺得不可置信。尤其是捷克語，他們覺得根本不值得那麼認真看待。揚．葛羅斯還跟我舉了《奧賽羅》裡的一幕為例，這位與標題同名的悲劇英雄人物喊道：「Smierc!」，在波蘭語中意思是「死亡」；在捷克語中，這個字發出來的只是一連串的摩擦子音「smrt!」。這串子音對我的英國耳朵來說，聽起來也跟波蘭語幾乎沒有什麼差別；但對揚來說，這個區別至關重要，足以把一個小而偏遠的斯拉夫地區跟一個具有輝煌顯赫歷史的國家和語言劃分開來。或許正是因為揚的關係，我覺得我對把握捷克的歷史和語言要比我把握波蘭的歷史和語言來得更迅速。不過這應該也跟捷克的文學與政治文化中那種自我貶低、自我嘲諷、反唇相譏、自始至終態度消沉的特質有關，而這也正是捷克吸引我的地方。

我之所以開始寫東歐是應人之請，而且不只是偶一為之。華盛頓大學有一位羅馬尼亞學者丹尼爾．希羅，我先前跟他對於為什麼有些社會始終落後不前的成因交換過意見，他請我為華盛頓大學伍德羅．威爾遜中心的一個研討會撰寫一篇論文；隔年也就是一九八八年，這篇文章以〈異見的困境〉為題發表在《東歐政治和社會》這本新期刊之上。我概略論述了歐洲的共產主義國家，尋找這些國家裡面的反對派在政治上所發現的微小破口，提醒讀者這其中的差別。戈巴契夫從一九八五年開始在蘇聯掌權，然而在一九八七年或一九八八年，都還沒有任何跡象顯示那些衛星國家接下來會得到自由。所以這並不是一篇勝利姿態的文章，而只是對既存的這些群體嘗試做一回審慎的實證社會學研究，世人當時對此都還渾然不知。

我當時或許還沒有充分意識到，我所關切的是「真實無虛的生活」（living in truth）與現實政治之間的聯結。這篇文章以一段卡夫卡《審判》書中的引文起頭，在其中主角K說，如果我們必須承認法律只是基於需要，那麼說謊就會變成一種普世原則。這是我對東歐學術研究的第一個實質貢獻，文章剛好在革命之前寫出來。

東歐為我開啟了一個新的主題和一個新的歐洲，不過這項契機也正好與我在觀點上的徹底轉變以及成熟同時發生，對我來說事後想起來似乎是如此。我的牛津歲月，也就是一九八〇年到一九八七年，還有我當時所研讀與教授的政治哲學，似乎從我內在激發了某種審慎與思慮，助我走到這條獨特學術之路的終點。我那篇名為〈豪華紫衣的小丑〉的文章很像《普羅旺斯的社會主義》——雖然在關鍵處很不一樣——呈現出我早期所受訓練的成果：跟我在七〇年代和八〇年代初寫的其他東西一樣，展現出智識上的熟練；這種穎悟，回想起來，我覺得是跟我待在劍橋與巴黎的那些年有關，不過那樣的炫學好辯也算是某種弱點。因此，在極力想要證明社會史已經走到一條死胡同的過程中，我可能也粗枝大葉地顯現出那些年自己在求學方法上的局限。

我一路長大的過程，可說是滿口法語（或許也滿口馬克思）。我把我的主題了解得很深入：對法國極其熟悉——不管是從地理、歷史、政治、文化和語言，各個層面上而言都是如此。結果就很像跟某個人一起生活了太長時間，曾經讓一切都變得輕鬆自然的極度熟悉與親密，也可能變成惱怒與極端不尊重的源頭。而在另一方面，捷克是我三十幾歲才開始學起來的語言和世界。我一路不無挫敗才慢慢讀進去的主題，從來不曾想過有一天能夠像精通法國左派那樣精通捷克。結果反而使我對自己的局限有一種適當的謙卑體悟，對我來說有益無害。

然而也多虧了在牛津和東歐的這一番經歷，我又重新走回到法國史的研究路上，因此氣象一新而且更上層樓：《過去未完成》可以說是我作為一個法國式知識分子的最後一本重要著作，是對戰後法國左派偏好共產主義的自覺反思，我之所以得到這樣子的領會，是透過在牛津的那些年所接觸到的一些人以及所讀到的一些材料。也正是在牛津的那段期間，我完成我的第三本書《馬克思主義與法國左派：一八三〇～一九八二年法國勞工與政治的研究》。這本書收錄了我到當時為止還沒有發表過的論文，於今看來，是我自己「具有社會選擇性的全收錄」(socially selective all that)。當時的想法和現在就很不一樣：是以一種獨特的法國形式，不無偏袒地記事敘述社會主義如何走到了末路。

《馬克思主義與法國左派》跟我許多早期的作品都非常像，對法國的衝擊要多於在英語史學界所激起的反響。以這本書而言，我認為要歸功於法國大革命史家與訃聞傳略高手弗朗索瓦·福雷，一九八六年法文譯本出版時他慷慨地為書寫了一篇導論。福雷自己的《深思法國大革命》一九七八年初版問世，是一部驚人的作品，對我影響很大。在一連串簡潔到很不尋常的文章裡，福雷毫不含糊地成功把有關於法國大革命歷史寫作的民族傳統予以定論，他才華橫溢地向讀者說明過去那些闡釋自始就是政治掛帥，兩百年來循著如此理路分析與運用的模型如今已經被用爛失效了。

一九八六年輪到我的公休年要暫別牛津。我老早就決定好要把這一年花在史丹佛，該校的胡佛研究機構願意給東歐史以及更普遍的歐洲思想史研究提供少見的優厚獎助。我計劃要走出一個新的研究方向已經有好一段時間，想寫一本有關於法國知識分子以及他們對共產主義如何憑空幻想的書，尤其是想要運用我新近所閱讀的那些東歐史。我申請並獲得了史丹佛人文中心裡的一個研究員資格，在一九八六到一九八七年間去那邊待了一年。既然當初我跟派翠西亞·希爾登是在加州結的婚，回到加州去離婚有一些額外的便利，從開始申請到程序結束都進行得相當迅速。

在加州的那段時間，我跟胡佛研究所西歐部門的館員海倫·索拉南過從甚密。海倫是葛羅斯夫婦的朋友，我們起初會認識就是透過他們的介紹；我發現我們四個人之間有許多共同的興趣和正好一致的觀點。她一九三九年八月三十一日生於波蘭，剛好是德國入侵她的祖國引發二次大戰的前一天。她的家人往東逃到了一個一九三九年九月十七日之後被蘇聯所侵略與占領的區域。跟成千上萬的其他猶太人一樣，海倫和她的家人在一九四〇年被驅逐到蘇聯轄下的哈薩克斯坦，處境惡劣：她的姊姊就死在那裡。戰後海倫一家人先是回到波蘭，去到西里西亞的瓦烏布日赫。在那裡，她父母親教她把俄語忘掉，就像之前在蘇聯，他們警告她要忘掉家裡面原本講的意第緒語。她到這時也才六歲，生活在德國戰敗後劃歸波蘭的領土上，原先住在那裡的德國人都已經被驅逐離開。

然而她身為一個猶太人，卻生活在一個超過九成的猶太同胞都已經被消滅的國度裡。雖然在哈薩克斯坦熬過了戰爭沒死，但海倫的家人到這時候面臨著周遭其他人所加諸的偏見、虐待，甚至更惡劣的糟蹋。仔細想過之後，他們繼續遷徙。從波蘭政府最初打算安置猶太人的西里西亞，去到了一個德國的安置營：跟那些年許多倖存者一樣，他們感覺在戰敗的德國比在東邊所謂獲得解放的土地上要更為安全。在設法想去美國不成之後，一家人先在法國安頓了下來；在他們最終獲准入境美國之前，海倫在法國生活了十年。

「索拉南」當然不是她的本姓，這個字來自於拉丁文裡的「馬鈴薯」：她對哈薩克斯坦的回憶充斥著死亡與馬鈴薯，所以海倫選擇這個姓氏來緬懷過去。她是個很嚇人的語言學家：除了早年所學的波蘭語、意第緒語和俄語，她還能講純正的希伯來語，法語也講得頗為道地，以及一口無懈可擊的英語，念大學的時候還修了西班牙語和葡萄牙語。跟海倫的這層交情使我有幸能接觸到胡佛研究所頂樓不對外開放的收藏，這是一個無與倫比的寶庫，收藏著少見的法國出版物和許多別的文獻。胡佛研究所有一些當初只發行了幾期價值難以估計的雜誌、期刊、地區報紙和其他一些即使在法國也幾乎沒有辦法找到的材料，離開了法國就更別想了。

在最初的構想中，《過去未完成》是一部關於二戰之後巴黎左翼智識生活的歷史，與此同時正好也是中歐與東歐過渡到共產主義的期間。到了八〇年代末，當然，書中所表達的見解在法國已經變成普遍的觀點了，也就是說沙特和同代的那幫人雖然也頗有才華，影響力不小，但卻愚蠢地鍾情於共產主義，於今思之令人不齒。但我並沒有興趣要在事後往自己臉上貼金。我心裡面盤算的是更遠大的抱負。我設定要寫的是一個民族性缺點的個案研究：驚人的前後言行不一，無論在政治上和道德規範上都很相似，這種心態標誌著法國知識分子面對極權主義興起的典型反應。

再者，我總是以為，這個主題只有從更為遼闊的背景，也就是從人民陣線經過那幾年的合作跟抵抗而終究歸於幻滅，到戰後那十年分裂不和的政治氛圍當中才有辦法被人理解。這是一個法國人自己必須面對的故事情節。到了八〇年代末，法國學者逐步趕上他們的美英同行，勇敢正視維琪政府和敵後抵抗的神話以及法國在「最終解決方案」上同流合污的不光彩歷史。確實，對「維琪症候群」的自我審訊蔚然成風，當時正達到一個高點。但只有非常少數的嚴肅歷史學者筆下有寫到冷戰歲月裡兩難的道德處境和法國人為了因應之前這些不光彩的過往不得不然的妥協。再一次，我的主題材料又不在學術主流之中，或者說還沒有成為學術主流。我完成這本書的時間是在一九九一年，正逢蘇聯解體。

重讀《過去未完成》，我對書裡的中歐視角頗感訝異。其中例如，強調公民社會，以及批判知識分子習慣把歷史與國家放到一個基座上來加以崇拜的傾向，都直接反映出我在七〇年代末涉入了出現在中歐的那些論戰，尤其是從《七七憲章》形成之後。

這個公共生活的觀念根源於反對「以國家為政治核心」（state-centered polis）的思想，直接挑戰了法國式公民身分的概念，而後者強調的是共和國的主動性和重要性。其結果，許多法國批評家將《過去未完成》的此一面向解讀為典型英國人對法國政治傳統的攻擊。究其本質，他們認為我是在逼問：為什麼法國人不能更像英國人——更自由，更分權。簡而言之，為什麼法國會產生沙特而不是約翰．斯圖亞特．彌爾？

然而這是誤讀了我的意圖。我所論辯或嘗試想要論辯之處與此大不相同。這本書是詮釋並且批判法國人在構思國家地位的那種獨特想法——當然這樣的觀念絕非僅限於法國，然而究其根源確實來自十八世紀的法國——這種想法不止一回對公民社會的空間造成嚴重的危害。這樣的批判自然且有機地產生於歐洲東半部以國家為中心的政治經驗裡，但遲至一九九二年，許多西方讀者大致上對此還是感到陌生，那些敏感的法國批評家就更不用說了。

這是一種自由主義的批判，但這種自由主義或許並不如我所希望的那樣讓別人能夠一看就懂。我不關切那些長期以來對抗經濟計劃的努力，至於針對福利國家政策的批判在當時所浮現的共識，我也覺得事不關己而難予同情。雖然我密切關注一個特殊的歷史時地，但我的論證本質上是概念性甚至是道德性的：把管控並決定一個純良有序的公共生活當中所有規範與形式的權威和資源，賦予任何單一機構、任何壟斷性質的歷史敘事或是任何單一政黨或個人，都可稱之為智識上的不得體與政治上的不慎重。好的社會，就像良善本身一樣，無法被化簡為單一來源；對一個開放的民主制度而言，道德多元主義是必要的先決條件。

史：我想要循著這條思路，看看我們能不能夠以此將二次大戰之前與之後這兩段時期連結起來。單獨一貫的良善這個概念把我們帶回到先前關於人民陣線的討論，因為戰前國際政治的整個先決假設就是不同的倫理道德有化簡為一個整體的可能性，而且把這樣的整合表達為一個單一的制度。在左派這邊看來，反法西斯主義在政治上的實例就是人民陣線，人民陣線把歐洲簡化為法西斯主義陣營與反法西斯主義陣營，而其最終意圖是保衛革命的老家，也就是蘇聯。正如你之前提到西班牙時所指出的那樣，蘇聯人在東歐扶持一個一個政府的方式，最早就是完全按照人民陣線的原型。

賈：沒錯，如果你想要了解四〇年代末的政治，人民陣線必然就是你的起點。在東歐，共產黨那時候開始當權，又或者作為聯合政府的一部分，設法想去控制某些關鍵部會，儘管一開始他們並沒有那麼關心這些國家的高層機構。去訴求一個人民陣線的概念，訴求一個全民團結的政府，只是一具假面，在這樣子的假面之下，比方說，你可以把地方上的社會主義政黨都納入其中。那些冥頑不化堅決反共的社會主義者，你無法指望能夠把他們吸引過來，於是要把他們跟那些奢想左翼統一、或是在共產黨的壓迫下相對無能為力、或是對局勢發展感到害怕的溫和派，離間開來、分別處理。

這樣弄到最後你就會有一個大型的左派政黨，由共產黨和你所能夠糾合的各色社會主義政黨所共同組成；然後你就去慫恿當地類似人民陣線中的激進黨或西方戰後的基督教民主黨之流的勢力，結為進步陣線；再一次運用剛剛的離間策略，到後來常常要把這些人跟那些看得更遠或者不願意服從的成員分隔出來，一般來說那些人在群體中只是少數。於是你就創造出一個龐大的庇護型政黨或者是一個陣線，又或者是一個聯合政府，到時候要對那些無法吸納進來的政黨進行鎮壓時，就可以用來自圓其說。這麼看也許不是很嚴謹，但這就是一九三八年的西班牙，特別是巴塞隆納，當時局勢的縮尺模型。在法國，萊昂．布魯姆一九四八年二月在社會主義報紙《人民報》上寫了一篇社論，承認他先前竟然誤以為社會主義者有可能跟共產黨人合作。

更深一層而言，從一九三〇年代中葉到五〇年代中葉的這段時期內有某種一致性，在當時顯而易見，到了現在卻模糊掉了。這是一種情感上的一致性，是一種社會背景與文化背景的一致性，而這種一致性從五〇年代中葉以來已經劇烈改變了。事實上我們無法真的把第二次世界大戰說成只在那六年當中發生。以我們對二次大戰的理解，要說英國對德宣戰或者德國入侵波蘭那一天才開始戰爭完全不合情理，也不免失之於專斷。對東歐人來說，說這場戰爭一九四五年五月終結也是毫無道理。把這段描述限定在一九三九年至一九四五年間，只適用於那些在後面幾年大致上沒有受到各國人民陣線所影響、沒有被占領、沒有遭受滅絕，以及在之後幾年沒有在意識形態上或政治上再度被占領的國家。換言之，這套說法只對英國才有道理。

東歐在戰爭中歷經了起初的占領，接下來幾年的趕盡殺絕，以及夾在德蘇雙方交戰下的尷尬局面。如果你把維琪政府和後來所發生的事情區分開來，那就無法理解法國人為什麼要這麼做——因為後來所發生的事情，要嘛發揮了讓你回憶維琪的功能，要嘛發揮了讓你錯誤回憶維琪的功能。而如果你不了解德國入侵之前法國已經因為人民陣線而騷亂不可開交形同內戰，那麼對維琪政府的出現就會覺得完全沒有道理。當時這整個事態發展是有一點受到了西班牙內戰的影響，西班牙內戰一九三九年四月結束，但事實上就我們現在所深切理解的，不只是蘇聯想要它結束，西方也有類似的反應。而且和法國的人民陣線一樣，這整段情節始自於左派在一九三六年那些選舉當中的大勝。用一種相當不一樣的觀點來看，如果你的起點是從一九四五年開始，或者直到一九五六年當整個局勢產生劇烈改變，那麼無論西歐或東歐對共產主義的信仰，以及對史達林主義（無論是出於冥頑不靈或者只是天真）的幻想，就完全不可解了。只有把一九三六到一九五六那些年視為歐洲史上的一個單一時期，這整件事才有道理。

史：在這個極為特殊的法國案例裡面，這二十年間一直接連不斷的是對蘇聯成就的持續關心。福雷認為沙特這些人被他們對法國革命的想像給綁住了，於是傾向於把布爾什維克革命當作法國革命的回聲。他們還想要在法國史的框架之下來擁抱這場革命，某種程度上是想讓這場普世的革命法國化，然後讓法國的革命推及全世界。我一直想知道，戰後法國知識分子進退不得的可悲處境，有一部分是不是在於：都到了那個時候，還繼續致力於想把蘇聯法國化。

賈：把革命投射到國外去有雙重的含義。其一，這是對法國作為「中土王國」(the Middle Kingdom)的一種情感上的投射，法國確實有可取之處，而且自然就顯現出其首要地位，所以堪為典範值得效法。在那樣的意義上，你知道，如果你記得美國人也有這樣的傾向，也就是會假定「世界上的其他地方都等著要變成像我們一樣」，那應該就會比較容易理解法國人。但另外一個部分的理由，當然是馬克思主義的想法，認為凡革命都會有一個結構，都會產生一個跟革命有關的故事，這樣的故事有一部分是關於歷史，而且發生在俄國的革命，必定在某種意義上，是過去發生在法國那場革命的鄉間版本，只是時間和形勢背景上容或有些許差異。俄國革命並非他們的共和革命，但至少是他們的反封建革命。而發生在後的這個革命之所以「細節上必要的修正」(mutatis mutandis)更為劇烈，是因為俄羅斯比法蘭西幅員廣闊得多，但文明程度卻遠遠不及。

史：在我看來，這場革命似乎也允許群眾採取一種錯誤的現實態度：我們知道革命是血淋淋的，因為我們有經歷過一次革命，因此，當一個人認為自己是在展現強韌的一面，甚至對現實冷嘲熱諷也算合情合理時，實際上他只是無知以及涉世未深。

賈：要記得在二戰之後，法國知識界的寫作風格中男性氣概的現實主義（macho realism）顯著增強，特別是在女性作家當中。當時西蒙．德．波娃就辯稱，唯一好的通敵者就是死掉的通敵者，之類的話。沙特則把被占領說得好像被性侵，德國人「強插侵入」了法國人。這是存在主義所隱含的硬漢態度：你是由你所做出的選擇塑造而成，但你所做出的選擇並非沒有限制：是歷史把選擇呈現在你的面前。

這是法國人對馬克思《霧月十八日》當中這個論點的理解：「人們創造他們自己的歷史，但是他們並不是在自己選定的形勢條件下創造歷史，而是在由過往所給定、傳遞以及直接就讓他們遭遇到的形勢條件下創造歷史。」於是戰後的存在主義者就說，好吧，事已至此，如今我們不得不創造我們自己的歷史，但我們沒有辦法選擇形勢條件。所以俄國人也沒有辦法選擇。我們只能夠選擇放棄這場革命，不然就只好接受革命的缺點。

史：在你《過去未完成》這本書裡，一九四〇年法蘭西共和國的崩潰扮演了主要的角色，但你的寫法只是旁敲側擊，語氣上似乎我們讀者已經明白維琪政府當時應該是怎麼回事，以及對法國來說這場戰爭想必是什麼情況。但實際上書裡面並沒有寫到這些。

賈：維琪政府是一場災難性的震撼，我不認為自己當年寫那本書時有充分掌握其全貌。我們英美人完全沒有辦法體會那是一種怎麼樣的感覺，我想，對那一代法國人來說，不得不眼見自己的國家戰敗，也目睹了共和體制的末路。這個國家不只是在制度上崩潰了，而且在道德上、在每一個層面上都崩潰了。共和體制已經不復存在，只是人們仍然持續運作。讓老資格的共和國政客嚇得束手無策的想法，不是德國的勝利，而是他們以為即將隨之而來的共產黨暴動。有鑒於此，他們匆忙投向德國人、或者貝當、或者能夠把他們從中解救出來的任何人的懷抱。這些原本曾經是戰士的人——貝當、魏剛和所有其他打過第一次世界大戰，並且在兩次大戰之間的法國被視為偶像的賢達——此刻卻列隊讓德國人予取予求。所有這一切都發生在僅僅六個星期之間。

後來終戰的時候也沒有好到哪裡。對法國來說，二戰是四年的占領以及隨後幾個月的解放，這個解放過程究其實質內容，主要是美軍的轟炸與炮擊，以及隨後美國人接管了法國（起碼看起來是如此）。一切都發生得太快，沒有時間可以消化眼前所發生的事情究竟意義為何。這個國家在兩次大戰之間曾被人為地重新鑄造成一個強權。當時美國退回孤立主義；英國也形成半孤立狀態；西班牙內部瓦解；義大利在墨索里尼的統治之下；德國陷入了納粹主義；法國則是歐洲唯一意義重大的民主力量。

一九四五年之後，這套說法不攻自破了。法國人需要重建他們的共同體，把彼此之間的不一致理出個頭緒，重申他們的共同價值。不管用什麼方法，他們需要找到某些足以自豪的東西，而且是一套國家可以憑藉於此團結起來的說法。這樣的情緒，原先與抵抗和解放的心境密不可分，卻很快就煙消雲散，取而代之的是感念法國的恢復有賴於歐洲的重建，但如果沒有美國的保護和協助根本就不可能辦得到。不過持有這樣觀點的人僅限於一小撮見多識廣的政府菁英。

知識分子仍然堅決反對歐洲統合——或者頂多是對歐洲統合抱持事不關己的態度。他們當中的大多數人（雷蒙．阿宏是最知名的例外）都認為歐洲統一或者整合的計劃是一個資本主義式的計謀，而且維持一貫反對美國的觀點：對新興的美國霸權憎恨之深不亞於任何帝國式的接管歐洲——或者，甚至不亞於讓德國人以其他的手段贏得勝利。對抱持如此想法的人來說，法國在全球冷戰當中別無選擇只好站到錯誤的一邊，實屬格外的不幸。

這就是為什麼在法國，會有那麼多人一直在強調「中立性」。很少人真正相信法國能夠在蘇聯對美國或者英國的戰爭之間保持中立。但當時有一種普遍情緒是法國應該竭盡所能在強權之間的衝突裡保持中立，道理很簡單，因為法國在其中撈不到什麼好處。法國人普遍不信任英國，因為法國艦隊在戰時被英國皇家海軍摧毀，而且倫敦和華盛頓在戰後有一些私下的勾結——法國在事後不斷地發現這兩國之間的秘密協定。所以在意識到法國已無法再像以前那樣「獨斷獨行」的不滿情緒下，又對這個國家的新朋友們無法信任，左右兩翼的許多知識分子實際上都在各自的心目中憑空創造了一個戰後世界。一個能夠符合他們的理念與理想，但跟國際現實幾乎沒有什麼關係的世界。

史：如果只看思想方面的表現，二戰之後的法國是個強權。確實，法國左翼政治那種自成一格的散漫性格，相對於法國本身的影響力來說，顯得更為重要。

因此如果說十九世紀的法國農民所擁抱的政治改革方案，事實上並不符合他們的利益，結果只是讓一些社會主義者勝選入閣，如你在以普羅旺斯為主題的第二本書中所描繪的法國那樣，那麼其實影響並不大。如果萊昂．布魯姆在三〇年代陷於他自己的馬克思主義泥淖舉步維艱，並且發現自己束手無策難以前行，那麼這樣的困境可以說是一場全國性的災難；但如果布魯姆最終掌握到政權，卻反而更加困惑，那就真是整個歐洲的問題了。然而在戰後，當法國作為一個傳統強權，影響力變得最小的時候，就在此時——至少我認為這是你的論點，如果把你的所有作品都放到一起來看的話——話語變得更為重要，因為法國人只有在世人傾聽他們怎麼說或者根本不聽他們怎麼說的時候才會顯出重要性。

賈：說得非常好，也總結得很周全！我認為在戰後那些年，有許多事情都合起來一起作用了。拉丁美洲對法國事物的興趣在一九四〇、五〇年代達到了巔峰。美國，尤其是紐約，仍然略嫌邊陲狹隘，至少在思想領域來說是如此：來自美國的任何見解都無法跟歐洲呈現出來的態勢分庭抗禮。當時大多數美國知識分子都同意：他們仍然籠罩在父母輩或者祖父母輩那套歐洲文明的影響之下。我們也要記得，一整代新的歐洲知識分子多虧了共產主義和納粹主義的因素才剛移民到了美國。假以時日，這些人將會重塑以及重振美國的智識生活，一路取代法國和歐洲的大部分地區。然而在那段時間，歐洲仍然繼續保有思想上的核心地位——而法國則是歐洲的重中之重。再者，法語仍然是僅有的一種大部分外來者也有辦法輕易接觸到的外國語，因此透過法語也就能夠接觸到法語作品和法國思想家。再一次，同時也是最後一次，巴黎變成這個世紀的首都。

史：所以這裡面持續存在一種幻想。那幻滅又當如何？如果有人循著這個論點往前推演，以一個全歐洲的規模在當時，從一九三六年一直到一九五六年，人們是在哪些關鍵時刻對共產主義感到幻滅呢？

賈：在一九三六這一年，世人重新燃起對共產主義的幻想：那些自從二〇年代初以來就不曾再看過任何大規模政治行動的國家裡，重新把共產主義當作是受歡迎的政治理念來信仰。人民陣線不只想在西班牙和法國贏得選舉的勝利，他們也發動罷工、占領和示威——活脫脫是群眾左翼政治的重生。對大多數左翼觀察家而言，西班牙內戰也有相同的效應。對每一個像庫斯勒、歐威爾或者法國的喬治．貝爾納諾斯那樣的人來說，有數以十倍計的左傾記者熱情寫下了眾多共產黨員在內戰期間為捍衛西班牙共和國所扮演的積極角色。

接著是一九三九年八月所簽訂的《德蘇互不侵犯條約》——史達林與希特勒之間的聯盟。多數老一輩共產黨人和一些溫和的支持者都為之大感幻滅。從另一個方面來說，此舉對三〇年代召募入黨的那些年輕一代而言，似乎無損於他們的堅定信仰。但那些因為憎恨法西斯主義，而非因為相信歷史與革命才走上共產主義這條道路的人，都因為這個條約的簽訂而深感動搖。

然而不到兩年的時間之內，原本讓人對史達林感到絕望的那些理由，卻再一次成為他們將自己的身家性命賭在史達林身上的原因。一九四一年六月二十二日希特勒進兵攻打蘇聯。當時回過頭去看，似乎變成可以合理地宣稱，《德蘇互不侵犯條約》是一個絕妙的戰術手法。史達林別無選擇：德國實力雄厚，而西方則冷嘲熱諷地玩弄手段，想讓史達林和希特勒相互毀滅——史達林有什麼理由不能尋求自保，至少是在短期之內，直到他行有餘力能夠捍衛革命的家園？

至於就二戰的結果而言：似乎也證實了史達林嚴酷算計的先見之明。蘇聯的西方盟國和他們的許多平民都非常樂於接受蘇聯對過程中那些事件的描述，以回報莫斯科在擊敗納粹主義所扮演的角色。例如，並不僅僅是蘇聯的宣傳機構把在卡廷大規模槍殺波蘭戰俘描述成德國所為，隱去蘇聯的戰爭罪行。大多數西方人也都覺得這樣的說法完全可信；即使他們內心有所疑慮，卻寧可隱忍不發。

隨著共產黨接管和冷戰的到來，世界發生巨變，迫使許多知識分子不得不去從事那些他們打從三〇年代以來就成功避免而不需要做的事情：也就是把西方民主國家的利益跟蘇聯的利益區別開來。到了五〇年代，要繼續敷衍不做選擇已經變得非常困難：除非是在一個跟現實政治毫無關聯的歷史抽象層次裡，否則你如何能夠既護衛法國的共和民主，同時又擁護約瑟夫·史達林的蘇聯？

一九四七年之後，你不能夠在支持法共或義共的同時，仍然宣稱自己是自由民主制度的捍衛者。因為連蘇聯自己也不相信有此可能，於是進步人士不得不被迫選擇，不管他們多麼不想那麼做。這個根本議題關乎每個人的選擇，儘管做決定的時刻隨著不同國家、不同環境形勢而異。對有些人來說，轉捩點出現在一九四七年一月波蘭擺明著作弊的大選；對另一些人來說，則是一九四八年二月發生在捷克斯洛伐克的政變，或者是始於同一年六月為期長達將近一年的柏林封鎖，或者是一九五〇年六月北朝鮮入侵南韓。

對許多在一九五三年三月史達林逝世時仍對他抱著忠誠的共產黨人來說，表露心跡的時刻是赫魯雪夫一九五六年二月的「秘密講話」。赫魯雪夫試圖通過放棄已經蒙上陰影的史達林主義來拯救列寧主義的核心——對那些一生都花時間引述列寧來為史達林的行為找理由開脫的男男女女來說，著實令他們難堪。至於不久之後旋即發生在匈牙利的起義，在我看來，對共產主義周邊的朋友和支持者來說更是一件大事。這個事件向全世界展示，即使是赫魯雪夫先生所領導的蘇聯，與其讓一個國家自由地擺脫其權威，也寧可調動坦克開進去殺害民眾來遂行其目的。

與此同時，西方的選民也變得越來越缺乏意識形態與對抗的色彩：他們所關心的範圍變得越來越狹隘，而且以經濟議題為尚。這種情況意味著，馬克思主義作為長久以來政治與社會對抗最重要的一種語言，在政治文化中變得微不足道了。起初是退到知識圈裡，然後又退到學院；時間來到接近七〇年代，連在學院裡面也不行了。

史：在我看來，任何在一九五六年因為蘇聯使用暴力而感到幻滅的人，似乎先前肯定是沒有真正信仰過。因為共產主義的魅力所在，至少在知識分子當中，有很大一部分，事實上是跟某種對暴力的愛好有關（就像庫斯勒談起自己年輕時所說的那樣）。梅洛—龐蒂也直率地明說過這一點。而我傾向於認為，發生於一九五六年的其中一件事，就在赫魯雪夫對史達林蓋棺論定時，是我們從此不再為同樣的這種暴力背書，而這件事使得馬克思主義和蘇聯變得比較無趣。

賈：這種暴力現在跟思想，或者至少跟主要思想，是被拆開來了。匈牙利在一九五六年布達佩斯起義之後的妥協，就表達了這樣的趨勢，但這個趨勢更多是跟政治有關，跟意識形態甚至跟經濟較為無涉。亞諾斯・卡達爾多少也在經濟上有所改革，但他同時間卻否認自己正在那麼做，或者否認他的所作所為有任何違逆這個體制之處。匈牙利人獲准可以消費，也多多少少可以不受監視，只要他們不起而對抗體制。「你假裝工作，然後我們就假裝付你酬勞。」只要不跟我們作對，就是我們當中的一員。從莫斯科及其附庸國還有西方的觀點看起來，邏輯是類似的：你假裝相信，於是我們也就假裝相信你。

入侵匈牙利弱化了知識分子對蘇聯的信仰，在那之前的三十年間他們本來都一直秉持著那樣的論述。十二年之後，蘇聯坦克開進布拉格，撲滅了那場我們在記憶中喚為「布拉格之春」的改革運動。當年所發生的事情還不止於此。對捷克斯洛伐克的干預摧毀了所有人對馬克思主義論述這個東西本身的信仰：不只是對蘇聯，也不只是對列寧思想，而是對馬克思主義及其關於這個現代世界的論述都一起失去了信仰。

從一九五六年的布達佩斯到一九六八年的布拉格之間的這一段時日，是修正主義的偉大年代，不管是在東歐還是在西歐。在東歐，修正主義助長了這樣一種幻覺，也就是即使是持反對意見，在一定程度內小心交涉的空間還是有可能的，也值得費心去達成。在西歐則開啟了另外一種幻覺，也就是成為一個抱持反對意見的共產黨人也還屬於情理之內，但「前共產黨人」這樣的類別就讓人很難贊同。在東歐，受到馬克思主義所吸引的最後一代人：也就是萊謝克・柯拉科夫斯基他們那一代，萊謝克是六〇年代最有趣的修正主義者，然後到了七〇年代變成最深刻的馬克思主義批評家。在西歐，如果年輕的一代受到激進政治主張的吸引，這套吸引他的思想會是某一個版本的馬克思主義，跟蘇聯或者東歐國家的所有問題甚至於都完全沒有關係。

史：一九六八年的捷克改革者是東歐最後一批把那種涉世未深的修正主義態度具體表現在政治上的人。那種態度的意思似乎是我們捷克人能夠作為馬克思主義的一個典範，尤有甚者我們還能夠對西方略加指點一二——對莫斯科也是一樣。

在西方的左派人士之間，蘇聯從話題的重點變成無關宏旨了。赫魯雪夫起了個頭，布里茲涅夫則予以終結。他為華沙公約入侵捷克斯洛伐克所做的辯護，也就是所謂「兄弟互助」的布里茲涅夫教旨，明擺著只不過是用來掩飾強權政治，而他所碾碎的是一場明顯由馬克思主義者與共產主義者所發起的運動。確實是暴力，但已經不再有趣：落入傳統的窠臼，而不再具有個人色彩或者是意識形態上的意義。布里茲涅夫教旨是一個藉口，而非一項理論。而且與此同時，在「革命的故鄉」這個頭銜上，蘇聯也面臨了競爭對手。

賈：說得對。你想要持續高調批判整個蘇維埃的計劃，同時還要繼續站在極左這一邊，有三種方法。第一種也是最不重要的一種，是佩里．安德森所稱的西方馬克思主義：就是德國或者義大利或者法國或者英國那些馬克思主義左派面貌模糊的知識分子，雖然先前已經被正式的共產主義所打敗，卻繼續宣稱自己是某種內在始終如一的激進馬克思主義代言人：卡爾．柯爾施、格奧爾格．盧卡奇、呂西安．戈德曼，以及這些人當中最重要也稍微與眾不同的安東尼奧．葛蘭西。但這些人都跟羅莎．盧森堡很像，在這幾年間形象重新出現在公眾眼前，再加上托洛茨基本人：他們在政治上的失勢被視為顯著的美德。從一九一七年到一九五六年，站在歷史勝利的一方是蘇維埃的王牌：在那之後，失勢者開始受人推崇。至少他們有乾淨的雙手。重新發現這些個別的異議分子——無論是屬於公開還是秘密的性質，卡爾．柯爾施在這些人當中最邊緣，葛蘭西則最重要——成為學者與知識分子加入對可敬的馬克思主義提出異議之列的借鏡典範。但這一大串新發現的系譜是以跟二十世紀的真實歷史保持一段距離作為代價所得來的。

第二種同時也是稍微比較重要的一種，採用這種方法的人漸漸認為如果自己要超越左翼的共產主義，可行之路就是去認同年輕時代的馬克思。這意味著像這樣的人都共同認為，這些年被重新發現而且強調作為哲學家、繼承黑格爾思想並提出異化理論的馬克思確實大有可觀之處。馬克思在一八四五年初之前所寫的東西，其中尤以一八四四年的《經濟學哲學手稿》為主，在這樣的理解之下如今成了全部作品裡面的核心骨幹。

像路易．阿圖塞之類共產黨意識形態的理論家就起而反對這種看法，他堅持認為，所謂馬克思主義從認識論的觀點來看有一個斷點，所以馬克思寫於一八四五年以前的文章事實上都不屬於「馬克思主義」，這樣的說法純屬荒謬。然而重新發現青年馬克思的好處在於，這些作品提供你一整套全新的語彙。馬克思主義變成一種更鬆散的語言：對學生來說更容易接受，適用於不斷興起並取而代之的各種革命類型——婦女運動、同志平權以及學生發起的各項議題等等。像這樣的人如今能夠輕易地被放進這種敘事當中，即使他們本來跟藍領無產階級毫無瓜葛。

第三個同時也是最重要的因素，當然是中國革命以及當年正如火如荼的中美、拉美、東非、西非和東南亞的農村革命。歷史的引力核心似乎已從西方甚至蘇聯轉移到不折不扣的農民社會。這些革命發生的年代正好與西歐和美國盛極一時的農民研究和鄉村革命研究同時。毛澤東的農民共產主義有一個獨特的優點：能夠適用於一個人所選擇的任何意義。再者，俄羅斯還是歐洲國家，中國卻已經屬於「第三世界」；對更年輕的一代來說，其重要性與日劇增不可小看，在這些年輕人看來，左派已經不再關心歐洲和北美的走向了。

史：也對，一路這樣下去就連蘇聯也難以為繼了。列寧的想法或者說他的偏差之處，依循你的觀點，在於他認為革命之後人們可以建立起一個仿造的資產階級工業社會——

賈：然後再把這個社會顛覆掉——

史：從其內部，然後建立起社會主義。孰料後來事與願違，當你建立起仿造的資本主義，原來的資本主義已經往前進步成某種更好的社會。可是你卻陷在這個仿製的版本當中，似乎越來越不吸引人，也沒有競爭力——無論是跟西方的安逸舒適或者跟第三世界的興奮刺激相比都顯得遜色。

賈：在批評者的眼中，蘇聯從恐怖可怕變成乏味無聊；而在支持者眼中，則從滿懷希望變成沒有前途。

想想看尼基塔·赫魯雪夫本人。一方面，他到美國去跟尼克森爭論美俄兩國所造的冰箱孰優孰劣；另一方面，他回到莫斯科，一頭鑽進有關古巴的革命熱情當中。所以蘇聯處於雙重的劣勢之下：既是一個廉價版本的美國，同時又孤注一擲地渴望在古巴看到蘇聯體制重獲新生。反觀毛澤東以及其他世界各地起而效法的那些小毛澤東，則沒有像這樣的雙重野心。「文化大革命」究其實質在許多方面是史達林主義的劣質仿品，可是在六〇年代末，卻被劍橋我的那些同輩視為令人耳目一新的激情爆發，以及年輕人始終想讓革命獲得新生的決心，一切都與莫斯科那些古板的老人形成鮮明的對比。

史：中國走出另外一條路來，證明列寧的成功之處就是他的敗筆。因為列寧和托洛茨基指望的是，如果他們在一個落後的國家裡發動一場不成熟的革命，那麼成熟的革命就會接著在西方已經工業化或正在工業化的國家裡發生。但實際發生的事情不如他們的預料；反而是列寧式的反叛變成自成一格的圭臬（the thing in itself）。變成可以拓展到其他農業國家的革命範本，而從傳統馬克思主義的觀點來看，這樣的國家還不太適合發動革命。

賈：史達林對蘇聯知識界的破壞是零零星星的，而且究其本質也是偶一為之；毛澤東殺起人來是大批大批地剷除；波布則是全部殲滅片甲不留。當你面臨知識分子或者城市居民，甚或（其餘的）資產階級可能蔚為一股不滿挑剔的反對聲浪，甚至演變為潛在但尚未成形的反對異議，那你會採取什麼樣的行動呢？二話不說把他們消滅。趕盡殺絕。當革命性的滅絕主義這種邏輯在柬埔寨出現的時候，共產主義的意識形態就目標而言已經跟納粹融合在同一個分類底下了。

史：我們口中一直在講的，彷彿是唯一的故事，就是五〇、六〇年代的集體幻滅。但歷史上還有一群批判馬克思主義和蘇聯的知識分子，他們有的是很早就對馬克思主義感到幻滅，有的是在某種程度上跟馬克思主義根本素無淵源：也就是冷戰當中的自由主義者。

賈：在許多國家裡，思想、文化以及甚至進展到政治層面的真實冷戰，並不是左右勢力之間的角力，而是左派內部的鬥爭。政治上真正的分隔界線是，共產黨和同路的支持者站一邊，社會民主主義者站在另一邊——當然有一些特例像在義大利，社會主義者曾經有一段時間是站在共產黨這一邊。文化上而言，這條分隔界線是繼承三〇年代的文化政治生態而畫出來的。

一旦你了解這一點，就會明白冷戰中的自由主義者都是些什麼人。他們是像悉尼．胡克那樣的人：胡克原本是一位信仰馬克思主義的猶太人，後來轉變為不信仰馬克思主義，但他還是研究馬克思的專家，後來去紐約城市學院任教。他出生於一九〇二年，來自布魯克林的左翼猶太移民社群，在意識形態上受到共產主義所吸引。胡克對史達林的崛起很反感，並且曾有一段時間同情托洛茨基。後來他轉而意識到，托洛茨基也同樣是一場騙局，或者只是列寧主義的一種變體，而列寧主義本身也沒有比史達林主義好多少。於是他變成一位積極批判共產主義的社會主義者。

「積極的社會主義者」這一點很關鍵。胡克這個人完全說不上是反動派。他不屬於任何政治光譜上的右翼，雖然他在有些文化趣味上比較保守——就跟許多社會主義者一樣。就像雷蒙．阿宏，他也站在六〇年代學生架起來的那些壁壘的對立面。他當年離開紐約大學，就是因為他對學校無能起而處置學生靜坐與占領感到不屑——那是非常典型的冷戰時期自由主義式的態度。但他的政治觀念始終屬於中間偏左，並且直接繼承自十九世紀的社會主義傳統。

阿宏比胡克小三歲，兩人有許多共同點。冷戰時期的自由主義者那一代人——有很多人都出生於二十世紀的前十年——比坊間一般的進步人士要稍微年長一些，這種所謂進步人士必不可少的經歷是第二次世界大戰，而不是三〇年代。跟胡克一樣，阿宏也是猶太人——儘管在他那一代法國知識分子中這並不算什麼；他在巴黎高師接受了一整套的菁英教育，而不是平民化的地區大學教育。但跟胡克一樣，他也變成一位傑出的馬克思主義專家——儘管跟胡克不同的是，他從來不是一個馬克思主義者。他對威權統治的厭惡，更多是受到長期滯留在德國的過程中對納粹主義的第一手觀察所影響。

在二戰之後，阿宏認為對歐洲人來說，在美國與蘇聯之間選邊站，取擇不在於你認為兩者之間哪一個好，而在於哪一個比較不壞。阿宏經常被誤認為某種右翼的保守派，完全是搞錯了。事實上以任何一種常規的標準來看，他都屬於中間偏左。他所看不起的，並不是右派的白癡行徑——他根本完全沒有時間管那些——而是左派同道的愚蠢，包括他原先的朋友，像尚－保羅・沙特和西蒙・德・波娃。

在大多數歐洲國家，都有一些像胡克或阿宏這樣的人：熟悉馬克思主義，對美國不存幻想。他們不費吹灰之力就能夠看出美國的問題——種族主義、長時間以來蓄奴的淵源和最原始形式的資本主義——但這已經不再是問題所在。你所面臨的是要在兩大帝國集團之間做一個選擇：但其中只有一個是有可能的，而且確實，你願意生活在其制度之下的也只有一個。

當然，像他們這樣的人也有各種不同的變體。一些冷戰時期的自由主義者在面對更極端的右翼反共人士時，難免感到不快與尷尬；另一些人，像胡克或亞瑟．庫斯勒，就完全不覺得尷尬。正如庫斯勒所說的，你不能為了錯誤的理由而去幫助人們變得正確。冷戰時期的自由主義者對美國政治界的麥卡錫主義一面倒地厭惡，然而他們也始終認為，麥卡錫、尼克森和一些其他人確實也看出了一個核心事實。當時共產主義確實就是敵人：你必須做一個選擇，沒有辦法假裝還有第三條路。

正是冷戰時期的自由主義者主導了諸如「文化自由大會」這樣的組織，也正是他們出版了像《邂逅》或《證言》這些期刊等等，並組織起頗具影響力的反共和平宣傳集會。

史：我們現在不止知道冷戰時期的自由主義者把他們自己組織到什麼程度，也知道他們被組織到什麼程度。

賈：那些年出版的期刊和組織的大會都得到了中央情報局的資助，主要是透過福特基金會。在這方面我可能對有些事情不夠敏感，不過我的看法大致如下：一九五〇年代的文化戰爭很大成分上都是由雙方那些陣線組織（front organizations）在主導。在當時那樣的形勢之下，我們憑什麼說社會民主主義者和自由主義者在對抗蘇聯龐大的宣傳機器時，就不能接受外來的財務支援呢？

中情局當時所支援的可以說是一項政治宣傳上的馬歇爾計劃。但是大家要記得中情局在五〇年代初扮演怎麼樣的角色。跟聯邦調查局不同，也還不是後雷根時代那個大而無當卑躬屈膝的中情局。當時仍然有許多聰明機靈的年輕人藉由戰時的戰略情報局加入了中情局：他們在選擇如何對抗蘇聯的顛覆活動與宣傳攻勢上有相當大的裁量權。

雷蒙・阿宏在他的回憶錄中就這個主題寫得非常好。我的意思是，他說，我們本來就應該要想：這樣的錢是從哪裡來？結果我們並沒有。不過如果你把我們逼到牆邊，那麼我們或許就會承認，來源可能是一些我們寧可不知道的出處。阿宏說得對：這些人都沒有太多政府經驗。阿宏自己一九四五年在安德列・馬爾侯領導的訊息部只做了六個月的官員：這是他僅有的政府經驗。庫斯勒從未擔任公職。胡克是一位哲學教授。

史：就思想上來說，明確存在所謂「冷戰時期的自由主義」嗎？

賈：最好是把冷戰時期的自由主義者想成美國進步主義和新政的傳人。因為那就是他們的「訓練」（formation），依照這個法文字的含意，他們就是那樣被鑄造的，在思想上讓他們成型。他們理解到福利國家及其相關政策所能夠產生的社會凝聚力，是一條能夠避免三〇年代那種極端政治的途徑。有鑒於此而激發了他們的反共思想：這種反共思想也有受到他們當中許多人一九三九年之前參加過反法西斯活動的背景所驅使。三〇年代的反法西斯組織、陣線、運動、期刊、聚會與演說，後來在五〇年代的反共自由主義潮流裡，幾乎差不多的東西全部都重來了一遍。

在一九三九年之前，進步人士與自由主義者都處於守勢。原本有理的中間立場這種想法受到訴求法西斯主義和共產主義的不同論點雙面夾殺。正如馬克・馬佐爾在《黑暗大陸》一書中所寫的，如果你把時鐘停在一九四一年，歷史會不會順理成章地站到民主這一邊來，是很難說的。然而五〇年代就很不一樣。

冷戰時期自由主義者的樂觀源自於二次大戰的勝利，和戰後不久的危機出人意料之外的順利解決。一九四八年或一九四九年之後，共產主義沒有在歐洲進一步地取得進展，除了最後拿下了東德；與此同時，美國人讓全世界看到他們有能力、也有決心要支持歐洲其餘地方的自由經濟和民主體制。冷戰時期的自由主義者相信歷史站在他們那一邊：自由主義不僅是一種有可能也值得捍衛的生活方式，而且將會勝過其他不同的制度。之所以需要被捍衛並不是因為它本質脆弱，而是因為它失去了積極向世人呈現其美德面向的習慣。

史：先前你引用了庫斯勒，談到人們無可避免地會因為錯誤的理由而做出正確的事。那一段引文還有第二部分，大意是說，迴避而不這麼做的人是出於缺乏自信。如果說有一個事件確實削弱了某些冷戰時期自由主義者的信心，我心裡面想到的例子主要是雷蒙．阿宏，那個事件就是一九六八年的歐洲學生運動。

賈：以阿宏來說，還得算上一九六七年的「六日戰爭」。他因為戴高樂公開表達對以色列和猶太人的厭惡而深感不安。跟他那一代許多世俗化的猶太人一樣，他自己也感到疑惑，在他的人生中到當時為止，除非他有意放任，否則身為猶太人這件事和他跟以色列的關係，或許不應該在他所理解的政治與集體目的中扮演一個更重要的角色。

一九六八這一年很關鍵，因為新的一代正嶄露頭角，對他們來說所有舊的教訓似乎都無關宏旨。正因為自由主義者贏得勝利，他們的孩子們反而不了解當初有什麼東西曾經差點就失去了。法國的阿宏、美國的胡克和德國的政治理論家尤爾根．哈伯馬斯都抱持一種非常相似的觀點：西方自由主義最關鍵的資產並不在思想上的魅力，而在其制度結構。

簡單地說，西方優越之處在於其政府、法律、協商、監管與教育共同形成的規制。這些規制一起運作起來，假以時日，形成了社會與國家之間不必明說的契約協定。社會容許國家一定程度的干預，只要這種干預受限於法律與習俗的約束；國家，相對地，允許社會保有大量的自主權，只要這種自主權以尊重國家體制為其限度。

在許多人看來，這種不必明說的契約協定在一九六八年面臨崩解的壓力。對阿宏或哈伯馬斯來說，敵人，就像在三〇年代一樣，是想方設法要破壞這種默契的人；用當時流行的語法來說，是去揭發掩蓋在自由主義的謬誤與假象之下的實情。我們應該牢記，這些主張當中有一些並非毫無根據。在法國，由於戴高樂主義對權力與公部門的壟斷，政治運作似乎顯得「堵塞」。在德國，社會民主黨則有一整代的時間被所謂「議場外的左派」牽著鼻子走，這些左派振振有詞地說，社民黨讓自己的聲名掃地，因為他們加入了由前納粹黨員的基督教民主黨總理所領導的聯合政府。

史：到了七〇年代，冷戰時期的自由主義者都老了，而美蘇對抗在意識形態上也不復當初那樣的針鋒相對。

賈：還有一些其他事情在發生變化，能見度沒有那麼高，然而都是在基礎的層面。冷戰時期的自由主義者在思想上和政治上的壟斷結束之後悵然若失，這種壟斷是由新政改革者和他們在歐洲的同道從三〇年代到六〇年代之間所施行的。從羅斯福到林登．詹森甚至到理查．尼克森的西方世界，是由循序進步的國內政治和所謂「大政府」的概念所主導。在西歐，社會民主黨與基督教民主黨之間的妥協，福利國家和公共生活去意識形態化都成為稀鬆平常的概念。

然而這個共識開始破裂。一九七一年，美國停止以黃金儲備支撐美元幣值，從而打破了布雷頓森林國際貨幣體系。接踵而來的是油價上漲，導致為期十年令人不快的經濟衰退。大多數冷戰時期的自由主義者從未真正好好想過凱因斯主義：作為經濟政策的基礎，這反正就已經既定了。他們確實沒有想過好的政府運作有什麼更遠大的目的，那似乎也是理所當然自不待言。所以當新一代保守政策的知識分子對這些那些的基本假設提出質疑時，自由主義者幾乎沒有能夠拿得出來的因應對策。

史：照你這麼說，七〇年代的自由主義從何而來？

賈：來自其他地方。來自那些認為自由主義猶未實現尚待努力的群眾。對這些人來說，一個自由國家的邏輯與其統治者的邏輯之間呈現尖銳的對立。對這樣的知識分子來說，自由主義從來不是一種無須需重新審視的預設政治狀態，而是一個需要承擔可觀的個人風險才有機會尋求的激進目標。到了七〇年代，最令人感興趣的自由主義思想是在東歐。

雖然彼此之間還是有不同，但波蘭的亞當・密區尼克或者捷克斯洛伐克的瓦茨拉夫・哈維爾或者跟他們同代的匈牙利自由主義者，他們全都有個共同點：畢生經驗都跟共產主義脫不了關係。因此在東歐，不管是在華沙還是在布拉格，一九六八年並不是在反抗父執輩的自由主義，更不是對政治自由的海市蜃樓加以抗議；而是去反抗六〇年代那些人他們父執輩的史達林主義——這樣的反抗往往蒙上偽裝，以改良或者復興馬克思主義之名進行。

但馬克思主義「修正主義」的夢想倒在華沙的警棍和布拉格的坦克之下。所以東中歐自由主義者的共同點是一種否定性的起點：跟威權體制談判注定一無所獲。你真正想要實現的，從定義上來說，正是這個體制不能讓步的部分。在這種情況之下進行的任何談判，雙方都必然毫無誠意，其結果也就可想而知。如果不是隨即演變成雙方對抗，以改革自期的一方被擊敗——再不然就是這些人當中更柔順具有可塑性的代表被吸收到體制內部，要求改革的能量消耗殆盡。

從這些淺顯的觀察，新一代東歐思想家在威權政治的形而上問題中得出了一個獨創的結論。在政權不能夠被推翻，你也沒辦法跟他們有效交涉的情況下，還有第三個選項：行動，但自己預設「假定條件」(as if)。

「假定條件」的政治可以採取兩種形式。在某些地方，你可以表現得好像體制是公開可以談判的，假裝對這個政權的法律偽善的那一面信以為真——如果沒有意外的話——來揭發國王沒有穿新衣其實一絲不掛的窘境。而在其他地方，特別是像捷克斯洛伐克這樣連政治妥協的假象也已經被摧毀的國家，這種策略的妙處在於，在個人層面上表現得好像自由自在：過著一種或試圖過著一種不為政治所左右的生活，而這樣的生活是奠基於遵循倫理與彰顯美德的想法之上。

當然，像這樣的途徑需要接受自己被排除在政權體制（以及許多局外人）所界定的政治運作之外。無論你把這個情況形容為——以哈維爾的措辭——「無力者的權力」，還是捷爾吉．康拉德所謂的「反政治運作」（anti-politics），西方的自由主義者都沒有類似的經驗，也缺乏一套相應的語言來予以描述。實際上，歐洲共黨國家的異議分子主張在純粹修辭與個人的層面上對社會進行重建和重塑形象——這超過國家所能夠掌握的範圍，而就如同我們所理解的那樣，這種國家都是一開始就打定主意要把社會的精華抽取吸乾或加以整併。

異議分子所致力的是去鍛造一種新的對話。或許這是我們要理解他們的意圖最容易的方法，他們刻意對體制以及體制對他們的反應充耳不聞。你反正就表現得像是把法律、共產主義的語言、個別每一國家的憲法和它們所簽署的國際協議都當成是可以運作也能夠信任的。

這些協議中最為重要的是一九七五年赫爾辛基最終法案中所謂的「第三個籃子」（third basket），按照當時的協議，蘇聯與其所有附庸國都承諾會遵守基本人權。這些政權當然不會預期它們必須要對這些承諾認真對待，這是當初它們之所以會簽署協議的唯一理由。但從莫斯科到布拉格，所有的批評者都抓住這個機會，要政權把注意力集中放在必須履行的法律義務之上。

在這層意義上，如果沒有其他顧慮，這些異議跟西方激進分子自認為在一九六八年所採取的行動有一些相似之處：迫使掌權者必須開誠布公讓外界看到在他們治下這個體制的實情。從而，如果運氣不錯，可以教育國內的同胞和國外的觀察者，讓他們了解共產主義的矛盾與謊言。

史：這是更大範圍的人權史當中的一部分。赫爾辛基法案的「第三個籃子」，正如你所說的那樣，舉凡捷克人、烏克蘭人、波蘭人、俄羅斯人以及蘇聯集團下的幾乎每一個人都能夠據此爭取權利——當然有些地方爭到的少一點，有些地方爭到的多一點。但西方的一些團體，像「國際特赦組織」和「人權觀察組織」也都理解，因為就某方面而言，這些組織所從事的也是同一件事。那也就是說，他們都把這些人權上的承諾很當一回事。於是乎，「人權」這樣的詞語在嘴巴上提倡——但也作為一種政策來執行——在卡特當總統的時候變成關注的焦點，然後在雷根在位時被運用在外交政策上。有人會指出這其中的自相矛盾，但這只是一個示範，我認為，好讓大家意識到這種部分來自東歐的新型態自由主義。

賈：這確實是一種自由主義所重生的語言——而且不只是對自由主義而已，也是左派所重生的語言。我們出於直覺理所當然地認為像人權觀察組織或國際特赦組織這樣的機構是偏向左派的，事實上也是如此。左派無法再憑過去的那一套論述過關，無法再援用制度上或情感上與馬克思主義捆綁在一起的語言。左派需要全新的語言。

但我們不可這樣被帶離正題。不管我們可能多麼讚賞捷克斯洛伐克的「七七憲章」和當年每個簽署者的勇氣，事實卻是起初只有二百四十三人簽名，在接下來的十年裡，簽署者也沒有再增加超過一千人。真相就是，從布拉格之春遭到鎮壓以來，大部分人都漸漸退出政治場域，奉行所謂「意見邁向私有化」，尤其是在事發所在地的捷克斯洛伐克。「正常化」（Normalization）執行得很成功，當局把數以千計原本在公共領域發聲，或者執行有能見度的職責，或者在社會上有一份工作的男女予以肅清。於是捷克人和斯洛伐克人當年只好放棄公共生活，退回到物質消費與徒具形式（pro forma）的政治順從。

波蘭當然又是個不一樣的故事，或者說是在不一樣的時間軸上。知識分子和不久之前還是學生的激進派，在七〇年代的過程中成功地與真正勞動階層的工運建立起彼此的聯繫，尤其是在幾個波羅的海沿岸的造船城市。最初幾回失利之後，工人和知識分子在八〇年代數度大罷工期間實際合作起來。「團結工聯」變成一個成員數達到千萬的群眾運動。

但團結工聯也曾經在一九八一年十二月政府強行實施戒嚴令時遭遇挫折——至少在戒嚴初期如此。而即使在波蘭，我記得亞當．密區尼克對這一切努力能不能有機會成功也非常悲觀。團結工聯一度轉入地下，而當時的執政者打算從國外再借一輪外債來付錢支應國內生活所需：一直到一九八七年，看起來沒完沒了日復一日周而復始的悲慘情況，似乎都還沒有終止的跡象。

史：令人不得不注意到的是，東歐知識分子是出於個人與歷史的經驗，而觸及這些主題，這些經驗卻跟一般對資產階級生活或自由主義教育的古典理解幾乎無關。

賈：正是如此。以最明顯的哈維爾為例，他不是西方傳統典型的政治思想家。就他所反映出來任何既定傳統的程度而言，他屬於現象學和新海德格思想的歐陸傳承：在他的祖國捷克斯洛伐克，新海德格思想是發展成熟的流行思潮。然而就某方面來說，哈維爾在思想根柢上的明顯不足反而對他有利。如果他所理解的只是像另外一個調整德國形上學去適應共產主義政治的中歐思想家，那對西方讀者來說，不會覺得他有什麼吸引力，也會覺得他難以理解。在另一方面，正是「真實可信」（authenticity）與「虛假可疑」（inauthenticity）這兩者在現象學方法上的獨特並列，為他提供了最強而有力的形象：蔬果店老闆在他的櫥窗裡掛了招牌，上面寫道「世界上的勞動者團結起來！」

這個形象顯示一個孤獨的男人。但更深層的意涵是，社會主義制度下的每一個人都是孤獨的，但他們的行為，無論多麼孤立，都不是毫無意義的。只要有一個蔬果店老闆下筆揮毫寫出一面招牌，並按照他本身的道德意識自發行動，如此一來就會對他自己以及到他店裡來的每一個人都產生差別、起到影響。這一論點不只適用於共產主義。但是對他們當地的讀者來說，可以那樣解讀，看到的人都馬上就懂了。

哈維爾因此能夠同時被他的捷克讀者與外國讀者所理解。這種情形相當大程度也發生在捷克斯洛伐克另一位著名的異議分子，小說家米蘭·昆德拉身上，雖然理由頗多差異。我有一些捷克朋友對昆德拉在西方那麼受歡迎深感不悅，他們就會問說，為什麼其他的捷克作家（在國內往往更受喜愛）越過邊境之後讀者幾希？但昆德拉在文體上讓法國讀者感到很熟悉，例如他一些戲謔的實驗風格就非常迎合巴黎人的調性，而且他毫不猶豫就適應了法國的智識思想與文學生活。

史：昆德拉那種中歐概念的天才之處在於，以描寫捷克女人和糕點加上信筆引述歷史以及上乘的寫作技巧，為西歐平添文學樂趣。他讓西方世界有了對「波西米亞」的想像，呈現這個字的雙重寓意。

賈：七〇年代開始有人強調中歐的重要性，不過明顯僅限於實用的範圍：呈現出來的形象是哈布斯堡王朝式微到僅剩下城市核心的餘緒。由此可以看到，隨著所有重心都被放在維也納、布達佩斯和布拉格這些繼承了歐洲見識與思想的都會大城，中歐就順理成章地從其問題重重的歷史和內部的衝突當中得救了。但這麼一來此地最具有外來色彩的元素也就從此被剝奪了：宗教、農民、歐洲東部的大片蒼茫荒野。

西方想像中的這塊神話般的中歐也關鍵性地排除了波蘭——或者至少排除了波蘭的大部分領土。這個國家長期在西方觀察家眼中刻意製造出一些令人輕微不快的困局，甚至波蘭人還總是不肯放棄要強調波蘭文化的重要地位。最重要的是，從六〇年代以後，在西方的想像裡，中歐已經跟「猶太人的歐洲」混在一起分不清了：那個褚威格筆下引發懷念討人喜愛的世紀末中歐。但波蘭跟這樣的說法格格不入。波蘭不是猶太人生活的地方，如今在西方人的腦海意象中：這裡是猶太人的死所。就在發生那些事情的同時，波蘭人自己的損失，跟猶太人所受的痛苦相比，甚至跟哈布斯堡所統治的奧地利那個細緻優雅的世界被悲劇性地摧毀相比，可說是微不足道：當然在波蘭人自己的描述當中，與我們的描述相近，確實也堪稱為德國與俄國一連串暴行的受害者。

史：有趣的是，雖然你不太會這麼說，但這個中歐確實是猶太人的中歐，當然昆德拉並不是猶太人。我認為，七〇年代這個中歐的概念是因為關於浩劫大屠殺的敘事持續演進而變得廣為人知。浩劫大屠殺作為一個概念出現在六〇年代，跟美國的民權運動相伴發生。跟某一種希望把城市恢復過來的想法有一點關係。城市氣息與見多識廣的普世價值觀不僅令人懷念，同時也是進步的。

在昆德拉筆下的中歐裡，消失的不止是農民、斯拉夫人、基督徒、醜陋的現實和非哈布斯堡式的世界，還有各種真正嚴肅的思潮。哈維爾的思想根基在現象學。這個情況很棘手，因為如果說有哪一派哲學分支不為浩劫大屠殺所接受，那正好就是現象學。哈維爾就在那樣敏感的提防下堂而皇之地讓現象學在捷克斯洛伐克重見天日。這是我從瑪西．秀爾那邊所得來的理解，她目前正在寫有關幾位現象學奠基者的研究。

賈：對浩劫大屠殺的關心意識在西方越來越成為涉及近現代歐洲歷史的核心發動機，這意味著，因為類似的理由，中歐尤其是講德語的地區，其思想源流有可能被窄化，貶抑為只跟大屠殺的可能性相關。因此，中歐歷史與思想的其他層面——特別是那些持續令人感興趣或在地方上帶有正面後果的部分——就更難得到世人的承認。

說起現象學的這些奠基者，讓我想起嘉祿．沃伊蒂瓦，也就是教宗若望．保祿二世。西方世界對這位波蘭教宗的方方面面，難以全盤掌握，實在令人感到驚訝。他的天主教特質被簡化為他的祖國對聖母瑪利亞的狂熱膜拜。批評他的人注意力都側重他在普救論（Universalism）這個教義立場上毫不妥協的道德堅持，於是就認為他只不過是一位代表著東歐傳統文化的反革命分子。這使得嚴肅對待他的思想遺產或者他所借鑒的思想遺產源流，似乎既沒有必要，也稍嫌寬大。

我認為這才是問題所在：中歐在二十世紀的歷史裡面尚有如此大量的疑難未解，因而這個區域更為細緻敏銳的思想、社會與文化潮流，對外界來說都視而不見。不管怎麼說，就像拉利．沃爾夫很早之前就指出的，這是西方的心靈根據先前就已經存在的劇本，一連串不斷改寫的世界當中的一部分。

史：讓我提一下另外一位波蘭人，他對世界歷史的影響之大，可能除了教宗以外，勝於任何波蘭知識分子：耶日西．蓋德羅伊斯，共黨時代對波蘭人來說最重要的期刊《文化》的主編。

蓋德羅伊斯可能是最重要的冷戰時期自由主義者，雖然他沒有寫過什麼大不了的東西，而且波蘭之外幾乎沒有人聽說過他。他在巴黎郊外梅松拉菲特的一幢宅子裡，設法創造出一種完全波蘭式但同時也是東歐式的智識生活。他設計了波蘭的東向政策，或者可以說是東向的大戰略，指導波蘭在蘇聯瓦解之後度過九〇年代的艱難歲月。他從五〇年代一直這樣做到八〇年代，而法國這個他生活和工作的地方，卻沒有什麼人真的注意到他做了什麼。

在耶日西．蓋德羅伊斯與芭芭拉．托倫切克一九八一年的對談中，有個非常好玩的片段，芭芭拉問他說，西方對他有沒有任何影響，他明明白白地說沒有。然後又問他有沒有試圖去影響法國。於是他的回答大概就像這樣：我親愛的女士，那麼做根本毫無意義，你能夠從西方得到的只有眼淚和錢。

賈：詳情比那個還要更加複雜。切斯瓦夫．米悟虛談到了「得不到回報的愛」（unrequited love），說眼淚應該流淌在不只一張臉上。東歐想要的不只是同情與支持；還想要被理解。想要因為自己的本質而被理解，而不是因為自己可以被運用在西方世界的目的之上。從六〇年代到九〇年代，我跟各式各樣不同政治層面和不同年齡輩分的中歐人打交道的經驗，始終都感受得到他們覺得自己不為外界所理解。

我認為在二十世紀，沒有任何一位適度敏銳的西方觀察家在遇到中歐人時，能夠避而不感受到這種「得不到回報的愛」的經驗。我們有獨特之處，中歐人會告訴你；可是你們都看不出來我們的獨特之處與地方個性。所以我們的時間都花在反覆試圖向你們解釋這一點，同時對你們永遠無法搞懂而感到絕望只好舉手投降。

史：我想知道，像這樣的情況能不能被視為共產主義的深層失敗。共產主義本來應該要體現、示範以及散播一種普遍的文化，因此能夠得到普遍的理解。然而在東歐，共產主義卻創造出這些內向的、在他們的文化中相當族裔中心的地方。這就是為什麼昆德拉筆下世界主義的中歐形象，本質上是反共產主義的。甚至後來的知識分子，他們對歐洲主要語言的掌握，也遠遠不如據稱野蠻不文的兩次大戰之間的知識分子。所以這個平凡無奇的問題很大程度在於，即使是像哈維爾或米悟虛那樣頂尖知名的作家，也需要有人來翻譯他們的作品。

賈：代與代之間的這種斷裂在我看來是關鍵。我在劍橋念書的時候有一位匈牙利經濟學家尼古拉斯・卡爾多，他那一代人的中歐，仍然是一個說德語的中歐。什麼東西都不用翻譯，因為大家彼此之間都講德語，同時能夠也確實都以德文著述出版。然而到他們的下一代人就以匈牙利語寫作了。他們被強制學習的外國語只有俄語，但一輩子也用不到一兩次：因為他們不想要開口說俄語，所以從來都沒有好好學習。於是在這種情況下，所有他們寫出來的東西都得要經過再一道翻譯手續才能傳到西方。

你從亞當・密區尼克這個人身上就會理解到，他是罕見的那種真正在歷史上有重要性卻不能以英語溝通運作的歐洲人。他的作品和文字都必須從法文翻譯出來（以那個年代來說很不尋常），這使得一個三十年前的美國讀者，無法像法國或英國讀者那樣，有比較多聽說他的機會。我再進一步地說，現在精通西方文化和語言的東歐知識分子越來越顯得沒有那麼典型了。在冷戰年代最終定居巴黎的那種保加利亞人——例如像茨維坦・托多洛夫或者朱麗亞・克利斯蒂娃——在法國的智識圈活動起來都輕鬆自在遊刃有餘。但當他們要把自己出身所來自的那個文化傳達給我們時，呈現出來的卻是非常扭曲變形的映像。

史：不過，當然我們也可以把這個想法反過來看，別忘了要去翻譯這些難纏的語文，往往牽涉到一些很個人的、帶有風險的、有時還非常困難的選擇，而且還得花錢，偏偏這些地方的人本來就沒什麼錢。米悟虛在一九五一年決定離開波蘭，他基本上就隱居在巴黎附近的梅松拉菲特，《文化》雜誌在這裡有自己的房子和一家小型出版社。他在那裡住了一年。蓋德羅伊斯決定要出版《被禁錮的心靈》，於是接下來就找人翻譯。但是這本書之所以終於被翻譯出來，是因為米悟虛選擇要離開，而蓋德羅伊斯選擇要照顧他。

但我覺得有趣的是這個過程中的各自盤算，因為蓋德羅伊斯一點兒也不相信《被禁錮的心靈》書中的論點。他不認為米悟虛用這些複雜的文學隱喻是對的，虛構開特曼（Ketman）和莫爾提丙

（Murti-Bing）這樣的人物，來解釋掌握權力的共產主義對那些需要逢迎體制以求取富貴的知識分子有怎樣的吸引力。他認為這種現象在波蘭，一言以蔽之，就只是跟金錢及怯懦有關。儘管如此，他心裡明白出版米悟虛的作品在政治上有好處：可以為波蘭作家在史達林主義下所犯的思想罪行，提供一個藉口。

賈：這是有用的不實陳述。

史：這正好就是蓋德羅伊斯對這本書的形容。這本書也同時給了西方的馬克思主義者、共產黨人以及過去曾經信仰過共產主義的人提供了一個藉口，因為從開特曼（外表屈從，但內心裡相信自己是在抵抗）或莫爾提丙（享受接受唯一的真理而從此不再疑惑）那樣的說法當中，非常容易理解這些人自己當初為什麼會被馬克思主義所吸引。

賈：當我在課堂上講授《被禁錮的心靈》時，那些大學生的反應極其熱烈。學生們想要知道米悟虛從A到D的那幾個朋友到底是誰，諸如此類的，但最主要他們還是被書中的論點與文采所折服。不過我在幾個研究生的討論班上也教過這本書。在那裡我得到了一個有所不同的反應：書裡面所講的這些情形恐怕是很邊緣以及不太典型的吧？這是以一種知識分子的口吻來述說其他知識分子活在一個高層次的道德選擇和妥協的世界裡，但是對那些年裡跟大多數面對如此壓力和選擇的波蘭人而言，這本書幾乎沒有什麼著墨。

史：而且很難說在你的學生裡哪一邊的反應才對。我的意思是，在當代的東歐地區，例如波蘭，令人驚訝的現象是，年輕一代的右派男女，實際上已經不記得共產主義，他們不僅是對這個理念無感，而且對當年吸引人們投身到共產黨的動機都絲毫不予同情。他們往往傾向於熱衷「轉型正義」(lustration)，認為必須要重新檢視過去居於高位者的所作所為。不過，我當然傾向於認為這是比較晚生的這些人粗魯無禮。正因為他們是最有野心的一群人，想要把比他們老的幾代人都清除掉，如果還是在共產主義的統治之下，他們就會跟過去與當權者勾結合作的人做同樣的事。

賈：順從同流有兩種。一種是平庸的順從，出於自利心或者缺乏見識，這是在共產主義統治末期的順從；另外一種是昆德拉筆下那些舞者的順從，他們是二十世紀四〇、五〇年代的信徒。你知道的，整個圈子的人都只看到彼此的臉，背對著外面的世界，從頭到尾都相信他們把所有的事物都看在眼裡。

像帕維爾．科胡特或昆德拉自己那樣聰明的作家，也被掃進了信仰、執念和一個更大的集體敘事當中；在這個敘事裡，他們自己和他人的自主權都是其次的考量。那是更危險的順從：正因為如此一來就更加無法掌握這樣的罪行可能的規模會有多大了。怪異之處當然在於，從一個外部的觀點，也就是從局外觀察者的視角來看，圍著圈子跳舞的知識分子那種難以察覺的順從，比起因為怯懦而做出自私的選擇，對這些被統治的國民來說，吸引力要遠遠大得多。

史：這是昆德拉最引人注目的特徵，他作為一個小說家的誠實，在面對史達林主義的吸引力這個問題上。他把這種我們如今覺得毫無魅力，而他自己回顧起來也感到嫌惡的行為，描述得富含吸引力。

二〇〇八年有報導揭發昆德拉年輕時（在一九五一年共產主義下的捷克斯洛伐克）曾經幫警方監視告密，在我看來這種說法完全是一場誤會。如果他曾經是一個思想忠貞的共產黨員，事實上他確實就是，那麼把他的懷疑報告給警方確切就是他的道德義務，我們沒有任何理由要為這件事情覺得驚愕。

我們會覺得這件事情意想不到，所揭示的只不過是我們自己的誤解。半個世紀以來，我們一直都把事情簡化成，每一個反對共產主義的人必定這一輩子以來都是高尚的自由主義者。但昆德拉當年並不是一個高尚的自由主義者。他曾經衷心信仰史達林主義：畢竟，他在小說裡是這麼表達的。如果我們想要知道在那樣的時空背景裡，何以共產主義正好就會吸引到像昆德拉這樣的人，我們需要延展我們的同理心。

賈：瑪西・秀爾在她的一篇文章中表達了同樣的觀點，她引用了科胡特熱情讚頌克萊門特・哥特瓦爾德一九四八年光著頭站在舊城廣場上。正是這位共產黨員，時為捷克斯洛伐克的總統，這個即將帶領我們走進神奇新世界的人。而這同一個帕維爾・科胡特將成為六〇年代文學與異議的文化英雄。這是同一個人。但你不能讀他後期的作品而以為從中能夠回頭找到更早時期的他。

史：在冷戰時期的自由主義者與東歐異議人士之間存在著一些有趣的共同點。對冷戰時期的自由主義者來說，當我們回過頭看，不無問題的是，他們對經濟學完全都插不上嘴。對東歐人來說，對這個主題保持緘默是有好處的：使他們在西方被接受的程度變得更高。

中歐知識分子已經放棄了經濟學——他們原先曾經有多在意，現在的放棄就有多徹底。經濟學在那個時候變成像是政治思考，於是就腐化了。只有全然跟任何明確意識形態的辯解之辭切斷關聯的時空之下，經濟改革才可能實現。有些作家，包括哈維爾在內，都把總體經濟學視為對經濟學本身裡外夾攻的鎮壓。

所以他們就迴避這個主題，這時正值瑪格麗特．柴契爾在英國遂行她的革命，當時海耶克的主張，所謂只要對經濟加以干預，任何時間走到哪裡，都是極權主義的開始，在西方再度得到青睞。

賈：這是改良共產主義的歷史走到盡頭。如果你回過頭來閱讀捷克經濟學家奧塔．錫克或匈牙利經濟學家亞諾什．科爾奈，你會了解，直到六〇年代，他們都還試圖透過在市場的各個層面注入單方掌控的經濟指令，來拯救社會主義經濟的實質。但我不認為就因為西方不再信奉凱因斯主義，所以他們的幻覺就開始顯得愚蠢。我想錫克和科爾奈以及一些其他人都開始了解，他們當時所提出的方案擺明著無法奏效。

最接近可行的共產主義經濟學改良版本是南斯拉夫或匈牙利。不過強調所謂「工人掌控」和「自我管理」的南斯拉夫只是一個神話，而我認為一些更優秀的經濟學家已經能夠看出這一點。這個神話乞靈於對在地生產的理想化，以及遙遙呼應當年以工廠為基礎的集體運作和地方勞工團體自治這類概念。

至於匈牙利的制度，倒是發揮了功效。但之所以有效正好就是因為制度裡面這個第五個輪子：私有部門。私有部門被允許存在的理由是根據好的卡達爾主義原理（大意是你假裝是X，我們也就假裝相信你）。只要匈牙利經濟當中的私有部門不要持續彰顯自我的存在，給當權者造成壓力，那麼就會被准許扮演某種非正式指定的角色。但沒有人可以一本正經地稱這套運作為社會主義經濟學。

我不相信當幻滅成為定局，所有的改良派共產黨人就會變成自由市場的理論家。事實上，幾乎沒有任何人變成如此。即使是在八〇年代團結工聯還不合法的那些年裡，迅速轉向預算、貨幣改革和真正的總體經濟標準的波蘭人，也沒有必然就會轉變成海耶克主義者。在大多數情況下，是對歷史無知的更年輕一代經濟學家才走上了那個方向。老一輩的海耶克主義者——曾經被認為錯得很離譜的瓦茨拉夫．克勞斯，如今貴為捷克共和國的總統。

史：但我感受很深的是，在一九八九年之前的世界裡，雖然我們所談論的這些異議人士都不是自由市場經濟學家，而且他們一般來說根本也稱不上是什麼經濟學家，但他們的結論裡頭都存在一些能夠讓自由市場顯得有魅力的東西。當你生活在一個計劃經濟體系之中，這邊那邊稍微一點市場機制就會顯得很有光彩，活力煥發，生機無限。這種情況外表上似乎跟公民社會頗為相像，運作的性質既不屬於個人也不屬於國家。

賈：自由市場的雜貨商在他櫥窗裡所陳列的東西要比哈維爾筆下的雜貨商多得多。

史：不僅如此。想想看利奧波德．泰爾曼日記裡所寫到的一九五四年史達林主義之下的波蘭，和這位鞋子刷得乾乾淨淨、領帶熨得平平整整的人士。這些人物都頗具吸引力：在雙重的意義下都是過去所遺留下來的人，因為一方面他們很可能是猶太人，而泰爾曼自己當然是猶太人，可是不會把這項實情說出來，但他們也是戰前資本主義體制所遺留下來的人，一群具有魅力的倖存者，來自一個已經消失的世界，具體表現出一種潔淨、時尚的資產階級倫理道德。

米悟虛後來在《被禁錮的心靈》最後一章中寫到一群找到門路偷兩件襯衫來賣的人——在真正的資本主義國家，例如，試圖在紐約的商店裡行竊，或者換在今天的華沙，都當然不會有魅力；但在共產主義那樣的背景下，這種行為看起來似乎是一種個人主義。即使是哈維爾，在他的〈無權者的權力〉中也呈現出這樣的想法，也就是假如你是一個釀酒師，你實際上應當做的就是釀造優質的啤酒。如果說這種行為不完全稱得上是一種資本主義倫理，似乎也跟資本主義並不違背。

賈：這種觀點捕捉到並且闡明了一種曾經在西方也普遍存在的幻覺：最純粹形式或者說道德上最純粹形式的資本主義，從根本上說是手藝人的製作，那也就是說，例如對一位釀酒師來說，重要的特性是能夠製作出優質的啤酒。不過當然在資本主義的運作當中，釀酒師的重要特質是他所釀造的啤酒賣得很好。

資本主義缺乏魅力的特性是在中間地帶。從小的目標來看，是讓那些傢伙可以自由釀造優質啤酒或者販賣一兩件襯衫，或者無視國家的生產準則自己想怎麼樣就怎麼樣；而在大的目標來看，則是亞當．斯密式的或者更加傾向洛克式的關於自由的純粹理論，有關於自由被視為從道德層面來看是人類自覺努力當中的最高志向。中間地帶相對而言吸引力就要小得多：資本主義想要存活下去就得遊走在中間地帶。從來都不存在純粹「亞當．斯密式」的市場；我們從豐富的經驗中得知，心存良善的手藝工匠正常情況下無法在競爭中存活。如今法國的熟練麵包師還能存活，是多虧了有補貼。用最冠冕堂皇的話來說，國家把比較不吸引人的資本主義所獲得的利潤回收運用，來支持在美感上更具有吸引力的邊緣企業家。

對我來說，這完全不應該受到任何責難。但在理論的高級層次上，確實有一點減損了這整個體制的魅力。在東歐，曾經有一段時間，道德堅定和拒絕妥協這類品行的吸引力很有意識地從政治異議人士延伸到了經濟規律當中：在對資本主義的立場上絕對不容妥協，要將其連根拔起徹底取代。我懷疑像這種層次的刻板意識形態到如今已經不多見了，除非是在像瓦茨拉夫．克勞斯和萊謝克．巴爾采羅維奇以及其他真正相信共產主義的人這類比較脫離現實的圈子裡。

史：二十世紀七〇年代到八〇年代逐漸建立起來的私有化和美國的涓滴經濟學（trickle-down economics）這兩種論點都借用了伸張人權的相關辭藻。這類論點的看法是，自由企業的權利不只是一種權利，這種權利是重要而且純粹的，正如我們所關心的其他權利也都是重要而且純粹的。這裡面似乎還有一種彼此之間的互相標舉，市場不只是一種經濟制度，也是蘇聯與東歐這些可憐的異議人士所陳述的某種自由之一例。

賈：把這些連結起來的是海耶克。要記得，海耶克對市場不需要加以限制的論點，從來都不是主要關於經濟學。而是考量到政治上的事例，事關他兩次大戰期間所經歷到的，奧地利的威權主義以及不可能在不同的自由當中再做區分。從一種海耶克式的視角來看，你不能透過犧牲或損害權利B來保護權利A，如果你那樣做，無論當時得到怎麼樣的好處，遲早這兩種權利你都會一起失去。

用這種觀點來看事情，在東歐共產主義的環境背景下很容易就會產生共鳴：持續提醒所有人，只要在經濟自由上妥協讓步，要不了多久政治權利必然也會跟著喪失。這反過來又順便強化了雷根—柴契爾的觀點：有權利去賺任何數量的金錢而不受國家的阻礙，是包括言論自由在內的不可分割的權利之一部分。

或許值得提醒我們自己的是，這種觀點並不是亞當．斯密的想法。也肯定不是大多數新古典主義經濟學家們的看法。他們完全想都沒有想過，在經濟生活的各種形式以及人類存在的所有其他層面之間，竟然有這麼一種不可或缺的永恆關係。他們把經濟學視為從內在規律與人類自利邏輯當中獲益；而那種認為光靠經濟學就能供應人類生存在地球上種種用途的想法，在他們看來是特別薄弱沒內容。

二十世紀對自由市場的辯護，有非常特殊的中歐（奧地利）起源，跟兩次大戰之間的危機以及海耶克的獨特闡釋有關。他這番闡釋及其後續影響，以經過誇大與提煉的形式，取道芝加哥和華盛頓，又回饋到中歐。之所以會有這樣奇特的軌道，當然嘍，共產黨必須要負起並不直接但卻主要的責任。

史：對即將要發生的那種特定變化來說，市場必須不只是成為對國家的一種約束，同時還必須成為權利的一種來源，或甚至是道德規範的一種來源。市場不再是某種有其自身邊界的東西，不再只是因為個人層面的私人財產而為私人生活保留空間，或保衛公民社會不受國家侵犯。在海耶克的觀點或盲從其學說的東歐分身那裡，市場擴大了職能範圍，並且同時擁抱了公共領域和私人領域。完全不是為了某種道德生活而鋪設條件，本身就成了道德生活，除此之外不需要其他。

賈：假如東歐在七〇年代中後期因為一個戈巴契夫之流的人物，而隨波逐流的話，一場關於這項變化的意義究竟為何的大辯論肯定已經發生了。左派將不得不徹底重新思考馬克思主義的主要敘事。不過在我看來，那時候很可能出現一種能將市場納入其中的不同敘事：這是一場激進政治範疇中的革命，固然沒錯，它仍然跟保守主義或古典自由主義的出發點保持了明顯的距離。

然而到了二十世紀的最後十年，東歐的反抗常常合理地呈現為不只是一場政治內的革命，也是一場反對政治的革命。這項轉變讓更聰明的新自由主義者應運而生：找出一個擺脫異議分子同時以假亂真取而代之的辦法。如果政治像以往那樣已被「反政治」所取代，那麼我們就生活在一個後政治的世界裡。而在一個後政治的世界裡，喪失了道德意義或歷史敘事，還留下些什麼？肯定不是社會。所留下的，如同瑪格麗特．柴契爾著名的堅稱，唯有「家庭和個人」。還有，他們在經濟學上所定義的自利。

7 各種統合與分裂：歐洲史家
Unities and Fragments: European Historian

我一九八七年離開牛津，接受了一份紐約的教職。不到兩年，就趕上一九八九年風起雲湧的革命浪潮。那年十二月，我正坐在維也納的一部計程車裡，聽廣播知道了羅馬尼亞的希奧塞古失勢下台，這是東歐地區共產主義政權接連崩解當中，最後也是最具暴力色彩的劇碼。這一切對我們看待戰後歐洲局勢來說意味著什麼呢？原先內建的假設是東歐會一直在共產主義的統治之下，如今這些國家一個一個起了這樣的變化，對西歐和新起的歐洲社群來說，東歐會成為什麼樣子呢？

我記得當時心裡相當明確地想到，應該要有人來寫一本有關於這個發展的新書。舊的說法正在迅速瓦解，雖然還要好一段時間，未來的新說法才會在我們的手中慢慢成形。我當時在很短的時間之內就決定要寫這本書，於是就坐下來開始閱讀相關的材料——沒想到這一讀就花了十年的時間。不過，到了一九九一年十二月蘇聯的統治走到盡頭時，我已經相當確定，著手寫這本書是個正確的決定。

一九九二年，到紐約大學任教五年之後，我成為歷史系的教授。以這樣的職位被自己系所裡的研究生誘惑已經不夠檢點了，要是我去勾引研究生那就更不像話了。然而，很幸運地，事情不折不扣就這樣發生了。在九〇年代初的紐約大學歷史系，我可能是唯一符合條件的男性（單身、異性戀、七十歲以下）。珍妮佛．霍曼斯曾經在紐約的美國芭蕾舞學校專業習舞，之後在舊金山和西雅圖兩地職業表演，直到因為受傷而萌生退意高掛舞鞋。退休之後她去哥倫比亞大學攻讀法文，然後獲得紐約大學的研究生獎助，開始致力於美國史。

美國史在那些年間逐漸淪為多重族裔身分認同（hyphenated identity）的歷史，取代了上一代那些同樣催眠但更容易教授的微觀政治學專題討論。就在她因此對這個主題萌生不滿時，認識了幾年前從普林斯頓大學跳槽到紐約大學、並對歐洲史越來越感興趣的著名歷史學者傑若德．席格爾。不過與此同時，她還是繼續在舞蹈的世界中積極參與，為雅克．丹波創辦的「國家舞蹈協會」工作。這層關係把她帶到了布拉格，她在那裡採訪舞者，並且對東歐感到著迷。

珍妮佛就向她的研究所同學打聽，紐約大學有沒有人在教東歐專題的課程，因此得知了我的名字，然後來我辦公室，問那年秋天會不會開課。我本來沒有那樣的打算，當時身為系主任也沒有開課的義務；但一時興起就決定要來開一門課，因為其實我一直都很有興趣，只是在等待適當的機會，來引領一項有關於東歐史的獨立研究。再者，因為我平時的活動滿滿，如果要上課的話，我建議地點在第五大道上的一家餐廳，不然我一直改個不停的日常工作事項，就會讓我們沒有辦法上課，我自己很清楚這個情況，不過我這位學生應該覺得有點莫名其妙。無論如何，我們當時還維持著虛構的學術距離；在整整三個月當中，不管在公開還是私下的場合，我們都還否認彼此相互吸引，直到一九九二年的感恩節。

那年十二月，我跟珍妮佛同遊法國，也就是在那個時候，生平頭一回我成為一個公眾人物。學期結束之後我們就出發去巴黎，我在那裡首度跟她父母碰面，相見甚歡。我們兩人租了一部車，沿途駛過亞爾薩斯、瑞士和奧地利，及時抵達維也納過耶誕節。從那裡我們又開車去了義大利，趁著停留在威尼斯的時候，我把握機會跟她求婚。於是我們開開心心地一路駛回巴黎，在勃根地，我找了個地方停車打電話給那段時間幫我照顧房子的學生妮可．東布勞斯基。「正好，」她說：「你有沒有看到這個星期的報紙，刊出了《過去未完成》的書評？」

我那段時間一直都忙著別的事情，就回話跟她說不知道她當時講的是什麼事情。她就跟我說，原來我的新書在《紐約時報書評》上了頭版，《華盛頓郵報》、《紐約書評》和《紐約客》也都以當期的書評主題大幅報導，一切幾乎都是同時發生。這些報章雜誌之前並沒有評論過我寫的任何東西，更不用說是以這樣子的篇幅。於是我可以說，幾乎在一夜之間，就變得頗有名氣。接下來那一年裡，我幫《紐約書評》和其他公共論壇寫了一些東西。這些經歷反而促使我開始寫起一些比較政治性的文章以及嚴肅的新聞寫作——從速度上來說略顯慌忙。

為更廣泛的大眾寫文章，其中一個後果是，我越來越傾向於去寫那些我所佩服的人物與地方，而不只是那些嚴詞譴責起來饒有樂趣的對象。簡單地說，特別是在我後來收入《重新評價》一書當中的那些文章裡，在譴責之外我也漸漸學會了怎麼讚美。這或許是我比較成熟之後的自然作用，但當時也是受到了一位法國同行的批判所刺激，約莫就在《過去未完成》剛出版，正要開始寫《責任的重擔》時。他對我那樣評論他的同胞有點惱火，問我是不是真的認為所有法國知識分子都是像那樣。難道都沒有比較好的嗎？當然有，我回答他說，卡繆、阿宏和莫里亞克都是特立獨行的好榜樣，此外還有一些其他人。既然如此，他回我嘴，那你為什麼不寫那些人？

於是這個想法在我腦海裡擺了一段時間慢慢萌芽，又及時受到了羅伯特．西爾弗斯的出手鼓舞，代表《紐約書評》跟我邀稿一篇卡繆《第一個人》的書評，為我腦中的想法要付諸實現提供了一個機會。二十世紀的人物當中，有誰是我想要去緬懷與紀念的呢？這些人對我的吸引力有什麼共同點呢？我開始寫一些大體而言算是漢娜．鄂蘭的正面事蹟。接著是一系列論述二十世紀思想家的長文，其中有一些非常顯赫，也有一些藉藉無名：庫斯勒、柯拉科夫斯基、普里莫．萊維、馬內斯．施佩貝爾和嘉祿．沃伊蒂瓦（教宗若望保祿二世俗名）等人。我毫不懷疑這樣寫下來我的文筆功力大增。正面寫一個你佩服的人其實比寫什麼其他東西都要更困難：無論是蔑視阿圖塞、嘲弄馬丁．艾密斯或者貶低呂西安．戈德曼——這些都是小孩子的把戲。然而，雖說要聲稱卡繆是個偉大的作家，柯拉科夫斯基是卓越的哲學家，普里莫．萊維是我們最偉大的浩劫回憶錄作者之類的評價並非難事，但你如果想要清晰地解釋這些人為什麼這麼了不得，對世界產生怎麼樣的影響，那你就必須思考得更深入一些。

我之所以撰寫這些正面讚揚的文章，還有另外一個驅策的力量是來自法國大革命史家弗朗索瓦．福雷，他曾經幫我那本《馬克思主義與法國左派》的法文版寫過序。福雷擔任芝加哥大學社會思想委員會主席時，在九三年邀請我去教授「布萊德利講座」。我在講座中致力於探討三位法國人——萊昂．布魯姆、阿爾貝．卡繆和雷蒙．阿宏——這些演講的內容經過適當地延展，就變成了《責任的重擔》。雖說只是一本小書，《責任的重擔》貼近論述那些我最佩服的人，形式上可能比我寫的其他任何東西，都更接近於抓住了「我是誰以及所為何事」這個宗旨。只有在完成這本書之後，我才能全神投入《戰後歐洲六十年》。

開始寫的時候是在九〇年代中期，當時人住在中歐。從一九九四年十二月到一九九六年三月，珍妮佛跟我接受人文科學研究所的招待長住在維也納。然後我老毛病又犯了，開始嫌棄維也納夏天裡漫天灰塵又很無聊，冬天裡冰寒徹骨又很無聊：因此正好是開始寫這本書的絕佳地點。如今，這個中等大小的中歐城市——在二十世紀初有那麼一段短時間裡，曾經在思想和文化上是現代感的搖籃——只是某一個歐盟成員小國的首都，卻背負著沉重的帝國往昔。以我在當地的經驗而言，任何一種生活形態你愛怎麼過就怎麼過：社交生活不虞匱乏，想要遺世獨立也不成問題。

正因為這些原因，許多人覺得奧地利的首都令人沮喪。不過我反而喜歡維也納那種繁華落盡之後的困窘邋遢與空蕩淒涼，給你一種萬般趣事都已經成了過眼雲煙的感覺。克日什托夫．米哈爾斯基的研究所不多不少正合我的需要。不同於大多數這一類的機構，你身在其中可以自由保有全然的隱私，無須著意為集體的「思想進程」做出什麼個人貢獻。我也很慶幸這裡沒有跟我研究相同領域的人，意味著工作之餘不必再跟任何人談論工作。我可以幾個小時不間斷地工作，可以讀很多書，也可以漫無目的地到處走走。夜間寂靜無擾。

我相信自己跟米哈爾斯基相處得還不錯，因為我們都偏好不動聲色的冷諷。他可能也把我視為同道中人。雖然米哈爾斯基成功地為他自創的研究所募到資金，廣獲支持並且人脈暢通，但就某個層面而言他仍然是局外人——就像在他的祖國波蘭，儘管屬於那個世代中人，他卻從未真正成為「他們」的一員，也就是共黨高幹子女鍍金二代的自己人。人文科學研究所算不上什麼了不起的思想生產中心——以我在那邊的經驗所及，其中大多數的成員著述都不多，即使是其中比較有著述的人，最好的作品也都是來到那裡之前寫的。但我不認為這一點有什麼關係。米哈爾斯基的強項是打造出一個思想流通的媒介。他的研究所是一個結識聰明人的理想場所，這樣子的特性不可低估。

在維也納的時候，我為《戰後歐洲六十年》的最後一部分擬了一個綱要，命名為「大幻影：散論歐洲」。根據的是我一九九五年在波隆那做的一系列略顯懷疑態度的講座內容；其核心論點——歐盟因為過度的野心和政治上的短視，可能會因此冒上比較不穩定的風險——直到今天仍然具有可信度。在那之後不久，我讀到了《歐洲史》。一九九六年出版，作者是著作不少的歷史學者諾曼·戴維斯，書中對波蘭多所維護。由於當時我滿腦子都是打算要寫的歐洲史，所以對戴維斯的寫法異常地敏感，深覺自己不想要像他那樣寫。特別是，他這部巨著有些地方顯得含糊其詞，帶著一種你知道我的意思不必再多說的性質，作者輕率地侵入了歷史的敘述。

不過在我隨後為《新共和》所寫的書評中，或許有點太堅持己見。我發現戴維斯的《歐洲史》對浩劫大屠殺這個主題極度缺乏同理心，他那套反傳統的修正主義稍嫌遲鈍。我當時也相當強烈地感覺到，想要對東歐長久以來被忽視的重要性予以辯護的心情，不應該被允許假扮為普遍整個歐洲大陸的客觀歷史。而且書中還有一些事實上的錯誤……戴維斯看到我的書評之後給《新共和》寫了一封來函回應。信裡面明說我的書評最讓他感到受辱的是，我輕率地將他貶為一個有點荒謬的人物，指出他因為不見容於牛津而深感挫敗，孩子氣地抨擊那些年高德劭的教授們對他心愛的波蘭一無所知（他這種態度我把它拿來跟《柳林中的風聲》書裡蟾蜍先生著名的打油詩相比：在牛津的那些聰明人，只要是能夠知道的事無所不知，但他們裡面沒有人的所知，有明智的蟾蜍先生一半多）。

幾年之後，戴維斯給我寫了一張便條紙，雖然語帶諷刺，但還是真心善意地，稱讚了我當時對以色列的批評——應該是在二〇〇二年，我想。隔年，當我刊載在《紐約書評》上一篇論及「單一國家方案」的文章引發騷動之際，他接續又發訊息向我表達支持。我適度禮貌回覆，說及世事每多蹊蹺，我們之所以支持某人往往是出於我們自己的理由——這些話無疑是略帶諷刺，但還不至於構成冒犯，我也無意出言冒犯。在那之後，我怎麼樣也想不到的是，戴維斯在《衛報》上為《戰後歐洲六十年》寫了一篇不吝讚美的深刻書評；我寫信表達謝意，說我很欣賞他這種高雅的紳士風範。關於《戰後歐洲六十年》，承蒙戴維斯在文中美言，約莫是說賈德這本書「捷克斯洛伐克的部分寫得特別好」。從他的觀點而言，這無疑是最高的恭維。

❖ ❖ ❖

一九九五年，我有機會出任芝加哥大學「社會思想委員會」的「內夫教席」一職；經過一番天人交戰，我婉拒了校方的好意。回過頭來看，我現在明白當時自己正開始用另一種眼光來看待自己：不只是把自己當成歷史學者，也不只是把自己視為「公共知識分子」，而是一個可以把自己的技能與熱情運用到一個新任務之上的人。我被這樣的想法所吸引，想要打造一個制度性的論壇，來鼓勵我所讚賞的那類工作付諸實現，糾合我覺得有趣、想要去支持的那種人物共聚一堂。對我來說當時似乎，覺得這樣的心願在曼哈頓比在芝加哥更有可能實現，反觀在海德公園那樣的稀薄空氣中，要做這些事情的可能性更是微乎其微。

紐約，終究，還是不同凡響。在搬到那裡之前，我整個成年後的生活都是在劍橋、柏克萊和牛津度過的：這幾個地方都是遺世獨立的象牙塔，雖然各自有其不同的風範。然而到了紐約這裡，市內的幾所大學——紐約大學、哥倫比亞大學、紐約市立大學研究生中心——都沒有辦法假裝跟這座城市互不聯屬。即使是哥倫比亞大學，輝煌矗立在曼哈頓上西城的小山丘上，也幾乎沒辦法否認，吸引大多數教職員和學生去到那裡（而不是投向位於普林斯頓、紐黑文或麻州劍橋那幾所競爭對手懷抱）的原因，千真萬確就是在於其地點，雖然時至今日仍然那麼想或許有點不合時宜，但此地被世人廣泛視為世界上最具大都會氣息的城市。

從一種學術的觀點看起來，紐約更類似於歐陸典型，而比較不像英美樣板的城市。城裡最重要的對話並不是在學院圍牆後面由學者引導進行，而是跨越整個城市交換著更廣泛的思想與文化論辯，帶進記者、獨立作者、藝術家和遊客以及當地的各界專業人士。因此，至少在原則上，各個大學在文化與思想上結合了更大範圍的對話。至少在這層意義上，留在紐約，我還是可以繼續活得像個歐洲人。

我從芝加哥回到紐約，向我所服務的大學提出了一個實際可行的建議。如果他們同意幫我創立一個研究所：讓我在過去十年間的種種想法與計劃有個落腳處，那我就很願意留下來。結果紐約大學很不尋常地採納我這個建議，包括我堅持要求的，對於我們所進行的研究計劃或邀請的學人，校方絕對不能干涉。紐約大學言出必行，感謝校方的大力協助，我才有辦法建立起「雷馬克研究所」。

如果不能夠辦這個研究所，我相信自己不會繼續留在紐約；我本來對歷史系當然沒有什麼特別的留戀，嫌其不時都走在力圖固守政治正確與強矯歷史迎合時宜的荒謬軌道上。但我也不相信世上還會有許多其他研究機構，證實能夠對我想做的事情如此支持。紐約大學就像早些年的劍橋國王學院，為我的學術生涯更進一步發揮了關鍵助力，我對此衷心感激。

我創立雷馬克研究所的時候才只有四十七歲：在我所參加的幾乎任何一個學術集會裡，仍然還是座上最年輕的成員。在歷史學者的研討會中，智庫、研究機構和學術委員會裡，圍繞著我的都是成名已久的前輩。在外交關係協會以及其他望之儼然的委員會，我會和那些我在電視上已經看了三十年的人士一起座談外交政策。但遠勝於其他，我最想要的，是有一個論壇，讓我能夠傾聽、結識、鼓勵與提攜有才分的晚輩。

此外，我心裡面想做一件大多數的大學都還沒有做得很好的事情，不管是在美國還是海外。

我有興趣做的，是去發掘那些作品很難被劃入特定「學派」的年輕人，他們的學術本質無法配合那些既成的博士後研究計劃，但一看就知道聰明過人。我想提供給這些人資源、人脈、機會以及最終讓他們能夠更上層樓，透過給這些人機會相互認識，使他們在沒有社會或教學義務的情況下，根據他們自己的條件去想辦法完成自己的作品；而最重要的是，讓他們可以跨越傳統學科、民族國別或年齡世代的疆界，去交換彼此的看法。

我想要創造出來的東西，甚至於連個名字都還沒有。最重要的是，我當時打算去推動一場國際性的對話：為這樣的對話提供一個制度性的架構和使其可以實現的資源，但除此之外強調的是給年輕人提供機會，而不是疊床架屋再開辦出正式的機構體系，徒然讓某些人據為己有上下其手。

隨著時間的流逝，雷馬克研究所獲得了遠超出我們的資源規模或努力範圍的名聲。我們舉辦過研討會、專題座談和學術會議；我們在瑞士的坎德斯泰格還有一個為前途看好的青年歷史學者所舉辦的年度研討會；雷馬克論壇邀集了北美和歐洲一些很有意思的年輕人，把觸角伸進學界、新聞界、藝術界、商業界以及公共服務與政府部門，鼓勵來賓進行一種真誠的非正式國際對話；我們在紐約、巴黎和佛羅倫斯定期舉辦研討會，這些研討會的特色在於不拘一格的發言形式、討論過程的開放特性，以及最重要的，大量年輕人的參與。

我們當時有辦法幫助那些前途非常看好的年輕人，選擇怎麼走上他們的學術或專業道路：通過進行一種不同於以往的學術和思想交流，我希望我們能夠鼓勵那些身處在一個長年略顯寒酸陳腐、不通世事的行業，但本身才剛嶄露頭角的學者，重新激起或維持住他們對此的熱情。

我們確實相當成功地讓資歷有深有淺的許多學者都共聚一堂，並展開橫跨不同專業世代的對話。在研究所裡學者之間的相逢帶有一種清新的特性——歸納起來是沒有任何約束，也沒有因循流俗的傳統客套——事後證明這樣的結識具有持久的效果，而且我希望，對雙方也都有智識上的吸引力。無論如何，我們看起來是為一些有價值的目的，略盡了綿薄之力。

史：我想讓我們把成為一個既不自甘平庸也不隨波逐流的歷史學者究竟意義何在，表達得更明確一點。圍繞著一位歷史學者建立起一個研究機構，這跟一般通常的做法正好相反。我們傾向認為是研究機構培養了歷史學者，然後我們還試著要想清楚，這樣的從屬關係如何影響了其中孕育出來的作品，並且還問說以這樣的方式，是否真的有鳳毛麟角的歷史學者能夠維持住學術水準。我們當中有許多人，並非特別以你為例，但我們當中有許多人都花費時間去回溯以往，讓世人明白先前的歷史學者如何在某種層面上囿於這些體制，不管他們自己是不是心知肚明。我們如今都已經意識到這個情況，那就是歷史的目的何在呢？要怎麼樣才能夠把修史這件事情做得令人尊敬呢？

賈：顯然存在一種大敘事的途徑，有可能是採取自由主義的形式，也有可能是採取社會主義的形式。自由主義的形式在赫伯特．巴特菲爾德所謂「輝格式的歷史詮釋」（Whig interpretation of history）那個概念當中掌握得最貼切，不過是從貶義上來說：萬事萬物都一直在進步——歷史的重點也許並不在事情會變得越來越好，不過就事實層面而言確實是如此。舉一個有點狹隘的例子，我記得在某種特殊類型的法國經濟史裡面，始終有一個不曾明說的問題是，法國經濟史究竟為何沒有遵循英國經濟史的軌跡。換言之，為什麼工業化會停滯不前？或者說為什麼市場會低度發展？為什麼農業部門又多存活了那麼長時間？這一切都只是在追問，法國史為什麼沒有更加緊隨英國的榜樣？像是在德國史當中的特色議題，所謂走上一條專有的道路（Sonderweg）這個概念，也暗示著相似的假設與爭論。所以存在這麼一種自由主義的觀點，其核心是從英美民族的角度來看，這種觀點若是被運用在，以當時而言，落後的那些社會上，倒是很完美地發揮了無關緊要的作用。

社會主義的那套說法是從自由主義的進步歷史改編而來。不同之處在於，假定人類發展的歷史在某一個點上，也就是資本主義的成熟階段上，會遇到阻礙，除非被刻意驅策往前，存心走向一個預設的目標：社會主義。

還有另外一種觀點，也就是「歷史是一個道德故事」，而這種觀點，我們比較左的這些人會傾向於認為，如果不是未經嚴格詰問，就是刻意地極端保守。在這樣的看法裡面，歷史不再是一種有關於過渡與轉變的敘述。其道德目的和寓意從未改變：只有具體的事例隨著時間改變。在這樣的論調之下，歷史可以是一個由於參與者對他們本身的行為後果矇然無知所構成的恐怖故事沒完沒了地循環不已。再不然，歷史也可能變成一種道德故事（conte moral），描繪出倫理或者宗教上的寓意與目的：「歷史是用真實範例來教授的哲學」，容我用這句名言來佐證。附有腳注的寓言故事。

如今我們不會對以上的任何一種觀點真正感到滿意。很難再對任何人講起那一套進步的說法。我的意思並不是說，即使我們存心去到處尋找，也沒有辦法看到四處都有進步的跡象，而是我們在同時也會看到如此大量的倒退，所以很難說進步是人類歷史的預設條件。只有一個領域回頭去採取那種天真的想法，就是過去三十年間形成各種魯鈍版本的經濟思想：經濟成長與自由市場在這類想法當中居然被視為不僅是人類進步的必要條件，也是對這種進步的最佳表述。至於公眾的道德規範，雖然之前已經有康德的努力，我們仍然缺少一個究其根源與宗教信仰無關的共識基礎。

輝格式的歷史詮釋與道德訴求這兩個途徑都不可行的結果，是歷史學家們對他們到底所為何事不再心裡有數。這樣的狀況有沒有壞處是另外一個問題。如果你問我那些同僚：歷史的目的為何，或者什麼是歷史的本質，歷史是有關於什麼，你會看到他們一臉茫然。優秀的歷史學者與差勁的歷史學者之間的區別在於，優秀的歷史學者在面臨像這樣的問題完全都沒有答案的情況下，還是勉力以對，而差勁的歷史學者則一籌莫展。

然而即使他們有答案，也仍然是差勁的歷史學者——僅僅只是有了一個框架，可以讓他們在其中運作而已。如果連這樣的框架也沒有，他們就用一些小的模板充作替代——種族、階級、族裔和性別之類的種種區別——再不然就乞靈於一種新馬克思主義殘留下來的剝削解釋。但我沒有看到在這個行業裡有什麼方法論上的共同架構。

史：那你怎麼看待你自己所揭櫫的某種幾近於歷史倫理的東西？

賈：我過去所講的，那是職業倫理——是涂爾幹加上韋伯，而不是巴特菲爾德減去馬克思。

放在第一位的是，你不能為了眼前的目的而去捏造或者剝削利用過去。這一點有些人會覺得顯而易見不必贅述，但事實並非如此。如今許多歷史學者確實都把歷史視為可以運用在政治論辯上的一種練習。核心問題是要揭開某些被常見的敘述所掩飾的過去：匡正某些對過去的錯誤解讀，通常是為了迎合當前的成見（parti pris）。眼見時下許多人做出這種行為的時候一副蠻不在乎的無恥態度，我覺得很讓人沮喪。這種行為如此明顯地背叛了歷史的目的，也就是要去了解過去。

雖然那麼說，我心裡還是非常明白，或許我自己也過度沉迷於像這樣子的練習。《過去未完成》不僅試圖匡正對剛剛過去不久的往昔所做出的重大誤讀，而且還——雖然說是比較次要——試圖辨識出對眼前發生的事件是不是也有類似的錯誤判斷。所以我不合時宜地堅持主張，歷史學者如果對眼前所發生的事件究竟意味著什麼漠不關心，就不應該下筆去妄議過往。

這條細微難以察覺的線，在我看來似乎，是一直劃到這裡：你的故事聽起來必須要有道理。一本歷史書——假定書裡的事實都正確無誤——的成敗取決於所講的故事有沒有辦法讓人相信。如果對一個理解力強又見多識廣的讀者來說，看的時候感覺真實，那麼這就是一本好的歷史書。如果看的時候覺得不對勁，那麼這就不是一本好的歷史書，即使這是出自於一位偉大的歷史學者之手，書中的內容也有翔實的學術基礎。

後者當中最著名的一個例子是A．J．P．泰勒的《第二次世界大戰的起源》。這是一本文筆相當優美的宣傳小冊子，出自一位手腕高明的歷史學家之手：他對與此有關的歷史文獻都知之甚詳，也有足夠的語文能力和高強的理解力。乍看之下，構成一本好的歷史書需要的所有成分都已經齊備。所以到底是少了什麼呢？答案沒有那麼容易確定。或許問題是出在鑒賞力。像泰勒那樣聲稱希特勒不必為第二次世界大戰負責是荒謬地違反世人的直覺。這樣的論點不管表達得多麼精細巧妙，都令人難以置信，都是拙劣的歷史。

但問題就在這個地方出現了：可不可信到底是由誰來評定呢？以這個例子而言，因為我本身就具有相關的專業知識，我覺得我自己對這本書的反應就已經足夠來做這個判斷。但如果主題是「中世紀城市的興起」，假定是由一位具有足夠能力讓人可以相信的學者所寫的作品，那我根本就無從判斷書中所寫的內容是不是有可信度了。這就是為什麼歷史必須是集合許多人的學術努力，憑藉著彼此相互的信任與敬重，才有可能完成。唯有訊息靈通的內行人才能夠判斷一部歷史作品是好還是壞。

明人不說暗話，我剛剛所描述的是我個人的親身經歷。我列席過次數難以計算的各種委員會，考慮要對一些人選予以任用或升等，肯定曾經發生過幾十次，當我說：「這篇寫得不是非常好」的時候，總是有人會問我：「你怎麼知道？」許多我的同行都寧可兩邊押寶，幫一個比較弱的人選講話，聲稱她的論點「有原創性」，或者說她寫得「不落俗套」。對此我會回應說：「確實如你所言。但這篇東西就是有點不對勁。故事說得不太可信；感覺上不像是好的歷史作品。」比我年輕的同僚們都說我這樣的陳述把他們完全搞迷糊了：對他們來說，只要他們同意其中的觀點，就是符合水準的歷史。

史：歷史學者並沒有把他們自己非常好地予以歷史化。這意味著，他們很容易著迷於那些無論如何反正證實了他們的想法，或者以某種挑釁的方式瓦解許多其他人想法的論點。兩者都是一樣的差勁：挑釁不過是守舊的另外一種形式。但對某個特定世代、某種特定環境或某支特定流派的歷史學者來說，要他們停止思考自己預先的設想，而根據對現實的感覺來判斷，是一件困難的事，我認為你剛剛在講的就是這件事。

賈：我想，現今的歷史學者，除了他們當中最優秀的那些人之外，都蒙受某種雙重的缺乏安全感之苦。首先，這個學門在所屬的學術分類領域中並不是非常清楚。到底是一種人文學科？還是一種社會科學？在美國的大學裡，人文學院的院長有時候也會兼管歷史系，但有時候又是由社會科學院的院長來操這個心。在我變成紐約大學人文學院的院長時，我堅持歷史系應該劃入我的職權範圍——對此當時的社會科學院院長（一位人類學家）的反應是：全歸給你。

歷史學者往往還比較喜歡被包括在社會科學裡面——當然，他們所尋求的也包括這樣的分類將會帶來的經費來源。在六〇、七〇年代，人文學院在美國大學的組織結構和決策過程中常常缺乏政治影響力。社會科學院裡面的社會學、人類學、政治學、少部分的經濟學、語言學以及心理學等學科都自認為是科學，外界看待他們也覺得算是科學，感覺這些學科之為科學就跟物理學是科學一樣。與此同時，人文學科滑進了理論的泥淖，開始把歷史學視為缺乏自我反省應該受到譴責，包山包海的跨越性類別，令人不敢苟同地在方法論上敷衍了事全憑經驗主義。

這種長久以來低人一等的感覺，說明了為什麼如今的歷史學者，對理論、對模型以及對「架構」會顯得如此癡迷。這些工具固然有其作用，提供了從此就比較有思想結構的安慰性幻覺：儼然成了一門具有規範準則與程序步驟的學科。當人們問起你在做些什麼，你可以自信滿滿地回答，你做的是「底層研究」（Subaltern studies），或者「新文化史研究」之類煞有介事的題目——就像一位化學家可以形容他自己是專攻「無機化學」或者「生物化學」。

但這只是把我們的話題引回你已經點出來的問題上：這些標籤全然是一心一意只顧眼前。而歷史學者的「批判式」研究方法往往不過是把，或者拒絕把，某種標籤貼到他的同僚身上。這個過程帶有令人尷尬的哲學唯我論色彩：給別人貼標籤就是給自己貼標籤。

然而儘管別人都可以被貶斥為有意無意地帶著偏見，而他自己的研究則始終小心翼翼地避免遭到玷污——於是他大費周章向世人表明，寫作者的獻身忠誠係出於自覺、具有自我批判力之類的正面品質。如此一來你就得到了這些起伏不定的專題著作：開頭與結尾都是冠冕堂皇在理論上宣稱研究的解構意圖。但中間的章節實際上卻是徹底流於經驗主義——正如任何優秀的歷史本來就必須得要「流於經驗主義」——除了偶爾會出現一個解構性的子句，丟進來意圖使作者找到的證據本身蒙上一層可疑的陰影。像這樣的書絲毫無法吸引人來閱讀，而且相關的重點是，這種書缺乏思想上的自信。

你不可能用那種方法來寫一般通史。昆廷・斯金納六〇年代寫了一系列重新鑄造思想史方法論的精彩文章。他讓大家看到，如果沒有把思想放在相關脈絡裡面，寫出來的思想史可以顯得多麼語無倫次。舉例來說，對十七世紀的讀者和作家而言，詞語和思想都有獨特的意義；我們如果想要理解在當年那個時候究竟是什麼意思，就不可以把這些詞語和思想從相關背景中抽離出來。

當你讀了斯金納的文章，不免就會得出結論說，連貫敘述的思想史單純就是行不通。要把材料轉譯到讓如今的讀者能夠理解的這項行為，本身必然就會扭曲其含義，從而暗暗傷害了這項計劃。不過，又過了十年之後，斯金納出版了《現代政治思想的基礎》，這是一部寫得很優美的兩大卷政治思想史，從中世紀晚期一直敘述到現代早期。為了讓書能夠成功——而且確實也成功了——內容有意把作者自己精心鑄造的那套方法論的歷史寫作放到一邊。他會這麼做或許事情合該如此。

史：即使在文學批評陷入危險轉折而政治學變得晦澀難解之際，似乎歷史學一直全力以赴，並且能夠倖存至今的其中一個理由，正在於其讀者都同意歷史應該具有上乘的文筆。

賈：一本文筆不佳的歷史書就是一本拙劣的歷史書。可悲的是，即使優秀的歷史學者，往往在文體上也不甚靈活，寫出來的書缺乏生氣，沒有什麼人讀。

你知道，以往我去訪友時，每每都在他們的書架上發現一種常見的混排：經典小說，一些現代小說，旅遊書，想像不到的人物傳記——以及至少一本大受歡迎的歷史書。這樣的歷史書通常是在《紐約時報》或《紐約客》上受到評論青睞的作品，在主客的對話當中成為支柱。典型的情況是，出自於一位曾經寫出暢銷書的大學教授之手。然而像這樣的作者始終都還是不太常見：歷史書的市場非常巨大，但大多數專業的歷史學者就是沒辦法滿足這個需求。

史：我覺得，東尼，這裡頭似乎還有一個道德層面的考慮。我不知道要怎麼措辭，除非是用一種聽起來很離譜的十八世紀與玄學風味的說法，然而——

賈：十八世紀有什麼問題？詩歌也是最好，哲學家也是最好，建築也是最好……

史：——我們卻把這個問題歸咎於語言。不只是我們應該要好好地寫，因為好好地寫，群眾就會買我們的書，而這就是歷史的天職，另外也因為如今已經不再有許多人會花費心血在對語言負起責任了。如果還有什麼人仍然花費心血在這種技藝之上，我們就是這其中的一部分人。

賈：最明顯的對比是小說家。自從五〇、六〇年代法國興起所謂「新」小說，小說就被漫無標準的語言形式給殖民了。這幾乎也稱不上是什麼新鮮事：別忘了早在這之前已經有《項狄傳》，《芬尼根守靈夜》就更不用說了。但歷史學者不能只是一味跟風。一本漫無標準的歷史書——寫的時候完全無視先後順序或語句結構——只會讓人完全無法理解。我們勢必要謹慎保守一些。

如果你拿十八世紀初的英國或法國文學來跟現今的小說比較，你會發現，風格、語法、結構乃至拼寫方式都已經劇烈改變了。你可以試著找一個小孩來閱讀原版的《魯濱遜漂流記》——故事令人稱奇，但說良心話文句卻寫得很討厭。反過來說，如果你把一本十八世紀的歷史書，跟一本二十一世紀寫得好的歷史書加以比較，你會發現相隔兩三百年竟然沒有多大變化。吉朋的《羅馬帝國衰亡史》由一個現代的歷史學者，或者一個現代的學童，讀起來全然沒有隔閡：論點的結構、證據的鋪陳以及證據與論點之間的關係都一望即知。確實已經變化的是，吉朋那個年代還允許自己採取一種不以為恥的說教語氣，更別提他那種突然插入夾敘夾議的旁白——批評我的人對《過去未完成》頗有微詞之處，就是像這樣的古老遺風。

確實，歷史書寫在十九世紀上半葉偏離正途，稍微走得太遠了：麥考萊、卡萊爾或米什萊那套浪漫主義式的誇張與虛飾，對我們的耳朵來說是完全接受不了。但時髦風尚還是會再走回來，十九世紀末的歷史學家雖然稍嫌囉嗦，但如今的我們理解起來完全沒有困難。我想這一點也是事實，即使這些浪漫主義者在當代也有傳人：他們寫出來的那種言過其實以及句法上不知節制的特性，在我們這個時代的賽門・夏瑪身上絲毫不費力地持續重現。又有何不可？雖然我沒有特別喜歡這種風格；但愛好此道者大有人在，而且這種作風還有一個古典的系譜由來。

史：說到吉朋和帝國衰亡，我想要問你，歷史知識與一種對當代政治的感受之間有何關係。人之所以要認識歷史，其中一個理由是，你可以避免重蹈覆轍。

賈：當然要避免重蹈覆轍，不過我認為忽視過去之為害還不是最大；當今特有的錯誤是引證歷史的時候愚昧無知。康朵麗莎・萊斯空有政治學博士學位，還擔任過史丹佛大學的教務長，卻援引美國當年占領戰後的德國來為伊拉克戰爭辯護。到底是對歷史多無知，才會做出這樣的類比？就算為了要替眼前公開的行為辯護，一定得要去剝削過去，那你也要真正了解歷史上發生了什麼事情。一個國家的公民要充分得知相關的正確訊息，才比較不會被惡劣運用過去來為眼前錯誤辯護的花招給哄騙了。

對一個開放社會來說，熟知這個社會的過去極為重要。二十世紀那些封閉的社會，無論左翼還是右翼，共同的一個特徵就是都會操縱歷史。扭曲過去來行騙是最古老形式的知識控制：如果你有力量對先前發生的事情愛怎麼詮釋就怎麼詮釋（或者乾脆就撒下滿天大謊），那現在與未來就完全由你支配了。所以，確保一般公民具有歷史知識，純粹是民主運作的深謀遠慮。

在此，我擔心的是所謂「進步的」歷史教學。在我們小時候，以我來說是確定的，而你的部分是我的想像，歷史就是一大堆訊息情報。你用一種有條理有連續性的方式——通常按照年代順序——把這些東西學起來。這個練習的目的是要給孩子們，為他們所繼承的這個世界，提供一幅跨越時間往回追溯的心理地圖。那些認為這種教學方法是缺乏批判力的人也沒錯。但光憑著直覺把過去說成只是一大套需要修正的謊言與偏見：所謂社會總是偏袒白人和男人，資本主義或殖民主義完全都是謊言之類云云，來取代堆砌資料的歷史教學，已經被證實是一大謬誤。

你要教孩子們美國史的時候不能夠說：一般廣泛都認為內戰跟廢除奴隸制度有關，才怪！——我跟你們保證，其實完全不是那麼回事兒。坐在前排的那些可憐的小傢伙們只好面面相覷，彼此問說：「等一等，她現在到底在說什麼？內戰到底發生了什麼事？什麼時候發生的？戰勝者是誰？」

我們寬容一點，把這些所謂批判性的教學方法想成本意是要幫孩子們與學生形成他們自己的判斷，其實是弄巧反拙。在學生的心裡種下混亂而不是培養見識，而混亂乃是知識的大敵。不管是一個小孩還是研究生，在他能夠沉浸在過去之前，必須先知道發生過什麼事，以怎麼樣的時間順序而產生了怎麼樣的後果。我們適得其反，養育出兩個世代徹底缺乏共同參照的公民。其結果，他們對治理自己所處的社會不太能夠有所貢獻。歷史學家的任務，如果你願意這樣來思考的話，在於提供知識與敘述的維度，沒有這樣的維度，我們就無法成為一群完整的公民。如果身為歷史學者具有所謂公民責任的話，就是這個了。

史：秘訣所在似乎是同時既要有一貫性也要有批判性。出於某種原因，總之傳統的詮釋法更容易形成前後一貫的條理，批判性的教學往往造成受教者學得支離破碎。

賈：我有個年輕的助理，你剛剛也碰到了，名字叫凱西・塞爾溫，曾經在紐約大學上過一門大學部開的課，算是俄國史的入門簡介。上課的方式是讓學生針對俄國史上的一些關鍵處彼此辯論。當時她在翻閱買來的那些待讀材料時，發現這裡面不存在一個單一的歷史敘述。這門課程假定紐約大學的大學生——十九歲的美國人，懂得沒有比剛學過的高中歷史多多少——可以這裡那裡地從彼得大帝到戈巴契夫的俄國史上截取片斷的敘述。教這門課的老師出於懶惰，並且多少有點自以為是地誤認為，他的任務只是幫學生來盤查這整個故事。按照凱西的說法，這門課結果是一場災難：學生們沒有辦法去盤查他們根本一無所知的事情。

歷史學者有責任要向社會解釋。我們當中選擇研究當代史的人責任還更重：我們有義務要去解釋當代的爭論關鍵何在，對那些研究古典時代初期的歷史學者來說，當然與我們不同，無法適用。這一點或許多多少少正是為什麼有些人是研究古典時代晚期的歷史學者，而我們卻研究二十世紀的理由。

揚．葛羅斯曾經跟我一起坐在哥倫比亞大學圖書館的台階上。他當時正在寫他那本《鄰人》，書的內容是有關於一九四一年夏天耶德瓦布內的猶太人被周遭波蘭人屠殺的往事。他轉過頭來看著我，若有所思地說：下輩子我一定要來研究文藝復興時期的藝術史——材料令人愉快多了。我回答說，當然無疑是如此，但在我看來，他之所以會做出完全不同的選擇，似乎並不完全是偶然。就像我們其他人一樣，他也不免感覺到某種作為公民的責任，必須要參與到他書中所提及的那些爭論裡面，所以才做出這樣的決定。

史：我認為回過頭來看，這裡面無法抹滅一個道德問題。大致上是像這樣。歷史是不是就像亞里斯多德所說的，是關於阿爾西比亞德斯那樣自作自受？或者過去的原始資料只不過給我們提供用在政治或思想上的目標當作素材？

我認為許多顯然是帶著批判意味的歷史實際上是威權主義的。奧妙在於，如果你要掌控一群人，就必須掌控這群人的過去。但如果這群人已經受過教育——或者已經被人勸導——而相信過去只不過是一種政治的玩具，那麼背後的操縱者到底是他們的教授還是他們的總統，就是次要的問題了。如果人人都是批評家，似乎人人都自由不受拘束；但事實上人人都只好屈從最善於操縱者，而沒有可能訴諸事實或真相來自我防衛。如果人人都是批評家，人人都會成為奴隸。

歷史基本的道德責任是要提醒人們實際上發生了什麼事，怎麼做和怎麼承受都是真實的，人們曾經這樣生活過，於是他們的生命也就這樣結束，而不是以其他的方式。無論這些人是在五〇年代的阿拉巴馬還是在四〇年代的波蘭，那些經驗中潛在的道德現實都跟我們的經驗有相同的特性，或者起碼是我們所能夠理解的，因而是一種沒有辦法再化簡的真實。

賈：我要把那個想法分成兩個部分。第一個很簡單，歷史學者的職責是釐清某一個特定的事件當中究竟發生了什麼。我們竭盡所能把這個職責做好，目的在傳達出事情發生的當時當地，對當事者而言是怎麼樣的一種感覺，以及帶來什麼樣的後果。

這個頗為明顯的職責描述實際上相當關鍵。文化和政治的潮流湧向另外一個方位：把過去發生的事件抹掉——或者為了不相關的目的予以利用。我們的職責就是要把這整件事情做對：一次又一次又一次地把事情做對。這個任務是薛西弗斯式的：對歷史的扭曲方式不斷在變化，因此匡正的側重之處也時時流動不居。但許多歷史學者對此有不同的看法，也不覺得這是他們的職責所在。在我看來，這樣的人不是真正的歷史學者。一個研究過去的學者，如果一開始就沒有興趣要把整個故事弄到正確無誤，就算他有許多其他的優點，但總之稱不上是一位歷史學者。

然而我們還有第二個職責。我們不僅僅是歷史學者，我們同時也是並且永遠都是國家的公民，有責任運用我們之所長去服務於公眾利益。事實擺在眼前，我們必須原原本本如我們所見那樣去寫歷史，不管對當代的口味來說有多麼不討人喜歡。而且我們的揭露與詮釋會跟我們的主題內容一樣無可避免地遭人濫用。要記得揚．葛羅斯的《鄰人》在《評論雜誌》以及一些其他刊物上得到的評語，只說這本書是再一次證明了波蘭人永恆不變是反猶主義者，而「我們」一向對那些雜種所保持的想法都是正確無誤。揚對自己的作品被別人這樣子恣意濫用，也一籌莫展無力反制；然而毫無疑問他還是有責任——一個歷史學者的責任——必須對此做出回應。我們永遠無法免除那樣的責任。

為了因應如此的情況，我們必須同時兼顧這兩項職責。唯一稍微可以跟這種處境相比的是生物學與道德哲學，這兩個科目反覆被迫介入與回應對彼此主張和論點的誤解。但歷史學比生物學更可親，又比道德哲學更容易遭受政治性的濫用。確實在這些方面，我們或許是最無所遮蔽的學科。可能這就是為什麼我們大多數的同行，寫書只是為了給他們自己朋友之間相互品評以及擺上圖書館的書架。這樣比較安全。

史：我傾向於認為，優秀的歷史學者具有一種負面的直覺。也就是說，當事情有可能並非事實的時候，他們能夠判斷出來。當事情為真的時候他們可能不知道，而且他們可能也不知道事實為何——天曉得，就這點來說我們當中很少人真正確知很多事實。但我認為他們往往對那些「有點不太對勁」（ne passent pas ensemble）、可能無法相容的事情，有某種直覺。

賈：我所說的可信，就是這個意思。一本好的歷史書，是你在讀的時候可以感覺到歷史學者的直覺在運作。至於你自己是否確知這些材料，並沒有什麼差別。

史：讓我問一個相關的問題——不過是從底下問上來。差不多從一九八八年到二〇〇三年之間，有許多人以各種不同的形式都異口同聲宣稱歷史已經終結。你知道的：從雞尾酒會上稍微說說嘴也沒有壞處的「福山—黑格爾主義」到二〇〇一年九月十一日之後回敬恐怖攻擊的歹毒「德州版歷史終結」。看是要揮別所有一切，覺得如今再好不過，我們都是中產階級的自由派，一起玩著自由市場的槌球遊戲；還是說我們這些玩槌球的人從未見過像這樣的陣仗，事事新奇，全無前例，因此也沒有規則可循——所以我們能夠選擇要把我們的木槌敲進誰的腦袋裡。伊拉克根本跟九一一事件無關？不要緊；舊的因果律已經過時了，不管怎麼樣我們還是可以入侵。

然而如果我們接受事情就是如此，並且教導我們的孩子歷史確實已經「終結」，那麼民主制度還有可能嗎？公民社會還有可能嗎？

賈：不，我深信不會有那樣的可能。如果要實現一個巴柏稱之為「開放社會」的真正民主社會或者公民社會，必不可少的條件是一種持續的集體意識，了解雖說世事不斷在變化，但徹底的改變始終只是個幻覺。至於福山，他只不過是把共產主義的故事加以改編來迎合他自己的目的。共產主義本身不再是歷史前進的終點與目標，這樣的歷史角色被指派給了共產主義的失勢衰亡。歷史學家的職責就是要把像這樣整齊劃一的胡說八道給它砸個稀巴爛。

因此，每回又有某個傻瓜斷言薩達姆．侯賽因是希特勒來投胎轉世時，我們的職責就是要加入這場爭論的混戰，把這種簡單的胡言亂語給它搞複雜。一團精確的亂七八糟要遠比優雅的虛假謊言更忠實於人生。但在揭穿政治上那些不實宣言的同時，我們當然有義務要讓一切復歸其位：一條敘述的主線，一番前後連貫的解釋和一個可以理解的故事。畢竟，如果我們自己腦子裡，對過去什麼事情有發生什麼事情沒有發生，都搞不清楚，那我們怎麼能夠讓世界接受我們是一個不偏不倚權威可信的史實來源？

所以這需要取得一種平衡，我並不會說要達到這樣的平衡很容易。如果你只是想製造混亂——如果你認為歷史學者的任務就是把所有的界線給弄模糊，那你就變得太離題了。而如果我們給學生和讀者的歷史是一片混亂的話，那麼我們就失去了要求公民對話的資格。

史：我現在要把你這個將歷史學者喻為製造混亂者以及收拾混亂者的類比給打亂。

我想知道我們是不是更像那些走進來搬你傢俱的人。那也就是說，房間並不是空的；過去也並不是空的，裡面有些東西。你大可以否認，但你會一直撞到傢俱，害你自己受傷。傢俱就是在那裡，無論你接受還是不接受。你可以否認美國曾經有過奴隸制度的現實，或者你可以否認當年的恐怖——

賈：但是你會一直碰到憤怒的黑人。

史：然後我想知道，歷史學者的職責是不是就在於否認那種想要得到完全行動自由的要求，那樣的自由實際上傷害了我們自己也傷害了其他人，開啟了通往政治上非自由境地的道路。有一些會擋住我們的東西，是我們都應該要心知肚明的。就像房間裡的傢俱。

賈：我不同意。你跟我並不是在房間裡擺上傢俱的人——我們只是在傢俱上貼標籤。我們的職責是要告訴房間裡的人：這是一張木頭骨架的大沙發，而不是塑膠桌子。如果你認為這是塑膠桌子，那麼你不只是犯了一個分類上的錯誤，也不只是每回撞到它都會痛，你還會以各種錯誤的方法來使用它。你在這個房間裡生活起居會很狼狽，但是你本來沒有必要在這個房間裡過得那麼狼狽。

這個例子是說，我深信歷史學者來到世界上並不是要把過去重寫。當我們把過去重貼標籤，不是因為我們對如何看待「傢俱」這個分類有什麼新的想法；我們這麼做是因為我們認為，我們對經手的究竟是哪一種傢俱有了更深的體會。一件標記為「大橡木桌」的傢俱過去在標籤上可能不是這麼寫的。必定曾經有過一段時間，對人們來說這件傢俱是別的東西：例如說橡木，因為過去可能所有傢俱都是用橡木做的，大家都視為理所當然不必多說。然而到了現在，是不是橡木變得有差別，因為如今橡木已經不再是常見的材質。所以我們現在經手的是一張大「橡木」桌，而我們的職責是要把該強調的部分彰顯出來。

史：我想你說得對，是給傢俱貼標籤。或許可能更像是透過留下足跡來引領路徑。你知道，就像在歐洲的公園裡，路徑都有一些標示暗記。有些人之前已經走過這條路，他們就在每隔五十棵的樹上用個紅色十字或綠色圈圈來表示。如果你想要跟著綠色圈圈的路徑走，那你就沿著那些樹，依此類推。不管你喜不喜歡，反正都有那些樹，但那些路徑是人創造出來的：可能還有別的路徑，但也可能完全沒有路徑。但如果一點路徑都沒有，你就沒辦法走進去觀賞森林。一定要有人先去那裡把怎麼走給標示出來。

賈：這個例子我喜歡，只要理解為我們去標示這個走法，但我們沒有辦法強迫群眾一定要走我們這條路。

史：有很多很多的路徑，有實際的也有潛在的，有標示的和沒標示的，條條都可以穿過這個森林。過往的歲月裡充滿了各種內容。但如果你沒有一條路徑可以穿過，就只能眼睜睜盯著地面，尋找能夠踏腳的地方，沒有辦法欣賞那些樹了。

賈：我可以倚老賣老地說，我們應該像這樣來看待這件事：首先是教民眾認識樹。如果連樹是什麼都不知道的人，應該不會走進森林裡，即使這些森林已經有標示好的路徑。接著你教他們說，許多樹在一起就會形成一片森林。然後你再教他們走那條路，把森林想成是可以容納許多不同路徑的地方——不過世界上當然還有別的路。

下一步，指出你（歷史學者）覺得穿越這片森林的最佳路徑，與此同時你也承認還有其他的路，雖然說在你看來那些路徑都略遜一籌。只有到那個時候，你才能夠擺脫限制，依照其可能性，把這些路徑「理論化」：是不是人為的創造物，是不是扭曲了森林的「自然」外觀之類的假設。我擔心的是，我們越來越多的年輕同行已經對僅止於描述樹木的職責感到厭煩，他們教導別人其他路徑的問題所在，從而得到最大滿足。

史：所以這裡面有一個具有諷刺意味的層面似乎是你想要指出來的。二十世紀充斥著需要我們銘記在心的悲劇性事件，而歐洲對銘記某些事件似乎有一種類似邪教的瘋迷，美國相較之下還沒有到那樣的程度。然而在同一個時間裡，我們似乎沒辦法真的把什麼事情記得比較清楚。

賈：自然不介意路徑為何，但自然對與世隔離深惡痛絕。而我們卻將這些長年銘記在心的事件予以隔離。按照這個習慣，我們把這些事件孤立起來：「再也不要有」慕尼黑、「再也不要有」希特勒以及「再也不要有」史達林等等的說法。但人要如何能夠從這些祈禱和標籤當中找出意義來呢？如今在美國和歐洲的高中裡面，學生只要修一門世界史方面的課程就能夠畢業，已經算稀鬆平常：典型的課程內容如果不是浩劫大屠殺、二次大戰和極權主義，就是從二十世紀中期的歐洲史上摘錄出一段類似的恐怖事件。無論課教得有多好，也不管多麼細膩地收集材料來源以及充分討論，像這樣的課程都是沒頭沒腦憑空冒出來的，所以也就不可避免地沒有辦法達到任何目標。這樣的課程有可能服務怎麼樣的教學目標呢？

史：浩劫大屠殺的歷史對美國人公民意識的發展有怎麼樣的珍貴價值呢？

賈：絕大多數未受過專業教育的美國公眾都被教導說，整體來說二次大戰當中發生的事件以及特別值得一提的浩劫大屠殺都是獨特的，自成一格（sui generis）。一直以來這些民眾被鼓勵把那段過去視為單獨的災難性時刻，一個歷史性與倫理道德上的參照點，跟這段經驗比起來，其餘的人類經驗暗地裡被拿來相較之下，都被認為有所不足。

這一點很要緊，因為浩劫大屠殺已成為我們每回承擔政治行動時的道德準繩：無論是事關中東外交政策，還是我們對種族滅絕或族群清洗的態度，甚至是我們介入國際事務或者撤手撤退的傾向。你可以從記憶裡再喚回「柯林頓—哈姆雷特」這個複合體在白宮裡悲喜參半的（tragic-comic）形象，當時正為了要不要干預巴爾幹半島上的情勢而苦惱，因為奧許維茲作為歷史性的參照一直在他眼前擺盪。美國的公共政策在事關國家利益的關鍵領域上，被人類歷史上絕無僅有的孤立事例給綁架了——而這個事例平常根本沒有那麼重要，都是選擇性地被援引使用。你曾經問我，這麼強調浩劫大屠殺究竟有什麼不利之處。不利之處就在於此。

不過現在容許我扮演一下魔鬼代言人。假設美國人所受的歷史教育不是只有這麼一點點，而是連這一點也完全沒有——從來都沒有學過也沒有讀過任何關於過去的材料，更不用說不久之前發生在歐洲的過去。那麼他們就被剝奪了道德上可以跟過去的罪行相參照的基準，而且在政策辯論的過程中，也就沒有歷史上有運用價值的人物或時刻，可以據此大聲疾呼來影響公眾意見。

能夠援引希特勒或者奧許維茲或者慕尼黑，還是多少有一些優勢。起碼眼前就可以藉此召喚過去，而不必視而不見。就目前的情況而言，我們的做法很不成熟，而且越來越適得其反；但至少我們有在做。重點不在於放棄這樣的努力；而在於以一種更具有歷史敏感度同時更有憑有據的方式參與其事。

史：我很想弄清楚的一個相關問題是，浩劫大屠殺的美國化，也就是相信美國人之所以到歐洲去打仗是因為德國人當時正在屠殺猶太人——而實際上參戰根本跟此事無關。

賈：確實如此。邱吉爾與羅斯福雙方都有充分的理由對猶太議題三緘其口。考慮到當時兩國的反猶主義，任何跡象顯示「我們」去跟德國人打仗是為了拯救猶太人，都極可能只會造成相反的效果。

史：正是。當你體會到——就在不久之前——美國還是一個很難動員民眾去對抗浩劫大屠殺的國家；再來看待這整件事情，觀點就完全不同了。

賈：說得很對，而且這也不是民眾願意看待自己的角度。無論是英國還是美國，當時都沒有為厄運臨頭的歐洲猶太人出力搭救；美國甚至要到一九四一年十二月才加入戰局，在那之前種族滅絕就已經進行得如火如荼了。

史：日本轟炸珍珠港之前，就已經死了將近一百萬猶太人。到諾曼地登陸已經死了五百萬人。美國人和英國人對浩劫大屠殺都知情。這不僅是因為他們在毒氣室第一次使用後，幾乎立刻就從波蘭收到了情報。英國人破譯了有關於東戰線那些槍殺行動的無線電傳輸，還把詳載特雷布林卡猶太人死於毒氣人數的加密電文給解碼了。

賈：我們可能想要重新記起像這樣的數字：這是公民教育與民族自我認識的練習。有些時候像這樣的數字本身就述說了一個故事，一個我們寧可忘掉的故事。

幾年前，我評論恩尼斯特．梅伊寫的法國淪陷史。在那篇文章當中，我列舉了自從德國一九四〇年五月入侵之後，交戰六個星期法國的損失規模。大約是十一萬兩千名法國士兵（還沒計算平民）陣亡：這個數字超過了美國在越戰與韓戰的陣亡人數總和，而死亡率也遠遠超過美國人所經歷過的任何一場戰爭。我收到一些還算客氣的讀者來函，跟我保證我肯定是把數字算錯了。他們寫道，你確定法軍沒怎麼打仗卻死了那麼多人嗎？別忘了當時可是二〇〇一年，就在「後九一一」那一陣子（什麼「自由薯條」之類）的愛國髒話出現前不久。美國人很不願意被認為不是世界上最英勇的戰士，或者被認為他們的士兵奮勇作戰與視死如歸的事蹟比不上別人。

類似的情況之前有發生過，當時我發表了一篇評論，也是在《紐約書評》上，大意是說，法國已有過六個猶太人總理，反觀美國，我們仍在等待我們的第一位猶太人副總統候選人能夠成功獲得提名：當時討人厭的約瑟夫·李伯曼剛被提名為高爾的副總統搭檔人選，整個美國都沉浸在自詡具有族裔敏感度與開放態度的一片歌功頌德聲中。這一回我確實就被讀者來函——不盡然全都是謾罵——給淹沒了，他們向我保證，有別於我們寬容的傳統，法國人一直都是打從心裡面就反對猶太人。

在這樣那樣的場合當中，我常常會想，美國最迫切需要的是一種對他們自己過去歷史的批判性教育。法國有過一段官方反猶主義的卑劣紀錄，這點廣為人知。法國的反猶主義最主要是在文化上——於是在維琪政權的支持之下，這種文化上的偏見當然逐漸轉變為對種族滅絕的積極參與。但以政治上而言，法國猶太人很久以來就不受限制地高升到國家級的公務部門：當然他們也有辦法受到高等教育，同時間哈佛、哥倫比亞和其他著名的美國學府，當時都還對猶太人和其他少數族裔入學實施嚴格的配額管制。

史：我認為，就某個程度，歐巴馬上台之後我們現在也走到了我們的「萊昂．布魯姆時刻」。

但回到歷史與其目的。歷史和記憶有血緣關係嗎？兩者是盟友？還是宿敵？

賈：聯姻後並非血親的姊妹手足——於是因此相互憎恨，同時又因為太多東西共有而密不可分。再者，她們只好面和心不和地較勁爭奪一份既沒有辦法放棄也沒辦法分割的遺產。

記憶更年輕，也更具有吸引力，更容易揮灑誘人的氣氛以及被人引誘——所以在外面交的朋友要多很多。歷史在手足之間比較年長：面容憔悴、簡單樸實而且處事嚴肅，對閑談八卦傾向於迴避不喜歡摻和。因此，在政治上是一朵壁花——一本留在書架上乏人閱讀的書。

如今，有許多人出於好心把這對姊妹花之間的差別模糊化甚至於將兩者混淆。舉例來說，我想起那些猶太學者，他們訴諸猶太人長期以來對記憶的重視：「牢記」（zakhor）。他們強調，一群沒有國家的民眾，其過往事蹟始終都有被其他族群為了他們自己的目的而予以扭曲記錄的危險，因此猶太人有義不容辭的職責要把過去牢牢地記住。這個想法很好，我發現自己對此頗有同感。

然而在這一點上，牢記過去的責任跟過去本身被混為一談了：猶太人的過去被混入了那些零零碎碎服務於集體記憶的編造臆測。因此，儘管有幾代猶太歷史學者第一流的悉心工作，但猶太人對民族共同經歷所採取的選擇性記憶（有關受苦受累、離鄉流放、犧牲遇害）還是和被記憶下來的共同體敘事合併起來，變成了歷史本身。你可能會驚訝於我所認識的那麼多受過教育的猶太人，竟然會相信有關於他們「民族故事」的種種荒誕說法；而這一套荒誕說法，如果是以類似的面目套用在美國、英國或法國的歷史上，這些猶太人絕對不會輕易買帳。

這些荒誕說法如今被鎖進了官方的檔案櫃中，當作公開擁護以色列國的辯詞。這並不是猶太人特有的缺點：像亞美尼亞那樣的小國，或像希臘、塞爾維亞和克羅埃西亞等那樣的現代巴爾幹半島國家，都是憑著類似的荒誕敘述為基礎而得以建國的。與此相關的感受是，這麼一來想要把真實確切的歷史搞清楚幾乎變得完全不可能。

但我還是深信歷史與記憶之間有所不同，讓記憶來取代歷史是危險的。相較於歷史不可避免地以一種記載文獻的形式存在，沒完沒了地被人重寫同時被人一再與新舊證據並列查核，記憶則會配合公眾而非學術性的目的：一座主題公園、一座紀念館、一座博物館、一幢建築物、一個電視節目、一個事件、某一天和一面旗幟。這種對過去的助憶性呈現必定是片面不完整的、概略性的、經過揀擇的；鋪排這些記憶的人遲早都得被迫講出片面的事實，或甚至是徹底的謊言——有時候是出於極其善意，有時候也並非如此。但無論是否出於善意，這些並非事實的陳述都不能取代歷史。

因此，華盛頓「浩劫大屠殺紀念館」裡的展覽並不是在記錄或者服務於歷史。而是精心挑選覺得合適的記憶，被應用在一個值得讚許的公共目的之上。我們可能在抽象層面上贊成這麼做，但對於這樣做出來的成果也不應該哄騙自己。沒有了歷史，記憶就等著被人濫用。但如果以歷史為先，那麼記憶就有了一個可以發揮作用並且接受評價的模板與指南。那些研究過二十世紀史的人可以去參觀浩劫大屠殺紀念館；他們可以思考呈現在他們眼前的都是些什麼，在一個更廣闊的歷史背景下來加以評價，賦予批判性的智慧。在這一點上，這座紀念館服務於一個有用的目的，將其中所記錄的記憶與參觀者腦中的歷史並列比較。但如果觀者只知道眼前被呈現出來的記憶（大多數人如此），那他們就處於一個比較不利的地位：切斷了跟過去的聯繫，他們被填鴨式地塞進了一個他們無從評價的版本說法。

史：要標示歷史與記憶之間的不同，有一個方法是注意到歷史沒有動詞形式。你知道，如果有人說「我在創造歷史」，他們所指的是某種非常特別而且常常顯得荒唐可笑的東西。「歷史化」是個專用術語，按照慣例僅限於學術交流。反觀「我記得」和「我想起」則完全是一般人平常就會說的話。

這指向了一項真正的差別：記憶是以第一人稱存在。如果沒有人，就沒有記憶。然而歷史首先是以第二人稱或第三人稱存在。我可以談論你的歷史，但我只能在一個非常受限而且通常會顯得冒犯或者荒謬的意義上來談論你的記憶。我也可以談論「他們」的歷史，但我沒有辦法真正地談論他們的記憶，除非我基於某種原因對他們知道得特別清楚。我可以談論十八世紀波蘭貴族階層的歷史——但談論他們的記憶，對我來說就會顯得荒謬。

因為記憶是以第一人稱存在的，可以被持續地修改，隨著時間變得越來越個人化。然而歷史，至少在原則上走的是另外一個方向：當歷史被修改的時候，會變得越來越對第三方的觀點開放，於是潛在地越來越具有普遍性。歷史學者可以從當下和個人的關切層面著手——或許他們也非如此不可——然後慢慢努力擺脫掉這些層面。把一開始的觀點予以昇華，得出完全不一樣的歷史。

賈：在某一個方面我會有部分持不同意見。公共記憶是被加以人格化的集體第一人稱複數型態：「我們記得……」的後果就是那些集體記憶僵化了之後的摘要；一旦那些回憶往事的人個個與世長辭，這些摘要就代替了記憶，而成為歷史。

想想卡昂紀念館（現在是法國的二十世紀對德戰爭的官方博物館）跟佩羅納那座歷史博物館之間的差別，後者是由一個國際性專業歷史學者組成的委員會所創立，成員包括你在耶魯的同事傑‧溫特。兩者都是法國國家級的場館，但兩者之間的差別大有文章。

歷史博物館具有教學性質。以其主題提供了一個傳統線性的敘述呈現，因而在如今進步的環境之下，是一種相當激進而且我認為成效相當卓著的公共歷史教學方式。而在另一方面，紀念館則完全訴諸感受。這裡面除了期望遊客們帶走全部的記憶資訊之外，幾乎沒有任何教學考量。紀念館沉迷於用些花招把戲與科技手法，來幫助遊客回想起自認為已知的二次大戰點滴。如果你在個人經驗中不是之前已經承載了某些記憶，那麼紀念館就毫無意義了。紀念館提供了周遭氣氛，但遊客自己得對歷史負責。歷史博物館與紀念館之間的差別，在我看來正是我們需要著意保存與突出強調之間的差別。如果我們真的一定要有像這樣的紀念館，那麼至少應該鼓勵群眾在去紀念館之前先走一趟歷史博物館。

史：你有沒有見過哪一種學習歷史的方式，在建立起公民社群這件事情上發揮了積極作用的？我們很容易不喜歡十九世紀那些以此為天職使命的民族歷史學者，米什萊、蘭克和格魯舍夫斯基。他們是略加修改過的輝格黨人；歷史正朝著一個特定的方向，朝向國家的偉大、統一或者解放。我們可以輕易駁斥他們的目的論（teleology），而我們確實也那麼做了。我們也很容易因為政治化的歷史過於孤芳自賞以及方法論上有所不足而嗤之以鼻，並把記憶斥為歷史的一種不正常而且危險的替代品。但實際上我們應該如何把歷史制度化，讓這樣的歷史能夠建立起一種共同體的意識，而不會淪為任何這些錯誤推論的犧牲品？

賈：我的第一任妻子是個小學老師。幾十年前，有一回她邀我到她的班上去教那些九歲大的學童法國大革命。我之前從來沒有類似的小學教學經驗，所以把這件事情稍微想一想之後，帶了一個小小的斷頭台模型走進教室，以法王路易十六世的皇后瑪麗·安東尼被砍下頭顱來開始我們的課堂討論。在那之後，我發現在一些視覺輔助之下，學生都對描述法國大革命的這段歷史印象深刻。

所以，從教三年級的小學生，到教柏克萊、紐約大學、牛津以及其他名校研究生的經驗告訴我：對歷史還不了解的年輕人，比較喜歡最傳統、最平鋪直敘的教學方式，世界上走到哪裡都是如此。不然他們怎麼能夠理解？如果你反過來教，從更具有深層意義以及解釋上還有爭議的部分開始，那他們就聽不懂你的課了。我的意思並不是說你應該用一種單調乏味的方式來教學生，只是應該用一種傳統常見的方式。

話雖如此，我承認這裡面還有一層競爭意識上的考慮。為了要以一種傳統常見的方式來教授歷史，你需要一套合情合理大家都同意的參照，可以據此顯現出你要教的傳統歷史實際上是什麼面貌。許多社會，而且不僅僅是我們自己的社會，在過去三十年當中，已經漸漸對說明社會共同的過往失去信心。不只是美國人不再知道應該如何講述一個首尾連貫的美國故事，而不至於感到尷尬或憤慨。同樣的情況也發生在荷蘭、法國或西班牙。

如今，幾乎每一個歐洲國家都對如何講授過往的歷史，以及這樣的歷史究竟有什麼用途，感到莫衷一是。在最壞的一些情況下，我腦海中浮現的是英國，傳統的國族敘事已經被整個拋棄，教給孩子們的是一系列彼此衝突的片面描述，每一種描述都依附在某種道德或族群的觀點之上。

約莫十年之前，我在耶魯的時候去聽了馬克・特拉亨伯格的講座。課後一群來聽講的耶魯研究生說要請我出去吃晚飯。他們當時都對眼看著很難找到工作感到很焦慮，甚至有點恐慌。因為耶魯的歷史系當年被認為（到今天還是如此）相當保守，耶魯訓練出來的外交史學者都被拒於門外，反而那些搞「後一切」(post-everything)的文化史學者即使畢業於略遜一籌的學校，都能夠輕易找到工作。

我記得當時就跟他們說：看在老天的份上，要堅持撐下去。我們現在至少有一所一流的學校訓練年輕的歷史學者精通真正的學術技能，這整個來說是一件好事：如何去理解外交檔案和其他來源的資訊，學習各種少見的外國語，並且對研究傳統上層政治的主題內容態度坦然，不覺得有需要致歉之處。我向這些聽我說話的年輕人保證，鐘擺會再擺回來；到時候經過某一個傳統的次學門以正宗嚴格方式訓練過，就會成為你們的優勢所在。

我至今仍然相信當時所說的話。歷史作為一種培養自信的敘事訓練將會重新變成主流：確實，從閱讀大眾的觀點來看，這一套從來沒有喪失主流地位。非常難於想像，會有任何社會對他們的過往完全沒有一個首尾連貫、大家都同意的共同敘事。所以我們歷史學者的責任就是要生產出那樣的敘事，確認其正當性可以成為傳承根據，然後教給我們下一代。

所有這些國族敘事都有無法避免的缺陷。這裡面會出現盲點。任何一種對一般人來說大致上信實的敘事，必然就會虧待少數族裔，也許還會虧待許多少數族裔。事情永遠都會如此。你知道，我在學校裡所學的英國史裡面完全都沒有猶太人；我們當然也有可能就像以前那樣一直被人視而不見。

一直到很後來我才大為驚訝地得知，「我們」猶太人曾經被愛德華一世驅逐出英格蘭，而且在克倫威爾掌政時期還有過一段錯綜複雜的猶太人歷史，帶來的影響一直延續下來到我們這個時代。並不只是我自發性地揣測猶太人沒有在以前的英國史書上出現，而是到底為什麼之前從來沒有人提過這件事，而我也都沒有想過這個問題。如今，當然這樣的一種「沉默」會被視為是應該受到譴責的，近乎於偏見歧視，或許還有更糟糕的罪名。有些自認為可以代表所有猶太人發言的傢伙，會堅持這當中得要插入一個猶太人的「商數」，或甚至主張要有一個強制的「反向敘事」，來抵銷這個英國故事的進行。也許這項工作已經有人在做了？但是往後不能再像這樣。

史：你當初在寫《戰後歐洲六十年》的過程中，是怎麼樣想這些問題的？你有沒有想過，你的書可能成為戰後歐洲史的定本描述？你認為你這本書是不是把各國歷史分開來寫成不同的章節段落？你當時有沒有想過這些統合與分裂？

賈：有關於這本書的構思，我無疑是花了很長的時間很認真去想。

然而另一方面，我並不認為在寫這本書的過程中有花很多時間想你這些問題，我並不確定當初如果有朝這個方向去想，對我寫這本書會有多大幫助。我當時努力爭取的是一種打破傳統東西邊劃分的方式；去重申這些劃分是錯誤的，但又不要做得太過度；在處理小國的時候，不要讓讀者看起來好像我是刻意在矯枉過正；在舉例說明一項觀點時，我當時有意不用普通常見的例子，但又盡可能不讓自己看起來好像是在耍小聰明。

我可以問心無愧地說，提姆，只有在我寫完這本書之後，回過頭去看，才意識到整本書寫得還不錯——而且確實書上也論及了你剛剛提出來的那些議題。只有到那個時候我心裡才想：好傢伙，這或許真的可以成為思考戰後歐洲的一個方向，至少在一段時間之內是如此。我在寫的過程中，沒有過像這樣的想法：當時如果有這樣的念頭應該不是很恰當。

我想如果我當時有什麼目的，那應該是想做兩件事。首先，我想讓光線折射的方向稍微挪一下。我努力要引導讀者在想這幾十年間的時候，除了「歐盟崛起」之外還有其他的見解。我想要我的讀者把那些年想成是一段「社會民主的時刻」而不僅僅只是「六〇年代」。我希望鼓勵讀者不要把東歐視為某種異質的俄羅斯共產主義外圍，而是當作這整個歐洲歷史的一部分——雖然說東歐確實自有其非常不一樣也非常複雜的次要情節。

我想做的第二件事情企圖心稍微小一點，是希望寫出來的歷史成功地把文化和藝術包涵在內，而非被驅趕到一條腳注或者淪為附錄。這其中最首要的是電影，不過小說、戲劇和歌曲也都要放進來，作為圖解與例證在敘述的流動之間悠遊浮沉。對一部通史來說這樣的寫法並不尋常，我對此相當自豪。然而再一次地，也是直到最後我才意識到，正是通過這些頗有企圖心的創舉，構成了一本不太一樣、有點特色的歷史書。

可能我只是企圖心還沒有那麼足夠，或者是在商業考量上不夠機伶？所以沒有一開始就設定像那樣的目標。然而說實在話，我相信，好高騖遠，不管是在方法學上還是解釋力上，往往是要把書寫好的大敵。我或許是打從一開始對自己假設要許諾在計劃中插入像那樣規模的目標，心裡覺得太害怕了。就算我當時沒有自我設限，結果也很可能會行不通。

8 承擔責任的年代：美國道德家 Age of Responsibility: American Moralist

一九九〇年代，我持續穩定擴大了公共寫作的範圍：從法國史抽身，轉到政治哲學、社會理論、東歐政治與歷史，然後從那裡進入歐洲和美國的外交政策議題。我原先根本沒有思想和社交上的自信來針對這樣的題目發言。幸有《紐約書評》的主編羅伯特．西爾弗斯教導我說不要自我設限，寫這一類的東西我其實游刃有餘；我有能力思考以及評論那些跟我正式的學術關切相去甚遠的主題。西爾弗斯讓我有機會去寫那些我本來認為超乎自己能力範圍的東西。我將會永遠感謝他給我這樣的機會。

我當時就那樣一根蠟燭兩頭燒；工作勞累過度了。在定期給《紐約書評》和其他刊物寫稿，甚至有時候寫得還更勤的同時，還要一邊著述《戰後歐洲六十年》以及其他的書；除此之外我還組成了一個新的家庭，並且忙於趕上學校裡的教學與行政進度。為了要把所有這一切分頭處理好，我得花不少力氣考慮周詳，事先規劃然後按部就班投入時間。不過至少我避免了那些成名歷史學者典型的慣常俗務：學術會議、專業協會和專業刊物。在這一點上，至少，就像老理查．柯布始終堅持的那樣，本來就沒有那麼固守歷史學者的典型成了我的優勢；因此一點都不想去浪費時間從歷史學者群中建立起自己的生涯道路。

那時候我所寫的是一種月旦人物的思想史，這些文章後來收入《重新評價》一書中。二十世紀是知識分子的世紀，正是這些知識分子彼此之間的背叛、調適與妥協所形成的世紀。問題在於，如今我們生活於其間的是一個幻想、幻滅與憎恨盤據了前排與中央位置的時代。所以需要大家有意識地努力，來辨識與維護二十世紀智識生活精華所在的核心。

二十年內，很難會有人還清楚記得所有這一切究竟是怎麼一回事了。最重要的，或許是這裡面仍然存在著「真理」(truth)的問題——或者說得更確切一點，是「兩種真理」的問題。一個人先前就接受了某種比較大型的政治真理或敘事真理的人，能不能憑著貼近一些比較小的真理或者「真實不虛」(truthfulness)這個特質，來彌補他作為知識分子或身為一個人的良心不安？這是我對二十世紀所提出的一個問題，然而或許也是對我自己所提出的一個問題。在我以一個政治知識分子的自我開始寫作的同時，我也始終都在嘗試著要回答這個問題。

我要為在多數美國歷史學者看來是相互矛盾的兩個方法論命題稍加辯護。首先，歷史學者寫到的事物必須放在相關切題的情境當中來看待。「融入情境」(contextualizing)是解釋的一部分，因此，為了要融入情境而把自己跟主題相關的材料分隔開來，是歷史學與正統合理解釋人類行為的其他學門，諸如人類學或政治學，最大的不同之處。在歷史學當中要融入情境就得以時間為相關變數。但我提出辯護的第二個論點如下：沒有學者，無論是歷史學者或其他任何學者，可以只因為身為一個學者，在道德上就豁免於所處相關環境形勢的約束。我們在自己所處的時間和空間當中也同樣身為參與者，沒有辦法逃避退出。而這兩種情境需要在方法學上區隔開來；但同時，兩者也必然會繼續糾纏不清。

《紐約書評》幫助我變成一個公開寫文章討論公共知識分子的作者；但造就我成為一個公共知識分子的卻是紐約這個城市。雖然我從來沒有打算要搬離開，也並沒有嘗試要去別的地方謀職，但我當時也不覺得自己會永遠一直待在紐約。然而拜「九一一事件」之賜，我逐漸越來越以一種論戰之姿參與到美國的公共事務當中。

似乎越來越感覺到自己迫切想要去投入到美國社會的對話當中，這樣來形容我當時的情況我覺得應該是持平之論：在一個自我審查和一致服從的時刻，要求我們必須公開而不受限地討論令人不快的話題內容。方便接近媒體管道同時在大學裡享有工作保障的知識分子，在政治上多災多難的時刻肩負著獨特的責任。在那些年裡，我處於一個能夠大聲發言而不太需要承擔風險的專業職位。這在我看起來差不多就是公民責任的定義了，至少就我自己本身的情況來說是如此：這麼說或許有一點稍嫌說教，但這就是我當時的真實感受。因此，想起來也真的很有意思，我就這樣找到一條途徑來變成美國人。

我當時到底想要成為怎麼樣的美國人呢？法文裡面有一個字用來形容某些他們最偉大的作家，從蒙田一直到卡繆：他們稱之為「道德言師」(moralistes)，這個詞語比英文裡面相對應的「道德家」(moralist) 一詞更有深意，又不帶暗地裡細微的輕蔑語氣。法文的「道德言師」，是指無論從事小說寫作或者精通哲學乃至於歷史，都遠比英美同等相當的人物更有可能在他們的作品當中明確表達道德上的深自期許（在這一點上，起碼，應該也要把以撒・柏林算上一位）。

我這個人滿足於本分不求聞達，但在以下這些方面我自認為也有積極從事：我在歷史方面的研究，分量不會比我刊載在報章雜誌上的文章少，推動我向前努力的是對當代直率的持續關懷和身為公民的忠誠義務。我也算得上是一位「道德言師」：不過是美國意味的「道德言師」。

史：讓我們從「德萊弗斯事件」講起，談談知識分子開始進入到現代政治，我的問題是有關於你所稱的那個「比較小的真理」：一個人到底有沒有背叛他的國家？一位出身猶太族裔的法國軍官含冤被錯誤指控叛國，所以一幫法國知識分子挺身而出為他辯護。一八九八年一月，當小說家左拉在巴黎發表著名的公開信《我控訴》，這個時刻被視為開啟了政治知識分子的歷史。但我突然意識到，這個時刻不能僅僅從歷史的意義上來看，打從一開始，在我們對何為知識分子的感受裡面，就被固定加入了某種道德成分。

賈：伯納德・威廉斯假定在「真理」和「真實不虛」之間有顯著的區別。德萊弗斯的支持者當時試圖說出真相，這是真實不虛，而非如他們的對手想要他們做的那樣服膺更高的真理。所謂「更高的真理」，他們當時的意思是，法國為第一優先，或者說軍隊絕對不能被誣蔑，或者說集體的目標要凌駕個人的利益。左拉的信在字裡行間隱含著以下這樣截然不同的見解：重點單純就是要把真相如實說出，而不是要去找出什麼「更高的真理」，然後遵循墨守。你無論知道什麼就說什麼，原封不動按照你所知道的全貌。

到了現代：二十世紀的知識分子到頭來卻不是這麼做的；往往大多數時候，他們結果竟然做出剛好完全相反的事情。在某些方面，二十世紀的知識分子有的效法反德萊弗斯派，也有效法的是德萊弗斯派，兩方勢力旗鼓相當。像小說家莫里斯．巴雷斯那樣的人就對德萊弗斯案的相關事實不感興趣。他感興趣的是德萊弗斯案的意義。而我不確定我們有一直充分了解二十世紀不同思想彼此交鋒的諸多根源本質為何。這是一種始終伴隨我們貫穿這整個世紀的人格分裂。

史：在差不多同一個時間裡，在帝國統治下的中歐，托馬斯．馬薩里克揭發了之前宣稱為中世紀捷克史詩的作品其實是後人偽造，幫猶太人申辯洗刷了過去血腥的罵名。儘管兩者之間有明顯的差別，但在此你同樣看到一個知識分子在護衛比較小的真理，對抗看似大的國族敘事無視於事實的要求。

賈：完全同意你的看法。讓我感受很深的是，在我的求學過程中，除了作為二十世紀外交史的一部分，我活到四十幾歲之前從來沒有在這樣的歷史背景情境中聽說過馬薩里克。然而這個事件如此明顯地與德萊弗斯案類似，並且差不多同時發生在歐洲。一個人全心全意奉獻於他所認為的未來國家的真正利益，會發現自己跟那些認為設法讓國族敘事維持正統才是絕對優先的人完全格格不入。當然，正是如此的特質把馬薩里克與左拉連結在一起，也正是如此的特質，給了二十世紀東歐與西歐的自由主義者一個共同的出發點——一個他們直到七〇年代才重新發現彼此都共同具有的參照。

史：如果有人果真去讀左拉那篇著名的《我控訴》，會發現文章內容乏善可陳，篇幅冗長而且文中提及了許多一般人無法理解的參照；除了響叮噹的標題之外沒有任何扣人心弦之處。而我感到疑惑的是，這篇文章跟我們在之後的一百多年所面臨的問題——也就是真實無虛看似醜陋而複雜難懂，但是更高的真理顯得純淨美麗這個情況——是否毫不相關。

賈：在這些年裡，被打動而參與公開辯論好與壞、真與偽這些抽象價值的，仍然是記者、劇作家和身後有一批群眾追隨的大學教授這類人士。在接下來的幾十年將會是哲學家，再往後則是社會學家等等漸次接棒。在各自的專業背景當中，仍會存在一種推論的風格，來拒絕或是鼓勵某些形式的真理和謬誤。

在二十世紀的前幾十年裡，大多數知識分子均屬於某一種或者另一種文學類型。他們的修辭習慣保留了許多十九世紀言談方式的痕跡，這在二十一世紀的耳朵聽起來，顯得多餘又誇張。當時像那樣的男人和女人認為自己擔任一種介於占卜師與調查記者之間的公共功能。二十年之後，所有一切都改變。二〇年代之間，朱利安．班達在他所寫的《知識分子的背叛》一書中，就攻擊知識分子沉迷抽象觀念與過度假設性的推論，但當時的知識分子不覺得他們那樣的態度立場有對不起誰——對他們來說，抽象概念就是真理。

而對像左拉這樣的記者來說，這些都顯得只不過是無稽之談。事實才是真理。雖然馬薩里克是在哲學的訓練中養成，但他看待事物的觀點跟左拉相同。倒回一八九八年，很少有人會爭論說，可信度與抽象理性會凌駕於直接參與所感受到的真與偽。當時思想上的參與還向世人揭發了某件事情屬於虛偽。一個世代之後，思想上的參與裡充斥著向世人大聲疾呼的各種抽象真理。

史：那是我們更早之前已經討論過的一個主題：歷史當中道德準則的固有性質──有可能存在於未來而宰制現在，經由列寧主義或史達林主義；或者存在於領袖的意志當中，經由法西斯主義或國家社會主義。

許多知識分子對這類政治活動的反應是摒棄如此這般的道德，或者對存在主義者而言，視之為某種應當被斷言必然歸於虛空的無謂之舉。

在四〇年代末曾經有那樣一個時刻，卡繆非常認真地說道：然而要是我們就完全搞錯了呢？要是尼采和黑格爾誤導了我們，世界上真的存在道德準則呢？要是我們本來應該要自始至終一直討論這些道德準則呢？

賈：你必須得在腦中想像，當年卡繆這麼說的時候，在場的莫里斯・梅洛─龐蒂、西蒙・德・波娃和尚─保羅・沙特面對他這種哲學家式的單純，一個個忍不住翻白眼。亞瑟・庫斯勒也躬逢其盛，不過他到底是怎麼樣的反應，我們就沒有辦法如此確定了。

不過我們就先當作卡繆說得對好了。那他所指的那些道德準則是什麼？換言之，如果一位知識分子的天職不只是尋求跟虛妄不實相對且有別於更高真理的真實不虛，那麼他應該要做的其他事情是什麼？如果知識分子不再堅守任何更大意義上的真理，或者竟然迴避他們原本應該顯現出來的那種姿態，那麼他們的立場到底是什麼呢？借用湯瑪斯・內格爾的說法，這種「毫無視角的觀點」（the view from nowhere）是什麼呢？

我認為，這是當今任何嚴肅的知識分子都正以某種形式所面臨的挑戰：如何身為一個前後一致的「普救論者」（universalist）。不是只有嘴巴上說說「我相信權利、自由或者某一種規範準則」那麼簡單。因為如果你相信民眾的選擇自由，但同時也相信你比任何其他人都更清楚什麼樣的選擇對民眾有益，那你就面臨了潛在的自相矛盾。作為一個前後一致的普救論者，怎麼能夠把一種文化或一整套偏好強加於人——但如果一個人認真看待自己的價值觀，他如何能夠不這麼做？而且即使我們允許這個問題如此這般解決，我們又如何能確定在一個錯綜複雜難以簡化的政治世界裡，我們這麼做就避開了其他的自相矛盾呢？道德上的普救論者，像瓦茨拉夫．哈維爾、安德烈．格魯克斯曼或邁克爾．伊格納蒂夫，他們所有人都基於一般原則而贊同二〇〇三年的伊拉克戰爭，隨後也因此發現他們自己面臨自相矛盾的實際後果，沒有辦法靠著他們那些整齊抽象的絕對準則來面對如此的苦果。

史：搶先開戰的想法過不了康德「道德第一命題」這一關，也就是行動時就好像你的所作所為會創造出一項規則。我想知道，至少對一個世俗的知識分子來說，是否存在任何方法能夠不用從康德的另外一個道德命題談起，而能夠貫徹普救論的思想：也就是道德觀念存在於任何個別人類的心目中。伊拉克戰爭跟許多其他冒險的一個共同點是，把像「解放」這樣籠統的概念，用某種風格化的、抽象的方式來加以描述。使得我們有辦法去忽略我們真正應該知道的事情：戰爭可怕，會殺害民眾，一旦開戰，許多這樣的個人即將要去殺害別人或者橫受死亡。

賈：道德觀念存在於個體心目中這個想法的吸引人之處在於，把事情簡化成一個做決定的過程，或者一整套對利益的權衡判斷，或者任何有可能性的心理機制；如此一來沒有辦法訴諸於集體決定，也因此沒有辦法強加於人。

但這會導致另一個問題，也就是道德的範疇會從個人被放大提升到集體的層次。當我們說自由是一種普世的人類價值，言論自由、遷徙自由和選擇自由的權利人人與生俱來時，我們認為自己腦中的理解相當清楚。但我認為，從十九世紀以來，我們已經變得過度輕易從個人自由出發而開始奢談起所謂「集體的自由」，就好像這兩者是相同性質的事物。

然而一旦你開始討論起解放一個民族，或者把自由當作一種抽象概念，就會開始發生一些非常不一樣的事情。自從啟蒙運動以來，西方政治思想的問題當中，始終有一個是在康德式道德權衡與抽象的政治範疇之間來回擺盪。

史：個人與集體之間的類比顯然有一個問題，而這個問題在國家這個層次上的浮現最惹眼。自由主義對國家的概念與自由主義對個人的概念相差無幾——就是說世上存在著一些國家，都有相同的命運，也都有自由的權利，而這就是為什麼民族自決對腦袋正常的自由主義者來說，似乎如此毫無疑義。

但是，難道你就不能直說，這樣的類比是一種範疇上的錯誤嗎？

賈：你可以幫「把國家視為集體化的個人」這種想法開脫，說個人也是建構起來的實體：是經過漫長的時間逐漸形成，取得了記憶和偏見之類獨有的經驗。畢竟，對一個國家來說，重要的不是有關於過去的主張是真還是偽，而是那種集體的渴望和選擇要去相信這些陳述，以及隨之而來的後果。

如此一來，我就不相信我們居然還會接受這些後果：我們最好是反對國家神話，即使代價是幻滅以及失去信仰。結果並沒有不同，國家歷史與國家神話都是必要不可少的國家副產品。所以我們需要小心區別以下兩者的不同：顯而易見的命題，也就是「國家存在」這回事；以及建構出來的命題，也就是「國家會傾向於對本身產生信念」這個概念。

確實，國家太容易產生這種想法，也就是國家有國家的權利，類似於個人宣稱他們有個人所有的權利一樣。但事情沒辦法那麼簡單。因為一個國家要擁有權利或義務，那些要求與責任必須對個人和集體都真有其事。如果一個國家有一種「自由」的權利，那麼國內所有個別的公民和國民也必須都有同樣的權利，否則這樣使用「自由」一詞就非常獨特，在意義上有所不同了。

讓我給你舉個例子，來說明個人權利與個人要求這樣的語言，被運用在集體時會產生的問題。我人在這裡，生活在這個國家裡：我是一個美國公民。我會不會認為這個國家對黑人族群有所虧欠？因為奴隸制度而產生的虧欠；許多男男女女被強迫來到這裡，違背他們意願為這個國家的繁榮犧牲奉獻？會啊，我認為是如此。那我是不是認為，平權法案是以此為目標所做的合理對策？是啊，我也這麼認為。諸如之類的看法我都同意。

但我身為一個白人，對所有這一切覺得自己有罪責嗎？不，我當然不覺得錯在我。奴隸貿易盛行的時候，甚至後來遭到廢止的時候，我的祖先都還貧困生活在白俄羅斯東部偏遠的猶太人村落裡。說他們必須要對我現在所身處的美國負起責任，可謂毫無道理。

所以說我對此有一種公民責任，作為一個公民；但我並不覺得對這種我正在尋求緩解的情況有道義上的責任。我並不是所謂「美國白人欺壓黑人之罪行」這個集體運作的一部分。這些差別看似細微難以察覺，但在公共道德與公共政策的領域中，很可能證實為極其關鍵，而且不止是在美國本地。

史：我認為國家有積極權利，但沒有消極權利。也就是說，國家並沒有得以自由的權利，因為「得以自由的權利」是一種消極權利，與前提顯然不一致。只有個人才有消極權利，消極權利基本上就是不受到別人所影響的權利：自由，不被殺害。

但只要一個國家存在，就具有福國利民的積極權利，意思是說，個人應該努力讓國家變得更好。究其實質，他們要靠著做一些事情，例如營造公路、鐵路和學校之類的公共建設，來讓國家存在。任何一個聲稱屬於某個國家的人，都對這個國家有責任，這些責任是國家積極權利的反面，也是這些權利的實現。

所以，當知識分子致力於建設國家或者積極行動鼓吹社會政策時，他們應該要說些什麼呢？在如今，國家是不是做出判斷並且採取行動的適當單位？

賈：這麼說有意思。

最不至於因為利益攸關或利益訴求而被人拉攏的知識分子，是那些一開始就跟他們正好置身其中的國家只有鬆散的關聯或者毫無關聯的人。我想起了愛德華·薩伊德，他住在紐約，但在思想上積極參與中東事務。我也想到布雷騰·布雷騰巴克，忙於非洲的公共事務，但經常為非洲之外的受眾發言及寫作。

對任何知識分子來說，開頭的第一個問題必然如下：問題不在於我如何看待自己身為一個美國知識分子、一個猶太知識分子，或任何其他封閉討論當中具有可識別性的參與者。問題在於，我如何看待問題A、決定B或窘境C？我可能碰巧住在紐約或任何其他地方，但這不應該影響我回應這類關切的投入程度。

我從來都沒有辦法理解，為什麼一般人會認為，積極批判自己的國家或干涉另外一個國家的事務是如此不體面的行為。在這兩種情況當中，顯然所需要的只是他得要清楚自己在講什麼，並且有能耐可以參與貢獻。然而比方說一個法國或英國的知識分子在一家俄羅斯報紙上發表了一篇抨擊俄羅斯國內政策的文章，到底何錯之有，對我來說並不是那麼顯而易見。

史：沒錯，但是東尼，如此遠離自己的國家，難道不也會讓你變得比較漠不關心嗎？

賈：如果你對周遭所發生的事情不感興趣，這很可能是因為某種其他的缺陷，而不是因為你無法認同這個國家。我的意思是說，我發自內心地不認同美國，所謂美利堅合眾國，但我對發生在美國的時事都深感興趣，也非常關心。

史：你怎麼有辦法那樣運作？東尼，因為我確實發自內心地認同美國。而我之所以批評某些事情是由於——我想是因為出於愛護的心情，務求其盡善盡美。

賈：讓我驚訝的是，對你我來說，不管怎麼樣，要同意彼此或相互了解某個範圍之內的議題，都是何等地輕而易舉。這些議題包括美國所出的這些差錯到底都跟哪些許許多多的事情有關，雖然事實上你一開始給我的感覺，像一個美國人希望能夠重新發現一個更好的美國，如果我能夠大致表達你剛剛的講法，我不知道該從哪裡說起。但不是那裡。

史：好吧，讓我們試著像個程式那樣一行一行來檢視。你是如何得到這種「毫無視角的觀點」，假設在此你是對的，假設世上確實存在一個「可以提供這種視角」的地方。

羅爾斯在他的《正義論》裡有一種觀念，也就是思考道德之途在於想像你藏身一片無知的布幔後面，你對你自己甚至你自己的天賦與承諾都一無所知。然後以之為起點，努力確定在某種集體遊戲中你會要求的是什麼。二十世紀最受推崇的自由主義修正版本於焉出現。

賈：羅爾斯式的探索想要尋找一個自由主義的阿基米德支點，問題出在，為了達成其目標，被迫把某些一開始就試圖要回答的關鍵問題給略掉了。

那些不熟悉自身利益與能力的某些關鍵層面的人——和那些為了要達到羅爾斯的目的必須在這個方面無知的人——在我看來似乎處於缺乏對他自己足夠了解的境地，無法做出道德上有連貫性、思想上前後一致的決定。旁人會期待他理解對與錯之間的區別，知道自己這樣的人所尋求的是什麼類型的世界。但在那樣的情況下，他無疑是帶著一份文化遺產來面對這項挑戰：一種思考自己與他人，以及評判他自己的行為和目的是否合宜的方法。這些都不是不帶價值判斷的觀點，所以這些價值的來源問題仍然尚未解決。

在羅爾斯式的範例當中，像這樣的人很可能是來自西北歐或北美，提問以及回答這類疑惑的時候有一種特定的方式，即使他缺乏更加切合這個情況的自知之明。從像這樣的一種心理實驗中想當然爾會得出的自由主義總是很容易遭到指控，指其對現實世界的挑戰掌握不足：既非源於當下的環境，也不是對過去經驗的反應。

如果羅爾斯為自由主義思想奠定基石的途徑主要就是曉諭原本就傾向自由主義的人，或許這一點就無關緊要了。但如此一來也就毫無意義。檢驗像這樣的定理，關乎能夠多有效地說服那些還未傾向自由主義的人改弦易轍。而且即使到那個時候，問題仍然揮之不去，像這樣的自由主義者在面對跟他們偏好不一致的旁人與社會時，到底應該要怎麼做。在這一點上，羅爾斯絕對不可能保持沉默，但他也迫不得已要導入沒有辦法從這個模型本身推論出來的外部考量。

說實在的，我更喜歡羅爾斯那一代以及稍微晚輩一點的那些持懷疑論的倫理學家：對他們來說，確認一種普世的道德規範並為之奠定基石，即使在最好的狀況下也似乎是毫無希望，而且無論如何終究是毫無意義。倒不如說，世界上存在著一些人類行為的規範，既顯現出吸引力，同時又可以普遍化；而且，在合理的情況下，還有強制推行的可能性。這跟後一代實用主義者那套「新相對主義」（neo-relativism）並不相同：能夠強制推行的道德規範是真實的，這樣的道德規範比一般人不願意強制推行的道德規範要更好、也更容易為人所接受。但這樣的道德規範之所以具有吸引力，部分原因是民眾覺得可以接受；而且無論如何，如果我們的職志是要實踐道德而不是要把道德理論化，那麼這樣的道德規範或許就是我們所能期望的最佳方案。

史：聽起來好像你是在暗示，一個能夠起到作用的知識分子，為了玩弄國族敘事，至少必須要熟悉到感覺宛如自家擺設。重要的論辯實際上是發生在國家層次。

賈：我把這個看成是必要的弔詭。任何具有持久興趣的知識分子都不會自限於狹隘的主題。另一方面，這個世界實際上是由許多地方性的空間聚集成團，任何聲稱自己游離在這些空間之外的人，對大多數民眾的日常現實也將沒有什麼話可說。一位對法國無話可說的知識分子，遲早會在法國失去發言權——即使是在美國，他的吸引力最終也會下降。

不過一旦在一個已經決定的環境背景當中建立起了信譽，一個知識分子就需要展示出，他為地方性的對話做出貢獻的方法，原則上是與超越那個對話本身的民眾利益休戚相關。否則，每個死盯著政策的傢伙和報紙專欄作者都大可以宣稱他們也是知識分子。

從實踐層面而言，這樣意味著什麼呢？我會毫不猶豫地參與到美國的各項對話當中，只要我覺得自己有能力那麼做。我涉入中東議題的原因，不是我認為我可以影響耶路撒冷的時局變化；有些其他人處於遠遠更能夠發揮那個功能的位置。我把我之所以涉入中東議題，視為試圖影響美國本地時局變化的責任感所驅使，因為這個問題未來要解決，會是在華盛頓解決，而不是在耶路撒冷。是我們美國人無能處理這個問題，讓我感到憂心。而且，需要所有人注意的就是我們的對話。

但還有其他的美國對話，我就不覺得自己能夠做出什麼有用的貢獻。我不認為自己有什麼資格去參與基督教內部有關信徒在一個世俗國家應該擔負什麼責任的論辯。當然對那樣的主題我也有我的看法：但我心裡明白自己在這樣的辯論場域站得非常外圍，就算發出聲音，那些參與者也聽不到。

同樣，如果提摩希你今天是在英國定居，你可能會深感自己既有意願也有資格可以參與到一場有關英國對歐態度或者涉及中東外交政策的對話當中。但你最有可能漂浮迷失在有關於英格蘭與蘇格蘭之間的關係那種熱力四射但深奧難解的討論當中。在有些類型的對話裡，局外人可以輕輕鬆鬆地表達看法，而到了其他的對話裡，他最好還是保持緘默。

因此，所謂世界性的知識分子是什麼呢？可以是在巴黎生活和寫作，但又不限定只考慮巴黎的相關事務：既可以說他是個法國人，但又可以說他不只是個法國人。這種說法同樣適用於紐約的知識分子——他們可以呈現出非常顯著的地方色彩，儘管他們的城市隱含著世界性的色彩。似乎對我來說，許多我所讀過的文章，尤其是在《異議》這樣的刊物上寫東西的作者，都深受他們地方性出身的根源所限。

史：你是怎麼有辦法從法國式的知識分子，一變成為某種其他的學者，某種範圍更大的學術中人，該怎麼稱呼才好？因為就如同你所說的，往往傾向於發生的是，在某個層面上能夠引起共鳴的東西隔著距離之外看來卻褊狹令人不快。然而與此同時，無疑在二十一世紀，知識分子將必須超越國家背景來發揮功能。

不過對我而言這其中似乎存在著一個問題。這是一個二十世紀才展現出來的問題：也就是「透過代理人來思考」，或者如你有時候所採取的那種說法，所謂「成群結隊一起思考」(thinking in blocks)。如果你從國際勞動階級的角度來思考，這麼說，你也很可能會遇到問題。或者，如果你從解放世界上的勞苦大眾和被殖民者的角度來思考，也很可能會遇到問題。這些試圖要超越地方性範疇來思考的努力可能值得稱讚，但極少能夠保住成果。

賈：你的參照架構越大，所掌握的細節和地方性的知識就越不足信——這就是為什麼最有辦法四處打聽出事情原委的人，通常並非知識分子，而是記者。你無法既要做一個「具有全球視野」的那種人，同時還希望保有正常規律腳踏實地的訊息知識。但人們很難一直對缺少這類訊息知識的知識分子保持敬意：哪怕只是為了尋找一個能夠超越這類訊息知識的觀點，他們的輪子那樣轉呀轉，遲早連自己研究的主題內容都可以全部噴飛一點不剩。總之，什麼都可以侃侃而談的人，可能會有失去談任何事情的能力之虞。

畢竟，知識分子都有一個輸入活門和一個輸出活門。這個輸入活門是閱讀、觀看、認識與學習，然而輸出活門就是他的受眾，沒有了這些受眾，他只不過是在對空吐氣。問題是世界上不存在「全球」受眾這樣的東西。如果你為《紐約書評》寫了一篇文章，讀者可能遍及世界各地；但你真正的受眾是那些積極參與你所貢獻的這場特定論辯的讀者族群。只有在這場論辯的環境背景中，作者才能夠發揮影響，有持久的重要性。

因此，標籤上的顯示和內容物相反，世界上沒有像「全球性知識分子」這樣的東西：斯拉沃熱·齊澤克實際上並不存在。基於相同的理由，我對「世界體系理論」那一類的東西始終抱持著懷疑的態度。像伊曼紐爾·華勒斯坦這樣的社會學者可能時不時就會想出一點微妙的洞見，但他們如此大費周章架構起巨大的總體陳述，實質上必然導致他們大多數的時間將會不斷老調重彈。

當然，總是會有人傾向於這麼大費周章來思考，就像總是會有人寫一些近乎經驗主義的研究。一個知識分子按照定義上來說，就是生性喜歡定期上升到總體陳述那種層次的人。我們沒有辦法每一個人都是專家，而且光靠專家也從來不足以把一個複雜難懂的世界理出頭緒。但事關重大的是中間領域——介於地方性細節和全球性定理之間的空間——而這個部分即使到了今天，也傾向於是由國家這個層級來決定。任何一個嚴肅考慮過要去改變世界的人，都很可能，說來弔詭，要在這個中間場域裡面活動運作。

史：那些想要扭轉乾坤的知識分子，即使他們的發言主要是在國家這個層次，也終將必須觸及在德萊弗斯事件那個時代還沒有變成國際性質的問題。例如，氣候變遷和能源分布的不平等先天屬於國際性問題，然而國家規模的社群與個人都必須要去因應處理。

賈：但過去有一些人，大多是在十九世紀末，已經開始談到類似的事情：隨著機關槍的問世，戰爭的相關法令就需要費心去修訂。交通的速度一旦加快，運輸就需要更密切的規範。如果另外一個國家所有度量衡和價值觀都跟你們完全不同，你們就沒法跟這個國家貿易往來——所以你們之間就需要有協定。如此一來在處理國家事務的時候，就開始或者加速了全球思維的進程，或者按照以前的說法是國際性的思維。

我們沒有想過的事實是，當今世界的鐵路軌距幾乎是全球一致的，雖然有一些歷史因素的例外還沒有到完全。然而你知道，如果不是這樣，一件貨品要從加拿大寄到墨西哥的成本就會高個兩三倍之多，因為牽涉到變換軌距多花的力氣與時間諸如此類的延誤。所以我們乾脆就接受，從世界上許多方面來說，自古至今，我們在考慮國家利益的時候，不能不從國際上來思考。而且我們在談到國家政策目標的時候也不可能不想到國境之外的情況。但這樣的對話，即使到了現在，發生的地點仍然局限在國境之內。

想想看今天的歐洲。康德討論過單一市場以及商品自由運輸、貨幣自由流通以及人員自由遷徙的概念。但是到頭來（當然也完全在意料之內），商品自由發行銷售，貨幣以虛擬的形式光速流通，但人類卻沒有辦法自由遷徙，或者至少大部分的人類沒有辦法。受過良好教育的菁英階層可以自由遷徙，但大多數人都沒辦法。大多數人在放棄自己，比方說，原來居住在法國北部的生活，要搬到盧森堡去，只因為那裡有個比較好的工作之前，都會考慮很長一段時間。即使現在兩地使用的是同樣的貨幣，有了高速火車往來也變近了，而且大部分跟你有關的法律都很類似。人類，即使是在歐洲，也還是生活在國家的框架裡面。

史：你覺得從一個國家層級的對話跨越到另一種對話的嘗試當中，哪些有趣，哪些無趣，哪些成功，哪些比較沒有那麼成功？因為我們似乎正處在一種影響甚鉅的時刻，至關重要的是，你能不能在某個國民大會當中所進行的國家級對話裡改變民眾的想法——然而你很可能只是徒勞無功，除非你動用一些其他的知識來源或者一些其他的觀點。

賈：就我自己來說，想得比較狹隘一點，近年來最重要的轉變是在許多國家的政策制定者和受過良好教育的菁英階層之間，創造出了一種歐洲的身分認同，而這些國家直到不久之前都還自認為主要或者僅止於在國家級對話中發揮功能。歐洲是一個智識上的發明，儘管大多數知識分子都與此無涉。

史：是否存在一種整個歐洲的國家級認同，我的測試標準，是看存不存在一支代表全歐洲的足球隊或者由單一的歐洲代表團去參加奧林匹克運動會。我並不奢望有生之年能夠看到這些事情實現。

賈：但是你得要注意，這個概念已經非常有效地被私有化了。近些年，以倫敦為主場的兵工廠足球隊踢得氣象萬千，贏得了英超和歐洲聯賽的多項賽事，他們完全是一支歐洲球隊。曾經在一個時間點上這支球隊一個英國選手都沒有。可是卻網羅了全歐洲所有最具天賦的球員，除了無可避免的巴西人之外。你可以在某個國家層級操作到那個地步，但你沒辦法在一個超越國家的層級裡運作。

史：你可以網羅巴西人、義大利人和烏克蘭人，湊成一支英國俱樂部足球隊，但你沒辦法簽下一群英國人來創建一支歐洲代表隊。

賈：在英國人的國家意識裡存在一種有趣的混淆狀態。球隊交易的惡劣情況甚至比典型的美國棒球隊更糟糕——而與此同時，大家的意識裡還有浪漫地想要回到當年一支球隊裡有十一個傢伙名叫史密斯的舊日情懷。

史：英國足球俱樂部在這一點上有幾分像一百五十年前那些地處偏遠的城堡。如果你在俄羅斯賺了很多錢，就會去買一支球隊，因為那樣會讓你覺得自己簡直不可一世。

但是在此處就顯示出美國跟歐洲的差別。就由城市來養球隊這個層面，我們都一樣。你可以在彈指之間創造出一支棒球隊，而且美國人會對這樣的事情非常興奮，甚至於就算這些球員是來自多明尼加共和國、厄瓜多和委內瑞拉。但在美國，任何國際競賽項目實際上你都會有一支美國代表隊，而且沒有人會說，德克薩斯州或愛達荷州應該派自己的代表隊去參加奧運會。

賈：在所有仍然自視為民族的國家當中，美國最具有人造色彩。我的意思是說，美國說穿了就是由一群知識分子出於選擇而創立的國家，是這群知識分子描述、定義並且裁定了這個國家的誕生。但弔詭的是，美國這種人造色彩反而使那些認同美國的人覺得更真實。而像法國或西班牙這些明明白白真實存在的地方，實際上卻讓很多西班牙人或法國人有可能相當主動並且激進地游離出任何更抽象的民族或國家認同——但又不會失去他們原本對國家的認同感。他們就確確實實是法國人和西班牙人。不需要國旗。甚至不需要國定的官方語言；如果覺得對什麼事情有所助益，他們也很樂於跟別國的民眾講英語。

對一個英國人來說會是一種非常奇特的經驗，而且我認為對一個歐陸人來說這種感覺甚至還更強烈，就是當他來到美國，卻發現自己深深地感覺到，這個國家裡面即使是作風最自由、最見多識廣的公民，都保有原先的民族認同——這種情形跟在歐洲完全不一樣。曾經有一度，國族認同的形式是公民生活中規定必不可少的一部分。當女王出現在電視上，你會起立，就像我母親以往那樣。電影院裡演奏國歌的時候你也會起立，諸如此類。所以這樣的事情在過去就是如此——不是說這些禮節被深深地嵌入身為國民的意義當中，只是早已經成為傳統的一部分：就像蘇格蘭的格子呢服裝。換句話說，這些雖然是人造的傳統，但感覺上很真實。美國的傳統如今已經根深柢固，很難把這些傳統跟身為美國人的意義區別開來：這也是為什麼當有人沒向國旗敬禮或不唱國歌時，即使是非常通情達理的美國公民也會由衷感到憤怒。像這樣的情緒在當代歐洲簡直聞所未聞。

史：我仍然努力想要找出一個方法，來跨越這層國家的障礙走向國際。從你一開始所說的努力尋求普救論，我姑且認為你必定把這個視為是值得尋求的，如果不是始終視為適當或者可能的話。所以我想要問你，到底是不是有一些通行於歐洲人和美國人的，就算不是價值觀至少也是常規慣例，應該要拿出來討論一下怎麼推廣輸出到世界上的其他地方。

目前這裡面明顯的一個是民主。伊拉克戰爭——你援引過的時刻，而且我們回頭提到過好幾次——在這方面相當有趣。因為發動伊拉克戰爭的這一屆政府，本身從民主程序來說並不具有合法性，這一點頗為重要，雖然這樣的觀點沒有人公開表達，但從戰爭的理論或者康德對戰爭的看法來說確有其事。畢竟，這在一般人的預料當中：正因為是這樣的政府，才最有可能跑出去打一些愚蠢的戰爭。雖說同一段時間內，同樣的那個國家，美國也正在基輔認真地舉辦出口民調，來促進烏克蘭的民主——這種事情，當然，我們不會在邁阿密推動，美國人就是如此才會走到今天這步田地，基本上來說。

賈：智力活動跟誘惑有那麼一點相似。如果你直接奔向目標，幾乎肯定不會成功。如果你想要成為一個對世界歷史的辯論能夠插上一手的人，那你一開始就直接朝著世界歷史的辯論插上一手的話，幾乎肯定不會成功。最重要得先做的是，去討論那些，就像我們可能會說的，「對世界歷史能夠激起一些反響，但在某種程度上你又能夠發揮影響力」的話題。一旦你插手這場對話的貢獻，在當時得到了認可，並且成為某個更大規模對話的一部分，或者成為其他地方所發生的相同對話的一部分，那你就抓到了竅門，而且從此得心應手。

所以我並不認為知識分子在談論世界需要變得更民主、或者人權需要在全世界都更受尊重等這些訴求上表現得非常好。並不是說這類聲明不夠吸引人，而是說效果很小，既難以達到目標也不太能增加對話的嚴謹程度。而同樣的這個人，在真正展現出民主與民主國家的缺陷時，方能為以下論點奠立一個更好的基礎：也就是我們施行的是民主制度，應該鼓勵其他國家模仿我們迎頭趕上。僅僅只是說我們施行的是民主制度，或者說我對我們的民主制度不感興趣，但我想要幫助你們建立你們的民主制度，這只會激發對方產生以下這種反應：好了，走開，先把你們自己的制度調好，然後或許其他國家才會聽你們的，諸如此類。所以，為了要變得國際化，我們必須要先國家化。

如今我們到底應該關心些什麼？我們身處在一個非常漫長的改進週期的盡頭。這個週期從十八世紀末開始，雖然在那之後什麼事情都發生過，但本質上一直延續到一九九〇年代：各國統治者被迫接受類似於法治原則的比例穩定提高。我認為自從六〇年代以降，整個世界有兩股雖然不同但息息相關的改進浪潮鋪天蓋地而來，鬆綁了經濟自由與個人自由。這兩項晚近的發展，看起來好像跟政治上走向法治有關，實際上對法治卻是潛在的危險。

我把當前這個世紀視為一個部分由於過度經濟自由而越來越不安全的世紀，此處所謂的自由有非常特定的涵義，而所謂的越來越不安全其成因也跟氣候變遷和一些無法預料的狀況有關。我們可能會發現自己作為知識分子或政治哲學家所面臨的情況是，我們的首要任務不是設想更美好的世界，而是思考如何預防更惡劣的世界。這個情況跟我們原來所想像的有些微不同，那些描繪出理想化的、有辦法改進的情況的那一類知識分子，可能並不是值得我們聽從的對象。

我們可能會發現自己一直在問，我們要如何捍衛既有合法的或合於憲法的或合於人道的權利、準則、自由與機制等等。我們不會去問，透過伊拉克戰爭為中東帶來民主、自由與市場這些東西，論方法到底是好還是不好，而是要問承辦這整件事情處理得精明還是不精明，即使確實有達到原先的目標。要提醒自己別忘了機會成本：那些以有限資源原本可以實現其他事情但結果卻並未實現的可能性。

這一切對知識分子來說都很難接受，他們當中大多數人把自己想像成是在捍衛以及推動巨大的抽象理念。不過我認為，捍衛以及推動巨大抽象理念的方式，在未來的幾十年裡將會是去捍衛以及保護那些機制、法律、規則和實際運作，這些就是我們盡力推動這些巨大抽象理念的具體表徵。而那些關心這些方面的知識分子將成為影響力最大的人。

史：我先前提到民主的時候，腦海中所想的，與其說我們應該抽象地談論民主，或者我們應該傳播這些觀念，不如說，民主確實就是一種非常嬌嫩的東西，由許多細小而脆弱的機制和慣例所構成。這些當中有一點，是要確保每一張選票都有計算在內。

我記得曾經跟一個烏克蘭朋友說到二〇〇〇年的美國總統大選。當時俄羅斯人打算派選舉觀察團到加利福尼亞州和佛羅里達州，這種邏輯的依據是，這些地方都是美國這個國家相對不久之前才合併進來的部分，比較有可能發生弊端。我聽了覺得很好笑。結果是，我對我們本地的運作所抱持的那種傲慢態度，以及與此息息相關的每一個人對此不自覺的辯解，從上到下都完全錯了。那些選舉，我認為，是絕妙的例證，說明一種具有吸引力甚至可謂令人嚮往的制度，也就是民主，已經從內部被掏空了，而我們並沒有關注到這其中的細節變化。

賈：如果你察看各個國家的歷史，把我們視為跟民主相關的那些優點都極大化，就會注意到，最先出現的是推行憲政，接著是依法治理，然後是權力分立。民主制度幾乎總是最後才出現。如果所謂民主制度我們指的是，所有成年人都能參與選擇即將要統治他們的政府這種權利，那要到非常晚才出現——有些國家是在我有生之年才走到那一步，如今被我們認為是偉大的民主政體，像瑞士，還有當然在我父親的有生之年，其他的歐洲國家，像法國。所以我們不應該告訴我們自己說，民主制度是這一切的起點。

民主制度之於一個井然有序的自由社會，就好像極度的自由市場之於一個成功而規範健全的資本主義制度。在一個大眾媒體的時代，大眾的民主制度意味著，一方面，你可以很快就讓大家都知道布希偷走了這場大選；但在另一方面，全體選民當中大部分人都壓不在乎。如果是在一個選舉權更受限制的十九世紀老派自由主義社會裡，他相對比較沒有辦法竊取這個選舉：那些實際參與的人數相對比較少，但對這件事情的關心度會遠大得多。所以我們為了要把我們的自由主義予以大眾化而付出了代價，我們應該明白這一點。當然，並不是要主張回到受限的選舉權或者選民分級制，甚或一些——你知道的，有些人被告知或有些人不被告知的差別制度。這個論點只是說我們得要明白，民主制度並沒有辦法解決非自由社會的問題。

史：然而對一個更為悲觀的世紀來說，民主制度難道不是一個好的走向嗎？因為這樣的制度，我認為，最好是被辯解為某種可以防範更惡劣的制度出現的良方，也最好被清楚表達為屬於大眾的政治，是確保民眾不會每次都被同樣手法愚弄的一種方式。

賈：邱吉爾有一句名言，說民主制度可能是除了所有其他制度之外最糟的制度，這個說法有幾分真理，不過也只有幾分。民主制度是短期間之內防範非民主政治的最佳選擇，但卻防範不了本身先天上的缺陷。希臘人當年就知道，民主不太可能會亡於極權統治、威權統治或者寡頭統治的魔力；絕大可能是亡於本身腐化走樣後的變體。

民主政體很快就會被侵蝕；這種侵蝕是從語言上或者從修辭上開始，換句話說——那就是有關於語言的歐威爾觀點。之所以會被侵蝕，是因為大多數民眾對此漠不關心。請留意，歐盟的第一次議會選舉在一九七九年舉行，當時平均投票率超過百分之六十二，目前眼看著可能還不到百分之三十，儘管歐洲議會如今更加舉足輕重，握有更大的權力。民眾對選擇由誰來統治你這回事，要維持自發性的興趣，其困難程度已經充分得到證實。而我們之所以需要知識分子，以及所有我們能夠找到的優秀記者，是為了填補民主制度中的雙方，也就是被統治者與統治者之間，日漸擴大的空隙。

史：戈培爾也有一句名言，說是在任何政治體制裡面你都可以聲稱你是個受害者，如此一來你發動戰爭時，就能把大多數人搞到你這一邊。他這個說法遠比我們所願意承認的更為實在。於是這導致了一個在我看來相當明顯的結論，也就是如果你想要捍衛民主，就必須認清戰爭打到國外去是一個影響巨大的扭曲因素。打從一開始，這就是一個問題，打從路易．波拿巴的時代以來——

賈：馬克思把目光聚焦路易．波拿巴，視之為民眾可能被煽惑從可以自由選舉轉變成非自由社會的一個實際案例，這一切並非偶然。馬克思把這整件事情講得比較有利於他自己的論點，認為是當年選民性質特殊的結果，受到煽惑的是一群前工業化時代的選民。然而可悲的是我們已經看到，後工業化時代的選民也同樣地容易受人煽惑。只不過是幾年之前，邁克爾·曼德爾鮑姆之流還在寫書講說民主國家是如何地絕對不會發動戰爭，完全由民主國家所構成的世界想必是個安全的世界！

伊拉克戰爭說明了事實正好完全相反：一個民主國家，尤其是一個具有武力裝備的民主國家，非常容易被導向戰爭——只要對這個國家講一些符合該國自我形象的那種故事。當然不能說：我們要發動戰爭去征服別人。那麼一來就違反了他們確信自己所作所為一定正確的身分地位。而是要告訴他們說，派兵去到那裡是為了幫助對方走向本國曾經有幸走上的道路，是為了不讓威權社會摧毀我國賴以成為民主國家的關鍵價值：在如此的說法之下，這個國家輕而易舉就被動員起來，去遂行非民主的目標，包括非法的侵略戰爭。如果一個民主國家可以如此悍然為之——回到戈培爾的看法——那麼這個國家跟一個獨裁政權也所差無幾了：只差這個國家畢竟還是有自由可以提出自圓其說的論述。透過這種自圓其說的論述，保住了這個民主國家的價值觀，但辯護不了什麼。差不多就剛好達到了邱吉爾的標準，不過也沒有再多了。

史：我的看法比這個樂觀。我不認為把美國捲入那場戰爭的政府，是經過民主程序選出來的政府。缺少了那樣的程序所帶來的所有後果你可想而知。也就是說，一旦你當初取得權力不是透過民主程序，你就會想方設法意圖故技重施。這場戰爭，事實上，就是尋求獲選連任的那個方法。

沒有這場戰爭，布希毫無勝算可以獲選連任。共和黨在二〇〇四年唯一的著眼點，實際上就只有這件事情。

先是騙過大家，然後出兵去打仗，接著就說這場戰爭意味著另一方並不合法。所以我確實認為在民主與爭戰之間存在著一種關聯，而且我也確實認為，要測試出你的國家到底發生了什麼事，可以運用的第一片石蕊試紙是問你自己：我們現在是不是在打一場非法的侵略戰爭？如果答案是肯定的，那你這個國家的民主機制出現某些問題的機會可能相當大。

賈：對一個美好的開放社會來說，民主既不是必要條件，也不是充分條件。我不想要說得太過頭，讓人家以為我對民主的態度過分保留：讓人家以為我偏好十九世紀那種貴族氣息的自由主義社會。不過我確實想要表達一個以撒．柏林式的觀點。我們必須爽快承認，早年的一些非民主社會在某些特定方面比後來的民主社會好多了。

史：我同意憲政思想和法治概念在歷史上以及道德上都先於民主。然而在一個群眾政治已經從瓶子裡冒出來的世界裡，你必須有某種方法來駕馭。

賈：你這個看法我接受。但我會說，如果我們有辦法產生完全不受制於放出來這個燈魔的政治菁英，對要去體現群眾民主派所繼承的這些社會價值一點都不容許自己置身事外的話，那就好了。

我所擔心的是群眾民主傾向於產生平庸的政治人物。當今世界的自由社會裡，絕大多數政治家都很不夠格。無論是從英國一路到以色列，還是從法國到東歐的任何地方，或者從美國甚至至老遠到澳洲，都是同樣的情況。政治領域不是注重精神自主權以及具有開闊遠見的人傾向會去淌的渾水。而且我認為，即使是以我們現在的總統巴拉克．歐巴馬為例，跟剛剛所說的狀況也還是相符，歐巴馬持續向大家證明，他之所擅長同時也是我們當中有些人之所畏懼的顯著特點，是熱切希望自己被視為可以理喻。並不一定是在妥協但又熱切希望被視為妥協。這一點使得他在領導這個國家的時候非常困難。

史：如此一來，東尼，有人能夠想出任何更具有啟發性的事情嗎？還是說，知識分子心裡面的道德負擔不折不扣就是這些沒有得到啟發的人嗎？

賈：這個嘛，你知道，世人對卡珊德拉（Cassandra）有那麼一種看法。持續抵抗，做那個把不愉快的真理說出來的最後一人，這樣的命運並沒有那麼糟。

史：我們記得卡珊德拉，但沒有人記得她那個不愉快的真理為何。

賈：這麼說也沒錯。在大多數的場合，不愉快的真理通常是，你被人家給騙了。而知識分子的任務就是要把這個真理找出來；把真理找出來，然後跟大家解釋為什麼這就是真理。調查記者的任務就是要把真相找出來；知識分子的任務就是要在真相還沒有被找出來之前，告訴大家什麼事情出錯了。我認為把知識分子想成啟發者的危險在於，我們會再次跟他們索取宏偉的敘事，或者索取廣泛的道德至理。而這個至理的應用範圍越廣泛、這個敘事說得越宏偉，他們看起來就會越像我們以為我們想要找到的那種啟發人心的知識分子。而我並不認為這是我們想要的。

史：為什麼伊拉克戰爭不能視為是一種全球性的德萊弗斯事件？或至少是一種美國式的德萊弗斯事件？

賈：德萊弗斯事件非常簡單：事情只關乎真相和謊言。伊拉克戰爭就此而言並不相符。為了要讓指控能夠成立，你必須訴諸一些你可能稱之為「依條件而定的考量」：針對先例的審慎明辨；破壞法律並不明智，如果你不希望別人也來破壞法律的話；以及可以預見到先前宣稱的任何好的結果實際上都不太可能發生。所有那些都是非常好的論證，但是都超越了簡單的道德或者事實本身的問題。

這個在我看來顯而易見的道德問題並不是源於德萊弗斯案當中的考慮，而是脫胎自紐倫堡大審的斟酌。對民主國家來說，在還有其他可行策略的情況之下率爾發動戰爭，而且是為了要先發制人的考量，在國際關係的實際道德上真的是非常非常不明智。因為那樣的行為具有腐蝕性，不僅有失作為民主國家的風範——沒有了這樣的風範之後，他們再也沒有資格可以對獨裁政權說三道四——而且對民主國家應該呈現怎麼樣的面貌，也產生了內在的腐蝕性。

史：我原先認為，跟德萊弗斯事件有相似之處，關鍵在於美國政府在準備要發動戰爭之前散播了各種不同的謊言。例如他們謊稱伊拉克當局跟「九一一事件」的恐怖攻擊有關，並且謊稱伊拉克即將製造出核子武器。這些謊言都被相當刻意地用來把全國民眾帶到一種準備要開戰的狀態。

賈：一個民主國家發動戰爭的時候，首先得製造一種戰爭的精神病徵，而製造一種戰爭的精神病徵可能會有讓民主制度的價值觀受到侵蝕的危險。你必須得說謊，必須得誇大其辭，你必須得扭曲事實，諸如此類。

美國在二十世紀所發動的戰爭，對其本身而言幾乎沒有耗費什麼成本，相對於其他國家來說。蘇聯紅軍士兵在當年史達林格勒一役的陣亡人數，比美國整個二十世紀參與的所有戰爭中士兵加上平民的死亡人數還要多。美國人難以理解戰爭意味著什麼，因此對一位美國政治領袖而言，誤導這樣的民眾，讓一個民主國家涉入戰爭，來得超乎尋常地容易。

史：我記得，是在二〇〇三年四月，我深夜裡把所有的頻道都按過一遍，找到你現身在螢光幕上。你從容不迫地說著一些很有道理的話，大意就是我們對動兵打進伊拉克所說的那些辯辭，可以用來辯護任何一種戰爭。我當時有一個奇怪的感覺，覺得你出現在那裡是很例外的，因為無論在氣質上還是發言內容上，都跟那段時間所有其他人的作為不同。跟著你的發言之後，大衛．布魯克斯提出不同意你的見解，聲稱世界上存在某種被稱之為「現實」的東西，政策制定者必須予以因應，而且因應的時候並不會尋求邏輯上的一致性。當然在那個時候，大家討論的所謂「現實」，也就是原先假定來自伊拉克的威脅，是一個完全被建構起來的不實指控，而布魯克斯是在協助像這樣的建構。你當時表現出那一番鎮定的理性，被我一描述，聽起來有點像是在讚美……

賈：我就當作你是在讚美。

史：——但我想問的是，那段時間裡的事態為什麼會發展成如此錯誤。因為如果當年曾經有過那麼一個時刻——知識分子應該要寫出《我控訴》這樣的小冊子，應該要盡其所能讓更多不同群體的民眾知情，如果必要的話應該讓他們的想法成形，選擇他們的媒體發聲——那就是當二〇〇三年四月，美國自陷於這場到目前為止定義了我們這整個世紀的亂局，而且事實上很可能讓美國失去了在屬於美國的這個世紀當中應有的地位。你曾經稍微牽涉其中——當時事情有可能走上另一個方向嗎？

賈：我想要回憶當時跟幾個人的交手。

一個是在戰爭即將發生的那段時間，我們當中有一些人，提出了先發制人的戰爭到底有沒有必要，以及是否明智的問題。在一個電視節目裡，我的與談人不停地問：但是無疑你還是信任唐納德．倫斯斐吧？他經驗那麼豐富，你該不是想告訴我，你對國家安全的看法比倫斯斐還要透徹嗎？我記得當時心裡想，這樣的推論太危險了。我們在這裡聽到的，是把事情搞砸的當局所持的論點：國防部長因為主掌國防事務，所以必定比所有其他人都更懂。批判性的知識分子涉入討論任何議題的整個重點都是要持相反意見：如果有些人主掌任何事務，那就賦予我們其他人一個特殊的責任，要非常強烈地質問他們，而不是自己卻步說：「老爸會為全家著想」。

所謂「他們肯定會為大家著想，因為他們才是專家，才是老闆，才是大人物，是堅強的男人，是現實主義者，他們有內幕資訊，我們這些軟弱的道德家懂什麼？」像以上這樣的論調令人不安，充滿了威權主義的氣息。

你提到大衛．布魯克斯，讓我想起了另外一點，是在跟他共同與談的另外一回對話，「查理．羅斯秀」的節目裡。當時節目上討論的是聯合國能夠採取什麼行動來解決伊拉克危機，而不是任憑美國獨斷獨行。布魯克斯四平八穩地表明，聯合國毫無用處，沒有辦法指望聯合國有什麼強勢作為。他說：你看當年聯合國在巴爾幹半島多麼沒用。我就藉著那個時機，講了一點有關於科索沃危機當時怎麼解決的原委，尤其是國際機構在當地所發揮的作用——在災情慘重的情況下，我跟他們說明，國際機構還是有可能做成一些善事，正因為他們是國際機構。然後我期待布魯克斯對此做出回應：這個、這個和這個如何如何。結果他避而不談，只是說：真的嗎，那樣的事我實際上就一無所知了。然後就改變了話題。

於是我記得自己當時心裡想：你跑來上電視，對採取國際行動來解決瀕危地區的政治危機這整個想法做了專斷的（ex cathedra）陳述表達不贊成，並為美國的獨斷獨行辯解，因為其他國家都插不上手；而當有人把你導到正題的時候，你卻說：真的嗎，我對我所談論的事情實際上並不懂。在此我們居然有這樣的公共知識分子，如今不僅占領了重要的電視時段，也盤據了英語世界幾家最具影響力的報紙專欄版面：而這位仁兄居然什麼都不懂。

世人皆知雷蒙．阿宏曾經批評過沙特那一代知識分子，說他們對自己正在夸夸其談的事情一無所知；但他們至少，終究還是知道一些別的事情。像布魯克斯這樣的人，真正是一無所知。所以我在那混亂的幾個月裡，同時見識了災難性地默許當局恣意而為，以及用平庸老派的愚蠢無知來假冒評論。在上述這兩種情況之下，一項不道德的政治行動被允許強行穿過公共空間而鮮少遭到抵抗。

此外還要記得，就算是確實知道些事情的人也只會顧左右而言他。我想到的是邁克爾・伊格納蒂夫、大衛・瑞姆尼克、里昂・韋斯蒂爾或邁克爾・瓦瑟。他們應該提問題卻不提，個個表現得好像知識分子唯一的職責，就是為非知識分子的行動提供正當的理由。我只記得自己深感震驚，同時也深感寂寞。孤立主義的主張也不會讓我感覺比較舒服；我還是非常贊成要去干預巴爾幹半島的情勢，並且仍然相信當時那樣做是對的。

其他反對這場戰爭的人都是「新季辛吉主義者」（neo-Kissingerians），也就是說，他們反對做蠢事，因為那樣不符合我們的利益。他們這種立場距離合情合理的態度稍微比較接近一些，但仍然差得很遠。你說我們不應該在像越南或伊拉克這樣的地方愚蠢出糗，但如果你的理由只是因為那麼做不符合我們的利益，未免為德不卒。根據那樣的前提，你還是有可能會說，我們應該去像智利那樣的地方愚蠢出糗，因為符合我們的利益。所以我記得當時看得到的文章，沒有幾篇是持我這樣的看法，少數的幾篇當然也都不是美國人寫的。

史：在我看來，前面這兩點可能彼此有所關聯。也就是說，記者們幫威權主義認識論所做的辯辭，假定當權者的判斷應該是對的，這套說法同時也是對記者本身以及工作方式的一種自我辯護。因為這些記者當中有許多人除了本身的權威之外，還有什麼其他的呢？除了跟權力者的連結之外他們還能根據什麼來運作呢？

賈：我想你這個觀點是持平之論。大多數記者，在如今權力與訊息溝通息息相關的情況下，害怕失去有門路的身分地位，不下於害怕犯錯。而那種認為知識分子應該視自己為「輸送帶」的觀念當然也很危險，因為在蘇聯統治下的知識分子就是這樣的角色；輸送帶的隱喻是列寧的用語。不過我想你說得很對，這些傢伙真的很害怕他們的地位不保。

布魯克斯的情況很有趣，因為一切都只是直接反映——半點專業知識也沒有。顯然應該具備的專業知識包括，能夠以一種讀者習慣視為啟發引導的評論方式，每週針對任何公眾事件侃侃而談。湯馬斯．佛里曼，另外一位當代著名的「專家」，則頻繁販賣一種概念稍微有點不同的專業知識。你注意一下佛里曼幾乎每篇專欄文章都會提到某個跟他談過話的名人。所以他清楚表現出這樣的一種想法，就是說你的專業知識來自你的人脈有發揮作用。諸如阿布杜拉國王曾經跟我說如何如何，或韓國訊息部次長的前妻在某個晚宴上對我低聲說些什麼什麼，依此類推。說話的人是誰實際上真的一點都不重要。佛里曼可以跟某個特別的人說得上話，這個概念才是重點。

就佛里曼的情況而言，能夠接近到某個訊息這件事被精心布置在任何既定政策議題可被接受的中間地帶。佛里曼在伊拉克戰爭這個問題上的立場堪稱卑劣。他不僅跟所有其他人走向一致，而且事實上還可能稍微誤判事情的徵兆，有點太快驟下反法、反歐的結論。當時就是佛里曼寫了一篇專欄，說法國應該被踢出聯合國安全理事會，因為膽敢肆無忌憚地在這麼重要的議題上跟美國唱反調。

像《紐約客》的馬克．丹納或西莫．赫許這類調查記者，則系出不同傳統。他們的工作簡單地說，就是找出在政治性的決定和聲明的平滑表面之下，到底潛藏著何等污穢。於是所有實際致力於把二十一世紀前十年所發生的事情，秀出來讓全世界看到的工作，都不是在知識分子手上完成，也不是主流的記者，更不是評論家，而是那些揭發各種不堪的傢伙：無論是關於大規模毀滅性武器，或是關於伊拉克坐擁核分裂原料的謊言，抑或是關於刑求逼供。

史：另外一個方向的極端個案非朱迪思．米勒莫屬，其成就在於把宣稱伊拉克擁有大規模　滅性武器的說辭給正當化了，而她的消息來源艾哈邁德．沙拉比不僅在伊拉克的政權更迭中明顯個人獲利，事後還被證實是伊朗特務組織的情報幹員。

賈：我想我最後一次見到朱迪思．米勒，應該是二〇〇二年年中，在漢普頓斯一個類似晚宴的辯論場合，參加的人有喬治．索羅斯、幾位知名的記者和其他一些公眾人物。我發言提及了伊拉克，當時正在伊拉克戰爭即將展開的前期階段。朱迪思．米勒以極其鄙視與絕無轉圜的態度出言貶損我。她是個專家，而我只不過是個好發議論的學究。不過因為喬治．索羅斯才剛講出一些跟我的意見幾乎相同的看法，所以我會成為攻擊目標還蠻令人驚訝的。但當時在漢普頓斯的人都不會攻擊喬治．索羅斯；你永遠不知道什麼時候可能會需要錢！於是講到後來就變得有點個人情緒；我試著回應對方，有好幾個人都站起來，大意是說，「你怎麼可能不同意朱迪思．米勒？」她在這方面是權威，既有相關知識又有內幕來源。這整個經歷重演了我先前形容的，在「查理・羅斯秀」那回的唇舌交鋒——只差在場的人更沒有風度，因為大家身上都沒有別麥克風。

在漢普頓斯的晚宴結束後，唯一走到我面前，跟我說「你說得才對，她那樣說錯得很離譜」的人是領導聯合國維和部門的尚－馬里・蓋埃諾。他說：我可以告訴你，你說的每一件事情都是真的，而她所講的只不過是華盛頓篩檢過後的說辭，再透過可資利用的新聞管道予以傳播罷了。真正讓人擔心的是，這是一場有頭有臉的人士聚集的晚宴：《紐約時報》的董事會成員、公共電視台的資深製作人和其他社會賢達。在場卻沒有人有勇氣支持我。在那些日子裡，米勒是招惹不起的。然後，突然間，事情就崩解了，沒有人再想要跟她說話。

史：在我看來，這裡面的一個問題似乎是，當你並不真的相信世界上有真相時，你就無法把真相從權威當局那邊解救出來。這讓我想到伊拉克之所以很難成為一種全球性的德萊弗斯事件，原因在於美國人對真相這類的東西漠不關心。

賈：這是我們為了六〇年代而付出的不幸代價之一：對真相能夠對抗謊言這件事情失去了信仰。說她沒有講出真相還不夠，你必須說她在撒謊，因為她跟一家武器製造商有關聯。或者說她撒謊的原因，是她所從事的政治活動與猶太復國主義的遊說勢力相互連結；或者說她撒謊的原因，是她有一個更龐大的計劃不願意讓外界知道。簡單地說，她的錯誤不在於撒謊：每個人都會撒謊。她的問題是心懷不軌。

當今世上需要有相當程度的道德自信，才有辦法開口說誰誰因為撒謊所以是一個差勁的政客，就像當年水門事件那個時代一般人習慣會說的那樣。並不是因為他身為軍火遊說團體、以色列遊說團體或者槍枝遊說團體之類的代言人而撒謊——就只是因為他撒了謊。於是，如果你今天以此來說明何謂誠實，很可能會讓所有人都大感驚訝。我們都會撒謊啊，他們也會撒謊啊，以此類推。現在的問題是：他到底是幫著你在撒謊還是幫著我在撒謊？

這個在道德自信上令人不安的淪喪，在我看來，其歷史背景很大成分是老左派在犯了那麼多錯誤之後垮掉了，以及緊跟在後由溫和的文化左派取得了主導地位。於是當美國的自由派說他們對某件事情不以為然時，他們會對自己的立場感到隱隱然的不確定。如果善與惡的問題明明白白地發生在另外的時間（或地點）；我們可以更加從容應付；我們可以更輕鬆地說，我們不喜歡把女巫懸吊入水（witch dunking），或者說我們不喜歡蓋世太保。但我們就沒有那麼完全肯定知道該如何表達，譬如說，對東非女性「被迫割禮」（clitorectomies）這件事情的反對立場——惟恐在文化上冒犯了對方的習俗。於是這麼一來，等於把大量的人質交給了另外一方的那些人（通常是右派，但也不盡然），他們以一種更粗陋的方式，自認為知道對錯真假之類的確切分際。而且他們想要以一種獨斷有自信的方式，來說出像這樣的看法。道德上沒有安全感這個問題，讓兩個世代的自由主義者站不起來。

史：這個問題也困擾過以撒・柏林，但他沒有提出一個明確的答案。也就是說，柏林是一位道德上的現實主義者——他就完全不是一個道德上的化約主義者（Reductionist）。他認為這些道德上的考量都是真實的；道德生活的悲劇就在於無法相稱於或化約為任何一項道德上潛在的善。但他當時認為這些善都是確實存在的，有其價值，而且是人類的生活準則，然而說到底這些善彼此無法相容。

不過，我認為還有另外一個柏林式的觀點與此相關——不必然牽涉到道德多元主義，但確實涉及到知識。柏林寫過一篇關於政治判斷的論文，在文中他繞來繞去試圖界定什麼是政治判斷以及什麼不是。在那些年裡（一九五〇、六〇年代），像這樣子的字斟句酌世人視若無睹。對柏林來說，政治判斷帶來一種現實感：是在一個刻意混淆視聽的世界裡，還有辦法嗅出真理何在的能力。

賈：這是柏林自己也積極參與的一個更大規模敘述的一部分，也就是如何政治性思考的問題。我們認為自己知道什麼是政治理論或政治思想或政治哲學；但實際上這些思維非常微妙難以明辨，一方面是介於倫理學或哲學之間的中間領域，另一方面又是介於政治或政策之間的中間領域。

所以在美國學院的研究氛圍當中，政治單純是人們參與公共事務時所發生的事情。而你從學術上而言就只是去加以研究，但不會介入。如果你必須介入政治，那你就是態度輕蔑地把貶義的規範性政治推論應用在其上；而這意味著，你正偷偷摸摸地把自己的看法摻進了你所研究的目標當中。你剛才形容為「判斷」的那個活動實際上相當微妙：為了要判斷，必須確立一套特別的規則，這些規則跟我們可能會運用來理解公共事務的那些概念有關。

於是，很簡單就能讓世人看到一幫政客前後矛盾以及缺少崇高理想。但那樣並沒有辦法處理以下這個問題，也就是人們在政治上應該要怎麼做，才能符合某一套想要遵守的規範，無論這樣的規範是有關於道德上的一致性，還是有關於真實不虛，或者是可行的道德準則，或者什麼別的其他考量。那是屬於政治思想的地形地貌。正如約翰．鄧恩那句名言，不容易呀（It's not easy）。

任何人如果要參與政治決定，就必須在三個不同的問題之間推敲斟酌。一個是後果論的問題。我們有沒有把握，既定選擇的後果不會發生危險——無論是直接的危險，還是如此開了先例造成日後的危險？即使按照布希式的用語，伊拉克戰爭贏利豐美，這個想法還是有可能——從一個後果論的觀點來看——自始至終就是個爛點子，鼓勵別人去做出可能不成功而且有嚴重後果的行為。因此不能只是因為最後成功了，就認為是有正當理由。

第二個問題是現實主義的對話：在這裡面我們有什麼好處？這個問題在做任何政治決定時都必須考慮在內，因為政治畢竟有關於治理，有關於據此可以推定能夠為那些擔任行動者的利益創造成果。然而把政治上的現實主義跟道德上的犬儒主義區分開來的那條細線並不難跨越——而這麼做的代價是，假以時日，就會形成一個腐敗的公共空間。

於是那麼一來，第三個問題就必定跟我之前的兩層考慮完全無關了：這麼做到底好不好，或者對不對，或者公正不公正？就是因為我們這一代人沒有能力讓這三層考慮都發揮作用（不過是各自發揮作用），所以在政治推論上就招致了更大的失敗。

史：我們在伊拉克戰爭這個例子上再多停留一下。我會擔心，這其中可能有一個潛在的問題，使群眾很難接受這三層考慮當中的任何一個，更不用說讓這三層考慮都發揮作用了。那是因為群眾對政治思想有一定程度的不尊重，或者也許只是針對這其中的邏輯。

容我說明：如果我們要讓伊拉克成為一個民主政體，我們真的認為伊拉克人會投票贊成我們無限期占領他們的國家嗎？或者我們真的認為他們會投票贊成我們擁有他們的石油資源嗎？如果伊拉克是一個世俗國家，那麼我們應該在對抗宗教恐怖主義的戰爭當中，把伊拉克視為敵方的一部分而把這個國家給推翻嗎？像這樣基本的考慮，並不需要知道當地是什麼樣的狀況，但似乎在我們的公共對話當中卻付之闕如。

賈：在我看來，無法合乎邏輯地思考，是因為受到了意識形態的束縛。想想看六〇年代那些共產主義知識分子和改革者。他們之所以沒辦法理解共產主義所造成的災難究竟是何等規模，很大程度也是意識形態在作祟。他們看不見自己認為的「改革」經濟學有何自相矛盾之處，可是這些人其實並不愚蠢，也並非存心不良，然而他們的邏輯推論臣服於教條式的基本原則。

「有一些細節還是要修正」(Mutatis mutandis)，當時居然有人認為在巴格達強推民主制度是解決以巴爭執的充分且必要條件，這種說法甚囂塵上。引用路易斯．卡羅的一句話，你必須在早餐之前就相信一大堆不可能的事情。這些不可能的事情裡面包括：認為整個世界事實上在每個方面都類似於你對世界的抽象建構。

事實上，這個建構本身就是由一系列類似樂高玩具所堆起來的一個一個塑膠世界，再根據偏好聯結起來：首先是把阿拉伯與穆斯林國家形容為一個二次元的整體：如果你從一個地方用力推，這個整體就會如預料的往另一個方向移動。接著就出現了我們都很想知道從何而來的假設（揭示了人們對二十世紀歷史的異常無知），認為每個人都會對美軍毀滅性轟炸巴格達所造成的震撼與驚嚇感到印象深刻，所以在幾百英里外就會排好隊伍聽你指揮；當然，還有更看不出道理來的假設：認為以巴爭執只不過是另一個冷戰式的議題，既沒有自主的因素也沒有地域的因素，僅僅反映並從屬於美國可以任意操縱的全球性力量。

史：這就是辯證法。然而到了二十一世紀初的美國，被強加於邏輯之上的意識形態是什麼呢？如果讓我來選的話，是美國的民族主義。

賈：對我來說，美國的民族主義似乎從來就沒有遠離過。我們認為自己生活在一個全球化的世界裡，但那是因為我們是從經濟上而非政治上來思考。因此，我們不太知道面對那些明顯不是由全球化或經濟狀況所形塑的行為應該如何因應。此處有一個似非而是的弔詭。美國是所有已開發國家當中全球化程度最低的。最不容易受到國際交流、人們的跨國移動，甚至貨幣與貿易在國際間的轉移給直接衝擊到。雖然這些都對美國經濟有巨大的影響，但大多數美國人都沒有真正體驗過國際化的生活，他們也不會立刻把個人的或地方上的情況跟跨國性的發展連結起來看待。

因此美國人很少會遇到外國貨幣，他們也不認為自己會受到美元和其他貨幣之間關係的影響。這個褊狹的觀點有無可避免的政治後果——對選民來說有道理的事情，對他們所選出來的代表也一樣有道理。所以美國就繼續深陷於一連串目光短淺的種種考慮當中，即使仍然是唯一的世界強權，並且跨越全球行使巨大的軍事影響力。美國的國內政治與其國際地位脫節，是過去任何一個強權國家不曾有過的情形。

史：我猜想現在許多俄羅斯人和中國人無知的情況跟你對美國人的描述不相上下。差別在於，目前這個時刻，無論俄羅斯還是中國，就插手國際事務而言，實際上都還無法企及美國這個層次。但這兩個國家，只要站到一段距離之外來看，就能夠辨識出具有相當重的民族主義色彩。

然而美國的民族主義在實踐當中究竟能夠起什麼作用呢，跟像伊拉克戰爭這樣的錯誤又有什麼關係呢？在我看來有一件事情倒是典型的民族主義，也就是對什麼時候應該憤世嫉俗、什麼時候應該天真無邪完全搞不清楚。因此就對巴黎那邊傳出來的任何說法都極盡冷嘲熱諷，以至於誰要是相信席哈克總統所說的話，就覺得是太離譜了——儘管事實證明此君大致上謹慎小心，所說的許多話事後都證明是對的。與此同時，我們卻接受來自華盛頓那些明顯空洞愚蠢的主張和政策，盡皆出自那些我們深知既沒有頭腦也沒有理性的消息來源與個人之手。

賈：美國的民族主義跟「恐懼政治」（politics of fear）非常密切相關：想想一七九〇年代的《外僑與煽惑叛亂法》，十九世紀的「一無所知運動」（the Know-Nothings），一次大戰後那些年對外來者的恐懼，麥卡錫主義時代，以及布希—錢尼當政期間。所有這些例證為我們標示了，在那些時刻，美國的公共對話一方面表現出對外來影響的超民族主義情緒，一方面又樂於犯下藐視憲法的罪過，不論是在精神上或者在字面上。

當布希說：我們到「那裡」去跟恐怖分子戰鬥，就可以不用在「這裡」跟他們戰鬥，布希所採取的是一個非常獨特的美國式政治行動。這種修辭上的比喻在，比方說歐洲，肯定是無法奏效的。因為所謂的「那裡」，無論是在黎巴嫩、加薩、巴格達還是巴斯拉，其實距離歐盟邊境都只有一小段的飛機航程；你在「那裡」，對「他們」採取的手段，都會給「他們」住在漢堡、巴黎郊區、萊斯特或米蘭的穆斯林、阿拉伯或者其他外來同胞帶來立即的後果。換句話說，如果我們在西方價值與伊斯蘭基本教義之間開啟戰端，這種態勢對美國那些評論家來說再熟悉不過且不言而喻，但這把戰火不會乖乖地按照我們的意願只留在巴格達。戰火也會在距離艾菲爾鐵塔三十公里的地方重現。所以這個我們跟他們、那裡跟這裡的概念，對長期在地理上隔離老遠的美國民族主義來說至關重要，但對其他西方國家的感受而言，完全不覺得是如此——那些國家當然也有他們各自的民族主義，但他們的民族主義沒有辦法採取像美國這樣自我封閉的形式。

史：我想如果有一個全球性的比喻，或者至少在西方世界有一個普遍性的比喻，那就是受害的比喻。人們渴望那種受害的心情。而只不過是二十年前，當時如果有這樣的心態，就會顯得非常怪異。

在美國，很多屬於右翼並且支持共和黨的民眾覺得自己是受害者，這些人之所以會有這種感覺，原因多多少少也可以理解。就像你說的，他們可能並不把自己視為在全球經濟當中，但全球化卻真正懲罰了他們，把一種鄉村的生活方式給摧毀了。沃爾瑪把美國鄉村與半鄉村的地區搞得一團糟。農村的民眾如今的生活狀況確實不如三十年前。美國人無法享有跟他們父母輩同樣的生活水準，這個現象在農村比在城市要明顯得多。所以那些人就覺得自己是受害者，他們確實也有理由自覺是受害者，共和黨則幫他們清晰表達出這種受害情緒。一方面是告訴這些民眾他們有一天會發財來迎合他們，另一方面跟這些民眾解釋他們之所以還沒有發財，是因為民主黨人一直都想要把國家搞成過度干預、太會花錢而且沒有效率。

所以某個身在堪薩斯州的人感到受害，跟美國在世界其他各地展現權力的能耐之間，存在著絕對巨大的鴻溝。而且我認為像那樣的鴻溝，世界上其他任何地方都沒有辦法複製。

賈：懷疑自己社會裡的菁英階層根本就搞不清楚狀況，這種不滿的心態深植於美國民粹主義者的內心當中。這樣的懷疑至少可以追溯到威廉·詹寧斯·布賴恩和一八九六年的大選。就這種思考方式而言，距離也很重要。在荷蘭，你事實上也會聽到有人說，阿姆斯特丹的那些人就是搞不清楚問題何在。但阿姆斯特丹的那些人頂多只是在七十五英里之外：到了美國，華盛頓、紐約、普林斯頓或者柏克萊的那些人有可能是在一兩千英里之外，而且在文化上，距離他們始終都沒有搞清楚的「那個問題」，恐怕也有一兩千光年之遙。

所以，美國褊狹的民族主義從兩個層面來看，是既感到距離遙遠又感到無法理解。這兩個層面相當簡練地結合為對聯合國的恐懼與厭惡：視之為一個外來又陌生，而且不曉得怎麼回事總之就是距離非常遙遠（說得更準確一點，明明位在紐約）的機構。

不過，雖然說了那麼多，奇妙不可解的是，美國民族主義從來都不曾被有效地轉變成真正煽惑性的政治操作，就像大多數歐洲國家在歷史上的某些時間點所經歷過的那樣。如今你可以說部分原因是選舉制度的結果。但同時也反映出簡單的地理現實。因此，就像在英國那樣，由於他們在關鍵的時刻把這種心情昇華為一個傳統保守的政黨，所以仇外心理和民族主義的聲音就減弱了。但在美國，絕對的巨型尺寸扮演了一個角色：人與人之間彼此相距如此遙遠，使得政治煽惑所需要的凝聚作用和組織活力都有消散的傾向。但即使這樣，有時經由馬克思所說的「資本主義的外殼」也會不時爆發，形成像紐特．金瑞契、迪克．錢尼、格林．貝克或「一無所知黨」、麥卡錫主義之類的政治現象：設法做出一些足夠的傷害來威脅共和政體的品質，但又不至於嚴重到讓人看出這套運作的真面目。這就是一種美國本土的法西斯主義。

史：這個心態確實啟發了美國的愛國知識分子去效力於一項任務，也就是要去保衛制度和憲法。這也是對那些自稱愛國的人的某種測驗，說得明白一點，他們有沒有去保衛現有制度，還是說他們一味團結在某個人的周圍，而這個人對制度應該如何存廢興替抱持著「例外主義」的論點？甚至於以莎拉．裴林為例，抱持的是怪誕無知的論點？

賈：美國評論家都相當擅長找出哪些是威脅——不過都是事後諸葛。關鍵是要當場且及時地識別出來。如今對此比較不利的是，整個社會裡瀰漫著一種恐懼的文化。

美國是我所知道的，最容易因為對政治目的的恐懼而被利用的民主國家（可能除了以色列之外）。托克維爾就有見及此，所以並不是說我有什麼獨到的發現。我們的公共空間都被因循墨守的心態占滿。紐約表達不同意見的傳統比起這個來說是次要的，也沒有辦法撼動這個主流現象；至於華盛頓：不同的意見或者其他任何形式的智識活動都難以在此受到鼓勵。華盛頓特區確實還是有獨樹一格的知識分子，但大多數都心醉神迷於權力欲望，老早就失去了所有的道德自主性。

恐懼有許多不同的運作模式。不見得會像以前的人擔心國王、政治委員或警察頭子來把你抓走那樣淺顯易懂。而是比較類似不願意違逆自己所屬的社群：曾經有些自由派猶太人向我表達過，他們不敢干冒被認為反猶或反以色列的風險。害怕被認為是「非美國人」。害怕打破「正向思考的」（bien-pensant）學術意見，無論是關於政治正確還是傳統激進派的一切主張。害怕在一個受歡迎被視為是美德的國家裡不受歡迎（這個是所有人早在初中階段就被調整校準過了）。害怕在一個只要是多數人的想法似乎就根深柢固榮登合法地位的國家裡，站到多數人的對立面。

史：或許我們可以用一個媒體問題結束這段討論，有關於在一個因循墨守的社會裡要如何觸及民眾。就某個層面而言，你一直都很幸運，因為你抓住了那種到頭來可能只是迴光返照的第一流論文媒體形式。

賈：容我再次強調大眾讀寫能力的普遍提升，各類書面溝通方式的大量問世，以及公共知識分子的出現，當年這幾個趨勢是很巧合地接連興起。我們可以說，從一八九〇年代到一九四〇年代，典型的知識分子仍然是以文學為正職。無論你去看蕭伯納還是埃米爾・左拉、安德烈・紀德、尚－保羅．沙特或史蒂芬．褚威格，這些人都是成功把他們的文學天賦轉化為大眾影響力。然後，從一九四〇年代一直到七〇年代，更有門路的知識分子傾向於是某種社會科學方面的學者：歷史學家、人類學家或社會學家，也有時候是哲學家。與此相對應的現象是高等教育的發展擴張，和以知識分子的面貌出現在社會大眾面前的大學教授。在這幾十年裡，知識分子的正職更多是在學院裡教書，而比較少是在家裡寫小說了。

英國五〇年代興起的廣播空中大學課程是另一個引人注目的轉變。這是為了因應越來越多人會擔心，大眾文化與讀寫能力在某個層面上已經與社會所需脫節。大多數的先進社會如今都是普遍識字了，但實際上卻越來越少人閱聽具有知識水準的公共論辯——在許多人看來，這都是拜了電視、電影和物質繁榮之所賜。理查．霍加特的《讀寫能力的用途》和雷蒙．威廉斯早期所寫的一些文章都致力於表達這個觀點。如今你有了一種充斥著溝通的公眾空間，可是受過教育的一般人卻越來越沒有能力在這個空間裡面回應，對此而產生的恐懼日漸普遍。

這把我們帶到了第三個同時也是最近的一個階段，也就是電視。電視時代的代表性知識分子必須要能夠馭繁為簡。所以八〇年代以及其後的知識分子要能夠而且有意願去把觀察之後的意見加以縮短、簡化和聚焦：其結果是，我們逐漸把對時事加以評論的人視為我們這個時代的知識分子。這跟左拉那個時代、或甚至於沙特和卡繆那個時代的知識分子，在功能與風格上都大不相同。網際網路只是更進一步地突顯了這個趨勢。

一位知識分子如今面臨一項抉擇。你可以透過雜誌這種十九世紀末出現的媒體跟社會溝通：

文學週刊、政治月刊與學術期刊。但如此一來你只能影響到一群想法相近的讀者，以國內來說人數是越來越少——不過，持平而言，多虧了網際網路，讀者群現在也都擴及到國際上。另外一個選擇是成為一位「媒體知識分子」。這意味著要把你的興趣和評語聚焦在受眾持續關注時間越縮越短的電視辯論、部落格和推特這一類媒體上。而且——除非是出現了重大問題或發生一場危機這種極少數情況之外——知識分子必須做出選擇。他可以退回到比較有思想性的論文世界裡，去影響一個成員經過挑選的少數群體；他也可以對著他所期望的廣大聽眾發言，但說話的方式必須要淺顯稀釋。如果想要兩者兼顧又不犧牲掉你所貢獻的品質，在我看來並沒有明顯可行的方法。

史：我不希望在還沒有討論到這位極其重要而且無疑是個知識分子的人物之前就草草結束，但他很難簡單地被歸入我們一直在使用的這些類別。這個人就是維也納記者卡爾．克勞斯，他是《火炬》這本雜誌的編者，在幾十年的時間裡不斷地鞭策各式各樣不同的政治階層。

賈：克勞斯之所以有意思是因為他對語言的強調，因為他的批判中閃現出那種純粹的負面態度：用語句來扯下迷惑的面紗和故作神秘的屏風。雖然克勞斯明明白白是身處於二十世紀初的維也納，但直到如今仍然能夠對我們的處境指點方向。正如我之前所強調的，在當代的美國，真正對權力者有實際批評效果的是記者——尤其是調查記者。而克勞斯自始至終初心不改，就是一位記者。

如果你問我，在喬治．布希時代的美國，是誰充分扮演了知識分子的角色——對權力者說出真話——那肯定不是像邁克爾．伊格納蒂夫那一類的人；或者甚至於也不是（舉這個例或有自我阿諛之嫌）東尼．賈德這樣的人，又或者其他各式各樣試圖揭發公共政策愚蠢之處的知識分子。而是西莫．赫許和馬克．丹納這樣的人：以他們素樸不花俏的形式作風，成為我們這個時代的卡爾．克勞斯。

克勞斯在一個世紀之前就預見到了這個趨勢。社會越是民主，真正知識分子的影響力就會越受限。當影響力和權勢都還只是在一個有限的圈子裡流傳，對那些當權者形諸口頭筆端或者付梓印刷的知性批評效果最佳。就像當年伏爾泰能夠向普魯士國王腓特烈進言，所以左拉寫的東西也無疑被他那個時代的每一位法國政治家奉讀。然而時至今日，只有當知識分子能夠避開或減少傳統上對權力者的靠攏，並且——無論是靠著慎選目標還是純憑運氣——一擊命中決策者或公共輿論的敏感關節，才有望成功。除了像這樣的僥倖之外，要動員民眾去反抗那些當權者的唯一途徑就是揭發醜聞、摧毀名譽、或者證實另一端截然相反的資訊為真。簡言之，得要表現得像一位現代的克勞斯。

史：如果知識分子想要維護真實不虛，以此來反抗更高真理，或者用布希時代的一個術語來說，反抗所謂「感覺真實而非事實」（truthiness），那麼他們就必須以一種特定的方式發出聲音。他們必須關心某種途徑的語言。知識分子若想挺過這樣的難關，並且發揮影響力，誠如歐威爾所言，他們的語言必須透徹易懂。

賈：我認為知識分子的任務是要掌握簡潔的靈魂，偏偏這種才智顯然並非人人具有。要說重要的東西，最好是這樣的東西有違一般人的看法；要說得好，這樣聽眾才會明白，闡述的透明清晰跟內容的真實不虛相互關聯：然而所表達的觀點要簡明易懂。在思想上引發困惑只是自找麻煩。為了要尊重民眾掌握一個複雜論點的能力，我們得要多費口舌把整個來龍去脈說清楚。然後呢？你只能指望自己運氣還不錯，在這個公眾空間當中還有你出拳伸腿的餘地：可能根本就沒有——可供如此溝通交流的論壇可能消失，或者已經走向滅亡。確實如今大多數可以稱得上是知識分子的人，無論是寫作還是溝通都無法發揮任何首尾一致的效果。即使某些非常聰明的人也難逃這個命運。

史：更大的問題是，我們是否身在一個媒體已經高度集中的政治經濟體當中——即使看似趨於分散，其實也是變得集中——莫非這就是不同的意見觀點難以溝通交流的原因之一。

賈：那好，我們可以就我們現在正在從事的層面來問我們自己那個問題。我們正忙於一場為時長達好幾個月的認真對談。接下來我們要怎麼做？我們會把這些內容整理成一本書。如果幸運的話，我們的書將會在所有優秀的思想性期刊上以及《紐約時報》上獲得評論——到時候，如果那些評論都是正面的，而企鵝出版社又像一般人所假定的那樣擅長賣書，我們將會在這個國家賣出比方說（屆時堪稱驚人成就的）八萬冊。於是讓我們再樂觀地加上在其他英語市場賣掉（非常樂觀估計）的四萬冊。然後我們可能在從橫越巴西到歐陸的一些國家也賣得還可以。簡而言之，如果我們全力以赴了，可能在全球總共賣掉大約二十五萬冊。對這樣的一本書，會被視為整個來說還算相當耀眼的成就。

不過，你也可以把這樣的銷量斥為只是「小打小鬧」(bagatelle)。二十五萬個人，其中大部分都已經同意我們。而且其中許多人都已經認識我們兩個當中的一個，或者兩個都認識，並且——直接或間接地——會很高興看到他們的見解聰明地反映到他們的腦海。很難說，搞不好我們當中會有一個人很有機會——希望是你啦——會被查理．羅斯邀請去討論這本書和書中的概念。但你知道，再怎麼暢銷，我們無論如何都不會賣到一百萬冊，甚至連五十萬冊的銷量也達不到。我們不應該為此感到羞愧，因為如果我們賣到那種銷量，那麼我們就會跟史蒂芬．金同一等級，而背叛了我們這個行業的天職。

所以說，以現在這個做法，我們正從事於一個異乎尋常的活動。我們正忙於一種思想上的練習，不會產生什麼天崩地裂的結果，但我們並不因此氣餒，也就做了起來。顯然這也是許多人寫作時的狀態：把一封信扔進茫茫大海之中，眼巴巴地希望會有人撿起來。但對那些充分了解自己影響力多麼有限的知識分子來說，書寫與發言，至少乍看之下，是一項動機難解意義無著的投入。然而，這是我們所能指望的最佳投入了。

到頭來，不投入這個還能投入什麼呢？給《紐約時報雜誌》寫一些有關於知識分子感時傷懷的萬般愁緒？我們只要是有關於相對主義、民族主義、智識責任或政治判斷的任何見解都肯定會有數百萬人讀到。但這些見解會經過編輯與提煉，簡化為容易被接受的主流籠統概述。這樣的東西在刊登後，隨之會有幾封信件往返，焦點都放在討論我們的交談內容當中某些膚淺邊緣的層面

——我所說的一些對以色列的看法，或者你對美國民族主義的見解——指責我們是自我憎恨的美國人或者抱持反閃族思想的猶太人。然後事情就那樣結束。

因此我不知道該怎麼回答你的問題。要去影響更大的那個世界真正的途徑為何？我對知識分子到底能夠做什麼頗感懷疑。我們最好的時刻曾經出現過，然而都為時短暫；就像阿宏曾經說過的那樣，不是每個人都能夠有一宗「德萊弗斯事件」。但如果我對自己所寫的非學術文章有任何自豪之處的話，始終還是在這一點上：在導致伊拉克戰爭那段時間的討論當中，我說了「不」。我是在一個相當著名的論壇上說了這個「不」字，而當時幾乎所有其他的人——包括許多我的朋友和同輩——說的都是「可」。有許多人感受跟我相同；他們跟我有一樣的想法；本來也可以毫不含糊地表達出來——但卻沒有適當的身分可以發言。他們沒有被邀請到查理．羅斯的節目上，也沒有獲邀幫《紐約時報》寫專欄或為《紐約書評》寫文章。我感到榮幸，而且也對自己使用了應該使用的特權感到自豪。

史：在你那本《責任的重擔》書中，你斷言卡繆，無論生前死後的風風雨雨，都稱得上是一位典型的法國知識分子；還有阿宏，無論大家怎麼想，也是一位典型的法國知識分子；而布魯姆，雖然從政，也是一位典型的法國知識分子。你這當中的每一個論點在我看來始終似乎都有幾分勉強。我想知道，你想要斷言的是不是沒有那麼側重在所謂典型的法國人，而是在這些人是知識分子，因為他們承擔了責任。

賈：關於卡繆和布魯姆和阿宏，我想要傳達的是，這些人為法國挺身而出的那個時間，恰恰正好就是在他們被認為是法國論爭的邊緣人之際，於是被視為所言有違法國的利益。我當時漸漸有了這樣的想法，也就是這三個人都是真正獨立的思想家，在當時那樣的時空背景裡，獨立秉持自己的思想而不從眾，會置你自己於真正的危險當中，任由你自己被所屬的社群排除到邊緣地帶，承受同輩知識分子的蔑視。

也許我之所以認為這個故事值得述說，是因為這其中隱含了一個二十世紀的故事，話說這些知識分子迫於形勢，竟然得要站在他們自然所屬的社群或利益之外，甚至站到對立面上。

9 良善的平庸性：社會民主主義者
The Banality of Good: Social Democrat

到了二〇〇五年前後，我已經是紐約大學的教授，國際上盛傳我將要出版一本有關戰後歐洲歷史的長篇著作。撰寫完成之際，我就像剛完成某件事的人往往會恍然大悟似地那樣意識到，《戰後歐洲六十年》變成那種我希望我的孩子們會去讀的書。但我現在想著要寫的是另一本書，一本他們隨興之所至想讀再讀的書：《動能》，有關於火車的歷史。

是時候來寫一些比人們僅止於理解還要更多的東西；來寫一些人們投注關心的東西，這跟人們僅止於理解的東西同樣重要，即使不是更重要。這類東西我先前已經寫過一些，但只寫人和思想：可以說，這些都是因為工作所需而去理解的主題。我花了一點時間才說服自己，或許會有人感興趣我對鐵路有什麼可以說的。

我想藉助鐵道火車史這個媒介工具，來寫我對現代生活如何來到我們面前的研究。牽涉到的不只是現代生活，還有在我們過度私有化的社會裡，現代社交與集體生活的命運。畢竟，是鐵路創造了社交的可能性。有了鐵路才促成我們今天所知道的這種公共生活的出現：大眾運輸、公共場所、進出通道以及公用建築等等。認為旅行無需結伴的人可以選擇搭乘火車──只要顧及了身分地位和物理上的舒適——這個想法本身就是革命性的。這對社會階級（以及階級差異）的出現，以及我們跨越時間與距離的共同意識，都有巨大的影響。對我而言，描述鐵路崛起與沒落（以及在歐洲的再度復甦），似乎有可能是增進我們理解美國和英國這樣的國家到底是哪裡出了問題的一個途徑。

從公共政策可以自然地步向公共生活的美學：城市規劃、建築設計與公共空間的使用，諸如此類。畢竟，為何巴黎的東站——這個一八五六年就建成的交通樞紐——至今依然完美運作，同時還相當美觀，而幾乎所有建於一百年後的機場（或加油站）卻都極端失能，而且外形怪誕呢？為何在現代主義自信的巔峰時期所建造的車站，例如倫敦的聖潘克拉斯車站、米蘭的中央車站和布拉格的中央車站，無論在形式還是功能上都仍然很有魅力，反觀巴黎的蒙巴納斯火車站以及布魯塞爾中央車站這兩座在六〇年代整個打掉「翻修」的建築，卻在這兩方面都失敗了呢？這涉及到鐵路的耐用性、基礎設施、涵蓋範圍與使用情況，很大程度上代表了並具體呈現了現代性最傑出也最自信的一面。

史：你曾經說過，火車是你早年生活中不可或缺的一部分，這種交通工具跟福利國家之間千絲萬縷的關係對你的成長過程影響很大。然而公共服務與私人利益之間的連結，在你的設想當中應該不是不證自明的吧？國家並不是只為了要發揮功能，就一定得去提供這些資源。也可能反其道而行，管理這個國家的人堅決主張孤獨對經濟增長來說是取之不盡的資源，所以每個人都趨向原子化對所有人都好。那種情況就是當年第一批英國的改革者在十九世紀曾經遇到過的，如今我們在美國也正面對這樣的處境。一般人常常會稱之為社會問題。用這樣子的方式來討論是否正確？

賈：說到社會問題，倒是提醒了我們，問題始終都沒有完全解決。對湯瑪斯．卡萊爾、十九世紀末的自由派改革家、英國的費邊社員或美國進步主義分子來說，所謂的社會問題是：你要如何因應資本主義帶給人類的後果？要怎麼樣你才能夠不談經濟規律而來談一談經濟後果？提出這些問題的人會在這兩種方式當中取其一來思考，雖然有許多人會同時思考這兩個問題：一個想得比較深遠，另一個側重於道德。

想得比較深遠的這個考量，是要把資本主義從其本身的弊病或者從其製造出來的敵人手上拯救出來。你要如何才能不讓資本主義再創造出一個憤怒貧窮滿腹怨恨的下層階級，還任由這個階級變成社會分裂或衰弱的根源？側重道德的考量則是關心過去被稱為「勞動階級狀況」。如何幫助勞動者和他們的家人，得以過上合宜體面的生活，但又不要損害到給予他們這種維生手段的企業？

史：這個社會問題的根本解答是「計劃」。我想要知道，我們有沒有辦法從可能是根源所在的道德議題著手，也就是主張國家應該要把這樣的事情視為己任。

賈：如果你問說，二次大戰後對計劃經濟的偏好到底是基於怎麼樣的知識背景，你就必須從兩個完全不同的起點出發。一個是一八九〇年代到一九一〇年代，出現在美國、英國、德國和法國，尤其是比利時和那些更小國家的自由主義漸進改革。這個思潮始於維多利亞時代後期的自由主義者，諸如威廉・卑弗列治，他逐漸意識到，唯一能夠讓維多利亞社會免於因為本身的成功所帶來的危機，就是要透過管控系統由上而下加以干預。另外一個是一九三〇年代對大蕭條的回應，特別是來自年輕一代的經濟學家——他們大部分人是在美國和法國，然後也有一些來自東歐——他們的說法是唯有國家積極干預才能避免經濟崩潰的後果。

換一個說法：計劃是一種十九世紀的主張，但要到二十世紀才大量得以實現。畢竟二十世紀的大部分時間裡，是把十九世紀對工業革命和大眾社會危機的反應付諸實行，從而變成生活方式。在西歐和北歐的大多數地方，城市數量在一八三〇年至一八八〇年之間迅速增長。因此到了十九世紀末，橫越整個歐洲大陸處處都有城市，其規模之大是當時年逾五十歲的人在童年時完全沒有辦法想像的。城市增長的範圍已經遠遠超出國家行動的力度。所以認為國家最好是去干預生產與就業的想法，在十九世紀最後三分之一的時間裡迅速發展。

在英國，這個問題最初提出來的時候幾乎完全著眼於道德考量。為數眾多的人民移居到工業城市，如果沒有他們的勞力付出，這個時代繁榮的資本主義就完全無法想像，對於這樣貧窮弱勢長期陷於可憐境地的人民，你該怎麼做呢？這個疑問常常被表現為一個宗教議題：聖公會（以及其他教派）應該如何應對工業城市中需要大量慈善與救助的挑戰？有趣的是，不少後來在二十世紀初成為傑出的計劃者、社會政策專家甚至是工黨或自由黨政府部會首長的人，是出身於新基督教（neo-Christian）的安置社區以及當時設計來紓解貧困的慈善機構。

在德國，十九世紀後期另一個重要的工業國家，這裡提出問題的方式是想得比較深遠。一個保守的國家要如何避免社會上的絕望沸騰起來變成政治抗議？在威廉二世統治之下的德國，審慎的反應是福利：無論是失業救濟、工廠裡的安全保障還是對工時的法定限制。

史：只要講到普魯士或德國，似乎我們就無法避免馬克思主義與社會民主主義的問題——因為一如普魯士當時正採取行動來避免可能導致革命，那些正在從事革命的人也逐漸得出結論，認為也許最好的做法就是鼓勵國家對經濟上的各種關係加以干預。

賈：從一八八三年馬克思逝世到一九一四年第一次世界大戰爆發，德國社會民主主義的大辯論，都把焦點放在資本主義國家在緩解、控制與重塑雇主和受雇者之間的關係上，能夠而且應該扮演怎麼樣的角色。如我們之前所討論的，社會民主黨中關於「哥達綱領與埃爾福特綱領」的論辯，或卡爾．考茨基與愛德華．伯恩斯坦之間的論辯，可以放在馬克思主義傳統裡面來理解；也可以看成是社會主義者對困擾俾斯麥與德國天主教中央黨的相同議題，所做出的前後不一、吵吵鬧鬧的諸多反應。

史：德國的社會主義者逐漸對他們那種版本的進步產生了懷疑；在他們的版本當中，資本主義將會創造出某種特定的勞動階級：必然為數龐大而且心存反抗。在同一個時間裡，英國和其他地方的自由主義者所得出的結論，似乎認為他們那個版本的進步也有其不足之處。

賈：在英國，這個爭論其實是跟政策有關。英國與眾不同的是，勞動階層有可能會起義造反的威脅，基本上在一八四〇年代就不存在了。在那十年當中的「憲章運動」並不是英國勞工激進思想的開端，而是這個故事的尾聲。到了十九世紀晚期，英國可以自詡社會上的無產階級為數眾多，但都已經被組織並馴化進入產業工會，然後最終進入一個以工會為基礎的政黨，也就是工黨。那種認為這樣大規模的勞工運動可能潛藏任何革命志向的觀念早就瀕臨死亡。所以在英國，國家與勞動階級之間的對話，其重心所在毫無例外都是，有如我們可能會採用的說法，改良主義的。

史：而且就在這段時期之後，也就是二十世紀的前十年，威廉．卑弗列治一直在思考，一個人應該，或者說國家應該為這個勞動階級做些什麼。到了一九四〇年代，卑弗列治被視為現代社會規劃的締造者之一。他就是當年把「福利國家」（welfare state）跟「戰爭國家」（warfare state）區分開來而聲名大噪的那個人。但他最關注的是將貧窮視為一種道德上的錯誤。

賈：卑弗列治生於一八七九年，是維多利亞後期改良主義抱負的產物。他跟許多同代人一樣，也去念了牛津大學，也捲進了有關賣淫、童工、失業與遊民等相關問題的論爭混戰。離開牛津之後，卑弗列治投身於慈善工作，志在克服工業社會的這些症狀；他和他的朋友們全神投入的那些組織的名稱，很多時候都帶有「基督徒」的字樣。活躍期間跟他很接近的克萊蒙．艾德禮也有相同感受，卑弗列治的理念就是由這位未來的工黨首相付諸實行。

要明白他們這樣的人是從哪邊來的，我們需要對我們如今稱之為英國社會政策的歷史有一個概念。伊莉莎白女王在位期間所頒布的「濟貧法」與一五九〇年代的「斯賓漢姆蘭體系」為貧困與無助者提供了理論上無限制的慈善救助，所需經費從地方稅收中支付，只要受惠者住在扶養他們的地區之內。所以窮人不能被強行送進「濟貧院」或者強制勞動；而且必須給他們足以維生的錢。

一八三四年的「濟貧法」訓令接受扶助者必須勞動。要想得到政府的援助，你必須到當地的濟貧院，拿一份比外面就業市場略低的工資投入勞動。立法的用意在於勸阻民眾不要想占貧困救濟金的便宜，並且表明，任何人淪落到必須接受貧困救濟，多多少少就是有點不配。濟貧法用這個方法把所謂值得救濟的窮人跟不值得救濟的窮人區別開來，從而創造出不符合經濟現實的道德類別。而這樣的措施確實迫使人們陷入貧困，因為他們在有資格獲得公共或者地方援助之前，必須先耗盡自己所有的資源。結果這麼做反而加劇了表面上想要處理的問題。從很早以前，新的濟貧法就被視為英國社會門面上的一個污點，羞辱了那些並不是因為他們有什麼錯，而只是暫時被資本主義體系排除在職能之外的人。

把卑弗列治與艾德禮綁在一起，並且最終使他們跟背景非常不同的眾家改革者彼此連結的，就是一股志在改革濟貧法的執著。

史：所以，如果關鍵所在是維多利亞時代和英國勞工史的長期歷史結構，那麼（國家因此得以動員的）第一次世界大戰以及（宏觀經濟學的爭論真正開始的）大蕭條，是不是沒有我們所想的那麼重要？

賈：大部分動腦筋為福利國家找出來的正當理由，早在第一次大戰之前就以某種基本形式存在了。在二次大戰之後把福利國家制度介紹到世界上的關鍵人物當中，有許多在一九一四年之前就已經成年，並且積極在這個領域或相關領域活躍了。這樣的情況不只在英國是如此，義大利的路易吉・伊諾第和法國的拉烏爾・多特黎也不遑多讓。

第一次世界大戰之前的德國和英國，也有一些意義重大的制度性成就。一九〇八年到一九一六年間的勞合・喬治與阿斯奎茲的聯合政府推出了一系列完整的改革措施，尤其是退休金和失業保險。一直到我出生之後的這些年，退休金都還被稱為「勞合喬治」。但像這樣的改革要靠稅收來負擔：不然要去哪裡生出錢來支付這些福利？此外，在許多國家，只有空前昂貴的戰爭本身才能帶來相當於每個歐洲主要國家的累進所得稅所徵得的收益，因為戰時的稅收和通貨膨脹為國家聚積了財力，使得福利措施的花費，相較於政府的整體開支顯得沒有那麼昂貴。

第一次世界大戰大大增加了政府的開支，同時也大大形成了政府管控經濟、指揮勞動、主導原物料、控制貨物進出之類的干預模式。此外，法國政府還試圖穩定他們迅速崩跌的貨幣，並削減公共支出；英國則在二〇年代中期恢復了金本位制，並試圖以通貨緊縮來克服戰後的經濟危機。在其他地方，即使是那些朝著成為社會福利政府的目標大步邁進的國家，也不得不嚴格管控收支。除了少數地方性的特例外，接下來二十年的時間裡，停戰之後不久就達到的福利水準，始終都沒有被超越。

史：如果卑弗列治只是這個故事當中的一半，那麼經濟學家凱因斯就是另外一半。你可以爭辯說，卑弗列治代表了一種維多利亞時代基督徒的細膩情感，那樣的情感在一九四二年找到了宣洩的出口。但有關於凱因斯，你沒辦法把事情說成那樣。

賈：凱因斯與卑弗列治，「計劃」與「新經濟學」，在人們口中傾向於被相提並論。在他們那一代當中兩人就像是對稱的雙邊，而這兩個政策走向也有重合之處：以凱因斯的財稅貨幣政策為基礎的充分就業，與卑弗列治規劃的社會福利可以相結合。但我們必須要非常小心，因為凱因斯來自一個非常不一樣的傳統。不只是因為他當時唸的是劍橋，而卑弗列治唸的是牛津。

史：貝利奧爾學院。

賈：沒錯，一邊是劍橋的國王學院，另一邊是牛津的貝利奧爾學院——確實在這個故事裡面，就是關乎這兩個學院。

在第一次世界大戰之前，凱因斯是一位年輕的劍橋教授。他的私交圈子裡往往都是一些同性戀者，而且他還跟剛在倫敦嶄露頭角的百花會成員過從甚密。執意攻擊傳統習俗的史蒂芬姊妹，也就是嫁人之後聞名於世的凡妮莎．貝爾與維吉尼亞．伍爾夫，對他毫無保留地大加讚賞。當然，百花會的男士們也多半很喜歡他：不僅是因為他聰明過人、風趣機智、饒富魅力，也因為他是一位迅速崛起的公眾人物。一戰期間以及戰後，他在財政部扮演了重要的角色——他對英國公共財政的批判觀點正是在那些年的任內逐漸成形——接著又被派去凡爾賽參與談判戰後的和約。回國不久，他就針對協定的內容和可能的後果，寫了著名的小冊子嚴詞批判，在國際間頗有聲譽。因此到了一九二一年，雖然年紀才三十幾歲，後來另闢蹊徑獨創學門的《一般理論》也還沒有寫出來，但凱因斯這時已經遠近馳名。

然而，就像卑弗列治一樣，凱因斯無可置疑也是被先前那個世紀塑造出來的人物。首先，跟之前幾代許多最優秀的經濟學者，從亞當．斯密到約翰．斯圖亞特．彌爾類似，凱因斯首先是一位哲學家，只是碰巧他所論述的是跟經濟有關的材料。如果陰錯陽差把他放到一個不同的位置，他也有可能就此成為一位哲學家；事實上他在劍橋的那些年，也寫過一些相當得體的哲學論文，雖然帶著一種數學的傾向。

身為一位經濟學家，凱因斯始終將自己視為是在回應十九世紀關於經濟推論的傳統。阿弗瑞．馬歇爾以及一干追隨彌爾的經濟學者都假定，市場的預設條件是尋求穩定，從而整個資本主義經濟也是要保持穩定性。因此，無論是經濟衰退或扭曲市場或政府干預所造成的不穩定，雖然在經濟與政治生活的自然秩序中尋常可見；但這類的不穩定也沒有必要被理論化為經濟活動本質上不可或缺的一部分。

甚至早在一次大戰之前，凱因斯就開始寫文章反對這個假定；到了戰後，更是除此之外極少著墨。隨著那一段時間他漸漸站穩了這樣的立場，也就是說資本主義經濟的預設條件，如果不談不穩定以及隨之而來無可避免的無效率，就沒有辦法被人理解。古典經濟學上的假定，是把均衡和理性的結果視為常態，而把不穩定以及無法預期的特性視為例外，這樣的圭臬至此被翻轉了。

此外，在凱因斯這個剛浮現的理論當中，認為不管是什麼原因造成了不穩定，都不能夠訴諸一個無法把這種不穩定性考慮在內的理論。他在這個看法上的根本創新頗類似「哥德爾悖論」：到了今天我們可能會這麼說，如果沒有外力干預你無法期望系統會去解除系統本身。於是，市場不僅沒有一隻假設中看不見的手在自我調控，實際上市場還會隨著時間不斷累積導致自我毀滅的扭曲。

凱因斯這個論點是與亞當・斯密那本《道德情操論》首尾相應的優美對稱。斯密的論點是，資本主義本身並不會產生那些讓資本主義有可能成功的價值；這些價值得要從前資本主義或者非資本主義的世界繼承而來，再不然就要從宗教或者道德規範的語言當中去借用（話是這麼說）。這些價值中諸如信任與信仰，對訂定契約的可靠程度抱持信念以及假定未來將會信守過去的承諾等等之類的誠懇心態，都跟市場本身的邏輯沒有關係，然而這些價值所發揮的功能對市場來說不可或缺。對此凱因斯還補了一句說，資本主義無法產生維持資本主義本身存在所需的社會條件。

所以，凱因斯和卑弗列治是同時代的人，兩人之間有相似相當而又彼此相異的背景，各自著手去處理互有關聯但是又不一樣的問題。卑弗列治是從社會而不是從經濟著手：有些社會財（social goods）是只有國家才能夠提供以及強制分配的——透過立法、監管和強制協調。凱因斯則從非常不一樣的關注點著手，但他們兩人的途徑相互呼應：卑弗列治畢生致力於減輕經濟扭曲造成的社會後果，凱因斯則將大部分成年後的生命，花費在從理論上說明能夠以最適成效應用卑弗列治那些政策所需的經濟環境。

史：我們在凱因斯這裡多停留一會兒。第一次世界大戰，尤其是他參與凡爾賽和約談判的經驗，以及那本關於和約內容的小書，奠定了他往後成就的基礎。不過他一九三六年的那本書，也就是《一般理論》，是二十世紀政治經濟最重要的必讀材料之一。你是不是還堅持原來的論點，也就是《一般理論》是凱因斯從他先前的想法再往前更進一步，還是我們必須要來討論一下一九二九年的股市大崩盤以及隨之而來的大蕭條？

賈：不要低估一九二〇年代的衝擊。凱因斯在那段時期非常多產，有一些後來被改寫到《一般理論》裡面的文章，在大蕭條開始之前就問世了。比方說，一九二九年之前，他就已經在重新思考貨幣政策與經濟之間的關係了。因而理所當然的，不用等到世界各國開始在渥太華會議上脫離金本位制，凱因斯老早就已經開始極力批評金本位制。他早就明白，依附於金本位制，會讓國家失去有需要的時候主導貨幣貶值的能力。

此外，早在一九二九年之前，凱因斯心裡就已經很清楚，新古典經濟學對失業的問題並沒有答案。新古典主義的經濟學家，說得更廣泛一點，認為消費者和生產者在追求各自目的的同時所做出的許多小小決定匯集起來，在經濟本身的層面上會產生一股更大的理性。因此，需求和供給找到了某種平衡，而讓市場最終達到穩定。像失業這樣明顯的社會弊病，事實上是使整個經濟體得以平穩運作所需的經濟信息，以種種短暫的形式出現。

凱因斯堅信這是一種對現實不完整的描繪，他之所以會有這樣的信念，主要來自他觀察二〇年代早期英國與德國的失業危機。新古典經濟學的共識，是支持政府在經濟問題出現後消極不作為。凱因斯在當時就已看到其他人要到大蕭條期間才觀察得出的結論：傳統的反應——通貨緊縮、撙節預算與靜待其變——已經讓人無法再忍受下去。這種情況浪費掉太多社會上與經濟上的資源，並且有可能在戰後的新世界裡引發深遠的政治動亂。如果失業不是讓資本市場有效運作的必要代價，而單純只是市場資本主義的流行病狀，我們為什麼要加以容忍？早在一九二九年之前，凱因斯所寫的文章裡就已經提出了這個問題。

一九三六年的《一般理論》把國家、財政與貨幣金融的權力置於經濟思想的中心，而不是把這些理解為古典經濟理論這個整體裡面不討喜的累贅。對兩個世紀以來的經濟學論著所做的這個修正，是總結了凱因斯自己從二〇年代以來的研究和門下弟子的關鍵貢獻，其中尤以劍橋的理查．卡恩為著，提出了所謂「乘數效應」：正是多虧了卡恩和一些其他弟子，凱因斯才確信政府果然能夠施行違反經濟週期的干預，而且這樣的干預可以產生持久的效應。不存在什麼法則規定我們必須接受經濟上的混亂。

因此，凱因斯一九三六年這本傑作徹底改寫了關於政府政策上對宏觀經濟的思維方式。而且重要的就是這個改寫的影響所及，而不在於理論本身。新一代的政策擬定者如今多了一種語言以及一套邏輯，為政府干預經濟生活提供了申辯的論據。因此凱因斯的理論被視為一種有關資本主義運作方式的大敘事，其企圖心與影響力不下於他所反駁的任何一部十九世紀的偉大著作。

史：你在描述古典自由主義經濟學所受的挑戰，幾乎都不太需要讓我們把視線放遠到英國之外——然而到了一九三六年，無疑在其他地方也出現了類似的趨勢，無論是葡萄牙模式或者義大利模式的「法團主義」（corporatism）；或是在一個基本上屬於資本主義經濟體的內部推行計劃方案，就像在波蘭，那裡的經濟計劃是從一九三六年開始……

賈：你說得對，如果我們局限在實行層面與計劃方案，而不要觸及高端的理論，那麼三〇年代許多看起來像新凱因斯主義的實行措施似乎都發生在前，然後才等著凱因斯來加以描述。

在兩次大戰之間的那些年，大部分稍微有點認真的年輕人都在尋找因應經濟不振的替代方法——而不是像十九世紀的左右兩派那樣簡單地舉手投降，然後就說是資本主義出了問題，我們再怎麼做都無濟於事；或者說這是我們為了讓資本主義正常運行所付出的代價，我們再怎麼做都無濟於事。這兩種說法就是一九三二那一整年間，在經濟上和政治上回應大蕭條的兩種基本常見態度。但在波蘭、比利時、法國以及一些其他地方，對左翼的反應感覺到沮喪的年輕人當時就組起他們自己的政黨或分支派系，擁護政府要投入預算來加以干預。

確實，當時力陳應該擁護經濟計劃以及由上而下干預的說法如此甚囂塵上，以至於持相反意見的論點也都紛紛出籠。弗里德里希·海耶克已經著手研究這個問題，並在他一九四五年那本《到奴役之路》裡對這個情況做了最為充分的表達。在書中，他主張任何干預市場自然進程的企圖，都有可能，在他其中一個版本的論述當中，他還判斷必然會，產生專制獨裁的政治後果。他所參照的現實環境始終是講德語的中歐地區。海耶克認為，工黨的福利國家或凱因斯的經濟學，其政策所牽連到的問題在於，你最後將會走到極權主義。這並不是說計劃可能在經濟上無法奏效，而是你將會在政治上付出太過高昂的代價。

史：我們能不能在那個地方暫停一下？這個問題已經閃現了不止一次，而且整個海耶克的事例似乎像是一個歷史上的誤解，跟這整個世紀絕對關鍵的一場辯論息息相關，同時也確實跟我們直到今天都還在持續進行的一些重要辯論息息相關。

我發現海耶克的歷史淵源讓人非常困惑。他當年人在奧地利，是一個保守、專制的天主教國家，宣稱擁護某種被稱之為「法團主義」的理念。這套說詞只是一種姿態，自我標榜為政治性的經濟，但實際上根本沒有什麼政治經濟的成分。法團主義只不過是國家意識形態幫自己取的名字，然而奧地利的法團主義是政府與社會各個部分之間的一種夥伴關係。其中不太有什麼干預主義式的財政或者貨幣金融政策方面的做法。

正好相反，奧地利人在財政和貨幣金融政策上難以置信地傳統與嚴謹，正如服膺海耶克思想的人所言，這就是為什麼這個國家會如此深受大蕭條的打擊，而政府又如此全然無助。當初就是因為這樣才建立起他們所有的外匯和黃金儲備，可是到了一九三八年希特勒就把那一切全部奪走了。

所以我始終無法真正理解，海耶克到底是針對什麼而有那樣的回應。政治上奧地利是一個威權國家，但這個國家完全沒有任何凱因斯意味的那種經濟計劃。奧地利的經驗實際上似乎證明了海耶克的論點不成立。如果當時稍微做一點什麼計劃，就能夠對奧地利的經濟有所助益，那麼當地的威權主義，以及接下來的希特勒——還有希特勒掌權之後跟著發生的一切——就沒那麼容易發生了。

賈：我頗感同情。就算你讀過《到奴役之路》，也不會因此多明白些什麼。但當你把海耶克寫的東西跟卡爾·巴柏同一時期的作品並排比對，就會開始浮現出一種模式。你所看到的是兩種仇恨敵意的混合：對一九二〇年代初維也納社會民主主義那套城市規劃的厭惡；以及對基督教社會黨那些法團主義模式的反感。基督教社會黨在一九三四年那場反動的政變之後，在全國的層次取代了社會民主黨人。

在奧地利，社會民主黨人與基督教社會黨人當時都團結在執政的「祖國陣線」當中，然而雙方代表了非常不一樣的選區與政治目標。因此任何掛在口頭或排在計劃中的表面共同點，都顯得更多是流於理論，而沒有在歷史上實際發生。但從海耶克的觀點看來——在此他跟巴柏以及其他許多同時代的奧地利人意見一致——對奧地利在一九三八年淪陷、遭到納粹獨裁政權吞併一事，這兩派勢力都該承擔罪責，只是各以不同的方式。

海耶克在這個問題上表達得相當直率：只要你開始推行任何一種福利政策——主導民眾的個人生活、為社會性的目標徵稅、操縱市場關係的結果——你最後就會落到希特勒手中。不是只會出現社會民主黨的公宅計劃或右翼勢力所補貼的「誠實」葡萄酒商，還包括希特勒。因此，寧可不要冒這樣的風險，民主國家應該避免所有形式的干預，只要是會扭曲市場經濟，即使完全與政治無關的機制，都應該在避免之列。

史：像這樣涉及到希特勒原本會如何如何的爭辯，五十年來甚至七十年來都不絕於耳，問題是這種爭辯嚴重忽視了一九三四年維也納或奧地利的政治情勢，那時的民主制度實際上已經走到盡頭。這些原本因為共同傾向於政府干預，而假定彼此有相似點的政治團體，卻打起一場相互對抗的內戰。而當年的偉大成就，「紅色維也納」，可以說實際上是被摧毀了——

賈：被一砲接著一砲地——

史：一幢接著一幢的樓房被維也納城外山丘上轟下來的砲火給摧毀了。

賈：這是海耶克的政治自閉症，體現出他沒有能力把他所不喜歡的不同政治主張辨別清楚。這個打從開始就被混為一談的情況，一直延續到一九八〇年代和九〇年代，在某種程度上描述了我們過去二十五年裡的經濟政策。海耶克又重新獲得世人青睞，「歷史證明了他是對的」，然而事實上他對非政治性的市場經濟所做的歷史性辯護完全都錯了。

史：跟這段歷史同時發生的另一件事，比不上凱因斯與海耶克幾十年的對決那麼引人注意，那就是「充分就業」被如今居於主導地位的「經濟成長」取代了，而當初對凱因斯和卑弗列治這兩人來說，「充分就業」可是非常重要的一種經濟指標。

賈：成熟經濟體的增長速度，一直被認為是相對比較慢的。按照古典派或新古典派經濟學家的理解，快速的經濟成長發生在正處於快速轉型階段的落後社會。因此，你可以合理地預期十八世紀後期英國的快速經濟成長，當時正從一個農業經濟轉變成了一個工業基地——就像你對一九五〇年代的羅馬尼亞也會有類似的期望，誠然羅馬尼亞的成長步調還要快得更加迫不得已，英國當時的成長沒有那麼不由自主，從落後的農業社會邁向至少是高生產力的初階原始工業社會。

工業化社會的成長率，典型而言有百分之七到甚至百分之九——差不多就像今天的中國那麼高。這個現象說明了，高速的經濟成長並不表示繁榮、穩定或者趕上現代水準，而是長期以來都被視為過渡性質的表徵。十九世紀末二十世紀初，西歐的一般成長率已經放緩到了一個相當平穩的步調，就像當時的利率一樣持續在相當程度的低點。至於五〇年代的經濟成長率之所以會那麼高，經濟學家之所以會沉迷於把經濟成長率視為衡量成功與穩定的標準，就是因為先前所發生的經濟災難。

說完以上，我們應該記得，凱因斯的《一般理論》是一種關於「就業、利息和貨幣」的理論。失業是當時英國人、美國人和歐陸比利時人全心全意關注的問題。但就業並不真的是法國人或德國人筆下的理論起點——他們更關注的是通貨膨脹。對歐洲的政策制定者來說，凱因斯之所以重要，並不在於就業問題本身，而在於他把透過反週期措施，例如衰退期間的赤字開支，用來穩定經濟的政府角色予以理論化。這不僅意味著一系列維持就業的措施，也意味著一系列維持幣值穩定，確保利率不會大起大落而摧毀儲蓄的措施。所以就業，雖然在英國人與美國人的想法當中居於主要地位，在歐陸卻沒有那麼廣泛地被放在心上。那裡的人所執迷的是穩定。

史：德國經濟學者主要關心惡性通貨膨脹的跡象，而且當他們進行政治性思考時，他們所想的是一九二〇年代，但實際上希特勒相當關心就業問題。或許趁這個機會，我們可以從歷史的觀點，直視一九三六年前後，凱因斯的對策與同年展開的德國四年計劃之間有何區別。

賈：法西斯主義者和納粹主義者假定你可以一手把建立在財產權基礎上的資本主義，跟另外一手的政府干預混在一起。企業家、財產持有人、大農戶、個人製造商和店舖主都可以完全自主沒問題，但政府能夠干預他們跟勞動者之間的關係，能夠計劃他們該生產怎麼樣的貨財，並決定他們以怎麼樣的價格生產這些貨財。這麼一來政府可以在經濟體系當中參與、干預以及扮演某些角色，但又不需要對經濟體系當中基礎性的資本主義特徵投下任何質疑。那樣的混合很難從意識形態上理解。所以納粹政策或法西斯政策既可以看起來像是親資本主義，也可以看起來像是反資本主義，或者新凱因斯主義。主要是用來擺平政治與社會危機所造成的大規模政府過度開支——這裡所謂的「過度」是跟上述資源相較而言——而這些開支是以未來的穩定或預先花掉未來收益為代價，除非這些收益能從別處獲得。而凱因斯很早就看到了這一點。

史：在凱因斯式的假定當中，你所尋求的是在一個體系內部重新建立起均衡狀態。而根據希特勒的假定，你只能在某個非常遙遠的未來才能夠建立起均衡狀態，等到你把所有猶太人的財產都掠奪過來，並且在東邊創造出你那個種族上的田園烏托邦。

賈：均衡對凱因斯來說是一個目標，也確實是一項美德。之所以如此，有一部分是基於理論上的根據，但我會說有一部分也基於心理上的根據。凱因斯和他那一代人都經歷了第一次世界大戰，以及愛德華時代與維多利亞時代的確定與安全感瓦解之後的失衡，這是從他那些理論寫作當中所流露出來的最重要情緒。正如他對戰後福利國家的支持並不是基於經濟上的理由，更不是意識形態作祟，而是因為他理解並預見到，民眾在第二次世界大戰之後，將會壓倒性地需要安全感。

均衡對凱因斯來說是一項美德。政府干預主要是一種讓經濟重回均衡狀態的手段。像他這樣的關切點與納粹的思維方式連絲毫略微相似都還談不上——對納粹而言，均衡正是他們想徹底摧毀的狀態。說起來納粹的心態裡沒有興趣要去平衡一個複雜社會的收支帳目；而是滿腦子只想實現某些特定目標——如果必要的話，犧牲那個社會的某些部分，好讓其他幾個部分對納粹偏頗的成果感念激賞。

史：另一個根本上的差別是漢娜·鄂蘭注意到的，也就是在一個凱因斯所設想的那種穩定社會當中，民眾能夠擁有私人生活。這一點我們翻開褚威格《昨日世界》的前幾頁就可以馬上感受到，我們這一番討論就是從那裡談起的。要有穩定性的部分意義就在於，你能夠擁有私人生活——在這樣的領域裡，除了跟你自己有關的事之外，其他一切都可以不放在心上，而跟你自己有關的事，在某種程度上你可以事先預料得到並加以安排。然而希特勒卻相當有意識地試圖讓民眾絕對無法再有那樣的念頭。

賈：你說得對。我的意思是，那種想要讓合宜的生活不再可能的概念，正好就絕對不在凱因斯的設想當中。凱因斯想要做的，是把自由主義英國從本身的經濟意識形態所產生的後果當中解救出來。可是，希特勒則完全都沒有想要把自由主義德國從任何什麼東西裡面解救出來。

史：或許另外一個可以探討的比較是自由主義經濟計劃跟史達林那種五年計劃之間的差別。

賈：一個人在對話當中，不要再假設二次大戰之後那幾種福利國家形式的經濟計劃，有受到任何蘇聯經驗的啟發。最多你可以說有一定數量的個人——作為知識分子而非政策制定者——對經濟計劃抱持著好感，雖然他們對經濟計劃抱持好感，在某種程度上是因為他們認為自己在蘇聯所見成效頗佳，而他們認為之所以成效頗佳得要歸功於史達林的計劃。

經濟計劃的歷史是一部不同的社會之下言人人殊的歷史，要在哪些地方以及用什麼方法才能以國家之力去尋求這些道德上與實際上的目的，不同社會的結論都各不相同。正是這樣的多元性質向世人顯示蘇聯經驗實際上並不重要：世上只存在一種蘇聯模式，蘇聯人否認多元主義的價值，而且沒有一個歐洲的政策制定者遵循蘇聯風格的經濟計劃，除非他們迫不得已：那是戰後東歐的歷史，另外一回事。

英國從來沒有計劃過要變成像這樣的福利國家。有的是一九四二年的「卑弗列治報告」，也有過關於經濟計劃的爭論。但實際出現的是一系列的機構，主要是國有化的機構，當時人們認為為了要獲致一套國家與社會之間更好的關係，這些機構是既充分又必要的條件。說起來並沒有人去規劃那些經濟計劃，所以也沒有人去規劃那些細節。在英國，並沒有人坐下來規劃，有多少鐵路需要投資，汽車應該要在何處生產，要如何抑制勞動力湧向某一個地區，又要如何鼓勵或者再教育另一個地區的勞動力以投入運轉。

那種經濟計劃比較多是屬於歐陸風格。斯堪地納維亞的經濟計劃跟英國比較起來，更多是指示性質，而鮮少管控意圖，更多是著眼於設法把私人投資推到某些特定方向。法國的計劃是中央集權然後做出指示，非常關切要怎麼樣無須直接強制推行就能獲致某些特定性質的產出。戰後那些年間西德的社會經濟政策遠較戰前更加地方化，或許得到更多來自地方主導的鼓勵。國有化在西德遠不如在英國那樣有影響力。義大利人藉助諸如「伊利」、「埃尼」之類龐大的傘狀集團，或者像「南方基金」，來把公眾資金引入特殊的區域性目標。所以「計劃」有許多不同的含義，但絕非意味著仿效蘇聯原型的那套大規模投產，公然宣稱要做到什麼樣的成果。

要想明白蘇聯跟其他國家之間最根本的差別，你必須仔細看這些政策是如何產生的，同時也要看這些政策背後有怎麼樣的政治考量。西歐的經濟計劃，都是在為了投資長期基礎設施所需的已知科技，和擺平消費者不滿的即時政治願望之間所達成的妥協。在東歐，因為整個社會被強加了共產主義，你通常並不需要去擺平什麼消費者的不滿。你可以集中人力物力去建立起你的理論告訴你需要大量擁有的東西——而這會對消費者造成巨大不幸福的事實，在一個封閉的政治體制當中是不重要的問題。

西歐式的妥協，由於有了以「馬歇爾計劃」聞名的美國戰後援助，而在政治上變得更受歡迎。如果你把馬歇爾計劃從當時整個局面中拿掉，包括英國在內的一些歐洲國家就會遇上真正的麻煩，難以在實現某些公共政策目標的同時不會引發巨大的政治反對。一九四七年發生在法國的罷工，就相當清楚地讓我們感受到這種情況。

史：馬歇爾計劃難道不是美國在國際政治經濟計劃上的一項英明實例嗎？我們應該（就好像樂見並允許在單一歐洲經濟體這個層面上所做的計劃）不要將之視為某種源自於極端政治模式的東西，而是視為某種設計用來防範這些極端政治模式流行起來的東西嗎？

賈：喬治．馬歇爾在戰爭期間身為美國陸軍的參謀長，一九四七年出任國務卿。他在一九四七年三月前往莫斯科，沿途在歐洲各國首都略作停留。他知道英國工黨在兩年緊鑼密鼓的立法之後，已經快要喘不過氣來。在法國，政府一屆比一屆更弱勢，最終在一九四七年春天左翼聯盟瓦解之際達到最高潮。在義大利，共產黨有可能會贏得自由選舉（於是在教皇和美國的支持下，一九四八年的選舉嚴重偏向了基督教民主黨）。在捷克斯洛伐克，共產黨已經勝選。在像比利時那樣的地方，甚至曾經有一度短暫在挪威，共產黨都大有斬獲。

當年西歐並沒有一定會脫穎而出，成為五〇年代和六〇年代那個邱吉爾所謂的「向陽高地」（sunlit uplands）。緊跟著戰後的小規模蓬勃發展趨緩，各國經濟正飽受商品與外匯短缺之累。他們沒有收入可以購買需要的物資，如果他們自己不生產的話——確實他們大多不生產。他們借不到美元，可是美元正逐漸成為國際貨幣。即使是像西德或比利時那樣實際上正開始復甦的經濟體，也受制於貨幣儲備不足。

艾倫・米爾沃德認為歐洲當時被他們自己成功的後果所累：戰後初期的經濟起飛——特別是西德和幾個低地國的工業復甦——製造出發展的瓶頸，反過來重新導致了失業。這當然是歐洲窮困造成的結果，使之不再有能力引燃自身經濟的復甦，即使是在這麼低的層次上，而且必須完全依賴外匯和進口的原物料。

所以從某個觀點來看，馬歇爾計劃僅僅只是打開了一個堵塞的瓣膜。但即使如此，仍然不會稍減其重要性。這一點，我們常常會忘記，主要是一種政治上而並非經濟上的反應。華盛頓的觀點是，歐洲當時那麼缺乏政治自信，所以就沒有能力在經濟上復甦，有可能就此淪為共產主義趁亂分裂或者法西斯主義捲土重來的犧牲品。我側重於法西斯主義捲土重來：尤其是在德國的情況，旁觀者都非常認真地憂慮，同情納粹的懷舊心態會重新流行起來。

那種認為需要從經濟上加以拯救，以免歐洲在政治上崩潰的想法，幾乎也算不上什麼驚人的見解。想法當中的新意，在於這個能夠解救西歐與中歐的做法，是讓當地人自己承擔起復甦的責任，不過其中所需要的財源還是要靠外援提供。從美國的角色來說，這是不是想得很透徹的自利行為，可以另外討論。很有可能實情就是如此，無論是在短期內——因為馬歇爾計劃中的大部分金錢都以消費支出、採購金額的形式又回到美國——或者從長遠來看，因為這個計劃把歐洲穩定下來，並創造出重要的西方同盟。

但或許這麼做是不是對美國有利已經不重要。馬歇爾計劃是否出於自利的考量，是否具有開導性質，或者還有什麼別的可能性，當然都確實至關重要。就像一位美國顧問在談到法國總理皮杜爾時所形容的，馬歇爾計劃讓皮杜爾有了支撐，否則他當時面對共產黨的罷工似乎搖晃不穩、茫然無助。

史：隨著經濟的復甦，就在那個時刻，同樣才剛緩過氣來或者仍然氣喘吁吁的福利國家也出現了。

賈：我們在說到福利國家政策出現時所涉及的立法程序，在大多數國家都始於一九四四年或一九四五年，所以在此扯到馬歇爾有點不切題（但是要注意，杜魯門政府對歐洲的福利改革多半都是採取支持的態度，認為可以穩定民主機制）。這個理想源自於抵抗運動或戰後的左翼政黨，又或者就是來自於基督教民主黨。福利國家政策，除了在斯堪地納維亞，主要並不是在社會民主黨人的手中達成。

但我想再次強調自己關於經濟計劃的論點：在當時是計劃內容各有變體的一種共同趨勢。每個國家所採取的途徑都不一樣，籌措財源的辦法也是如此。馬歇爾計劃一旦開始實施，毫無疑問就有助於負擔這些福利國家政策的起始成本；但我們應該要記得，這整個計劃只持續了四年，而且大部分都沒有被用在社會服務這方面。

史：照你這麼說，歐洲對馬歇爾計劃的一種共通反應，更好的概念是視為經濟合作。

賈：馬歇爾計劃牽涉到一個國際支付體系，旨在確保受惠國不只單純拿走自己的補助額度，然後不顧道義以鄰國為壑。這裡面有一個完全屬於國家的基金，你可以向一個並不存在的支付銀行借貸，然後用你跟另一個國家貿易所得的收益來償還。這是一個非常簡單的系統，要求參與的國家在經貿上合作，不鼓勵單純補助和保護主義。

要跟這些國家示範怎麼樣彼此連結並不容易——如果沒有這個計劃，我們幾乎沒有辦法讓戰後的歷史重來一遍，也很難想像會發生什麼事——但我相信事情很清楚，僅僅是在這種技術層面上的合作事實，即使是華盛頓在強力主導，就表明了不久之前還在忙於互相毀滅的歐洲大陸，還是能夠攜手合作。而且不僅止於合作，還有按照彼此都同意的規範與準則來進行競爭與合作。這在不久前的三〇年代是無法想像的。

史：你聽聽看我這樣說對不對，把這個情況想成主要是馬歇爾計劃有意促成的附帶效果，不然，確實沒有什麼歐洲人——法國人、德國人、比利時人——

賈：之前在想這些——

史：——事前把這些事情想透。

賈：好消息是有一些歐洲人想過。壞消息是他們當中許多人已經把經濟合作的傳統敗壞掉了，因為他們更樂於接受納粹和法西斯理論家強加在他們身上的「歐洲的」聯盟概念。

因此，在法國維琪政權參與運作的一些人，在戰後又搖身一變，成為戴高樂政府或法蘭西共和國的主要策劃者。一些在戰後那些年裡積極參與西德經濟施政的青年才俊經濟學家，在納粹德國會經是中級經濟政策的制定者。圍繞在皮埃爾·孟戴斯—弗朗斯、比利時的保羅—亨利·斯巴克或者義大利的路易吉·伊諾第身邊的許多年輕人，在戰爭期間曾經是法西斯或者淪陷政府在貿易、投資、工業、農業這些問題上的非政治性經濟顧問。

把這些滿腦子想改革的革新者凝聚在一起的是對歐洲經濟計劃的執迷，在兩次大戰之間這樣的構想曾經吸引了那麼多年輕一代的官僚。「歐洲」這個名詞——「聯合的歐洲」、「歐洲的計劃」和「歐洲的經濟統合」之類的說法——由於跟納粹當年用語的關聯性，而在戰後那十年裡讓人覺得稍微可疑，納粹的修辭是要以一個更有理性的歐洲，來取代記憶中兩次大戰之間沒有效率的民主歐洲。希特勒在一九四二年採用「新歐洲」作為德國和所有被他們占領的國家彼此合作的官方基礎時，這樣的修辭達到了一個高峰。

那也就是為什麼可以理解斯堪地納維亞人，以及尤其是英國人，在希特勒剛被打敗之際，對有關歐洲統合的便宜說法抱持懷疑態度的原因之一。另外一個懷疑心態的來源，是「統一的歐洲」和「歐洲統合體」之類的說法，會令人特別聯想到天主教歐洲。「歐洲煤鋼共同體」是歐洲經濟合作制度化的基礎，當時簽署的六位外長都是天主教徒：他們分別來自義大利、法國、大部分人口都信天主教的西德和荷比盧三國。這可以——而且通常也會——被說成是天主教歐洲圍繞某種新法團主義經濟合作模式來重建這些國家的手法。

史：所以我一直都很想花點時間，找出這段歷史要如何像一齣笑鬧劇那樣再重來一遍，就像眼前這樣，不過首先我們還是說說看要怎麼像一齣悲劇那樣重演：比方說七〇年代，經濟計劃在知識層面信用掃地。事情是怎麼演變至此？

賈：在法國，經濟計劃從來沒有搞到完全信用掃地。在德國也完全沒有這種狀況，因為那裡從來沒有推行過就我們的意義上所指稱的「計劃」。從一個寬廣的政治光譜上來看，「萊茵蘭」的經濟模式和法國的指示性計劃模式在各自的國家裡都被視為成功。而且我要說，即使到了今天，這兩地的計劃仍然被如此看待——尤其是有鑒於盎格魯—撒克遜或盎格魯—美利堅過去三十年的經驗。以大多數國際上的尺度而言，法國和德國的生活水準（更不用說其他的經濟結構類似的國家，像荷蘭或丹麥）遠遠超過了美國或英國。戰後那些模式可並沒有在每個地方都信用掃地；即使在那些部分遭到質疑的國家裡，這些模式仍然呈現在面對今天這場金融危機所做出的不同反應中。

我們還得要記住，只有新一代英美傾向的經濟理論家和政策制定者，才會宣稱像這樣子的經濟計劃並不成功。如我們所看到的，經濟計劃可以意指介於一無所有與滿坑滿谷之間的任何一種情況，在英國、美國和（理由相當不同的）義大利以及後共產主義時代的歐洲，都失去了原來獨到的吸引力。而在其他地方，最起碼可以說爭論始終沒有解決。

英國對經濟計劃的幻滅，是對國有化和國家控制經濟同感幻滅的副產品（整體而言並不是那麼說得通）。這回過頭來延伸出一個在我看來比較合理的說法，也就是戰後迅速發展的成就，到六〇年代末基本上已經氣力放盡，幻滅之感是這個事實產生的結果。到了七〇年代，民眾不復記得當初為什麼會搞起這個什麼經濟計劃或者福利國家政策了。

時光流逝以另外一種方式發揮了影響力。跨世代的福利國家這種邏輯很難事先領會。說我們將會保證每個人都有工作是一回事，說我們將會保證每個人都能領到退休金完全是另外一回事。這樣的差別確實是在七〇年代變得清清楚楚。在那十年裡，有工作的人越來越少，於是稅收也跟著逐年減少，所以持續增長的社會服務成本變成一大憂慮：越來越多人符合年齡資格，可以獲得他們期待已久的退休金。因此，戰後的福利國家政策抵觸了戰後迅速發展期的終結，而這樣的蓬勃發展本來也是福利政策幫忙促成的——七〇年代的不滿，就是這番彼此抵觸所造成的結果。

跟這個差不多重要的是通貨膨脹問題。戰後的凱因斯主義者大致上對通貨膨脹或不斷累積增加的國債相關風險並不感興趣。他們都承認充分就業是目標，而政府支出是手段——但他們沒有完全理解反週期政策有利也有弊：景氣的時候你就應該要削減這種支出。但要減少政府支出非常困難。所以你得到的結果就是加劇了通貨膨脹。

當然事情沒有那麼簡單。七〇年代通貨膨脹的根源仍然爭執未決：部分原因肯定是外來的，例如說在這十年當中不斷上漲的油價。但經濟衰退與通貨膨脹同時出現令人沮喪，而且主要是先前沒有想到會有這樣的問題。結果似乎是政府在這方面花費的金額越來越多，所達成的目標卻越來越少。

說得更廣泛一點，蘇聯經濟計劃的失敗，使得西歐這樣的努力，在新一代批評家眼中信用掃地。實情就是如此，儘管這兩者之間不存在任何歷史性或者邏輯上的關係，即使西歐形式的經濟計劃有意充當、也確實成為面對共產主義這種政治情勢的對策。兩次大戰之間關於蘇聯經濟計劃成功的神話，在一九七〇、八〇年代的過程中，被一種普遍為人所接受的，有關於社會主義經濟計劃徹底失敗的說法給取代了。這樣的翻轉影響深遠：蘇聯的失敗與崩潰不只削弱了共產主義，也危及一整個有關於增長和集體化的進步敘事；在這個敘事當中，蘇聯的經濟計劃與西方的經濟計劃被假定為是一個整體，至少在崇拜者的眼中是如此。

當那套說法失去原先的錨定，其他大部分也就跟著茫然無依。

史：在對卑弗列治和凱因斯這兩人的描述中，你都表明了經濟學、道德規範與政治主張之間存在著某種關係。而且我們在二十世紀最後二十五年裡所發現的似乎是一個重獲新生的信念——有時流於教條，或者甚至武斷——認為你可以從經濟學中引申出道德規範或者政治主張。

賈：正確。或者即使你無法引申也不要緊，因為集體繁榮的核心條件是經濟上的產量和經濟穩定以及經濟增長——但這些條件所帶來的結果，無論是必不可缺還是依條件而定，都不在你的掌握當中。

史：在談到經濟計劃的起源時，你強調了想得深遠和道德考量的因素。我認為，在這類問題上思想產生影響的一個條件是美感。恩格斯那本《英國勞動階級狀況》就非常生動。而且毫無疑問，維多利亞時代小說的整體風格——人們會想到狄更斯和伊莉莎白．蓋斯凱爾——就都直接致力於刻畫工業化問題。文學起到了創造一幅勞動階級苦難圖景的作用，使得社會看上去不同於以往。

賈：二十世紀見證了這類文學在厄普頓．辛克萊（《屠場》）、斯特茲．特克爾（《艱難時代》）、約翰．

史坦貝克（《憤怒的葡萄》）等人的作品中激起迴響。請注意他們在方法和主題上的相似性——特克爾甚至到了把狄更斯的書名直接借用的地步。

今天，儘管我們仍會體驗到審美上對貧窮、不公和疾病的厭惡，但我們的情感往往局限於我們習慣於稱作第三世界的那些地方。我們能夠感受到像印度、聖保羅的貧民窟或非洲這些地方的貧窮與經濟不平等，也意識到分配不公完全是錯誤的。但我們對芝加哥、邁阿密、底特律、洛杉磯甚至紐奧良的貧民窟裡，資源和生活機會類似的分配不公則要遲鈍得多。

史：在美國，出人頭地意味著身體上擺脫煩惱的徵兆。所以城市的衰落成為了普遍衰落的來源，而不是促進重生的刺激。

賈：當狄更斯在《小杜麗》寫到關於鐵路的那些段落，或當蓋斯凱爾寫《北與南》時，他們都有意把讀者的注意力拉回到一場社會災難當中，這場災難正在他們眼前展開，卻有那麼多人成功轉移自己的注意力。

我們需要一種類似的重新關注，知道近在咫尺之內什麼東西正仰著我們的鼻息。今天，我們當中有那麼多人生活在一扇大門隔絕外界的社區裡，這些物理上的「飛地」將某種社會現實擋在門外，並保護另一種社會現實不受打擾。這些圍起來的微型社會安慰其受惠者，既然他們持續為享有的服務付錢，就無須對門外社會所需的經費與種種需求負責。這使他們不太願意付錢給他們認為個人沒有直接得到什麼好處的服務與福利救助。

就在這裡迷失掉的，在對一般稅收的厭惡當中被腐蝕的，是把社會視為共同承擔起責任的領域那個理念本身。顯然，這是完全沒有誠意，因為你一旦出了社區大門，車子就會開上州際公路，而那就是一項由政府所提供，只有靠著常規性的稅收來支付才有可能存在的服務。而且最終保護這些財源不出問題的警力，也是由地方稅收在支付。

在此，城市的衰落是關鍵。你的看法正確。現代城市的興起與社會問題的出現正好同時，中世紀的城鎮沒有這樣的問題。法國地理學家路易・舍瓦利耶五十多年前就表達了這樣的觀點：在他《勞動階級與危險階級》一書中寫到了十九世紀初的巴黎，他才華橫溢地對讀者示範，當一個中世紀的政令城市變成一座現代勞動階級大都會時會發生什麼現象。

曾經有一度，整個城市社群是相互依存的，而新的工業中心則會區別其中的成分階級。從事商業的資產階級主導了城鎮的公共生活，卻對自己賴以生產勞動的廣大人群恐懼日深——但他們在日常人際基礎上已經不再跟勞動者有什麼互動。勞動人口既是財富的來源，同時也對這樣的財富形成持續的挑戰。同城的居民因為共通的需要而攜手團結，但城市也因為彼此相互的恐懼和日益隔離的不同地盤而分裂成一塊一塊。

今天，我們仍然有這樣的恐懼和隔離——但彼此有共通的需要和分享的利益這種意識正在迅速流失。例外仍然存在；紐約就很例外。但由上層階級、中產階級、勞動階級以及一整套地理關係所涵蓋的一整套社會關係所組成的古典城市，在這個國家裡大致而言已經不復存在了。

史：邏輯上而言，城市是國家最容易分配資源的地方。離城市越遠，國家行動起來就會越困難也越昂貴，這意味著那些認為自己得到最少的人事實上得到最多。地理上而言，民眾最不願意繳稅的地方，就是接受聯邦政府失業救濟的地方。

賈：美國西部這些缺水的各州，如果沒有歐洲人視為地區性補助的同性質財政挹注，沒有任何一個州能夠撐過一年。當然，歐洲人也沒有比較厲害。正如亞利桑那州民或懷俄明州民在完全依賴政府的情況下，卻認為他們自己是不受政府行為打擾，所以我們也有愛爾蘭和斯洛伐克這種似非而是的弔詭存在。這兩個地方從過去到現在一直都是布魯塞爾（背後由法國、德國和荷蘭的計劃經濟或指令經濟提供資金）實施地區性補助的最大受惠者，然而當地民眾卻稱頌自由市場和最低程度管制的誘人魅力。

史：如果你告訴南達科他州或內華達州的人，說他們正從相當於歐盟區域發展基金的運作當中得到補貼而受益，我有把握他們一定會相當苦惱。但本質上，美國就是像那樣在發揮作用。

賈：那樣的作用已經發揮了一段很長時間。想像一個內布拉斯加州玉米農人的案例：當然他會從玉米到大豆再到生產過程各種名目的補貼，以及廉價的水、廉價的汽油和公共財政投資的公路運輸當中，獲得巨額的利潤。然而如果他不能從像這樣的公共慷慨饋贈中獲利，農業（尤其是家庭農業）就會活不下去；而家庭農業是美國國家認同的關鍵成分（這跟法國補貼的實務面與神話面都頗為相近，但至少法國人會承認事實如此）。

個人自力更生的外表是美國拓荒神話的一部分。摧毀這個神話，或者說得更確切一點，讓這個神話被摧毀，那你就摧毀了我們的部分根柢。這是個可堪辯護甚至能夠說得合情合理的政治論點——原則上我們沒有理由去主張，美國人不應該付費來維持被他們視為文化遺產中最具美國特色的部分。但作為一個論點，這完全無涉於資本主義、個人主義或者自由市場；正好相反，這是一個支持某種福利國家政策的論點——尤其是因為這個論點有其不容質疑的假設，就是某種可以持續的個人主義需要大量來自國家的協助。

史：你先前提到社會民主主義的道德層面與深謀遠慮的源頭，而我當時也問你有沒有審美上的根源。我突然意識到，真實不虛這個問題相當重要。當我們想到蓋斯凱爾、恩格斯、狄更斯或厄普頓・辛克萊時，便會想到他們用在書上的那些沿用至今的詞語，例如「艱難時代」(hard times)。我想知道，如果說有什麼東西今天正在消失，難道不正是知識分子闡述在經濟與社會當中究竟發生了什麼情況的意願或能力嗎？

賈：那樣的能力是分兩個階段逐漸荒廢的。第一個階段我要追溯到五〇年代末，是知識分子自己跟關切經濟生活中明擺著顯而易見的不正義保持了一定距離。那些顯著的不公平當時似乎正在克服之中，至少在知識分子所居住的那些地方是如此。把注意力放在「窮困潦倒的倫敦巴黎」，就像當時可能的情況，似乎接近於天真——你懂的，「對對對，但事情比這個還要複雜，真正不公平的是，」然後講一些別的五四三。或者真正的壓迫是在心裡面，而不在於不公平的收入分配，還是什麼別的。所以左翼知識分子越來越懂得如何發現不公不義——但又對酷似一九三〇年代的狀況沒那麼感興趣，又或者，如果他們對歷史更有意識一點，像一八九〇年代那樣，單單是經濟上的不公平和苦難所帶來的道德恐懼。

距離現在更近一點，我覺得我們事實上是七〇年代末以來隨隨便便轉向經濟學而導致的犧牲品。知識分子凡事不問對錯，只問政策是否有效。他們不問一個措施究竟是好是壞，只問是否提高了生產力。他們這麼做的理由不盡然是因為他們對社會不感興趣，而是因為他們相當缺乏批判性地妄加假定，認為經濟政策的重點是要產生資源。在產生出資源之前，他們會不斷地說，奢談如何分配沒有用處。

這在我看來類似一種軟性勒索：你當然不至於會如此不切實際、不通世事或者理想主義，以至於把目標放到手段之前？我們因此被人告誡，說一切都要從經濟學開始。但這使得知識分子——像他們一直在討論的工人一樣——淪為踏著轉輪在原地奔跑的嚙齒目動物。當我們談起增加生產力或資源時，怎麼知道應該到何時為止？在哪一個時間點上我們的資源充足到該把注意力轉向貨財的分配？我們又如何得知，何時該來談及功過與需求，而非產量與效率？

在一個始終很容易受到「專家」權威影響的思想文化裡，經濟學語言取得優勢的結果，是為一場更具有道德意義的社會論辯充當了煞車。

史：當知識分子開始涉及經濟，我想，有些別的怪事就會發生。那就是，凡事只有被製成產品，大家才會覺得是真實的。而且我們在使用這些名詞的時候，其意義都已經改變了。如果我在街邊咖啡座上點的是水，侍者就會想知道我要哪一種瓶裝水。我們所有人都必須喝水。水非常重要。我們洗澡的時候泡在水裡，會希望水是乾淨的。但無論如何都沒有理由把水裝到瓶子裡面賣。別的不說，這樣子的水相當有害。因為缺少氟化物，小孩喝這種水牙齒都爛了。你必須使用石油來製造這些瓶子，然後你把石油倒到海裡，來從其他大陸進口水。這一切都貶低了這項公共財，也就是從水龍頭一轉就有的水，我們早就已經設法達成的自來水。

賈：這是任何市場經濟都有的缺點。馬克思在十九世紀就已經觀察到「商品拜物教」這種現象，他還不是第一個；卡萊爾當時也注意到了。

但我真的認為，這是我們當代狂熱崇拜私有化的一個特別的副產品：對什麼是私有以及什麼是代價的意識，正因為那個原因而或多或少變得更清楚。這反轉了前三分之二個世紀，尤其從一九三〇年代到八〇年代，這中間五十年的一個共同假設，也就是某些貨財只有在一種集體或公共的基礎上，才能夠被適當地提供給大家，對所有的人來說都更好。

我們因為這件事情在感受上的轉變也有各種的副作用。當有人說，我倒寧可購買私人產品，也不願因為公共服務而被徵稅時，為一項公共財而徵稅就會變得更加困難。這麼一來對每個人都是損失，即使是非常富有的人，因為國家就是能夠把某些事情，做得比任何其他實體都更好也更便宜。社區大門之內的家庭可能會飲用瓶裝水，但做飯清潔洗澡都還是用自來水，如果沒有公共保證與價格補貼，沒有任何一家私人公司會覺得有辦法靠供應自來水獲利。

這把我們帶到接近一個二十世紀初的政治經濟學家和社會理論家都在思考的問題。政府在什麼樣的時間點可以堂而皇之地說，某種商品或服務最好是透過公眾事業來提供？什麼時候創造出一種自然的公共壟斷會是正確的政策？但自從大約一九八〇年以來，提問的態度已經不同：為什麼還應該有任何公共壟斷？為什麼不讓一切都朝向利潤開放？這是對一切我們在過去二十五年裡，生活中原則上可以私有的任何東西所受到的公共壟斷，都採取出於本能的懷疑。而且我不認為，順便一提，這個狀況會因我們正在經歷的這場過度喧騰的資本主義危機而有什麼改變。我想我們會看到更多接受政府作為監管者的首肯——不過政府獨占特定種類的貨財與服務並非我們所樂見。

史：對我來說，水是一個特別顯著的例子，因為這個例子能夠證明，你可以透過把一切都私有化，而讓文明退化到多離譜，同時卻還認為你是在進步當中。那種你出現在某個地方，跟人要一杯水喝，別人就應該要奉上的倫理已經年代久遠。這種對應授受的現代版本，就我在這個國家度過的大半生來說處處都有的，是在公共場所的水泉出口。現在也慢慢都在消失當中。

賈：這樣的想法對其他文明上的成就也同樣適用，距今比較近的那些，但那些成就直到二十世紀的最後二十五年之前，都還被視為是理所當然。美國人不再記得他們曾經有過良好的公共運輸，雖然在很多地方他們確實曾經有過。在英國，你可以看到運輸的私有化如何改變了整個社會。「綠線巴士」讓我成為一個倫敦人，這些公車讓我成為一個英國男孩，對我影響力之大不下於學校。

時至今日，對一個身在倫敦的男孩來說，已經沒有像那樣的東西。我小時候，就是搭乘綠線巴士去上學。這些公車都有好好維護，相當舒適，其路線所到之處就定義了所謂的市區。今天的綠線巴士已經被收購，納入「愛瑞發公司」旗下營運，是現在負責為英國乘客提供火車和公車服務的私營企業首惡。這家企業的主要目的似乎只是要把一個一個孤零零的郊區跟大型購物商場加以連結，往往跟整個城市地理的邏輯無關了。現在不再有那種橫越倫敦的公車路線了。

史：我想把這一點推回到更抽象的層面。對我來說似乎除了可以拿來談論的各種貨財，像運輸、水還有食物，就這方面而言，或許再加上空氣，世界上還有一個跟維護某些類型的經濟論述相關的基本問題。

對肩負著歐威爾式的使命，想要糾正各種用語，或者贊同阿宏所謂「維護概念」這個想法的知識分子來說，這可能是某種職責。自從金融危機以來，有一個範疇出現在一般人的腦海中：財富。如果你擁有一幢房子，而那幢房子貶值了，那麼你就損失了財富或者某個人就損失了財富。而如果一家金融投資公司下了注，然後輸掉了，那這家公司也就損失了財富，正如我們現在使用「財富」這個詞語的意義。儘管這裡面並沒有附帶什麼真實的東西，因為下注的人當中有半數——或不管其他任何比例——都必須要輸。而且救援他們的情況，就好像不管財富多少都沒有區別，粗略地來說。

或者，與其努力拯救「財富」這樣的詞語，不如試著去應用像「計劃」這樣的詞語。在我看來，金融資本主義似乎在對抗政府經濟計劃的過程中，輕而易舉就擺脫了責任。無論如何，金融資本主義是一種計劃。並不是由哪一個人來施行的計劃，而且是以一種有機的方式，但這就是我們分配資本的方式。而且這並不自由。美國經濟中的金融部門在二〇〇八年占了公司獲利的超過三分之一，但在工資與薪給上只占了百分之七。

賈：我順便還要指出，如果你再加上所謂的健保產業所占的更大比例，這其中大多數的公司一心一意只是想要支配這個產業，而不是想要讓民眾身體健康，然後從過去二十五年美國的經濟表現當中把這兩塊減去，那美國看起來就會低於已開發國家裡面的大多數成員。因此，我們作為一個先進富裕社會的自我形象，有很大一部分正倚靠在你所形容的扭曲之上。

這掀起了一場關於風險的論辯。一個社會以不公平的酬勞形式支付高額獎賞給那些除了創造紙面財富之外，毫無其他作為的人。對這種情況有一個論點是說，這種紙面財富是實體經濟的一個一個車輪之下，在形式上的「潤滑油」。那個論點還告訴我們，民眾甘冒風險願意參與創造（或損失）巨額紙面財富，唯一的理由是回報如此可觀。那個論點還有其他更多複雜的版本，但基本的形式就是如此。

現在就讓我們把那個論點轉化成賭場的邏輯：畢竟，那一套跟金融層面的資本主義沒什麼兩樣。有人下注押在某個特定的結果之上。他們之所以會下注，如果不是因為有充分的理由相信結果會如此，或是他們希望如此相信，再不然就是因為他們看到自己信任的人如此下了注。他們所冒的風險相當可觀。但在理論上他們冒的風險越大，可能會賺回來的回報也就更加鉅額。

想像如果有人走進來跟賭徒說：「你賭那麼大絕對不可能會輸。」或者說：「我們保證會承擔你所輸的某個金額比例，因為我們，這家賭場，需要你繼續玩下去。所以請放心，對你不利的因素已經減少了，請繼續玩下去。」從風險角度來看的論點消失了，而其結果是，賭場很快也就經營不下去了。

所以讓我們回到資本市場：在今天這樣的安排之下，那些最大的賭徒所損失的都被充分彌補了，以確保民眾會繼續甘冒風險而沒有顧忌。這意味著他們甘冒的風險會越來越說不過去。如果你都不需要擔心會做出錯誤的決定，那你做出錯誤決定的機會就會更大。

至少在這個意義上，我跟這些超越市場的人想法一致：如果政府承擔了過度的保障，那對資本主義的完整性就會形成真正的威脅。我們從經驗中得知，工業生產的國有體制可能會沒有效率，因為沒有人會太過擔心虧損。這樣的陳述至少在金融部門也具有同樣的說明力。

史：比喻為賭博確實很有趣，不只是在頂層，也就是金融資本家和國家的層面，而且在底層，在社會和企業以及家庭的層面，也頗為貼切。那也就是說，我想另外一件事如今也正在發生，美國社會中對風險的概念已經有一些改變。

風險，我可能是稍微比較浪漫化了，但過去往往指稱的是某種不能說是不要緊的輸贏，就像你辭掉工作去創業就得承擔一些風險。或者你把自己的房子拿去二胎抵押貸款，用來投資在一家小型企業，就得承擔一些風險。這跟光只是賭博意義上還是不太相同。近年來的房地產市場越來越接近於一種賭博。人們能夠如此輕而易舉地就什麼都有了，因為基本上確實是在下注賭博：所作所為非常像在金融市場，購買一些他們並不需要也負擔不起的商品，投機地希望會有其他什麼人，在不久的將來把他們這些棘手的商品買走。

這跟賭博合法化這樣的倡議差不多在相同的時間發生。（順便一提，「賭博」在我的印象中是一個需要保持原意的詞語，因為那些隱身在賭博背後的人想要稱之為「遊戲」，聽起來像是某種正常無害的東西。）但如果真要發生作用似乎也有賴於美國人不懂數學。似乎有賴於某些對數字的神奇想法。在某個意義上，你知道，這就像假如有幾億美元可能是有風險的，但是這些錢並不是你的，在某種程度上那就確實危險。但假如是有幾萬美元和你的生命都有風險，那麼這在某種程度上就更危險了。

賈：我希望我能夠同意你所說的美國中學數學教育的不稱職與經濟幻想之間的相互關係。但我認為這件事情實際顯示出來的是：今天絕大多數的人類就是沒有足夠的能力來保護他們自己的利益。奇怪的是，回頭看看十九世紀就完全沒有這樣的情況。當時的人所可能犯下的、對他們自己造成危害的各類錯誤都更淺顯易懂，因此也更容易避免。假定你充分審慎地想避開油滑的推銷員和厚顏無賴的騙徒，那你向任何人借錢的規則就得訂得非常嚴酷（即使只是出於宗教考量），好讓一般人根本就不可能接觸到許多會讓我們沉迷的事物。

這把我們帶到賭博話題。跟欠債一樣，賭博素為人類所不喜，大多數情況下也都禁止。人們普遍而且正確地假定，賭博會導致犯罪，因此是一種應該避免的社會病狀。不過當然，從由來已久的基督教傳統來看，賭博本身就是錯誤：錢不應該用來生錢。

重溫這個觀點可以讓我們獲益。無論我們是不是把賭博視為一種罪惡，都幾乎沒有辦法否認這在社會政策中是一種倒退：賭博是倒退的、選擇性的、非直接的徵稅。你基本上是在鼓勵窮人為了指望發大財而多花錢，而富人即使選擇花費同樣數額的金錢，也不會覺得有什麼損失。

賭博演變成最惡劣的形式，就是正式得到了一些國家（英國、西班牙）還有美國許多州的鼓勵，搖身一變偽裝成公共彩券。我們寧可不去承認有一些公共設施——各類藝術、體育活動和交通運輸——有其必要，卻透過彩券收入來負擔這些開支，以避免不受選民歡迎的徵稅。更加失衡的是，這些彩券是社會上訊息來源比較少、同時也比較貧窮的階層在賭，於是也就是這些階層在支持這類公共設施。

終其一生或許都未曾踏進劇院欣賞過歌劇或芭蕾舞的英國工人，如今出於好賭的習性而資助了一小撮菁英分子的文化活動，這些菁英的稅收負擔還隨之減輕。但一般人記憶中印象猶新的情況卻正好與此相反：在一九四〇、五〇年代的社會民主主義時期，是富人和中產階級被徵稅，來確保人人都能享用圖書館和博物館。

這從任何意義上來說都是一種倒退，而正是政府的軟弱助長了這種倒退；他們不敢提高稅收，又不甘願削減服務，於是利用了那些投票支持他們的人最低俗的直覺，而不是讓他們發揮最高尚的智能。我非常明白，完全禁止賭博是輕率的行為同時也不會奏效：我們從過去跟酒精和毒品交手的經驗中得知，像那樣的全面禁止會引發故意作對的效應。然而承認人類不完美是一回事，無情地加以利用來充當社會政策的代替品，完全是另一回事。

史：現代生活真的有那麼複雜嗎？大多數美國人就是讓自己陷入大量的信用卡債當中。只要你稍微了解一下什麼是複利，也就是，只要你稍微學過最基本的微積分，或者只要真的了解乘法運算表，或許就可以避免犯這樣的錯誤。一般最能保護勞動階級的就是算術。因此社會政策，只要從這個方向來看待此事，就要確保民眾能夠為他們自己做好算數。

賈：沒錯，我確實相信應該如此。我還相信，從一個更大的框架來說，社會政策應該包括儘可能創造出最有教養的選民：這正是因為如今的公民比以往任何時候都更容易被人濫用，同時也更有「權限」去濫用自己。

但即使是受過良好教育的公民，也不足以保護自己不受某種政治經濟學濫用。這裡面必須要有一個超越公民與整個經濟環境之外的第三方，也就是政府。而且政府必須要有正當性：要理解民眾當初是根據什麼基礎來選擇他們的統治者，而且在這當中言行一致。

一旦你有具備正當性的合法政府，那麼要對民眾說接下來的事，就似乎不僅合適，實際上也有可能：你只要做一下數學運算，就會明白你是被一堆好聽話給騙了。即使你不會做數學運算，我們也會告訴你情況正是如此。我們還會禁止你參與某些金融交易，就像我們會禁止你在紐約市的第五大道上直直向北開：一方面是為了你的利益，同時也是為了大家好。

我們在此來到否認社會民主主義有可能性的論點，分成兩種。第一種，如果你喜歡的話，可以稱之為「結構論」；另一種為「偶發論」。結構論的觀點是，在一個像美國這樣幅員廣大、文化多元的國家裡，這種正當性的感覺很難達到，甚至可以說不可能達到。跨越不同世代、行業、能力和資源的集體信任不容易出現在一個龐大而複雜的社會裡。所以最成功的社會民主國家是挪威、瑞典、丹麥、奧地利、某種程度上的荷蘭以及紐西蘭之類小而均質的社會，這一切並非偶然。

否認社會民主主義有可能性的偶發論則認為，社會民主主義在歷史上是有可能的，但只有在我們已經無法重現的背景之下才有可能。大蕭條的記憶、法西斯主義的經驗、對共產主義的恐懼和戰後的迅速發展，這一切混合起來才有辦法讓社會民主主義成為可能，甚至出現在大型的社會像法國、西德、英國或加拿大（加拿大從社會規模來看不算大型，但從幅員來看也夠大了）。我也不是完全接受此項反駁——這個故事要更複雜一些，投入的熱情也更持久一些——但我對這項反駁表示尊重。

史：不過我對美國人這種有時候接受歷史性論點有時候卻又不接受的挑剔作風頗感驚訝。所以會有那種認為我們不應實行社會民主主義的歷史性論點被很當一回事地嚴肅看待，但也有另外一種認為社會民主制度已經造成許多好處的歷史性論點就從未得到嚴肅對待。

我也對美國思想界在近年來淪為歐洲關切的附庸感到驚訝，即使那些傑出的美國評論家都堅稱我們已經超越了歐洲。我這麼說的意思是，這裡，在美國，幾乎所有關於社會政策的評論都不免會拿來和歐洲比較：我們這方面的進展和歐洲比較起來如何？這不可避免地意味著，至少在某些方面，我們害怕我們會落居歐洲的陰影之下。

好像幾乎都沒有什麼人會說：我們是美利堅合眾國，因此我們應該要成為，套用有些人的說法，一個「偉大的社會」。應該要施行「新政」，並非因為社會民主制度在歐洲是好是壞，而是因為我們美國人可以自己創出一番神奇事蹟。

賈：從一九三〇年代到六〇年代，美國社會上和政治上的論點平衡走上了另外一條路。預設的假定是，如果美國在人力物力上有辦法成為一個好的社會，就理應想要那麼做。即使有人反對和批評詹森那種層級的社會投資，這些人當中大多數反對的原因，以當年的情況，也是不滿意政策太局限於迎合地方上的私利。如果政策對黑人太好，那南方州就不會支持；如果在重分配的概念上太過激進，那些在政策之下會被迫得要重新思考人力召募模式的組織機構就不會支持，依此類推。

然而激進的社會革新，通常並不是以海耶克式的先驗理由來反對，但如果是在今天就有可能。當年那些跟貝利．高華德一樣前後不一致的政治人物，就為此付出了沉重的政治代價。新保守主義的途徑花了二十年時間才終於融入到「雷根主義」，並且在當時貌似主流。在此，我們常常會遇上一種美國式的健忘，即使是才發生在不久之前的美國往事。

會造成這種情況我覺得左派的責任不下於右派。有關於集體社會目標的詹森式修辭，根植於一種美國版本的維多利亞與愛德華時代的自由派改良主義，跟新左派簡直是格格不入。後者對社會互不連屬的各個區塊堅持己見想要的利益更感興趣。我贊同麥高文時期人們對民主黨的批評：

不是因為民主黨聲稱試圖促進你能想到的每一類歸化者的利益（其中有許多亟需促進），而是因為在他們那麼做的過程中，破壞了本身的修辭遺產，並且忘了要怎麼樣來討論這個集體社會。

九〇年代柯林頓的福利改革徹底違反了所有以國家為中心的改革傳統，而這個傳統曾是一八九〇年代到一九七〇年代英美和歐洲左翼自由主義的共識。當時他們所做的是重新導入工業化早期關於公民分化的概念：有在工作的才是公民，沒有工作的是次等公民。就業與否由此回到社會政策當中，成為充分參與公共事務的衡量依據：如果你沒有一份工作，你就算不上是一個完整的公民。而這正好是一九一〇年代到六〇年代間三代的社會與經濟改革家極力想要擺脫的。柯林頓卻把那樣的東西原封不動再重新導入。

史：我認為族裔屬性的政治運作（politics of hyphenation）凸顯了階級分化。女性主義在我們這個國家已經找到了解決辦法，對那些賺很多錢的女律師很管用，也對女教授還有在某種心理層面上的女大學生很管用，或許——但因為美國的女性主義不是從產假和嬰幼兒托育著手，而我認為這個方面是對大多數婦女來說，女性主義可以真正合理開展的點，但目前的女性主義卻把那些正在撫養小孩的人，尤其是單親媽媽給忽略掉了。同樣的情況，種族的政治運作也很成功，我也持贊成意見，這使得中產階級的黑人和西班牙族裔能夠進入教育機構，接著進入政府部門。我確信這樣的發展是好事。但這麼一來也把種族問題從階級問題當中予以區隔，這對許多非裔美國人來說不是什麼好事。

賈：美國的社會思想完全迴避了由經濟決定的社會分化問題，因為美國人發現把目光對準另一類可資運用的分化，會覺得比較舒服，政治上也沒有爭議。

但你所提的幼童托育，是很好的例子——我們集中在這一點上多說幾句。幼童托育，以及意在幫助母職者獲得平等機會的更一般性社會服務，很難由各自雇主的企業來專門為她們提供。任何為員工提供這類資源的雇主，都可能會擔心，相對於那些並不提供這項資源的其他雇主，會把自己置於相形不利的經濟地位。不提供這項資源的雇主可能會賺更多錢，因為省下提供這項服務的成本——也可能因為手上有了更多現金，而能夠付給女性員工更多錢，讓她們私底下，如果找得到的話，花錢托育她們的小孩，與此同時可以從報酬比較低但提供社會服務的競爭者那邊，把女性勞動力吸引過來。

現在在大多數歐洲國家，政府全面提供由稅收支付費用的幼兒托育來因應這個問題。經由稅收，每一個人都增加了一點負擔，然而卻為某個階層特定的受惠者提供了一項不需要增加經濟負擔的特別服務。

我們深知，總會有人對所有人都繳稅，來嘉惠一部分人的這種概念極度反感。但這個概念正是現代國家的核心思想。我們向所有人徵稅來為一部分人提供教育。我們向所有人徵稅來為一部分人提供退休金。我們向所有人徵稅來裝備警察或消防隊員，在任何特定時刻，都只會有一部分人從中獲益。我們徵稅來修建道路，不會每一個人都同時來使用這些道路。我們為偏遠地區提供（或曾經提供）鐵路服務，看似只有偏遠地區的人受惠，但這樣的服務卻把所有偏遠地區都納入到社會當中，因此使得這個社會成為一個對所有人來說都更好的地方。

如今，向所有人徵稅來嘉惠一部分人——或者其實是向一部分人徵稅來嘉惠所有人——的概念在美國社會政策制定者的核心計算當中並不存在。即使在立意最良善的改革家含混不清的推論裡，像這樣的結果也是顯而易見。例如說，在幼兒托育和其他婦女可從中獲益的設施上採取女性主義的路線。與其假定，以這樣的方式修訂稅制和社會服務，更寬廣的用意是為了嘉惠所有人，主流的女性主義立場是尋求一套專門設計來讓婦女獲益的法律。

七〇年代族裔政治的激進分子，假定追逐他們自己的利益能夠不影響這整個族裔的集體利益，這種說法完全靠不住。他們當年是極盡諷刺又毫無自覺地，一五一十遵照著政治上的對手所要求。在他們的幫助之下，政治與自利都被私有化了。

史：我一直認為許多美國左派，客觀而言都是極端保守分子，這種看法算是比較過時了吧。

賈：如果你想表達一種過時的觀點，可以這麼說：那麼多女性主義者都出身於中上階層——對她們來說，會面臨的唯一劣勢所在，就是身為女性，而這點往往只是輕微的不利——所以她們才會沒辦法看到，還有一個人數比她們多很多的階層存在，對這一大群人來說，身為女性怎麼樣也不會是她們所面臨的最大挑戰。

史：現在職場上有許多女性律師和女性商人，各種升遷上限的「玻璃天花板」也都被陸續打破，顯見女性主義已經成功了。到了那樣的水準，可說是驚人的成功。然而有更多更多的女性還在底層，有家庭要養卻沒有男人，或者家裡面的男人在經濟上與社會上沒有什麼用。她們跌穿玻璃地板落下來，坐在滿地碎玻璃和血漬當中。她們的生活是長時間的工作，缺乏或者根本沒有幼兒托育和健康保險，體現了美國式的所謂任何事皆有可能，但也非常清晰地展現出這種私有化的悲劇。於是我開始擔心，我們美國式的樂觀主義，實際上只是為社會沒有幫助需要幫助的人，提供合理化的辯解。

賈：私有化這件事情是關鍵。「私有化」到底什麼意思？把國家改善人民生活的能力與責任拿掉；也把同一套的責任感從公民同胞的良心當中移走，使他們再也感覺不到必須要分擔共同窘境的責任。剩下的就只有慈善衝動，源自於一種個人不忍其他人受苦的罪惡感。

我們有充分的理由認為，這種慈善衝動是對富裕社會裡資源分布不平等的缺點，所產生的一種越來越覺得不滿的反應。所以就算私有化是經濟成功的後果（明明絕對不是），仍然還是一場正在形成的道德災難。

史：在這樣的脈絡當中，我想要援引卑弗列治對戰爭國家和福利國家所做的特性區分，因為在最近的四十年裡，似乎是軍事行動使得美國的福利國家政策或社會民主主義變得難以施行。詹森的前例很明顯：難在既要建立一個偉大的社會，又要支付越南戰爭的軍費支出。但是就在越戰結束後不久，隨著美軍進展到全募兵制，發生了一件非常有趣的事情。

軍隊本身變成了一種事實上的福利機構。換句話說是為許多別無其他門路的民眾提供了教育與力爭上游的機會。軍隊也提供了運作得相當好的國營醫院——或者，至少，之前一直運作地相當好，直到布希政府戰爭進行到一半突然砍掉了財源，使得人們沒有辦法用我現在提出的論點來爭辯說理。

所以在和平時期，軍隊是國家政策容許力爭上游的絕佳實例。然而當我們實際上打起一場戰爭，把那些身陷社會邊緣，偶爾甚至還沒有公民權的民眾派出去送死和殺人時，所謂的力爭上游就大打折扣了。在那個時刻，戰爭狀態變成了大公司的福利。伊拉克戰爭把大量的稅金重新分配給了非常少數的幾家承攬公司。

賈：在這一點上，就像在其他方面，美國跟整體的西方經驗都毫不相關。在其他西方先進國家，現代早期和現代的戰爭國家演變成永久性的福利國家。在和平時期無法想像的各類政府支出，在戰爭時期變成無可避免——最初是在一次大戰期間，然後很確定地在一九三九年之後。政府學會了既然可以在戰時這麼做，那麼為了和平的目的當然要讓這些做法重現。令人驚訝的是，他們發現這是實現政府目標的一種極為有效的方式，儘管在意識形態上他們還是反對。

就像你說的，美國現在看起來很不一樣。在一系列可以追溯到五〇年代初的「小規模戰爭」當中，美國政府舉債來參與這些寧可不要太過公開承認的戰鬥。這些戰爭的成本也因此就讓未來幾個世代來負擔了，或許可以用通貨膨脹的形式，或者是去控制或限制所有其他公共開支：尤其是社會福利與社會服務。

如果戰爭國家對保守的美國人來說是限制福利政治出現的一種可接受方式，那也是因為這個國家所打過的戰爭，都還不會演變成災難經驗。越南當然造成了一些社會成本：政治階層本身分裂對立，出現了持久的代際分歧，外交政策也曾因為這些國內的考慮因素而進退兩難。但就我所知，沒有人主張說，這應該促使我們重新思考政府的假定前提以及在社會中應該扮演的角色，例如二次大戰就那樣在英國帶來了一場政治革命。

很難看出這個情況怎麼樣才能改變。即使在伊拉克戰爭的荒謬程度達到高點，大多數美國人仍然支持政府把巨額支出用在說得不夠清楚或者直接了當就不誠實的軍事目的，他們同時又宣稱相信全面降低稅負，想必也包括削減用於支付軍費的稅收。美國人對增加政府在他們生活中擔任的職責，沒有表現出任何興趣，卻沒有意識到，他們剛剛在最重要的層面熱情地鼓勵了這件事；允許政府可以插手干預公民的生活，這個層面就是去打一場戰爭。這點透露了一種美國式的集體認知失調，這個情況很難從政治上克服。如果說美國無法追隨其他西方社會更好的榜樣，是因為某種文化上的理由，那理由一定就是這個了。

史：你先前一直以中立態度談有關美國社會成員所表達的意見，那樣做是比較安全，但他們對政府所作所為有沒有正當性的看法也源自於美國的民族主義。

民族主義有兩種。有一種民族主義會說：你我都熟悉郵政服務，我們也都熟悉自己的退休金計劃，這是我們上班途中在地鐵上可以聊的事情，我們都不會超過七點鐘還繼續上班，因為法律就是這麼規定。

另外還有一種民族主義會說：雖然我很富有，但幾乎不用繳什麼稅，而你雖然是勞動階級，卻要繳稅，我開車去上班，而你擠公車，我們之間沒有什麼話題可以聊——反正我們也從來都不會碰面。不過一旦令人非常不快的事情發生，我就會去找到一種漂亮的愛國主義論點，說明為什麼你需要保護我的利益，為什麼你的孩子，而不是我的孩子，需要去殺人和送死。

賈：好，讓我們仔細看看這兩種形式的民族認同。有關後面一種形式，給我的印象是，不管是有作用還是沒作用，那個理由都是文化上的，而不是政治上的。在身為美國人的意義為何，以及身為美國人可以合理期望什麼之類的問題上，存在著美國文化在許多方面的假設，跟身為一個荷蘭人是什麼意思非常不一樣。就算這兩個國家在法律、制度和經濟生活等各方面都非常相似。事實上也確實是非常相似，但意義上仍然非常不同。

歐洲和美國之間的文化差異，以及把美國的富人與窮人團結起來的美國民族主義魔法，就是所謂的「美國夢」。歐陸人一般都可以就收入而言，準確地說出他們相較於其他人，大概是在怎麼樣的位階上，而且對退休生活的期望都很樸實。但在美國，相信自己高踞社會最頂層的人，比實際具有如此地位的人要多得非常多，另外還有許多人相信自己退休的時候會攀到社會最頂層。所以美國人遠比歐洲人更加見不得別人非常有錢或者非常受到尊崇，也更加不能容忍不公不義：他們只把自己視為某種樂觀的未來化身。

美國人認為：這個制度差不多如此就好了不用再改，因為等到我變成有錢人，我可不想要繳那麼高額的稅。那是一個文化上的參照框架，可以解釋很多他們對於公共支出的態度：只有在我覺得自己是為了原則上我們所有人共享的利益而被平等地課稅時，我才能夠不介意繳稅來興建我偶爾使用的鐵路系統。要是哪一天我有希望能夠成為永遠不需要使用這項公共設施的那種人，那我就會更不想要繳這種稅。

不過構建福利國家政策的英明之處在於，主要的受惠者是中產階級（歐洲意義上的，包括專業人士與技術菁英）。正是中產階級的收入被突然釋放出來，因為他們有機會獲得免費的學校教育和醫療照顧。也正是中產階級通過公共提供的保險和退休金等救濟補助，而獲得了真正的個人保障。在那層意義上，福利國家創造了中產階級，於是中產階級起而捍衛福利國家。即使是瑪格麗特・柴契爾，在開始說起要把醫療服務私有化時，也感受到這一點——並且發現她自己的中產階級選民，是反對最力的一群。

史：關鍵所在似乎是首先得創造出那個中產階級。如果沒有中產階級，你就只有那些想要發財致富而不想繳稅的人，以及那些已經發財致富而覺得繳稅毫無意義的人。我看到中產階級作為一個群體的現狀是，既沒有巨額的錢財，也不關心退休金、教育和醫療照護。按照那個實際上並不算高的標準，美國並不存在所謂的中產階級。

你說戰爭把政府帶進我們生活當中的那個觀點，恐怕還有一種更強烈的闡述。因為美國政府在海外（如果在國內還不算的話）是干預主義者，戰爭造成為政者有點剛愎自用。堅持要打仗，卻又拒絕加稅來償付這些開支，如此一來只不過是兜了一圈把中國政府邀入我們的生活當中。我們自己的戰爭如果不願意自己付錢，就意味著我們得跟中國借錢，以及承擔這些債務所帶來的，所有關乎未來在權力與自由上的風險。讓我震驚的是，在伊拉克戰爭開打時，幾乎都沒有人講到這個。

賈：這裡面可能還有一個更深刻的真理。我們正面臨著要把某種中國式資本主義迎進美國生活的風險。這其中最簡單的意義就是這是真的，而且已經被廣泛注意到了：中國借錢給美國政府，讓經濟維持景氣，並且把美元塞進美國人的口袋，這樣他們就能夠出門去購買中國製造的商品。

不過還有另外一個面向。今天，除了在戰略層面之外，中國政府正在從經濟生活中撤出，理由是，某種類型的經濟活動最大化顯然在短期內對中國有益，而管制除了阻礙競爭的目的以外，不符合任何人的利益。但中國同時也是一個威權國家：錙銖必較又不容反抗。這是個不自由的資本主義社會。美國雖非不自由的資本主義社會，但美國人設想事情的方法，其中有一些他們允許，也有一些他們不允許，但無論允許不允許都指向一個相當類似的方位。

美國人會允許國家做出變化幅度相當廣泛的侵擾行為，以保護美國人不受「恐怖主義」傷害或把威脅阻擋在一定距離之外。近幾年來（而且不只是近幾年——仔細回顧一九五〇年代、一九二〇年代，或一七九〇年代的《外僑與煽惑叛亂法》）美國公民只要本身沒有受到直接影響，就對政府濫用憲法或鎮壓權利表現出一種令人害怕的滿不在乎。

但在同一個時間，同樣的那些美國人又發自內心地反對政府在經濟結構或他們自己的生活中扮演任何角色。雖然正如我們先前已經討論過的，政府為了他們自己的利益或者為了某些人的利益，在經濟結構中已經用十來種方式插手干預。換句話說，這令人感覺到，美國人至少在行動的邏輯上喜歡那種中國式資本主義的概念，勝過歐洲式的市場社會民主制度。說成那樣，會不會太過分了？

史：沒錯，這有符合某一段特定的噩夢情景，這樣的情景更有可能是由運用經濟學術語而不是政治學術語所造成。有一個這樣的術語一直都沒有受到質疑，而你之前也提到了，就是「全球市場力量」（global market forces）這個概念。在這個概念裡面，「全球市場力量」已越來越趨近於中國人的所作所為。或者，更糟糕的是，越來越趨近於他們希望我們採取的做法。

賈：這把我們往回帶，途經二十世紀中葉的社會民主主義年代，重返十九世紀左派和右派之間有關於市場的協定。這個觀念就是，分析到最後市場還是必須留待本身的機制自行運作：有可能是因為長期來看這樣運作得最好，或者也有可能是因為如果終究會有更好的制度來取代，那也必須任由市場自行走向末路。但這套二分法，在今天就如同在過去幾十年裡主導「共產主義對抗資本主義」的辯論，都一樣錯誤。

全球市場力量的那種「全有或全無的觀點」（the all-or-nothing view），缺陷在於，個別國家無法施行自己選擇的社會政策：當然，對有些人來說，這是他們想要的甚至是本該如此的結果。我們如今對這項假設已經如此習以為常，也就是反對社會民主主義（或者甚至單純只是經濟管控）

的首要論點是，全球競爭與市場拚鬥已經讓這樣的制度沒有可能奏效。

隨便舉個例子，按照這套邏輯，如果比利時決定整理該國在經濟上與社會上的規範，讓他們的工人比羅馬尼亞或斯里蘭卡的工人受到更好的照顧，那麼比利時工人的職位鐵定就會被羅馬尼亞人或斯里蘭卡人占走。所以不管我們喜歡與否，正如語不驚人死不休的湯馬斯．佛里曼曾經說的那樣，歐洲的社會主義將會被亞洲的資本主義所打敗。像佛里曼這樣典型的決定論者，說起未來事情有可能演變至此不禁大樂——但如果被他不幸言中，對所有各方而言都將證明是異常地令人不快。然而，這番陳述實際上是否為真，對我來說還並不是那麼明顯。無疑與最近以來的經驗並不相符。

想想看一九八九年之後發生的事情。當時，常被拿出來講的一個論點是，西歐的社會民主制度將會被東歐自由市場資本主義的手徹底消滅。捷克共和國、匈牙利或者波蘭的熟練工人在任何既定領域都會低價比下高工資多福利的西歐工人：工作職缺全部都會被吸到東邊去。

實務上，像這樣的過程持續了頂多十年。十年不到，匈牙利或捷克共和國的這些職缺也面臨了烏克蘭和摩爾多瓦那些地區廉價競爭的威脅。對市場本身的擁護者而言，原因顯而易見：在一個開放的國際經濟體當中，有辦法自由集體議價以及自由遷徙，即使是更低廉的生產者，到頭來也得要付出跟出手較闊綽的西方競爭者相差無幾的成本代價。

今天這些國家當中大多數所面臨的選擇，可以是對工資、工時和工作環境之類的條件，達成多方一致同意的管控，或者也可以接受現行的保護政策。除了這兩者之外，再不然就是「以鄰為壑」(beggar-my-neighbor)的割喉競爭和操作貨幣貶值。

如果比利時因為斯里蘭卡搶走了原來那些職缺而開始走下坡，那比利時政府沒有辦法就只是說，我們別無選擇，必須把工資降到斯里蘭卡的水準，或者取消我們現有的全部誘人福利，因為這些福利使得我們競爭不過斯里蘭卡。為什麼？因為政治學凌駕了經濟學。任何對全球化的「必然結果」(necessities)只能順從一籌莫展的政府，都會在下一回選舉被一個矢志排拒這些「必然結果」的政黨給拉下馬來。所以在先進國家裡面，自利的政治主張每回都會竭力反對全球市場擅自假定的經濟邏輯。

而且我們要注意到這個明顯的現象，政治學可以在經濟學當中找到出路。在大多數的西歐國家，英國除外，生活水準是到一九八九年之後才開始改善，而且是大幅度的改善。同時當然，東歐的生活水準也開始改善。

史：對「全球市場力量」的這種論點，還有另外一種答覆：有一些東西看起來像是政治上對勞動階級和貧民的讓步，可是實際上純粹出於預算或經濟上的考量。其中之一是公共醫療。由政府負起醫療照護責任的國家，比由私營部門負責的國家，要更能夠（如我們所周知）降低醫療成本。而且因為政府所考慮的是長期預算，而不是每個季度的利潤，因此要降低成本最好的辦法就是保持民眾健康。所以只要是有公共醫療的地方，就會密切關注預防措施。

賈：牛津大學的經濟學者艾夫納・歐佛前不久寫了一本很有意思的書，向讀者指出在許多其他領域這個道理也一樣適用。他也寫到事實上，監管得力而且穩定的資本主義，適當限制成功所產生的後果，才能精準符合自身的利益。就是因為你真的有了全民健保，企業才能高效運轉。雇主也才能夠在權衡得失之後，把多餘的員工遣散，而不至於剝奪他們足夠水準的醫療保險，否則如果失業就等於無法獲得醫療照護，這是任何社會都不應該接受的情況。

書中也向我們指明，而且一而再再而三地舉例闡述，社會如果落入了收入或資源分配功能失調的極端形式，最終就會變成經濟受到社會性失衡所威脅的社會。所以這不只是對經濟狀況好不好的問題，或者是對勞動者好不好的問題，而是不要把本身故障失能的邏輯繼續往前猛推，對這整個叫做資本主義的抽象概念好不好的問題。這在美國已經被接受了一段很長時間。在七〇年代，這個國家的貧富差距還沒有被徹底拉開，變成像更有錢的西歐國家所常見的那種情況。

如今，貧富差距拉開了。美國展現出富裕的少數跟貧窮缺乏保障的多數之間越來越大的鴻溝；在機會跟沒有機會之間，優勢地位跟遭受剝奪之間諸如此類的鴻溝，有史以來這些特徵都標誌著落後與貧窮的社會。我剛剛說到有關於美國的這番話，用在今天的巴西，舉例來說，或奈及利亞（或者，更切中要點的，中國）也都是準確的描述，然而對於布達佩斯以西的任何歐洲社會就不適用了。

史：當代美國的道德論述有一個地方很怪，在於這些論述從錯誤的地方出發。我們應當要問的是我們作為一個國家想要什麼，什麼是社會財，然後搞清楚究竟是國家還是市場更適合來生產或者創造社會財。捨此不由，如果政府有一件事情做得好，永遠就會出現一個有力的論點，認為這件事情因為跟政府有關而受到污染。但如果我們真正從事情本身誠實做起呢？例如說從健康做起。誰不喜歡健康呢？

賈：金錢使貨財變得可以衡量。也使得在一場有關各種社會性目標在道德層面或者制定規範的對話裡面，一切事涉與會各方立場的討論都受到金錢污染。我認為這種情況不禁讓我們頓感「殺光經濟學家」（稍微改動一下莎士比亞，原文殺的是律師）並非無理：這些人當中很少能夠增加社會學或科學知識的總量，但這個行業裡數目相當可觀的多數人，都積極致力於讓他們的同胞感到迷惑，而無法秉持自己的社會屬性來思考。那些跳脫這種俗套的特立獨行者眾所皆知，所以我們或許可以網開一面。

不過你關於社會財的想法很有意思。這裡面有兩類問題。其一無疑單純是決定社會財究竟由何構成的問題。但是一旦你判定了社會財是什麼，又有了一個不同的問題，也就是到底要怎麼樣來提供社會財比較好。答案跟決定健康是所有人都應該享有的原則完全一致，但最好是在一個以利潤為基礎的市場機制當中，由私人部門來提供。我完全不相信這種事情做得到，但在邏輯上並不是沒有一致性，就有待事實來驗證了。

但我們要提供的服務，一旦標明是一項社會財，最具有示範效果的提供方式是什麼呢？在私有化風潮之後，英國火車原本的統一色調如今變成了商標與廣告的萬花筒。這一點清楚表明，鐵路運輸不是一項公共服務。如今，不管火車有沒有準時到點，也不管私人營運是否跟公共營運同樣高效以及安全，都轉移不了這個事實，也就是你失去了我們本來共同擁有並分享其利的這項集體服務的感覺。當被問到社會財應該要怎麼樣來提供時，這也是應該要被考慮在內的因素之一。

史：我認為現行的問題當中有一個，是要示範國家事實上能夠提供某些貨財。而且我認為美國的政治運作有許多都在這個議題附近徘徊。共和黨人所持的論點是國家不能夠提供這樣的東西。而且他們透過不提供這樣的東西，或者如果這樣的東西確實存在，也要予以破壞，來證實這個論點，就像伊拉克戰爭期間的那些退伍軍人醫院。「美國國鐵」(Amtrak)是另一個例子：是一種像殭屍一樣的火車系統，任其凋敝，目的是為了展示公共運輸必然淪為效能不彰。

賈：我覺得，為了要讓民眾相信有必要由國家來提供某些服務，你需要一場危機：一場因為缺乏這種服務所造成的危機。作為群體中的一分子，人永遠都不覺得，一項偶爾才會有需要的服務應該要變成固定可以隨時取得。只有在這種服務很不方便，這些人親身經歷到無法取得之苦，才會覺得有必要普遍供應。

今天在這個世界上，社會民主制度的國家都躋身於最富裕的社會之列，而且其中沒有任何一個國家有稍微一點類似朝著德國式的威權主義那個方向走回頭路的徵兆，海耶克當年認為這種威權主義是民眾把主動權拱手讓給國家之後必須付出的代價。所以我們現在確實知道，反對國家參與構建一個良好社會的兩個最有力的論點——一個認為在經濟上不可行，以及另一個認為必定會導致獨裁——都只是單純錯誤見解。

為了便於討論，我承認那些確實倒向威權主義的社會往往嚴重依賴國家的主動性。所以我們不能就這樣輕易把海耶克的顧慮視為無物。於是在這個同樣的脈絡之下，我們必須承認當時確實有受制於經濟情況的現實。社會民主國家就跟其他任何政治形式一樣，都不可能白費人力物力把自己的國家搞成烏托邦。但這不該是否認這種制度可行的理由。而只是證實了，這樣的政策應該在理性討論市場經濟的未來時，被包括在選項當中。

史：生命、自由以及對幸福的追求。在西歐福利國家裡的民眾確實顯示出幸福程度高於我們美國人，而且就這一點而言，他們無疑比我們更健康也更長壽。很難相信會有任何社會實際上希望其成員退回到「前霍布斯時代」（pre-Hobbes）：度過寂寞、貧窮、乖戾、野蠻又短暫的人生。

美國反對社會民主制度的這個情況，有其真實的論點，追究起來想必是圍繞著自由的概念。然而即使如此，由於缺乏特定的公共財，美國社會在某些方面還算不上自由。而且其中某些公共財是毫無爭議可以提供的。像城市裡的公園。你知道，如果你累的時候沒辦法去到一個安全又可以坐下來的地方，比起能夠找到這種地方的人，你可以算得上是比較沒有那麼自由。

賈：歐洲人有而美國人長期缺乏的是安全感：經濟上的安全、身體上的安全和文化上的安全。在如今日益開放的世界裡，沒有政府或個人能夠確保自己免於競爭或威脅，就光是安全感本身正迅速成為一種社會財。我們如何提供這種安全感，需要在我們的自由程度上犧牲怎麼樣的代價，將成為新世紀的一個核心問題。歐洲的反應是把重點放在我們逐漸稱之為「社會性」的保障上；而英美的反應則寧可局限於限制公權力進行搜查和扣押。長期來看哪邊會比較有效還待觀察。

史：從語義上來看很有意思的是，在美國英語當中，「社會安全」（social security）與「國家安全」（national security）是截然不同的東西。而在政治的實務中，我有把握，對生活的各個方面都感到安全的民眾也更少受到外來衝擊的威脅。我認為美國人之所以很容易受到恐怖政治的影響，正好就是因為恐怖政治讓人不再像原來那樣，覺得自己是安全的，說白了就是——

賈：身體上覺得不安全。我認為你剛剛的看法完全都對。我們已經重新又進入一個恐懼的時代。過去你覺得帶著某種技能進入一個行業或者一種工作，這樣的技能在你整個職業生涯中都會派得上用場，如今這樣的感覺已經沒了。過去你確信在一段成功的職業生涯之後，可以合理地預期能夠過上舒適的退休生活，如今這種確信也沒了。所有這些對從現在到未來在人口、經濟和統計上的合理推論——曾經在戰後幾十年裡被視為美國生活和歐洲生活各自特徵的現象——都已經被掃除無蹤。

所以我們如今正生活於其中的恐懼時代，所恐懼的是一個未知的未來，當然也是對可能會有不認識的陌生人跑來丟擲炸彈的恐懼。對政府不再能夠控制住我們生活環境的恐懼。政府沒有辦法幫我們圍起一個受到保護的社區來對抗整個世界。情況已經失控。這種恐懼讓社會陷於癱瘓，我覺得美國人對此體會很深，深深地體會到原來他們認為自己擁有的安全感如今已經不復存在。這就是為什麼許多美國人願意把票投給小布希，讓他當八年總統的原因：居然會想要去支持一個訴求全部放在恐懼動員和蠱惑宣傳的政府。

對我來說，恐懼再現與其引發的政治後果，似乎為社會民主制度提供了一個人所能做出的最有力辯護：對個人來說，社會民主制度保衛民眾安全免受真實或想像的威脅；對社會來說，社會民主制度一方面保護社會凝聚力免受在所難免的各種威脅，另一方面保護民主制度免受威脅。

要記得尤其在歐洲，像這樣（對陌生人、移民、經濟上的不確定性或暴力）的恐懼動員做得最成功的，主要是那些傳統守舊、蠱惑煽動、打著民族主義大旗力主排外的政客。美國公共生活的結構，使得像這樣的人想要在整體上掌控政府相形困難，這是美國獨特的幸運之處。但當代的共和黨近來已經開始動員這些並非無由的恐懼，很有可能就乘著這個勢頭重返執政。

二十世紀並不必然是像我們所被教導去看的那個樣子。並不是，或者並不只是，民主主義與法西斯主義之間的大決戰，或者共產主義對抗法西斯主義、或者左派對抗右派、自由對抗極權。我自己的感覺是，這個世紀大部分的時間裡，我們都忙於暗裡明裡有關國家崛起的論辯。自由的民眾想要有什麼類型的國家？他們願意為此付出多大的代價，又希望這樣的國家能夠符合他們的哪些目的？

從這個觀點來看，二十世紀偉大的勝利者是十九世紀的自由主義者，正是繼他們而起的人創造了變化多端各種形式的福利國家。最晚到一九三〇年代，他們還實現了一個幾乎沒有辦法想像的目標：他們打造了強大、高稅負以及積極介入的民主憲政國家，可以包容各個複雜的民眾社會，而無需訴諸暴力或鎮壓。我們如果漫不經心地拋棄這個傳統，就太愚蠢了。

所以我們在下一個世代所面臨的抉擇並不是資本主義對抗共產主義，或者歷史的終結對抗歷史的重來，而應該是「凝聚社會力以實現集體目標的政治」對抗「恐懼的政治運作所造成的社會耗損」。

史：這樣的理由充分嗎？如果那是問題所在，知識分子怎麼看待這件事情會有影響嗎？值得為此辯論嗎？貫穿我們對談的內容，最讓我們全神貫注的兩個主題是歷史與個人，是過去以及人們在道德上或者思想上讓過去展開來的方式。你是由此打開一條出路嗎？社會民主制度在美國確實處於一個很微妙的情況。或者概括地來說還是有可能？

我的意思是，即使你仔細看歐洲，這個社會民主制度已經大規模實現了的地方，你大可以說，社會民主主義者在一次大戰之後或者差不多在一次大戰期間跟自由主義者達成了妥協，接著基督教民主主義者又跟社會民主主義者達成了妥協，或者在二次大戰之後，實際上是把社會民主主義者原來想要推行的政策接手做起來，就像美國人，與此同時，以馬歇爾計劃的形式跟一些歐洲人達成妥協。這一切似乎暗示著，你不可能整件事情都想要——

賈：如果沒有兩次世界大戰的話。

史：如果沒有這一對世界大戰以及最後結束的時候從外來賦予了某種神聖的合理性。然而沒有人能夠跑到美洲大陸來對我們開戰然後打敗我們，也沒有人會提供給我們一份馬歇爾計劃。我們所做的，無論是創辦健保，還是把這個國家賣給中國，都只能靠我們自己親力親為。

賈：論說了那麼一大串，並不是試圖為此找理由，但是希望歷史上而言這個論點說得通。

有關於美國的這整個說法可以理解，只是樂觀主義有點搞錯對象。但如此樂觀主義大部分的根據，是美國獨特的幸運，當年美國這樣的得天獨厚曾經導致歌德寫出有名的觀察報告，到如今已經成了過眼雲煙。

一個個國家，一個個帝國，甚至於美利堅帝國，都有其歷史，而這些歷史也都有特定的形態。有些事情長期被人認為是關於美國的深刻真理，後來卻發現只是歷史上的偶然：混合了空間、時間、人口統計學上的機會與全球事件。美國產業社會的蓬勃發展，持續的時間不超過幾十年，同樣的道理，如今看起來，戰後美國的消費社會也步其後塵。如果我們仔細看過去二十年的歷史，就會看出完全不一樣的情況：一個美國社會學上和經濟學上停滯不發展的故事，卻被一小撮人不尋常的發財良機給掩飾掉了，因而平均起來貌似仍然持續增長。

美國已經改變了，而且重要的是，我們視這種改變為打開討論和改進的可能性而不是把這些關閉。舊的樂觀主義和過度自負曾經對我們美國有利，如今成了一種缺陷。我們正在式微當中，卻受了無限可能的華麗辭藻所累：是危險的混合物，如此一來助長了遲鈍。

正如我先前已經強調的，美國的不幸在於不存在真正的導瀉型危機（cathartic crisis）。無論是二〇〇三年的伊拉克戰爭還是二〇〇八年的金融風暴，都沒有起到那樣的作用。美國人為那麼多的事情都似乎出了差錯感到困惑與憤怒，但還沒有足夠害怕到要對此採取行動——或者產生出一位有能力讓他們朝那個方向邁進的政治領袖。以種種令人百惑不得其解的方式，正因為美國是一個這麼古老的國家——美國的憲法與制度安排在所有先進社會裡面歷史最悠久——所以我們無法克服這些重重障礙。

參與美國公共論辯的知識分子如果只是把自己局限於歐洲的借鑑或歐洲的問題，那注定也不會有太大進展。所以，如果我想要請美國人反思社會民主制度對他們來說是否具有吸引力，我會從適合於美國的考量著手。「孰受其惠」(Cui bono)？誰能從中獲利？風險、公平性與正義這類的問題，在美國典型的情況，都是為了走回頭路的社會政策才被援引，但如今這些問題需要為了向前進的社會政策而被人援引。

無論再去說美國現行差勁的運輸政策是一項錯誤，或者說我們需要在全民健保這個領域加大投資，都無濟於事：在這個國家裡沒有什麼事物原本就是好的，連醫療和運輸也不例外。得要有一套說法，而且必須是一套美國的說法。我們需要能夠讓我們的同胞都相信大眾客運、全民健保或者真正更公平（意即更高）的稅賦有其優點。我們需要重新改造有關公共財本質究竟為何的論點。

這將會是一條漫漫長路，然而如果我們要假裝眼前真的有任何一條別的路可以走，那未免就太沒有責任感了。

後記 Afterword

東尼·賈德

二〇〇八年十二月，當提姆·史奈德最早來跟我提議要做一系列對談的時候，我還半信半疑。距離我被確診罹患「肌萎縮性脊髓側索硬化症」已經過了三個月，我對自己未來還能做什麼規劃全無把握。本來打算是要開始寫一本新書：一部二十世紀社會思想文化史，想要寫這本書我已經盤算了很多年。然而為了要寫這本書所需要做的研究——還不用講到實際寫這本書——都已經遠非我的身體狀況所能夠勝任的了。書本身該怎麼寫我胸有成竹，而且有很大一部分早已經存在於過去的筆記當中，但我是不是有辦法把這本書寫完尚在未定之天。

除此之外，像這樣兩人必須持續交談的概念本身，對我來說就不是很熟悉。跟大部分有點名氣的作家一樣，我接受過媒體訪問——但訪談涉及的內容幾乎都是我所出版的某本書，或是某個公共議題。史奈德教授的提議很不一樣。他是建議來做一系列的長篇對談，錄音起來，然後最終聽寫成文本，這些對談將涵蓋許多這些年來在我的作品中居於主導地位的主題——包括我本來想寫的那本書的相關主題。

就這個想法我們很熱烈地討論了一段時間——我被說服了。首先，我神經系統失調的症狀無法擺脫，如果我想繼續從事歷史學者的工作，就需要學會把我所想的事情「說」出來：「肌萎縮性脊髓側索硬化症」對腦力思維沒什麼影響，而且大致上來說也都不會痛，所以還是可以自由思想。不過四肢都癱瘓了：寫作在最好的情況下也變成二手活動，只能靠口述讓別人記下來。這樣很有效率，但還是需要花點功夫適應。作為一個中間階段，錄音起來的對談似乎是一個相當實用甚至很能夠激起想像的解決方案。

但我之所以同意這個計劃，還有另外幾個原因。訪談是一回事，對談又是另外一回事。即使記者問的是最蠢的問題，你也可以回答出一些聰明的見解；但你無法跟一個不知道自己在說什麼，或不熟悉你試圖要表達什麼內容的人，來上一場值得錄音的對話。

不過我當時就已經知道，史奈德教授不是等閑之輩。我們兩個屬於不同的世代——初次碰面的時候，他還是布朗大學的大學部學生，我當時只是去演講。我們也來自完全不同的地域：我出生在英國，來到這個國家時已屆中年；提姆則來自深處內陸的俄亥俄州。但我們彼此共同的興趣與關切的事務出乎尋常地範圍廣泛。

提姆．史奈德具體代表了我一九八九年之後一直呼籲應該要出現的那種人：新一代研究歐洲東半部的美國人。四十幾年來，從二次大戰結束到共產主義垮台，英語世界的東歐與蘇聯研究主要是由出身於該地區的難民所從事。這件事本身無礙其成就第一流的學術：拜希特勒與史達林之賜，某些我們這個時代最出類拔萃的頭腦都從德國、俄羅斯和兩國之間的那些土地上被驅逐或者流亡。這些人士不僅改變了全世界對他們祖國的研究取向，也改變了經濟學、政治哲學和其他學術範圍的規章制度。任何研究過西起維也納東到烏拉爾、從塔林至貝爾格勒這大一片歐陸上的歷史或政治的學者，幾乎必然都有幸在這些男男女女手下工作過。

但他們是一股逐漸耗盡的資源：絕大多數都在八〇年代中開始退休，而且似乎找不到人接替。美國（西歐還稍微好一點）在語言教學上的師資缺乏，要去東歐共黨國家旅行不易，要去那邊做嚴肅的研究工作幾乎不可能，以及或許最重要的，西方大學對這塊地區缺乏重視（導致職位稀少），都多多少少使得本土出身的歷史學者裹足不前。

雖然與東歐非親非故，也沒有什麼感情上的連帶，但提姆負笈牛津攻讀波蘭史的博士學位——受到提摩西・賈頓・艾許和耶日・耶德利基的指導，並求教於萊謝克・柯拉科夫斯基。幾年下來，他在東中歐語文上有了非凡的造詣，而且他對這些國家和整個地區的歷史，所熟悉的程度在同代人中無與倫比。他出版了一系列頭角崢嶸的著作，最近一本是今年才剛問市的《血色之地：希特勒與史達林之間的歐洲》。此外，因為當初寫他一九九八年出版的第一本書《民族主義、馬克思主義和現代中歐：卡齊米日・凱列斯—克勞茲傳》所做的研究，他不僅熟悉這個地區的社會與政治史，而且對中歐的政治思想史也不在話下：對大多數西方讀者來說，這是一個更大的主題，但也更乏人耕耘而模糊不清。

如果我要來「談」二十世紀，顯然會需要有一個人，不但有能力就我的專業領域來對我質問，還要能夠把相較於我只能說間接稍微了解的某些領域中的知識，帶進我們的對談裡。我對中歐與東歐寫過不少篇幅，但除了捷克文（和德文），對這個地區的其他語文都稱不上有任何把握；我也沒在那裡做過基礎研究，儘管去的次數很頻繁。我自己的學術研究最初是局限於法國，後來才延伸到大部分的西歐以及政治思想史。史奈德教授與我，就此而言是理想的互補。

我們不僅共同對歷史有興趣，政治上的關切也有志一同。雖然世代上難免差異，但我們都揣著類似的不安經歷了後一九八九的「蝗蟲年代」(locust years)：最初是對「天鵝絨革命」滿懷著樂觀與希望，然後是柯林頓時代令人齒冷的沾沾自喜，最後是布希—布萊爾年代災難性的政策與做法。在對外政策和國內政策上都很類似，從柏林圍牆倒塌以來的這幾十年，在我們看來似乎是被浪費掉了：到了二〇〇九年，雖說巴拉克．歐巴馬的當選激發了樂觀情緒，但我們兩人都對未來感到憂心。

那麼到底二十世紀留給我們怎麼樣的教訓、怎麼樣的回憶和怎麼樣的成就呢？什麼東西保留了下來，又有什麼東西可以設法重新取得呢？圍繞著這個問題的心態，不管是同時代的人或者是研習歷史的學生都很類似，都以為如今我們已經把二十世紀拋到腦後了：這份齷齪卑鄙的文獻記載上，充斥著獨裁、暴力、威權濫用統治權力來壓制個人權利，最好大家還是遺忘了事。二十一世紀許多人都斷言會比較好——即使所根據的只是因為國家退回到最低限度的功能（minimal state），對所有人以及不受限制的市場自由而言，全球化的利益形成了一個「扁平的世界」。

隨著我們的對談逐次展開，浮現出兩個主題。第一個是更加狹隘的「專業性」主題：兩個歷史學者討論晚近的歷史，並試圖以回顧的角度把這段歷史理出頭緒的紀錄。但第二組關切不斷地插隊進來：把二十世紀拋到腦後，如此一來我們失去了什麼？這些晚近的往事當中有哪些最好是拋到腦後，又有哪些是我們希望能重新取得，並以此建立起一個更好的未來？這些都是更為入世的論辯，在這其中，同時代的關切和個人的偏好，都必然會強加於學術的分析之上。就那層意義而言，會比較沒有那麼專業，但並不會比較不重要。兩人這樣講出來的是一連串異常生氣勃勃的對話：我事前不會指望有比這個更好的結果了。

❖ ❖ ❖

這本書所「談」的是二十世紀。然而為什麼要談一整個世紀呢？一般很容易就會簡單地把這樣的概念斥為想當然爾的陳腔濫調，並根據諸如經濟創新、政治改革或文化變遷等其他考量，來修改我們的大事年表。但如果這麼做就會有點缺乏誠意。正因為所謂世紀這樣的東西是人類自己的發明，把時間以十年為單位或百年為單位編排起來，在人類的事務當中還是挺重要的。群眾對轉折點很當一回事，其結果造成這些轉折點就有了某種重要性。

有時候這根本只是剛好碰上了：十七世紀的英國人非常意識到從十六世紀到十七世紀的轉變，因為伊莉莎白女王過世以致詹姆士一世登基正好就是在這個時間點上——在英國的政治事務當中，這是一個真正意義重大的時刻。一九〇〇年也差不多是這樣同等重要的時刻。尤其是對英國人來說，因為旋不久在位六十年、一整個時代以她為名的維多利亞女王就與世長辭了；不過對法國人來說，也同樣敏銳地覺察到文化上的變遷，這些變遷各自發揮並集合起來形成了一個時代，也就是所謂「世紀末」(the fin-de-siécle)。

然而即使沒有特別發生什麼事情，這些世俗的里程碑也幾乎總是，回顧起來，會形成一個參照點。當我們說到十九世紀時，我們精準地知道自己在說什麼，這正是因為這整個時代呈現出一些獨特的性質——而且是早在這個時代結束之前就已經呈現出來。沒有人會認為，世界在一八〇〇年左右發生了什麼顯著的變化。但還不到一八六〇年，對當時的人來說就已經非常清楚，他們所屬的時代跟十八世紀的前輩比較起來差別何在——而這些差別，對不同時代的人要理解他們所屬的時代來說，變得至關重要。我們必須認真地看待這些差別。

所以我們要談的是二十世紀的什麼？對二十世紀我們能夠說些什麼——或者事情會不會像周恩來風趣評述法國大革命時所講的那樣，要說什麼都還為時過早？我們不能夠容許自己再不回應，因為二十世紀被歸類、闡釋、援引與斥責的經驗要多於任何其他世紀。晚近對這個世紀最有名的描述——作者是霍布斯邦——把「不足百年的二十世紀」(從一九一七年的俄羅斯革命到一九八九年的共產主義垮台）形容為一個「極端的年代」。這個對二十世紀許多事件令人頗為沮喪——或至少改變了原先想法——的解釋在許多年輕歷史學者的作品當中回音裊裊：馬克・馬佐華爾可以視為其中一個代表性的實例，他把自己描述歐洲二十世紀的著作命名為《黑暗大陸》。

像這樣對一段令人不快的文獻記載所做的摘要總結，從歷史的標準來看還算可信，唯一的問題是，史家過度執著於當時的人經歷這些事件的方式。這整個時代始於一場災難性的世界大戰，而結束於這個時代大多數信仰體系崩潰瓦解之際：回顧起來，很難期望會有什麼溫和的療法。從

A 後記｜東尼・賈德 Afterword

亞美尼亞大屠殺一直到波士尼亞，從史達林的崛起到希特勒的垮台，從歐洲的西線戰事一直到朝鮮戰爭，二十世紀是一個人類厄運與集體受難沒完沒了的故事，我們擺脫這一切之後會比較哀傷，也會比較明智。

但如果我們不以一段恐怖的描述來當作開場白呢？回過頭來看但又不只是回過頭來看才會發現，二十世紀見證了人類在一般處境上顯著的改善。醫學上的發現、政治上的變革和制度上的創新，都直接造成世界上的大多數人，比一九〇〇年那時的任何人，所能預見的壽命來得更長，也更健康。這些人同時也活得比較安全，有鑒於剛剛我才寫下來的那些厄運與受難，這麼說似乎有點奇怪，但至少在大多數的時間裡面是如此。

或許這應該被視為這個時代的某種弔詭性質：在許多之前就建立起來的國家當中，生活出人意料之外地改善了。但因為國家之間的衝突也史無前例地升高，關乎戰爭以及占領的風險也急遽增加，因此從某一個觀點來看，二十世紀只不過是繼續了十九世紀以來就慶幸自己有成的改進與發展。但從另外一個觀點來看，這是一六六〇年的「西發里亞協定」讓整個國際體系穩定兩百五十年後，令人氣餒地回歸到十七世紀的國際無政府與暴力狀態。

事件當初展現在同代人面前看起來的意義，非常不同於如今給予我們的觀感。這聽起來也許覺得是理所當然，但並非如此。俄國革命以及隨後共產主義向東向西兩面擴張，鑄造出一種令人信服的必然敘事；在這套說法當中，資本主義註定會失敗——無論是不久之後的未來，還是某個尚未確定但終將會來臨的時刻。即使在那些對這樣的可能性已經不抱希望的人看來，似乎也並不是完全不可能，像這樣不待明說的言外之意形塑了這整個時代。

就這些來說，我們很容易就可以抓住要領——一九八九年並不是久遠到我們都已經忘記了，對許多人來說，共產主義應該要實現，曾經是何等地言之成理（至少實際經歷前如此）。我們已經完全忘掉的是，在兩次世界大戰之間的那些年裡，最可望能取代共產主義的並不是自由資本主義的西方，而是法西斯主義——特別是義大利式的法西斯主義，強調的是威權統治與現代性之間的關係，而且在一九三八年之前，他們原本還鄭重放棄了納粹版本的種族主義。到二次大戰爆發之前，比我們今天所願意承認的數量要多很多的人，都認為選擇法西斯主義或是選擇共產主義是至關重要的問題——法西斯主義當時居然還成為共產主義的強力競爭者。

因為這兩種形式的極權主義如今都已經（從制度上，如果不是從腦海中）失效絕跡了，我們很難再回想起當初；在那個時代，比起這兩者共同鄙視的憲政民主，這兩種極權主義都更可望席捲全球。當時的人寫出來的看法，白紙黑字都沒有預言憲政民主會贏得人心的，更別說要贏得戰爭了。簡言之，雖然不出我們所料，二十世紀果然被暴力的威脅和意識形態上的極端主義所支配，但除非我們理解到，有比我們所願意承認的數量還要多很多的人都深受極權主義的吸引，否則我們就沒有辦法把二十世紀理出頭緒來。自由主義終究擺脫糾纏及時勝出——儘管很大程度上是因為這套思想在非常不一樣的制度基礎上被重建了——是這個時代真正出人意料之外的發展之一。自由主義，就像資本主義一樣，令人驚奇地證明本身具有適應力：為什麼竟然會如此，正是本書最重要的主題之一。

對不是歷史學者的人來說，親身經歷過他所敘述的這些事件會顯得有一些助益。而時間的流逝會創造出不利的條件：物質證據可能有所缺乏；事件主人翁的世界觀對我們來說可能很陌生；而原先習以為常的範疇（「中世紀」、「黑暗時期」、「啟蒙時代」）可能誤導的成分還多於解釋力。距離也會成為一大障礙：對語言與文化缺乏了解，可能會導致最用功不懈的人也走上歧途。孟德斯鳩筆下的波斯人對一種文化的領會或許比當地人還來得更加深入，但他們也並非絕對不會犯錯。

無論如何，熟悉也會帶來讓自己進退兩難的窘境。歷史學者可能會容許傳記性的洞見影響其分析性的冷靜。我們被教導說，學者應該跟自己的作品保持一段距離，大體上來說這是深謀遠慮的建議——且看當歷史學者變得比歷史更為重要（至少在他自己的眼中），其後果何等不堪。但我們都是歷史的產物，都帶著我們畢生累積下來的偏見與回憶，而且有時候這些偏見與回憶都還會派上一些用場。

以我自己為例，一九四八年出生，實質上跟我近年來所寫的這段歷史算得上是屬於同一個時代。我至少是第一手觀察到了過去半個世紀以來所發生的一些最有趣的事件。這一點並無法保證我的視角因此就是客觀的，或者說我所得知的情報就會比較可靠；但無論如何，確實有助於在我描述這段歷史的方法上維持一種鮮明。在場目睹會導致某種程度的參與感，這是與歷史事件沒有直接關聯的學者所缺乏的：我想這就是別人形容我寫的東西「意見掛帥」（opinionated）時所指的意思。

「意見掛帥」有何不可？一個沒有自己意見的歷史學者，或者任何一般人，都不是很有趣，而且如果一位作者在論述所處時代的書中，對相關人物和主導性的思想都沒有插進自己的看法，這未免也奇怪了點。一本意見掛帥的書跟一本被作者偏見扭曲掉的書，其間差別在我看來似乎是：前者承認他那些看法的來源與本質，而且不會假裝絕對客觀。以我自己為例，無論在《戰後歐洲六十年》還是在更晚近的雜憶文章中，我都留意要把我的觀點奠基於我所出生的時與地——我所受的教育，所屬的家庭、階級和世代。這些都不應該被理解為試圖說明原委，更絕非對獨排眾議的闡釋自我辯護；而只是提供給讀者一種對文本可據以評價並放到上下文的情境中來理解的手段。

當然，沒有人會單純僅僅是他們所屬的那些時代的產物。我自己的生涯有時候會循著同時代的思想與學術潮流，有時候又會完全偏離。由於在一個相信馬克思主義的家庭中長大，我對同時代新左人士的過度狂熱在很大程度上都免疫了。花在以色列的差不多兩年的時間裡，滿腦子猶太復國主義，使得我在六〇年代只是間接受到一些狂野熱情的影響。我很感謝提姆把我一路走來的這些變化攤開來談：這些東西對我來說本來是很不清楚，確實我也承認，相對而言，我一直沒有在此多加留意。

在劍橋這個積極孕育思想史與英國史學史領域的新學術、但在當代歐洲史方面卻幾近奄奄一息的環境中研究法國史，讓我習慣了孤軍奮戰自行其是。結果造成我一直沒有像師事劍橋的約翰．普拉姆爵士或牛津的理查．科布那些同代人一樣，成為某個「學派」的一員。我因此就自動成為我天性傾向的那一類人：對專業化的歷史學術界而言，我就有點像是個局外人。

這樣當然也有不利之處，正如從外部去加入一個社會學術菁英團體也少不了要有一些損失。

既然在外圍，對「內部知情者」的參考書目、研究方法和繼承而來的慣例始終會有一點懷疑。這在美國事實證明會更不利，在那裡，專業上的墨守同流比在英國更受到高度看重。在柏克萊以及其他美國的大學裡，常常會有人問我，對一些比我年輕的同僚都大為傾倒的某一本書有何看法，而我只能坦白承認從來沒有聽說過：我從來都沒有花時間去看所謂「業界都在讀的書」。正好相反，同樣的那一批同僚會驚訝於發現我正在讀政治哲學，然而我正式「占的缺」卻是在社會史。在我還年輕的時候，這一點讓我覺得很沒有安全感，但到了中年，卻成為值得驕傲之處。

回顧過去，我很高興自己堅守在歷史這個領域，而拒絕了從小到大許多老師都慫恿我去研習的文學或政治。歷史有一些動人之處——強調通過時間來解釋變化，以及主題材料的開放特性——在我十三歲的時候吸引了我，至今仍然吸引著我。當我終於找到時間要來寫一部關於我所屬這個時代的敘事歷史時，我全然確信這是把這段時間所發生的事情理出頭緒的唯一方式，直到今天我還是同樣地確信。

一位在劍橋教過我的老教授曾經因為我著迷於物質與地質的構造（我當時正在研究普羅旺斯的社會主義，熱衷於當地風景和氣候的重要性）而責備我。「地理，」他告誡我說，「是關於一張一張的地圖（maps）。歷史則是關於一個一個的人（chaps）。」這番告誡我從來不曾或忘，一方面是因為這句話本身當然也說得沒錯——我們的行為創造了我們自己的歷史——但同時也因為這句話明顯說得不正確：我們不能將創造這段歷史的背景環境視為已知的事實，這些背景需要詳盡的以及全情投入的描繪，在這樣的工作當中，地圖可能就會扮演一個主要的角色。

確實，地圖和人之間的區別，雖然不言而喻是真實的，但同時也造成誤導。我們都是地圖的產物，無論是在真實層面還是在隱喻層面。我童年時代的地理——我去過的地方，我見過的事物——在塑造我這個人的影響之大絕不遜於我的父母或老師。但我年輕的時候和青春期的「地圖」也同樣至關重要。那種兼具濃濃猶太氣息與正宗英國個性的特質；一九五〇年代的倫敦南區——空氣中仍然瀰漫著愛德華時代的種種慣習以及人際往來的氛圍；一個人是哪裡出身的非常重要（我來自普特尼，而不是鄰近的富勒姆）：如果沒有這些座標，接踵而來的每一件事情都難以解釋。六〇年代的劍橋，混合著「權貴風範」（noblesse oblige）與菁英取士的向上流動；七〇年代的學術世界，沒落中的馬克思主義與個人主義狂熱，加起來形成不穩定的複合物：這一切都是我所寫的東西和隨後整個發展軌跡的背景環境，而任何有興趣要搞清楚這些的人都可能會發現，地圖是派得上用場的指南。

如果我不是之前就寫過這十幾本書和幾百篇故意保持疏離性格的文章，可能就會擔心這些對談與觀點只不過是瑣碎無關緊要的唯我論。我並沒有寫過自傳，雖然最近幾個月裡我發表了一些往事的速寫，意在集成一本回憶錄，而且我仍然相當確信，對歷史學者來說，適當的預設模式就是在修辭上的隱而無形。不過，身邊的人都鼓勵我插進一些親身經歷的往事，我承認這對理解我在研究別人的過去所付出的貢獻頗有幫助。我希望其他人對此也有相同的感受。

二〇一〇年七月五日，紐約

生命短暫我就有話直說了——寫於譯後

Memorandum

非爾

《想想20世紀》的內文，一半以上屬於某種到目前為止還比較稀有的寫作類型，也就是錄音對談。採取這樣的形式當然是遷就賈德的病情。然而在兩位作者的心裡，應該也都意識到，命運把他們引導到這個奇異的處境，創造出可以向四十年前兩位前輩致敬的良機。史奈德在前言中特別提到這本「珠玉在前」的典範《我的世紀》，是為了謙稱不敢攀比，但這兩本對談的遺傳基因強大，在茫茫書海中是血緣的親族。

亞歷山大．瓦特與二十世紀同一年誕生，跟賈德一樣是祖居波蘭的猶太人，他的父親頗有成就，所以沒有像賈德的祖父艾諾克．尤德一樣向西移民找出路。瓦特是他的筆名，本名是喬瓦特。二〇年代瓦特是頗為活躍的「未來派」詩人，享受著「樂在凡事皆可為」（The joy that everything was doable）的時代氣氛，像當年很多年輕人一樣熱情認同共產主義。

三九年納粹入侵波蘭，他移居到蘇聯占領區，但卻是在那裡他反而四〇年被「蘇聯內務人民委員部」逮捕，先後解送了好幾個不同監獄之後，到四一年底被判流放到哈薩克斯坦。

戰後等到四六年，獲准回到波蘭，出任國家出版部門的主編。但是政治上的清算很快又臨頭，被指控因為曾經遭受蘇聯秘密警察拘捕，而背棄共產主義轉向鼓吹民主制度，剝奪原本的職位也不許出版創作。他只好在家翻譯，把一些英文德文法文俄文的經典名作譯成波蘭文。

五三年他身體出了狀況一度中風，恢復之後留下了無法治癒的身心症，時常會突然感覺劇痛，附帶強迫症的失控行為。這個難解的問題糾纏了他的此後餘生。

政治上倒是時來運轉，隨著蘇聯在赫魯雪夫掌權後的氣氛轉變，五六年開始波蘭社會意識到瓦特在他們二〇年代那些詩人當中成就最高，當年所主編的《文學月刊》也有不凡的文化意義，到了五七年他的詩集獲頒了《新文化雜誌》(*Nowa Kultura*)的大獎表揚，瓦特終於獲准重返公眾生活。他也把握時機五九年移民到法國定居巴黎。

六三年美國加州大學柏克萊分校斯拉夫與東歐研究中心出面邀請瓦特去駐校一年，本意是希望瓦特生活無憂之下可以再提筆寫作。瓦特接受了邀請於六四年成行，滿懷希望能夠寫一本總結自己生涯的代表作。但加州的天氣並不適合瓦特，水土不服造成他的病情加重。病懨懨的他只有在朋友來訪講起故事的時候，才能忘掉疼痛打起精神。邀請他來加州的葛羅斯曼教授於是找上了瓦特的波蘭同鄉，幾年前才經過政治庇護輾轉從巴黎到柏克萊任教的米悟虛教授，建議用當時才剛發明出來的盒式磁帶錄音機，兩人對談把瓦特一生的故事說出來，期望以此為藍本最後可以完成瓦特的回憶錄。

米悟虛比瓦特小十一歲，算是同為波蘭詩人的晚輩。他經歷了很複雜的過程，才在美國展開教書的新生活，也重新開始寫詩。當時還完全無法想像，十幾年後自認為離開祖國難能大展抱負的自己，會憑著興之所至寫的這些詩，獲得諾貝爾文學獎。

米悟虛回憶這些對談，一開始的目的比較屬於治療性質，他自認為雖然是個好聽眾，但是並不具備瓦特對共產主義的那種初戀情懷，對瓦特津津樂道的政治參與，所謂共產主義賦予二十世紀其獨特性格云云，都並不是很感興趣；甚至不免擔心未來整理出來的書會不會演變成另一本前共黨分子的幻滅懺情錄。但是兩人講著講著，他在之後重聽錄音帶，卻發現自己完全入迷。瓦特是個文學感官與政治覺悟都高度發展的知識分子，言談中可以隨意表達出令人瞠目結舌的坦率體驗，連在極端悲慘的逆境當中，都可以品味出新鮮觀點。無所顧忌，饒富生趣。米悟虛每週幾回開車去瓦特住處對談，後來還追去巴黎繼續錄音，雖然瓦特自己覺得只講了不到一半，甚至還更少，但現在我們能看到的版本，已經足夠讓讀者熱血澎湃，沉睡已久的靈魂驚醒過來。

不過朋友的種種好意，都只能做到一定限度。六七年瓦特在法國自殺。這本對談以波蘭文的形式要到七七年才整理完成，英文譯本要到八八年才問世。在這漫長的二十年間，米悟虛得了諾貝爾獎，或許就是全球讀者之所以能夠看到這本書，真正的出版背景。賈德是一位貼近東歐脈絡的學術分子，想必也在八〇年代末讀到這本書。當年才四十歲的賈德應該無法想像，二十年後在病魔的摧殘下，也必須放棄多年來的寫作習慣，運用錄音機來完成自己最後的作品。

無法從容在書齋打字成書，而是面對提問即席應答，本來是組稿上的不利因素，大多數的作者經不起如此退無可退的挑戰；但對賈德這樣的天才歷史學者，可能是一個契機，讓他把對二十世紀的一些切身感受直接說出來。瓦特的發言風格想必也對賈德產生了影響，讓他更加暢所欲言。如果賈德也像瓦特那樣在牢裡待個幾年，這本書應該會更添傳奇色彩！英美西歐在二次大戰之後的優勢地位保護了他，從劍橋到一系列美國大學的學院制度保護了他，他的成就以一個出身中下階層的猶太人而言，已經得天獨厚。但從賈德的人生軌跡來看，畢竟還是遺憾沒有更大的力量來改變這個世界。

米悟盧七五年寫了一首題為〈魔山〉的詩，其中有小段如下：

因此我不得掌權，無法拯救世界？
名聲將與我擦身而過，沒有聖冕，沒有皇冠？
如此我還得鍛鍊自我，企求獨特，
去為鷗群與海霾賦寫詩行，
傾聽霧角在崖下嗚嗚吹響？
直到任其流逝。何者流逝？生命。

我覺得也很能夠表達賈德對自己困在學術象牙塔的鬱悶。魔山的意象始終都是賈德的最愛，他的《戰後歐洲六十年》摘引一段湯馬斯．曼的《魔山》開始，《山屋憶往》結束的最後一章也以魔山為題。

《想想20世紀》承襲了《我的世紀》的傳統，在正文後面附上先前提到的人名列表，《想想》

還多了書名的列表；但是都完全沒有注釋。我在譯的過程中，根據書中的吉光片羽，查看大量其他書籍和網路資料，深感樂趣無窮。這本書就像一串巨型的索引，提醒讀者二十世紀有什麼值得追蹤的人事時地。

書中第三章讀到賈德十三歲的生日，父親送他以撒．多伊徹三大本的《托洛茨基傳》，不禁喚回記憶裡高中時代的我，在重慶南路地下書城的外文書攤位上，貪看戒嚴年代不太容易看到的這套書；以及後來當兵例休，在羅斯福路巷內的書林書店，初識村上春樹，從《失落的彈珠玩具》讀到村上描述《托洛茨基傳》中的一段：

> 托洛斯基藏身在暗影中，偷到馴鹿和雪橇，逃離流放區，四隻馴鹿拖著雪橇在冰天雪地裏不停地奔跑，吐出的氣息都凝成白霜，蹄印散落在處女雪上，兩天後到達停車場時，馴鹿已經精疲力盡地累倒了，從此再也起不來。托洛斯基抱起已死的馴鹿，淚如泉湧地在心中發誓，一定要為這國家帶來正義、理想，而且要革命。（賴明珠譯）

當時的我大樂，收假前的下午就站在書店裡把全書看完，隨後買走那本直到今天還在書架上的小說。書的世界講究秀才人情的倫理。我這超過半年三十萬字的艱苦勞動，獻給把書看得比什麼都還重要的孩子，願《想想20世紀》可以長踞床頭，幫助你在人生的試煉中，保持真誠。

參考文獻
Works Discussed

這些作品清單並非一般意義的參考文獻，因為本書是由對話構成，因此這裡收錄的是兩位作者在對話中提及的所有未絕版或可借閱的書目。〔 〕代表初版年份。

Agulhon, Maurice. *La République au village: les populations du Var de la Révolution à la Seconde République*. Paris: Plon, 1970.

Annan, Noel. *Our Age: Portrait of a Generation*. London: Weidenfeld & Nicholson, 1990.

Arendt, Hannah. *Eichmann in Jerusalem: A Report on the Banality of Evil*. New York: Penguin Books, 2006 [1963].

——. *The Human Condition*. Chicago: University of Chicago Press, 1998 [1958].

——. *Origins of Totalitarianism*. New York: Harcourt, Brace, Jovanovich, 1951.

Arnold, Matthew. *Culture and Anarchy: An Essay in Political and Social Criticism*. Cambridge: Chadwyck-Healey, 1999 [1869].

Arnold, Matthew. "Dover Beach," in *New Poems*. London: Macmillan and Co., 1867.

Aron, Raymond. *Introduction á la philosophie de l'histoire. Essai sur les limites de l'objectivité historique*. Paris: Gallimard, 1986 [doctoral dissertation, 1938].

Baldwin, Peter, ed. *Reworking the Past: Hitler, the Holocaust, and the Historians' Debate*. Boston: Beacon Press, 1990.

Benda, Julien. *La trahison des clercs*. Introduction by André Lwoff. Paris: B. Grasset, 1977 [1927].

Berlin, Isaiah. "On Political Judgment." *The New York Review of Books*, October 3, 1996.

Beveridge, William. *Full Employment in a Free Society*. London: Allen and Unwin, 1944.

Browning, Christopher R. *Ordinary Men: Reserve Police Battalion 101 and the Final Solution in Poland.* New York: Harper Perennial, 1998 [1992].

Buber-Neumann, Margarete. *Under Two Dictators: Prisoner of Stalin and Hitler.* Translated by Edward Fitzgerald. Introduction by Nikolaus Wachsmann, London: Pimlico, 2008 [1948].

Capek, Karel. *Talks with T.G. Masaryk.* Translated by Dora Round. Edited by Michael Henry Heim. North Haven, Conn.: Catbird Press, 1995 [1928–1935].

Churchill, Winston. *Boer War: London to Ladysmith via Pretoria and Ian Hamilton's March.* London: Pimlico, 2002 [1900].

——. *Marlborough: His Life and Times.* New York: Scribner, 1968 [1933–1938].

——. *My Early Life: A Roving Commission.* London, 1930.

——. *The World Crisis*, vols. 1–5. New York: Charles Scribner's Sons, 1923–1931.

Davies, Norman. *Europe: A History.* New York: Oxford University Press, 1996.

——. "The New European Century." *The Guardian,* December 3, 2005.

Deutscher, Isaac. *The Non-Jewish Jew and Other Essays.* Oxford: Oxford University Press, 1968.

——. *The Prophet Armed: Trotsky, 1879–1921.* New York: Oxford University Press, 1954.

——. *The Prophet Outcast: Trotsky, 1929–1940.* New York: Oxford University Press, 1963.

——. *The Prophet Unarmed: Trotsky, 1921–1929.* New York: Oxford University Press, 1959.

Dickens, Charles. *Hard Times.* Dover Classics, 2001 [1853].

Eliot, T. S. "The Wasteland," [1922] in *Collected Poems, 1909–1962.* New York: Harcourt Brace & Company, 1963.

Engels, Friedrich. *Anti-Dühring: Herr Eugen Dühring's Revolution in Science.* New York: International Publishers, 1972 [1878].

——. *The Condition of the Working Class in England.* Translated by W. O. Henderson and W. H. Chaloner. Stanford: Stanford University Press, 1968 [1887].

——. *Socialism: Utopian and Scientific.* Translated by Edward Aveling. Westport, Conn.: Greenwood Press, 1977 [1880].

Friedländer, Saul. *The Years of Extermination: Nazi Germany and the Jews, 1939–1945.* New York: Harper Perennial, 2008.

Furet, François. *Le passé d'une illusion.* Paris: Robert Laffont/Calmann-Lévy, 1995.

——. *Penser la Révolution française.* Paris: Gallimard, 2007 [1978].

Garton Ash, Timothy. *The Polish Revolution: Solidarity.* New Haven, Conn.: Yale University Press, 2002 [1983].

Gaskell, Elisabeth. *North and South.* New York, Penguin, 2003 [1855].

Gibbon, Edward. *The Decline and Fall of the Roman Empire.* New York: Modern Library, 1932 [1776–1788].

Ginzburg, Evgeniia. *Into the Whirlwind.* Translated by Paul Stevenson and Manya Harari. London: Collins, Harvill, 1967.

——. *Within the Whirlwind.* Translated by Ian Boland. New York: Harcourt Brace Jovanovich, 1981.

Goldsmith, Oliver. *The Deserted Village.* Introduction by Vona Groarke. Oldcastle, Co. Meath: Gallery Books, 2002 [1770].

Grass, Günther. *Crabwalk.* Translated by Krishna Winston. New York: Harcourt, 2002.

Gross, Jan. *Fear: Anti-Semitism in Poland after Auschwitz: An Essay in Historical Interpretation.* New York: Random House, 2006.

——. *Neighbors: The Destruction of the Jewish Community in Jedwabne, Poland.* Princeton: Princeton University Press, 2001 [2000].

——. *Polish Society Under German Occupation: The Generalgouvernement, 1939–1944.* Princeton: Princeton University Press, 1979.

——. *Revolution from Abroad: The Soviet Conquest of Poland's Western Ukraine and Western Belorussia.* Princeton: Princeton University Press, 2002 [1988].

Grossman, Vasilii Semenovich. "Treblinka Hell," in *The Road.* Translated by Robert Chandler. New York: New York Review of Books, 2010 [1945].

Havel, Václav. "The Power of the Powerless," [1979] in *From Stalinism to Pluralism: A Documentary History of Eastern Europe since 1945.* Edited by Gale Stokes. New York: Oxford University Press, 1996.

Hayek, Friedrich. *The Road to Serfdom*. New York: Routledge, 2001 [1944].

Hobsbawm, Eric J. *The Age of Extremes: The Short Twentieth Century, 1914–1991*. London: Vintage Books, 2006.

——. *The Age of Revolution: 1789–1848*. New York: New American Library, 1962.

——. *Interesting Times: A Twentieth-Century Life*. London: Allen Lane, 2002.

Hoggart, Richard. *The Uses of Literacy*. Introduction by Andrew Goodwin. New Brunswick, N.J.: Transaction Publishers, 1998 [1957].

Hook, Sydney. *Out of Step: An Unquiet Life in the 20th Century*. New York: Harper & Row, 1987.

Hugo, Victor. *Les Châtiments*. Edited by René Journet. Paris: Gallimard, 1998 [1853].

Ingarden, Roman. *Spór o istnienie Swiata*. Cracow: Nakł. Polskiej Akademii Umiejetnosci, 1947.

Judt, Tony. *The Burden of Responsibility: Blum, Camus, Aron, and the French Twentieth Century*. Chicago: University of Chicago Press, 1998.

——. "A Clown in Regal Purple," *History Workshop Journal*, vol. 7, no. 1 (1979).

——. "Could the French Have Won?" Review of *Strange Victory: Hitler's Conquest of France* by Ernest R. May. *The New York Review of Books*, February 22, 2001.

——. "Crimes and Misdemeanors," *The New Republic*, vol. 217, no. 12 (1997).

——. "The Dilemmas of Dissidence," *East European Politics and Societies*, vol. 2, no. 2 (1988).

——. *A Grand Illusion?: An Essay on Europe*. New York: Hill and Wang, 1996.

——. "Israel: The Alternative," *The New York Review of Books*, October 23, 2003.

——. *Marxism and the French Left: Studies in Labor and Politics in France 1830–1982*. Oxford: Clarendon Press, 1986.

——. *Past Imperfect: French Intellectuals, 1944–1956*. Berkeley: University of California Press, 1992.

——. *Postwar: A History of Europe Since 1945*. New York: The Penguin Press, 2005.

——. *Reappraisals: Reflections on the Forgotten Twentieth Century*. New York: The

Penguin Press, 2008.
——. *La reconstruction du Parti Socialiste, 1920–26.* Introduction by Annie Kriegel. Paris: Presses de la Fondation nationale des sciences politiques, 1976.
——. *Socialism in Provence, 1871–1914: A Study in the Origins of the Modern French Left.* New York: Cambridge University Press, 1979.
Kafka, Franz. *The Castle.* Translated by Anthea Bell. New York: Oxford University Press, 2009 [1926].
——. *The Trial.* Translated by Mike Mitchell. New York: Oxford University Press, 2009 [1925].
Keegan, John. *The Face of Battle.* New York: Viking Press, 1976.
Kennedy, Paul. *The Rise of the Anglo-German Antagonism, 1860–1914.* London: G. Allen & Unwin, 1980.
Keynes, John Maynard. *The Economic Consequences of the Peace.* London, 1971 [1919].
——. *The General Theory of Employment, Interest, and Money.* London, Macmillan, 1973 [1936].
——. "My Early Beliefs," in *Two Memoirs: Dr. Melchior, A Defeated Enemy, and My Early Beliefs.* Introduction by David Garnett. London: Rupert Hart-Davis, 1949 [1938].
Koestler, Arthur. *Darkness at Noon.* Translated by Daphne Hardy. New York: Bantam Books, 1968 [1940].
——. *The God That Failed.* Edited by Richard Crossman. New York: Harper, 1949.
——. "The Little Flirts of Saint-Germain-des-Près," in *The Trail of the Dinosaur & Other Essays.* New York: Macmillan, 1955.
——. *Scum of the Earth.* New York: The Macmillan Company, 1941.
——. *Spanish Testament.* London: V. Gollancz Ltd., 1937.
Kołakowski, Leszek. *Main Currents of Marxism: Its Origins, Growth and Dissolution.* Translated by P. S. Falla. New York: Oxford University Press, 1981 [1979].
Kovály, Heda Margolius. *Under a Cruel Star: A Life in Prague, 1941–1968.* New York: Holmes & Meier, 1997 [1973].

Kriegel, Annie. *Aux origines du communisme français: contribution à l'histoire du mouvement ouvrier français*, vols. 1–2. Paris: Mouton, 1964.

——. *Ce que j'ai cru comprendre*. Paris: Robert Laffont, 1991.

Kundera, Milan. *The Book of Laughter and Forgetting*. New York: Knopf, 1980 [1978].

——. "The Tragedy of Central Europe." *New York Review of Books*, April 26, 1984.

Marx, Karl. *Capital: a critique of political economy*, vols. 1–3. Harmondsworth, Eng.: Penguin Books in association with New Left Review, 1976–1981 [1867].

——. *The Civil War in France*. Introduction by Frederick Engels. Chicago: C. H. Herr, 1934 [1871].

——. *The Class Struggles in France, 1848–1850*. New York: International Publishers, 1969 [1850, 1895].

——. *The Eighteenth Brumaire of Louis Bonaparte, with explanatory notes*. New York: International Publishers, 1987 [1852].

——. *Value, Price, and Profit*. Edited by Eleanor Marx Aveling. New York: International Publishers, 1935 [1865].

——. *Wage-labor and Capital*. Introduction by Frederick Engels. Chicago: C. H. Kerr, 1935 [1847].

Marx, Karl, and Friedrich Engels. *The Communist Manifesto: A Modern Edition*. Introduction by Eric Hobsbawm. New York: Verso, 1998 [1848].

Mazower, Mark. *Dark Continent: Europe's Twentieth Century*. New York: Knopf, 1999.

Miłosz, Czesław. *The Captive Mind*. Translated by Jane Zielonko. New York: Vintage Books, 1990 [1953].

Orwell, George. *Animal Farm*. New York: Harcourt, Brace and Company, 1946 [1945].

——. *Nineteen Eighty-Four*. New York: Plume, 2003 [1949].

——. *Orwell in Spain: The Full Text of Homage to Catalonia, with Associated Articles, Reviews, and Letters*. Edited by Peter Davison. London: Penguin, 2001 [1938].

Rawls, John. *A Theory of Justice*. Cambridge, Mass.: Belknap Press of Harvard

University Press, 1999 [1971].
Roy, Claude. *Moi je.* Paris: Gallimard, 1969.
——. *Nous.* Paris: Gallimard, 1972.
Schorske, Carl E. *Fin-de-siècle Vienna: Politics and Culture.* New York: Vintage, 1981.
Sebastian, Mihail. *Journal, 1935–1944.* Translated by Patrick Camiller. Introduction by Radu Ioanid. Chicago: Ivan R. Dee, 2000.
Semprún, Jorge. *Quel beau dimanche.* Paris: B. Grasset, 1980.
Shakespeare, William. *The Winter's Tale.* Edited by Harold Bloom. New York: Bloom's Literary Criticism, 2010 [1623].
Shore, Marci. "Engineering in an Age of Innocence: A Genealogy of Discourse inside the Czechoslovak Writer's Union." *East European Politics and Societies*, vol. 12, no. 3 (1998).
Sirinelli, Jean-François. *Génération intellectuelle: khâgneux et normaliens dans l'entre-deux-guerres.* Paris, Fayard, [1988].
Skinner, Quentin. *The Foundations of Modern Political Thought.* New York: Cambridge University Press, 1978.
Snyder, Timothy. *Bloodlands: Europe Between Hitler and Stalin.* New York: Basic Books, 2010.
——. *Nationalism, Marxism, and Modern Central Europe: A Biography of Kazimierz Kelles-Krauz.* Cambridge, Mass.: Harvard University Press, 1998.
Souvarine, Boris. *Stalin: A Critical Survey of Bolshevism.* New York: Alliance Book Corporation, Longmans, Green & Co., 1939 [1935].
Spender, Stephen. *World Within World: The Autobiography of Stephen Spender.* Introduction by John Bayley, New York: Modern Library, 2001 [1951].
Steinbeck, John. *The Grapes of Wrath.* London: Penguin Classics, 1992 [1939].
Taylor, A. J. P. *The Origins of the Second World War.* New York: Simon & Schuster, 1996 [1961].
Terkel, Studs. *Hard Times: An Oral History of the Great Depression.* New York: Pantheon Books, 1970.
Torunczyk, Barbara. *Rozmowy w Maisons-Laffitte, 1981.* Warsaw: Fundacja

Zeszytów Literackich, 2006.

Tyrmand, Leopold. *Dziennik 1954.* London: Polonia Book Fund, 1980.

Wat, Aleksander. "Ja z jednej strony i ja za drugiej strony mego mopsozelaznego piecyka," [1920] in *Aleksander Wat: poezje zebrane.* Edited by Anna Micinska and Jan Zielinski. Cracow, 1992.

Waugh, Evelyn. *Vile Bodies.* New York: The Modern Library, 1933 [1930].

Weissberg-Cybulski, Alexander. *The Accused.* Translated by Edward Fitzgerald. New York: Simon and Schuster, 1951.

Wieseltier, Leon. "What Is Not to Be Done," *The New Republic,* October 27, 2003.

Willis, F. Roy. *France, Germany, and the New Europe, 1945–1963.* Stanford, Calif.: Stanford University Press, 1965.

Zola, Émile. *Émile Zola's J'Accuse: A New Translation with a Critical Introduction by Mark K. Jensen.* Soguel, CA: Bay Side Press, 1992 [1898].

Zweig, Stefan. *The World of Yesterday: An Autobiography by Stefan Zweig.* Lincoln: University of Nebraska Press, 1964 [1943].

名詞對照
Glossary

◎前言

《戰後歐洲六十年》*Post War*
肌萎縮性脊髓側索硬化症 amyotrophic lateral sclerosis, ALS
珍妮佛・侯曼斯 Jennifer Homans
喀瑞爾・卡培克 Karel Čapek
托馬斯・馬薩里克 Tomáš Masaryk
《我的世紀》*My Century*
亞歷山大・瓦特 Aleksander Wat
切斯瓦夫・米悟虛（又譯米沃什）Czesław Miłosz
提摩西・賈頓・艾許 Timothy Garton Ash
瑪西・秀爾 Marci Shore
雅蒂達・康福 Yedida Kanfer
馬克・布洛赫 Marc Bloch
小湯瑪士・西蒙斯 Thomas W. Simons, Jr.
瑪麗・葛拉克 Mary Gluck
尚—保羅・沙特 Jean-Paul Sartre
《過去未完成》*Past Imperfect*
亞當・密區尼克 Adam Michnik
瓦茨拉夫・哈維爾 Václav Havel
德萊弗斯事件 Dreyfus Affair
埃米爾・左拉 Émile Zola
以撒・柏林 Isaiah Berlin

◎第一章

所羅門・杜達可夫 Solomon Dudakoff
吉內特・格林堡 Jeannette Greenberg
漢克・格林堡 Hank Greenberg
奇西瑙 Chisinau
貝薩拉比亞省 Bessarabia
史黛拉・蘇菲・杜達可夫 Stella Sophie Dudakoff
依達・艾維蓋爾 Ida Avigail
皮歐威敘凱 Pilviškiai
考那斯 Kaunas
艾諾克・尤德 Enoch Yudt
臼・伊沙克・賈德 Joseph Isaac Judt
艾蒙・戴・瓦勒拉 Eamon de Valera
南森護照 Nansen passport
不列顛之戰 Battle of Britain
閃電戰 The Blitz
阿賓頓路 Abingdon Road
坎威島 Canvey Island
塔頓罕高地路 Tottenham High Road
貝爾根—貝爾森 Bergen-Belsen
奧許維茲 Auschwitz
特雷布林卡 Treblinka

海烏姆諾Chełmno
索比布爾Sobibór
貝烏熱茨Bełżec
愛斯特・史登罕Ester Sternheim
路易・雷諾Louis Renault
普特尼Putney
史丹佛山Stamford Hill
阿格妮斯・芬柏Agnes Fynbo
史克庸Skjern
哈維奇Harwich
埃斯比約Esbjerg
史蒂芬・褚威格Stefan Zweig
《昨日世界》*The World of Yesterday*
夢與真實：維也納一八八〇到一九三〇年Traum und Wirklichkeit: Wien 1880-1930
約瑟夫・羅特Joseph Roth
卡爾・休斯克Carl Schorske
《世紀末的維也納》*Fin-de-Siècle Vienna*
布瑞斯勞Breslau
卡爾・盧格Karl Lueger
尼古拉斯・卡爾多Nicholas Kaldor
維爾紐斯Vilna/ Vilnius
卡夫卡Franz Kafka
羅茲Łódź
《審判》*The Trail*
《城堡》*The Castle*
布羅尼斯瓦夫・蓋萊梅克Bronislaw Geremek
尤爾根・哈伯瑪斯Jürgen Habermas
熊倫Gershom Scholem
諾曼・戴維斯Norman Davies
《歐洲》*Europe*
萊塔河Leitha
布格河Bug
凱因斯John Maynard Keynes
《和平的經濟後果》*Economic Consequences of the Peace*
《就業、利息與貨幣的一般理論》*General Theory of Employment, Interest and Money*
主子民族master race (Herrenvolk)
封閉經濟體制autarchy, autarky
霍布斯邦Eric Hobsbawm
卡爾・巴柏Karl Popper
米塞斯Ludwig von Mises
熊彼得Joseph Schumpeter
海耶克Friedrich Hayek
《到奴役之路》*The Road to Serfdom*
卡爾・馬克思新村Karl-Marx-Hof
西格蒙德・佛洛伊德Sigmund Freud
亞瑟・庫斯勒Arthur Koestler
馬內斯・施佩貝爾Manès Sperber
阿德勒Alfred Adler
榮格Carl Jung
浩劫大屠殺the Holocaust
漢娜・鄂蘭Hannah Arendt
艾希曼Adolf Eichmann
卡爾・雅斯培Karl Jaspers
《人的條件》*The Human Condition*
邪惡的平庸性the banality of evil
拉赫爾・瓦恩哈根Rahel Varnhagen

《艾希曼在耶路撒冷》*Eichmann in Jerusalem*
柯尼斯堡 Königsberg
克里斯多夫・白朗寧 Christopher Browning
《普通的人們》*Ordinary Men*
馬丁・海德格 Martin Heidegger
人民陣線 Popular Front
雷蒙・阿宏 Raymond Aron
胡塞爾 Edmund Husserl
朱迪絲・施克萊 Judith Shklar
康拉德・艾德諾 Konrad Adenauer
瓦西里・格羅斯曼 Vasily Grossman
別爾基切夫 Berdichev
〈特雷布林卡地獄〉Treblinka Hell
揚・葛羅斯 Jan Gross
波蘭救國軍 Polish Home Army
法國地下軍 French Resistance
華沙猶太區 Warsaw Ghetto
君特・葛拉斯 Günter Grass
威廉・古斯特洛夫號 Wilhelm Gustloff
德意志民主共和國 GDR, German Democratic Republic

◎第二章
伊曼紐學校 Emanuel School
巴特西 Battersea
克拉珀姆交匯站 Clapham Junction Station
《欽定版聖經》*King James Bible*
喬叟 Geoffrey Chaucer
莎士比亞 William Shakespeare
玄想派詩人 metaphysical poets
奧古斯都派詩人 Augustan poets
薩克雷 William Thackeray
狄福 Daniel Defoe
哈代 Thomas Hardy
華特・史考特 Walter Scott
勃朗特姊妹 the Brontë sisters
喬治・艾略特 George Elliot
馬修・阿諾德 Matthew Arnold
F・R・利維斯 F・R・Leavis
伊夫林・沃 Evelyn Waugh
《粗鄙的肉身》*Vile Bodies*
史蒂芬・史班德 Stephen Spender
勞合・喬治 David Lloyd George
伊內茲・珀恩 Inez Pearn (Elizabeth Lake)
克里斯多夫・伊舍伍德 Christopher Isherwood
奧登 W. H. Auden
《世界當中還有世界》*World Within World*
華格納 Otto Wagner
埃里希・何內克 Erich Honecker
T・S・艾略特 T. S. Elliot
百花里 Bloomsbury
費邊社 the Fabians
卻斯特頓 Gilbert Keith Chesterton
貝洛克 Hilaire Belloc
諾埃爾・安南 Noel Annan
《我們的時代》*Our Age*

英國國家學術院British Academy
喬治・歐威爾George Orwell
使徒社the Apostles
西蒙・德・波娃Simone de Beauvoir
卡繆Albert Camus
約瑟夫・康拉德Joseph Conrad
葛拉罕・葛林Graham Greene
《冬天的故事》*The Winter's Tale*
劍橋五君子the Cambridge Five
《向加泰隆尼亞致敬》*Homage to Catalonia*
共產黨歷史學家小組Communist Party Historians Group
金・菲爾比Kim Philby
蓋伊・伯吉斯Guy Burgess
聖約翰・菲爾比St. John Philby
紅花俠Scarlet Pimpernel
安東尼・布嵐特Anthony Blunt
英國皇家學院British Academy
羅森堡夫婦Julius and Ethel Rosenbergs
E・M・福斯特E. M. Forster
麥克林恩Donald Maclean
博貝克學院Birkbeck College
《荒原》*The Waste Land*
奧斯瓦爾德・莫斯利Oswald Mosley
英國法西斯聯盟the British Union of Fascists
尤尼蒂・米特福德Unity Mitford
南希・米特福德Nancy Mitford
潔西卡・米特福德Jessica Mitford
效忠帝國聯盟League of Empire Loyalists
保羅・甘迺迪Paul Kennedy
《英德敵對的起源：一八六〇－一九一四》*The Rise of the Anglo-German Antagonism 1860-1914*
《德蘇互不侵犯條約》*Molotov-Ribbentrop pact*
布蘭海姆之役Battle of Blenheim
馬爾博羅公爵Duke of Marlborough
藍道夫・邱吉爾爵士Lord Randolph Churchill
哈羅公學Harrow School
翁杜爾曼戰役Battle of Omdurman
《我的早年生活》*My Early Life*
布爾戰爭Boer War
威廉・格萊斯頓William Gladstone
萊昂・布魯姆Léon Blum
瓦爾特・拉特瑙Walther Rathenau
哈洛德・威爾遜Harold Wilson
赫伯特・亨利・阿斯奎茲Herbert Henry Asquith
班傑明・迪斯雷利Benjamin Disraeli
艾德蒙・伯克Edmund Burke
湯瑪斯，麥考萊Thomas Macaulay
二次改革法案Second Reform Act 1867
格蘭瑟姆Grantham
聖公會Anglican Church
天主教解放法案Catholic Emancipation Acts

英國高教派High Anglicanism
萊昂諾・特里林Lionel Trilling

◎**第三章**
本特聯盟(立陶宛波蘭和俄羅斯猶太工人總同盟)the Bund
青年衛隊Hashomer Hatzair, The Young Guard
大不列顛社會黨Socialist Party of Great Britain
A・J・P・泰勒A. J. P. Taylor
以撒・多伊徹Isaac Deutcher
《托洛茨基傳》*The Prophet Armed: Trotsky, 1879-1921, The Prophet Unarmed: Trotsky, 1921-1929, The Prophet Outcast: Trotsky, 1929-1940*
〈不猶太的猶太人〉The Non-Jewish Jew
《資本論》*Capital*
《僱傭勞動與資本》*Wage-Labor and Capital*
《價值、價格與利潤》*Value, Price and Profit*
《社會主義：從空想到科學的發展》*Socialism: Utopian and Scientific*
《共產黨宣言》*Communist Manifesto*
《反杜林論》*Anti-Dühring*
《革命的年代》*Age of Revolution*
《神力不濟》*The God That Failed*
《寒星下的布拉格》*Under a Cruel Star*
希達・馬哥里厄斯・科瓦麗Heda Margolius Kovály
魯道夫・馬哥里厄斯Rudolf Margolius
格羅夫納廣場Grosvenor Square
丹尼斯・希利Denis Healey
林登・詹森Lyndon Johnson
特蘭平頓大街Trumpington Sreet
彼得・凱爾納Peter Kellner
尼・科恩—班迪特Dany Cohn-Bendit
《霧月十八日》*The Eighteenth Brumaire*
《階級鬥爭》*Class Struggles*
《法蘭西內戰》*Civil War in France*
亨利・海因德曼Henry Hyndman
社會民主聯盟Social Democratic Federation
威廉・李普克內西Wilhelm Liebknecht
奧古斯特・貝倍爾August Bebel
卡爾・考茨基Karl Kautsky
愛德華・伯恩施坦Eduard Bernstein
尚・饒勒斯Jean Jaurès
格奧爾基・普列漢諾夫Georgii Plekhanov
《我的早年信仰》*My Early Beliefs*
摩爾G. E. Moore
彌爾John Stuart Mill
安東尼奧・葛蘭西Antonio Gramsci
巴黎紅帶Paris Red Belt
勞工代表委員會Labour Representation Committee
衛理公會Methodist
理查・柯貝特Richard Cobbett

赫伯特・史賓塞Herbert Spencer
羅莎・盧森堡Rosa Luxemburg
《新時代》*Die Neue Zeit*
豪爾赫・塞姆普魯恩Jorge Semprún
《週日何其美》*Quel beau dimanche*
法國抵抗運動French Resistance
布亨瓦德集中營Buchenwald
安東尼奧・拉布里奧拉Antonio Labriola
史坦尼斯勞・柏左卓夫斯基Stanislaw Brzozowski
格奧爾格・盧卡奇György Lukács
安德烈・紀德André Gide
克勞德・羅伊Claude Roy
《我》*Moi*
《我們》*Nous*
伊釀西歐・希洛內Ignazio Silone
惠特克・權伯斯Whittaker Chambers
安妮・克里格爾Annie Kriegel
《我曾經以為我明白的事》*Ce que j'ai cru comprendre*
悉尼・胡克Sidney Hook
《亂了步調》*Out of Step*
弗朗索瓦・福雷François Furet
《幻想消逝》*Le Passé d'une illusion*
大清洗Great Terror
《恐龍的足跡》*The Trail of the Dinosaur*
〈聖日爾曼德佩區的調戲〉The Little Flirts of Saint-Germain-des-Prés
馬爾薩斯Thomas Robert Malthus
布萊希特Bertolt Brecht
康朵麗莎・萊斯Condoleezza Rice
喬納森・利特爾Jonathan Littell
《復仇女神》*Les Bienveillantes*
羅伯・布拉席亞緒Robert Brasillach
迪厄・拉荷歇Drieu la Rochelle
馬志尼Giuseppe Mazzini

◎第四章

德羅爾Dror
吉布茨運動Kibbutzim
茲維・杜賓斯基Zvi Dubinsky
瑪雅・杜賓斯基Maya Dubinsky
吉布茨聯Hakibbutz Hame'uhad, the United Kibbutz
哈庫克，加利利Hakuk, Galilee
勞工聯合黨Achdut Ha'avodah, The Unity of Labor
勞動猶太復國主義Labor Zionism
米蘭・昆德拉Milan Kundera
帕維爾・科胡特Pavel Kohout
瑪哈納亞姆Machanayim
讓—弗朗索瓦・西里內利Jean-François Sirinelli
《知識分子的一代》*Génération intellectuelle*
莫里斯・梅洛—龐蒂Maurice Merleau-Ponty
馬丁・波利亞可夫Martyn Poliakoff
紐納姆學院Newnham College
約翰・本特利John Bentley
米寶斯伯勒Middlesborough

默文・金Mervyn King
溫徹斯特Winchester
黑黎貝里Haileybury
賈姬・菲力普斯Jacquie Philips
六日戰爭Six-Day War
莫里斯・柯亨Morris Cohen
盧德機場Lod Airport
李・以撒克斯Lee Isaacs
戈蘭高地Golan Heights
美國公共電視網PBS
希奧多・赫茨爾Theodor Herzl
阿什肯納茲猶太人Ashkenazim
伏拉迪米爾・賈鮑京斯基Vladimir Jabotinsky
薩達姆・侯賽因Saddam Hussein
本—古里安David Ben-Gurion
以色列聯合黨Likud
保羅・伍佛維茲Paul Wolfowitz
史匹柏Stephen Spielberg
貝爾納—亨利・李維Bernard-Henri Lévy
敦克爾克Dunkirk
歐文・柏林Irving Berlin
以撒・辛格Isaac Bashevis Singer
贖罪日戰爭Yom Kippur War
《紐約書評》*New York Review*
利翁・維澤爾蒂爾Leon Wieseltier
《新共和》*The New Republic*
格魯喬・馬克思Groucho Marx

◎第五章

高等師範學院École normale supérieure
大衛・湯姆森David Thomson
J・P・T・伯里J. P. T. Bury
科林戴爾Colindale
勒內・雷蒙René Rémond
涂爾幹Émile Durkheim
《法國共產主義的起源》*Aux origines du communisme français*
密特朗Frangois Mitterrand
《村裡的共和國》*La République au village*
莫里斯・阿居隆Maurice Aguihon
喬治・李希特海姆George Lichtheim
《重建社會主義政黨：一九二一－一九二六》*La reconstruction du parti socialiste : 1921-1926*
波里斯・蘇瓦林Boris Souvarine
沙爾・拉波播耳Charles Rappoport
尚・龍格Jean Longuet
拉・封丹Jean de La Fontaine
〈磨坊主跟他兒子以及驢子〉Le meunier, son fils, et l'âne
羅伯特與蕾妮・布魯姆Robert and Renée-Robert Blum
路易吉・伊諾第Luigi Einaudi
威廉・貝弗里奇William Beveridge
克萊蒙・艾德禮Clement Atlee
理查・柯布Richard Cobb
羅勃・布哈斯雅克Robert Brasiliach

《我無所不在》*Je suis partput*
昆廷・斯金納Quentin Skinner
約翰・鄧恩John Dunn
國家政治科學基金會出版社Presses de la Fondation Nationale des Sciences Politiques
F・羅伊・威利斯F. Roy Willis
《法國、德國與新歐洲》*France, Germany and the New Europe*
《普羅旺斯的社會主義》*Socialism in Provence*
拉加爾代弗雷納La Garde-Freinet
聖特羅佩Saint Tropez
聖馬克西姆Sainte-Maxime
德拉吉尼昂Draguignan
路易・拿破崙・波拿巴Louis Napoleon Bonaparte
克里斯多夫・墨利斯Christopher Morris
拉爾夫・達倫多夫Ralf Dahrendorf
E・P・湯普森E. P. Thompson
派翠西亞・希爾登Patricia Hilden
第四國際集團The Fourth International Group
〈豪華紫衣的小丑〉A Clown in Regal Purple
威廉・斯威爾William Sewell
聖安妮學院St. Annie's College
皮埃爾・德里厄・拉羅謝勒Pierre Drieu la Rochelle
羅伯特・巴西拉奇
古斯塔夫・施特雷澤曼Gustav Stresemann
默西亞・埃里亞德Mircea Eliade
埃米爾・蕭沆Emil Cioran
恩斯特・榮格Ernst Jünger
澤夫・施坦赫爾Zeev Sternhell
威廉・莫里斯William Morris
埃里希・瑪利亞・雷馬克Erich Maria Remarque
尼古拉・西奧賽古Nicolai Ceaușescu
人民宮House of the People
亨利・德・曼Henri de Man
約翰・斯特拉赫John Strachey
馬塞爾・迪阿Marcel Déat
希亞爾瑪・沙赫特Hjalmar Schacht
新政New Deal
費希特Johann Gottlieb Fichte
赫爾德Johann Gottfried Herder
拜倫Lord Byron
米哈伊・艾米內斯庫Mihai Eminescu
維克多・雨果Victor Hugo
《懲罰》*Les Chatiments*
科德里亞努Corneliu Zelea Codreanu
米爾・伊利亞德Mircea Eliade
米海爾・塞巴斯蒂安Mihail Sebastian
納伊・伊奧尼斯古Nae Ionescu
布科維納Bukovina
鐵衛團Iron Guard
天使長米哈伊爾軍團Legion of the Archangel Michael
激進黨Radical Party

萊昂・德格雷爾Leon Degrelle
吉斯林Vidkun Quisling
德國共產黨German KPD
莫里斯・多瑞茲Maurice Thorez
哈爾科夫Kharkiv
普利莫・德・韋拉primo de Rivera
《西班牙遺囑》*Spanish Testament*
《地球人渣》*Scum of the Earth*
葉芙根尼亞・金斯伯格Evgeniia Ginzburg
亞歷山大・魏斯貝格Alexander Weissberg
瑪格麗特・布伯—紐曼Margarete Buber-Neumann
《希特勒和史達林的囚犯》*Prisoner of Hitler and Stalin*
內務人民委員部NKVD

◎第六章

瑪格麗特・柴契爾Margaret Thatcher
約翰・羅爾斯John Rawls
羅伯特・諾齊克Robert Nozick
羅納德・德沃金Ronald Dworkin
《馬克思主義主要潮流》*Main Currents of Marxism*
萊謝克・柯拉科夫斯基Leszek Kolakowski
理查・密藤Richard Mitten
大衛・特拉維斯David Travis
《異星兄弟》*Brother from Another Planet*
約翰・塞爾斯John Sayles
加利西亞Galicia
沃里尼亞Volhynia
團結工聯Solidarity
伊蓮娜・格魯辛斯卡—葛羅斯Irena Grudzinska-Gross
《未來的革命》*Revolution from Abroad*
《鄰人》*Neighbors*
《恐懼》*Fear*
沃伊切赫・卡爾平斯基Wojciech Karpinski
亞歷山大・史莫拉爾Aleksander Smolar
《文學筆記》*Zeszyty Literackie*
芭芭拉・托倫切克（巴西亞）Barbara Torunczyk (Basia)
薩瓦阿爾卑斯山Savoy Alps
布里昂松Briancon
提摩西・賈頓・艾許Timothy Garton Ash
《波蘭革命》*The Polish Revolution*
《新政治家》*New Statesman*
史蒂文・盧克斯Steven Lukes
揚・卡萬Jan Kavan
《自學捷克語》*Teach Yourself Czech*
《奧賽羅》*Othello*
丹尼爾・希羅Daniel Chirot
〈異見的困境〉The Dilemmas of Dissidence
《東歐政治和社會》*East European Politics and Societies*

戈巴契夫 Mikhail Gorbachev
《馬克思主義與法國左派：一八三〇—一九八二年法國勞工與政治的研究》*Marxism and the French Left: Studies in Labor and Politics in France 1830 to 1982*
《深思法國大革命》*Penser la Revolution Française*
胡佛研究所 Hoover Institution
海倫・索拉南 Helen Solanum
瓦烏布日赫 Walbrzych
最終解決方案 the Final Solution
維琪症候群 Vichy syndrome
《七七憲章》*Charter 77*
《人民報》*Le Populaire*
貝當 Henri Philippe Pétain
魏剛 Maxime Weygand
喬治・貝爾納諾斯 Georges Bernanos
卡廷 Katyn
赫魯雪夫 Nikita Khrushchev
亞諾斯・卡達爾 János Kádár
布里茲涅夫教旨 Brezhnev Doctrine
佩里・安德森 Perry Anderson
卡爾・柯爾施 Karl Korsch
呂西安・戈德曼 Lucien Goldmann
《經濟學哲學手稿》*Economic and Philosophic Manuscripts of 1844*
路易・阿圖塞 Louis Altusser
理查・尼克森 Richard Nixon
波布 pol pot
文化自由大會 Congress on Cultural Freedom
《邂逅》*Encounter*
《證言》*Preuves*
福特基金會 Ford Foundation
戰略服務局 Office of Strategic Service, OSS
安德列・馬爾侯 Andre Mairaux
馬克・馬佐爾 Mark Mazower
《黑暗大陸》*Dark Continent*
戴高樂 Charles de Gaulle
布雷頓森林國際貨幣體系 The Bretton Woods International Monetary System
捷爾吉・康拉德 György Konrád
國際特赦組織 Amnesty International
人權觀察組織 Human Rights Watch
吉米・卡特 Jimmy Carter
嘉祿・沃伊蒂瓦（教宗若望・保祿二世）Karol Wojtyla (Pope John Paul II)
拉利・沃爾夫 Larry Wolff
耶日西・蓋德羅伊斯 Jerzy Giedroyc
《文化》*Kultura*
梅松拉菲特 Maisons-Laffitte
茨維坦・托多洛夫 Tzvetan Todorov
朱麗亞・克利斯蒂娃 Julia Kristeva
《被禁錮的心靈》*The Captive Mind*
克萊門特・哥特瓦爾德 Klement Gottwald
奧塔・錫克 Ota Sik
亞諾什・科爾奈 Jånos Kornai
卡達爾主義原理 Kådårist principles

瓦茨拉夫・克勞斯 Våclav Klaus
利奧波德・泰爾曼 Leopold Tyrmand
〈無權者的權力〉Power of the Powerless
萊謝克・巴爾采羅維奇 Leszek Balcerowicz

◎第七章

希奧塞古 Nicolae Ceaușescu
傑若德・席格爾 Jerrold Seigel
雅克・丹波 Jacques d'Amboise
國家舞蹈協會 National Dance Institute
妮可・東布勞斯基 Nicole Dombrowski
《重新評價》*Reappraisals*
《責任的重擔》*Burden of Responsibility*
莫里亞克 François Mauriac
羅伯特・西爾弗斯 Robert Silvers
《第一個人》*The First Man*
普里莫・萊維 Primo Levi
馬丁・艾密斯 Martin Amis
布萊德利講座 Bradley Lectures
人文科學研究所 Institut für die Wissenschaften vom Menschen, IWM
克日什托夫・米哈爾斯基 Krzysztof Michalski
大幻影：散論歐洲 Grand Illusion: A Essay on Europe
《柳林中的風聲》*Wind in the Willows*
內夫教席 Nef Chair
紐約市立大學研究生中心 CUNY Graduate Center
雷馬克研究所 Remarque Institute
外交關係協會 Council on Foreign Relations
坎德斯泰格 Kandersteg
赫伯特・巴特菲爾德 Herbert Butterfield
《第二次世界大戰的起源》*Origins of the Second World War*
《現代政治思想的基礎》*The Foundations of Modern Political Thought*
《項狄傳》*Tristram Shandy*
《芬尼根守靈夜》*Finnegans Wake*
《魯濱遜漂流記》*Robin Crusoe*
愛德華・吉朋 Edward Gibbon
《羅馬帝國衰亡史》*Decline and Fall of the Roman Empire*
麥考萊 Thomas Babington Macaulay
卡萊爾 Thomas Carlyle
米什萊 Jules Michelet
賽門・夏瑪 Simon Schama
凱西・塞爾溫 Casey Selwyn
耶德瓦布內 Jedwabne
阿爾西比亞德斯 Alcibiades
《評論》*Commentary*
恩尼斯特・梅伊 Ernest May
約瑟夫・李伯曼 Joseph Lieberman
高爾 Al Gore
卡昂 Caen

佩羅納Péronne
傑・溫特Jay Winter
蘭克Leopold von Rank
格魯舍夫斯基Mykhailo Hrushevsky
瑪麗・安東尼Marie Antoinette
馬克・特拉亨伯格Marc Trachtenberg
愛德華一世Edward I
克倫威爾Oliver Cromwell

◎第八章
蒙田Michel de Montaigne
《我控訴》*J'accuse*
伯納德・威廉斯Bernard Williams
莫里斯・巴雷斯Maurice Barres
朱利安・班達Julien Benda
《知識分子的背叛》*Trahison des Clercs*
湯瑪斯・內格爾Thomas Nagel
安德烈・格魯克斯曼Andre Glucksmann
邁克爾・伊格納蒂夫Michael Ignatieff
愛德華・薩伊德Edward Said
布雷騰・布雷騰巴克Breyten Breytenbach
《正義論》*A Theory of Justice*
《異議》*Dissent*
斯拉沃熱・齊澤克Slavoj Žižek
伊曼紐爾・華勒斯坦Immanuel Wallerstein
邁克爾・曼德爾鮑姆Michael Mandelbaum
巴拉克・歐巴馬Barak Obama
大衛・布魯克斯David Brooks
唐納德・倫斯斐Donald Rumsfeld
查理・羅斯秀Charlie Rose show
大衛・瑞姆尼克David Remnick
里昂・韋斯蒂爾Leon Wieseltier
邁克爾・瓦瑟Michael Walzer
湯馬斯・佛里曼Thomas Friedman
馬克・丹納Mark Danner
西莫・赫許Seymour Hersh
朱迪思・米勒Judith Miller
艾哈邁德・沙拉比Ahmad Chalabi
喬治・索羅斯George Soros
尚—馬里・蓋埃諾Jean-Marie Guéhenno
路易斯・卡羅Lewis Carroll
席哈克Jacques René Chirac
《外僑與煽惑叛亂法》*Alien and the sedition Acts*
威廉・詹寧斯・布賴恩William Jennings Bryan
紐特・金瑞契Newt Gingrich
迪克・錢尼Dick Cheney
格林・貝克Glenn Beck
莎拉・裴林Sarah Palin
蕭伯納Bernard Shaw
理查・霍加特Richard Hoggart
《讀寫能力的用途》*The Uses of Literacy*
雷蒙・威廉斯Raymond Williams
卡爾・克勞斯Karl Kraus
《火炬》*Die Fackel*
史蒂芬・金Stephen King

◎第九章

《動能》*Locomotion*
巴黎東站 Gare de l'Est, Paris
倫敦聖潘克拉斯車站 St. Pancras, London
米蘭中央車站 Centrale, Milan
布拉格中央車站 Hlavní Nádraži, Prague
巴黎蒙巴納斯火車站 Gare Montparnasse, Paris
布魯塞爾中央車站 Brussels Central
威廉・畢弗列治 William Beveridge
威廉二世 Wilhelm II
哥達綱領與埃爾福特綱領 Gotha and Erfurt programs
德國天主教中央黨 Catholic Center Party
憲章運動 Chartist movement
濟貧法 The Poor Law
斯賓漢姆蘭體系 Speenhamland system
濟貧院 workhouse
拉烏爾・多特黎 Raoul Dautry
牛津貝利奧爾學院 Balliol, Oxford
凡妮莎・貝爾 Vanessa Bell (née Stephen)
維吉尼亞・伍爾夫 Virginia Woolf (née Stephen)
阿弗瑞・馬歇爾 Alfred Marshall
哥德爾悖論 Gödelian paradox
《道德情操論》*The Theory of Moral Sentiments*
渥太華會議 Ottawa conference
理查・卡恩 Richard Kahn
祖國陣線 Vaterländische Front/ Fatherland Front
紅色維也納 Red Vienna
伊利 IRI
埃尼 ENI
南方基金 Cassa del Mezzogiorno
馬歇爾計劃 Marshall Plan
喬治・馬歇爾 George Marshall
艾倫・米爾沃德 Alan Milward
皮杜爾 Georges Bidault
皮埃爾・孟戴斯—弗朗斯 Pierre Mendés-France
保羅—亨利・斯巴克 Paul-Henri Spaak
歐洲煤鋼共同體 European steel and coal Community
萊茵蘭 Rhineland
《英國勞動階級狀況》*The Condition of the Working Class of England*
狄更斯 Charles Dickens
伊莉莎白・蓋斯凱爾 Elizabeth Gaskell
厄普頓・辛克萊 Upton Sinclair
《屠場》*Jungle*
斯特茲・特克爾 Studs Terkel
《艱難時代》*Hard Times*
約翰・史坦貝克 John Steinbeck
《憤怒的葡萄》*Wrath of the Grapes*
《小杜麗》*Little Dorrit*
《北與南》*North and South*

路易・舍瓦利耶Louis Chevalier
《勞動階級與危險階級》*Classes Laborieuses et classes dangereuses / Working Classes and Dangerous Classes*
綠線巴士the Green Line Busses
愛瑞發公司Arriva
貝利・高華德Barry Goldwater
艾夫納・歐佛Avner Offer

◎後記

耶日・耶德利基Jerzy Jedlicki
《血色之地：希特勒與史達林之間的歐洲》*Bloodlands: Europe Between Hitler and Stalin*
《民族主義、馬克思主義和現代中歐：卡齊米日・凱列斯—克勞茲傳》*Nationalism Marxism and Modern Central Europe: A Biography of Kazimierz Kelles-Krauz (1872-1905)*
《西發里亞協定》*Westphalian settlement*
約翰・普拉姆John Plumb

左岸歷史 297

想想20世紀
Thinking the Twentieth Century

作　　者　東尼・賈德（Tony Judt）、提摩希・史奈德（Timothy Snyder）
譯　　者　非爾
總 編 輯　黃秀如
行銷企劃　蔡竣宇
美術設計　黃暐鵬

社　　長　郭重興
發行人暨出版總監　曾大福
出　　版　左岸文化
發　　行　遠足文化事業股份有限公司
　　　　　231新北市新店區民權路108-2號9樓
電　　話　（02）2218-1417
傳　　真　（02）2218-8057
客服專線　0800-221-029
E-Mail　rivegauche2002@gmail.com
左岸臉書　facebook.com/RiveGauchePublishingHouse
法律顧問　華洋法律事務所　蘇文生律師
印　　刷　成陽印刷股份有限公司
初版一刷　2019年9月

定　　價　600元
I S B N　978-986-98006-1-7
歡迎團體訂購，另有優惠，請洽業務部，（02）2218-1417分機1124、1135

想想20世紀／東尼・賈德（Tony Judt），提摩希・史奈德（Timothy Snyder）作；非爾譯.
－初版.－新北市：左岸文化出版：遠足文化發行，2019.09
面；公分.－（左岸歷史；297）
譯自：Thinking the twentieth century
ISBN 978-986-98006-1-7(平裝)
1.賈德 2.學術思想 3.政治思想史 4.西洋政治思想
570.94　　108013919